Hannes Hofbauer
BALKANKRIEG

AF 156693

Die Deutsche Bibliothek – CIP-Einheitsaufnahme
Hofbauer, Hannes :
Balkankrieg : zehn Jahre Zerstörung Jugoslawiens /
Hannes Hofbauer. – Wien : Promedia, 2001.
(Brennpunkt Osteuropa.)
ISBN 978-3-85371-179-8

8. unveränderte Neuauflage 2024
© 2001 Promedia Druck- und Verlagsges.m.b.H., Wien
Alle Rechte vorbehalten
Umschlaggestaltung: Scheubmayr & Berthold Ges.b.R.
Lektorat: Erhard Waldner
Druck: CPI - Clausen & Bosse, Leck
Printed in Germany
ISBN 978-3-85371-179-8

Hannes Hofbauer

BALKAN KRIEG

Zehn Jahre Zerstörung Jugoslawiens

BRENNPUNKT OSTEUROPA

PROMEDIA

Der Autor

Hannes Hofbauer, geboren 1955 in Wien, Studium der Wirtschafts- und Sozialgeschichte an der Universität Wien. Er arbeitet als Historiker und Journalist. Von ihm erschienen unter anderem im Promedia Verlag: „Experiment Kosovo. Die Rückkehr des Kolonalismus" (Wien 2008) und „EU-Osterweiterung. Historische Basis - ökonomische Triebkräfte - soziale Folgen" (Wien 2007).

Inhaltsverzeichnis

DIE KOLONISIERUNG DES BALKANS
(AB 1999)

Vorwort

Zehn Jahre Bürgerkrieg und Krieg in Jugoslawien haben nicht nur den Balkan, sondern ganz Europa verändert. Der 24. März 1999 markierte das Ende der europäischen Nachkriegszeit. Mit dem Einsetzen der Bombardements gegen serbische, montenegrinische und kosovo-albanische Städte durch die NATO eskalierte die Zerstörung des ehedem multinationalen und blockfreien Jugoslawien zur offenen militärischen Intervention der Großmächte. Ein Blick von außen, weltsystemisch und historisch fundiert, soll dabei helfen, die Nebel von Propaganda zu lüften, die eine totale Verunsicherung auch in der kritischen Öffentlichkeit bewirkt haben. Nur so können die Konturen der Interessenlagen deutscher und US-amerikanischer Kriegstreiber nachgezeichnet und die ideologische Substanz der scheinbaren Rechtfertigung, Bomben im Dienste von Menschenrechten zu werfen, bloßgelegt werden.

Soviel zum unmittelbaren Anlaß, der mich 1999 motiviert hat, ein Buch über die Hintergründe der Zerstörung Jugoslawiens herauszugeben. Dieser schnell vergriffene Band, zu dem Karl Kaser, Wolfgang Geier, Gero Fischer, Andre Gunder Frank und Michel Chossudovsky eingeladen waren, historische, religions- und kulturgeschichtliche, geopolitische und ökonomische Zusammenhänge darzustellen, schloß mit dem Einmarsch der NATO in den Kosovo. Die Konfrontationen auf dem Balkan waren damit freilich noch nicht beendet, ebensowenig die Einmischung westlicher Mächte. Der Ablauf der innenpolitischen Wende in Serbien stellt dafür ein sichtbares Zeugnis aus. In Makedonien und Montenegro wiederum instrumentalisieren EU-Europa und US-Amerika in gewohnter Weise ethnisch-nationale Widersprüche, die in erster Linie aus unbewältigten sozialen und ökonomischen Problemen resultieren.

Nach dem Sturz von Slobodan Milošević sind sämtliche Republiken des ehemaligen Jugoslawien zum Tummelplatz ausländischer Militärs, Politiker und NGO-Vertreter geworden. Den geopolitischen Interessen der USA stehen die wirtschaftlichen Begierden der deutsch geführten EU gegenüber. Die brennende Lunte für kriegerische Auseinandersetzungen auf dem Balkan dürfte vor diesem Hintergrund auch in den kommenden Jahren nicht zum Erlöschen kommen.

Die fortgesetzte ökonomische Peripherisierung Südosteuropas sowie die nicht enden wollende territoriale und politische Destabilisierung in der gesamten Region waren Gründe genug, die Geschichte des Balkankrieges auch nach den NATO-Bombardements 1999 weiter zu verfolgen und aufzuarbeiten. Einen wichtigen Anstoß dafür gab auch die serbokroatische Übersetzung meines Textes im Verlag „Filip Višnjić", der unter dem Titel „Balkanski rat" erschienen ist.

Das vorliegende Buch enthält im ersten Teil eine leicht bearbeitete Fassung der Darstellung der Geschehnisse zwischen 1991 und 1999, der zweite Teil beschäftigt sich mit den Ereignissen zwischen Sommer 1999 und Sommer 2001, einer Zeitspanne, in der die westlichen Kolonisierungsprojekte für Südosteuropa deutlich hervortreten. Die Beschäftigung mit den Konsequenzen des Balkankrieges für die westeuropäischen Gesellschaften beschließt dieses Buch. Sein Zustandekommen wäre ohne die Hilfe einer Vielzahl von Freunden und Gesprächspartnern nicht möglich gewesen. Ihnen allen sei hier ein herzliches Dankeschön gesagt.

Hannes Hofbauer
Wien, am 12. August 2001

Die Zerstörung Jugoslawiens (1991-1999)

Zurück nach Wien. Wir verlassen Belgrad am Nachmittag des 26. Juni 1991, jenem Tag, an dem Slowenien und Kroatien ihre staatliche Unabhängigkeit erklären
wollten. Daß sie es bereits einen Tag zuvor getan hatten, stellte für niemanden
mehr einen Überraschungseffekt dar. Während von Zagreb bis Split und vom Triglav
bis Istrien neugeschneiderte Fahnen wehen und das große Mißverständnis von der
nationalen Selbstbestimmung ausgiebig gefeiert wird, geht Belgrad emotionslos
dem Ende eines schwülen Wochentages entgegen. Keine Demonstration in den
Straßen, keine serbischen oder jugoslawischen Symbole an den Häuserfassaden,
nicht einmal die Zahl der monarchistischen Wappen- und Anstecknadelverkäufer
hat zugenommen. Laut ist an diesem 26. Juni nur der Autoverkehr, heiß der weich
gewordene Asphalt.

Die Verrückten, so sieht man es in der jugoslawischen Hauptstadt, sitzen in
Ljubljana und Zagreb. Die Sezession des Nordwestens und der Adriaküste emp-
finden die meisten hier als bedrohlich. Noch allerdings hoffen sie ... auf die Vernunft ihrer Ex-Landsleute in Kroatien und Slowenien sowie auf die Politik der
USA und der Europäischen Gemeinschaft. In Belgrad überwiegt an jenem 26. Juni
1991 die Besonnenheit.

Ganz anders Österreich und Deutschland. Die Parteinahme für die kroatischen
Nationalisten und die slowenischen Christlich-Konservativen schwappt einem
bereits aus der im Flugzeug verteilten Tagespresse entgegen. Von einer „nach Vorherrschaft strebenden Führung in Belgrad mit ihrer stalinistisch-ultranationalisti-
schen Linie" ist da die Schreibe, von einem „roten Serboslawien" als drohende
Alternative zum „demokratischen Westslawien", womit en passant gleich eine neue,
weil tagespolitisch opportune Ethnie erfunden wurde. Der Begriff Sezession ist
medial verbannt, die Schwierigkeiten, die sich aus einem staatlichen Zerfallspro-
zeß ergeben, werden verdrängt. Es herrscht Euphorie für die Sache Sloweniens
und Kroatiens, Mißgunst und Haß gegenüber Belgrad.

Der österreichische Serbenhaß speist sich aus einer gehörigen Portion Revan-
chismus; die „Schwarze Hand" aus der Endzeit der Doppelmonarchie ist immer
noch nicht vergessen. Gavrilo Princip, ein bosnischer Serbe und Mitglied dieser
Guerillagruppe, die gegen die Besetzung Bosniens durch die Truppen der k.u.k.
Armee sowie gegen die Wiener Slawenpolitik auftrat, streckte bekanntlich am 28.
Juni 1914 den Thronfolger Franz Ferdinand samt Gattin in Sarajevo nieder. Der
Tat folgte das große Völkerschlachten im Ersten Weltkrieg, mit österreichischem
Jubel und deutschem Hurra. Deutschnationale und Sozialdemokraten begrüßten

den Krieg gleichermaßen. Nur 20 Jahre nach dem Friedensschluß rückten erneut deutsche Soldaten auf dem Balkan ein, um – wie es später der UN-Generalsekretär und österreichische Bundespräsident Kurt Waldheim ausdrückte, der selbst als Soldat gegen die jugoslawischen Partisanen kämpfte – „ihre Pflicht zu erfüllen". Auch die zweite militärische Schmach Berlins in diesem Jahrhundert scheint manchen noch immer nicht getilgt.

Revanchegedanken für zwei verlorene Kriege konnte die deutsche und österreichische Berichterstattung im Sommer 1991 nicht verbergen – und wollte dies wahrscheinlich auch nicht. Von „Frankfurter Allgemeine Zeitung" bis „Die Welt", von „Salzburger Nachrichten" bis „Kurier" gab es mehrseitigen, oft serienmäßig aufgemachten Nachhilfeunterricht in antijugoslawischer bzw. antiserbischer Geschichte. Wer die traditionellen Verbündeten, wer die ewigen Feinde Deutschlands und Österreichs waren, kam schnell und fast widerspruchslos unter die Leute. In dem Moment, als sich der Konflikt in Jugoslawien zuspitzte, positionierte sich die veröffentlichte Meinung in deutschen Landen deutlich wie nie zuvor: für die Auflösung Jugoslawiens. Ein Bürgerkrieg stand vor der Tür.

Rückblende: Die ökonomische Krise

Den Unabhängigkeitserklärungen der nordwestlichen Republiken ging eine tiefe ökonomische Krise voraus, die freilich gesamtjugoslawisch war und einem ähnlichen Muster folgte wie überall sonst in Osteuropa. „Schuld an der ganzen Misere sind die Kommunisten", lautete das einfach gestrickte Argument der Jahre 1989/ 90, das die Misere erklären helfen sollte, in die Jugoslawien geraten war. Die Zeiten des wirtschaftlichen Aufschwungs lagen tatsächlich schon lange zurück. Bis Mitte der 60er Jahre galt das Land als Vorbild an sozialistischer Effizienz, das Bruttonationalprodukt wuchs jährlich um 6 bis 7 Prozent. Mit Hilfe fetter US-Kredite, die Jugoslawien vom Einfluß Moskaus fernhalten sollten, wußte die Führung um Josip Broz, genannt Tito, lange Zeit sinnvolle Modernisierungsprojekte zu entwickeln. Die ersten Krisenerscheinungen machten sich Ende der 60er Jahre bemerkbar. Früher als alle anderen Länder in Osteuropa hatte man Westkredite erhalten, früher als alle anderen mußten sie zurückgezahlt werden. Bereits 1965 wurde im Zuge allgemeiner Dezentralisierung ein politischer „Polyzentrismus" und die sogenannte „nationale Ökonomie" auf Republikebene eingeführt, neun Jahre später – 1974 – kam es zu einer neuen jugoslawischen Verfassung, die der Zentrale nur noch wenige koordinative ökonomische Funktionen beließ. Die Stärkung der Republiken und Regionen hatte zwei Seiten: Einerseits war sie die Antwort der Zentrale auf die ökonomische Krise, andererseits jedoch bereits Ausdruck einer national orientierten Politik in den ökonomisch stärkeren Republiken, denen damit die

Möglichkeit gegeben wurde, die regionalen Erfolge aus der ungleichen Wirkung des Wachstums in den 60er Jahren mit niemandem sonst teilen zu müssen. Die radikale Dezentralisierung erfaßte selbst das Militär. Edvard Kardelj, eine der grauen Eminenzen der jugoslawischen KP, Slowene und seit 1974 Mitglied des Staatspräsidiums, forderte offen die Regionalisierung der Armeestrukturen. In der Folge kam es auch zu einer Stärkung der republikseigenen Territorialverteidigungskräfte, die als Zivilorganisation neben der Volksarmee organisiert waren. Vor allem Frauen und ältere Männer bildeten das Rückgrat dieser kommunistischen Einrichtung. 15 Jahre später sollten die Territorialverteidigungen – gemeinsam mit abtrünnigen Volksarmisten – zum Kern der nationalen Militärapparate werden.

Regionale Autonomie auch im Politischen. Die neue 74er-Verfassung plante, ethnischen Minderheiten weitestgehende Rechte in kulturellen, sozialen und auch politischen Belangen einzuräumen. Allein, außer in Serbien kam es nirgendwo dazu. Besonders die kroatische Teilrepublik weigerte sich, der mehrheitlich von Serben bewohnten Region Lika spezielle Autonomierechte zu gewähren, wie sie in Serbien sowohl dem Kosovo als auch der Vojvodina zugestanden wurden. Der Streit um Autonomierechte bestimmte für lange Jahre die politische Szenerie in Jugoslawien.

Die Verantwortlichen glaubten vorerst, mit der Föderalisierung einen machtpolitischen Balanceakt zustande gebracht zu haben. In Wahrheit wurde damit ein entscheidender Schritt in Richtung Desintegration gesetzt. Besonders negative Auswirkungen hatte diese Entwicklung auf den Außenhandel, der ohne gemeinsames Konzept föderalisiert wurde. 1979 mündete diese Politik in eine wirtschaftliche Stagnation. Die Rückzahlung ausländischer Kredite geriet ins Stocken. Die weltwirtschaftliche Rezession der 70er Jahre hatte auch in Jugoslawien tiefe Spuren hinterlassen. Jene weltweit wirksame Krise, die im Kern den Überproduktionskapazitäten in Nordamerika und Nordwesteuropa nach erfolgtem Wiederaufbau zuzuschreiben war, stoppte nicht nur die nachholenden Modernisierungsprozesse in Lateinamerika, sondern beendete auch den Höhenflug der osteuropäischen Entwicklungsdiktaturen. Auch Jugoslawien mit seinem spezifischen Modell eines Selbstverwaltungssozialismus war vor den Auswirkungen der Krise nicht gefeit, umso weniger, als die Wirtschaft des Landes – mehr noch als die der meisten anderen osteuropäischen Länder – in den Fallstricken von Westkrediten gefangen war.

Post tragoediam rufen Wirtschaftsfachleute das Spezifische der jugoslawischen Ökonomie in Erinnerung. Anders als in den staatssozialistischen Ländern Osteuropas erfolgte die ökonomische Modernisierung Jugoslawiens nicht mit jener Brachialgewalt, die im Westen das Beiwort „stalinistisch" erhalten hat. Im Selbstverwaltungssozialismus verblieb vergleichsweise viel Raum für regionale, betriebliche und individuelle Entscheidungen. Industrialisierung fand nicht flächendekkend statt, und eine kollektive, technologisch aufwendige Landwirtschaft bildete eher die Ausnahme. Dazu kam, daß mit dem „Export" von Arbeitskräften nach Westeuropa gerade bäuerliche Familien zerrissen wurden. Die bodenständig Verbliebenen waren auf den Anteil ihres ins ferne Wien, München oder Düsseldorf entsandten Wanderarbeiters angewiesen. 900.000 solcher jugoslawischer „Gastarbeiter", großteils aus der serbischen Republik stammend, werkten Mitte der 70er Jahre im westlichen Europa.

Vor dem Hintergrund einer weltweit sich verschärfenden Standortpolitik zur Erzielung komparativer Kostenvorteile im industriellen, landwirtschaftlichen und tertiären Sektor erwies sich die – wie Johann Gaisbacher sie nennt – halbagrarische und halbproletarische Struktur Jugoslawiens als einerseits besonders krisenanfällig, andererseits jedoch zäh im Umgang mit den sozialen Auswirkungen der Krise. Produkte, die im nationalen Kontext durchaus nützlich und absetzbar waren, waren unter den Bedingungen des Weltmarktes, auf dem sich Jugoslawien schon seit Mitte der 60er Jahre immer mehr bewähren mußte, zunehmend konkurrenzunfähig. Wenn in der kapitalistischen Logik die lokale Industrie nicht weltmarktfähig ist, so sind deren Betreiber, die Produzenten, gesellschaftlich gefährdet. Produktionsstätten werden unrentabel und in der Folge geschlossen. Entindustrialisierung erzeugt Unbrauchbarkeit. Die in der sozialistischen Modernisierungsphilosophie innerhalb einer Generation Proletarisierten sind plötzlich „überschüssig". Überall in Osteuropa treten deshalb die neuen Liberalen – in ihrer Rolle als Verwalter westlicher ökonomischer Interessen – dafür ein, die unbrauchbar gewordenen Menschen, die Opfer des internationalen Konkurrenzkampfes, aus der staatlichen Fürsorge und Verantwortung zu entfernen. Die Rückkehr aufs Land mag für manche von ihnen eine zwischenzeitliche Überlebensstrategie sein, in den meisten Fällen wird jedoch durch die budgetären Sparmaßnahmen die im Kern soziale Frage zu einer polizeilichen bzw. sicherheitspolitischen oder gar einer nationalen, einer ethnischen Frage umgewandelt, die auf Dauer gerechnet viel teurer kommt als ein sozialer Lösungsversuch. Wer den Preis bezahlt, ist damit freilich noch nicht gesagt; doch genau darum dreht es sich bei all den seit 1989 über Ost- (und West-)Europa hereinbrechenden Reformvorhaben.

Das „gebirglerische" jugoslawische Dorf legte indes jahrzehntelang eine beträchtliche Zähigkeit an den Tag. Mitte der 70er Jahre lebten immerhin noch 35 Prozent der Bevölkerung Jugoslawiens von der Landwirtschaft. Ein hoher Selbstversorgungsanteil war typisch. Agrarindustrialisierung im Sinn staatssozialistischer Ökonomien bzw. Durchkapitalisierung nach westlichem Muster fand in weiten Teilen des Landes, insbesondere in Bosnien und im Kosovo, nicht statt. Über 80 Prozent des Bodens waren privat, die erlaubte Höchstgrenze am Besitz von Grund und Boden lag bei 10 Hektar. Der Münchner Osteuropaexperte Jens Reuter ortete in Jugoslawien die niedrigste Wachstumsrate der Agrarproduktion im Nachkriegs-

14

europa. Seiner 1987 geäußerten Meinung nach konnten damals 6,7 Millionen jugoslawische Haushalte ihre Lebenshaltungskosten nicht mehr über den regulären Lohn decken. Überweisungen von Verwandten aus Westeuropa waren zum Überleben ebenso notwendig wie der Rückgriff auf teilsubsistente Lebensformen auf dem elterlichen oder großelterlichen Bauernhof, der auch von der Mehrheit der städtisch gewordenen Nachkriegsgeneration nicht aufgegeben wurde. Schwarzarbeit und Schmuggel ergänzten die Palette der familiären Ökonomie.

Anpassungen an die Erfordernisse des Weltmarktdiktates, das in Form der Kreditgeber Weltbank und Internationaler Währungsfonds (IWF), deren Mitglied Jugoslawien von Anfang an war, auf Reduktion sozialer Leistungen und Abbau unrentabler Betriebe drängte, stießen auf heftigen Widerstand bei der Bevölkerung. Einerseits flüchteten die betroffenen Arbeiter und Rentner in die teilsubsistente Welt ihrer Vorfahren, andererseits kam es auch zu sozialen Kämpfen. So im Frühjahr 1987, als in vielen Teilen Jugoslawiens – insbesondere in Kroatien – gestreikt wurde. Die Protestierenden wandten sich gegen ein von der Regierung verordnetes Einfrieren der Löhne, das Ende 1986 zeitgleich mit massiven Preiserhöhungen für Fleisch, Zucker und andere Grundnahrungsmittel verordnet worden war. Im Juli 1987 wurde dann staatlicherseits verlautet, 7.000 defizitäre Betriebe müßten geschlossen werden, was 1,5 Millionen Menschen arbeitslos gemacht hätte. Betriebsversammlungen und Diskussionsveranstaltungen während der Arbeitszeit sowie „unerlaubtes Fernbleiben" vom Arbeitsplatz nahmen zu. Die soziale Bombe tickte, zumal – einem Bericht der „Neuen Zürcher Zeitung" vom 27. März 1996 zufolge – der durchschnittliche Reallohn eines jugoslawischen Arbeiters in der ersten Hälfte der 80er Jahre um 40 Prozent zurückgegangen war.

In der zweiten Märzwoche 1991, also noch vor Ausbruch irgendwelcher territorialen Kämpfe, erschütterten „IWF-riots" – ähnlich jenen, die man sonst aus Ländern der Dritten Welt kennt – die Belgrader Innenstadt. Eine von der Serbischen Erneuerungsbewegung (SOP) des Vuk Drašković initiierte Demonstration gegen die Medienpolitik von Slobodan Milošević' Sozialistischer Partei (SPS) kippte in eine soziale Revolte deklassierter und arbeitsloser Jugendlicher. Mehrere zehntausend wütende Demonstranten eroberten die für die Demonstration ursprünglich gesperrte Belgrader Innenstadt, schleuderten Pflastersteine und Betonplatten gegen die Sicherheitskräfte, die ihrerseits von Tränengas und Gummiknüppel ausgiebig Gebrauch machten. Die Demonstranten lieferten sich zwei Tage lang Barrikadenkämpfe mit der serbischen Miliz. Nach offiziellen Angaben wurden ein Polizist und ein Demonstrant getötet sowie 80 Personen teilweise schwer verletzt. Am zweiten Tag fuhren Panzer der Jugoslawischen Volksarmee in den Straßen von Belgrad auf und beruhigten die Lage. Ein letzter, allerdings hilflos gewalttätiger sozialer Protest war damit unterdrückt worden, bevor die nationalen Argumente Straßen und Parlamente in allen Teilrepubliken in Beschlag nahmen.

Vor dem Hintergrund einer ernsthaften wirtschaftlichen Krise verschärften sich die regionalen Auseinandersetzungen um die knapper werdenden finanziellen Ressourcen. Der Kampf der Republiken begann.

Die wirtschaftlichen Unterschiede zwischen den einzelnen Regionen mögen diese politische Verschärfung erklären helfen. Der staatlichen Statistik entnehmen wir, daß im letzten Vorkriegsjahr die Einkommensunterschiede der fast 24 Millionen Jugoslawinnen und Jugoslawen enorm waren. Slowenien verfügte über ein achtmal so hohes Pro-Kopf-Einkommen wie der Kosovo. Mit einem Bruttoinlandsprodukt von 5.500 US-Dollar pro Kopf lag die kleine nördliche Republik 1990 vor den EG-Staaten Portugal (4.300 US-Dollar) und Griechenland (5.300 US-Dollar). Kroatien und die Vojvodina folgten mit den Kennziffern 3.400 bzw. 3.200, danach Serbien mit 2.200 US-Dollar, allerdings inklusive der Vojvodina und dem Kosovo gerechnet. Der Kosovo bildete mit mageren 730 US-Dollar BIP/ Kopf das Schlußlicht. Die relative Position des Kosovo innerhalb Jugoslawiens hatte sich im Lauf der letzten vier Jahrzehnte zudem dramatisch verschlechtert. Zwischen 1950 und 1990 vergrößerte sich das Entwicklungsgefälle zu Slowenien um das Doppelte; allerdings gewährleistete das hohe Wachstum nach dem Krieg, daß es auch zum Ansteigen des Lebensniveaus in den ärmeren Republiken und Regionen kam.

Dramatisch auch die Rückgänge in der industriellen Produktion, die zu einem nicht unbeträchtlichen Teil der verschärften Konkurrenz auf dem Weltmarkt zuzuschreiben waren. Zwischen 1990 und 1991 ging die Erzeugung von Industrieprodukten um ein Fünftel zurück. Das Realeinkommen sank um weitere 15 Prozent, womit es auf das Niveau der frühen 70er Jahre abgesackt war. Inflationsrate und Arbeitslosigkeit stiegen beträchtlich. Das für 1991 befürchtete und schließlich auch eingetretene Ausbleiben der Touristen aus dem nördlichen und westlichen Europa leerte die Staats- und Republikskassen zusätzlich. 30 Prozent aller Deviseneinnahmen – das hieß: fast 5 Mrd. US-Dollar – waren noch Mitte der 80er Jahre aus dem Geschäft mit den Sonnenhungrigen gemacht worden, wobei Kroatien davon mit 80 Prozent der Löwenanteil zufloß. Die Trennungstragödie ließ diesen Geldstrom versiegen.

In Serbien und Montenegro, wo die statistische Datenlage lange Zeit vergleichbare Zahlen lieferte, weisen Domaschke und Schliewenz in ihrem Buch „Spaltet der Balkan Europa?" für das Jahr 1993 einen offiziellen Arbeitslosenanteil von 25 Prozent aus. Das waren 750.000 Menschen, die in Folge der wirtschaftlichen Krise ihren Job verloren hatten; weitere 500.000 befanden sich mit gekürzten Gehältern auf Zwangsurlaub, ganz zu schweigen von den damals bereits 700.000 Flüchtlingen, die aus Kroatien und Bosnien gekommen waren und keine Beschäftigung fanden. Jens Reuter nimmt für „Rest-Jugoslawien" einen Anteil von 35 Prozent der Bevölkerung an, der 1993 unter der Armutsgrenze lebte. Die Lebenshaltungskosten stiegen zu diesem Zeitpunkt, als Jugoslawien bereits unter dem UN-Embargo litt, rasant. Ähnlich war die Lage in Makedonien, noch schlimmer – aufgrund des Krieges – in Kroatien und Bosnien.

Ein innerjugoslawischer Wirtschaftskrieg ging dem Schießkrieg voraus. Slowenien und Serbien boykottierten einander bereits seit 1989/90, gegenseitige Einfuhrverbote bestimmten die Wirtschaftspolitik; ehedem gemeinsam entwickelte Energiekonzepte, republiksübergreifende Zulieferungen im Industriebereich, ja letztlich sogar die Zolleinnahmen wurden zum Kampfmittel Nord gegen Süd, Süd gegen Nord, Republik gegen Republik. „Die verfeindeten Machthaber betrachteten die Wirtschaft von Anfang an als Mittel des gegeneinander geführten Kampfes, wobei die Schädigung des Gegners wichtiger schien als der eigene Nutzen", schrieb der Ökonom M. Lazić (vgl. Domaschke/Schliewenz, S. 27).

In dieser seit 1990 zunehmend unlösbaren wirtschaftlichen Situation, in der die Republiken den Staatshaushalt mehr oder weniger offen torpedierten, versuchte Ministerpräsident Ante Marković mit Hilfe ausländischer Kreditgeber eine Stabilisierungsmaßnahme nach der anderen. Sein Credo hieß: Sanierung des Staatshaushaltes, Eindämmung der Hyperinflation, Konvertibilisierung des Dinars. Doch die Sanierungsversuche endeten im Debakel: Der staatliche Sparkurs ließ die von der Krise erschütterten heimischen Betriebe im Regen stehen. Die zugleich verordnete Marktöffnung gab Jugoslawien dem scharfen Wind des internationalen Wettbewerbs preis, der sich im Lauf des Jahres 1990 zum Orkan steigerte. Innerhalb von wenigen Monaten verordnete Marković eine radikale Importliberalisierung. Waren 1989/90 nur 15 Prozent aller Importe zoll- und bewilligungsfrei, so existierten Mitte 1991 so gut wie keine Beschränkungen mehr. Die totale Marktöffnung hatte verheerende Folgen für sämtliche jugoslawischen Produktionsbetriebe.

Dumping-Waren aus Südostasien und Westeuropa überschwemmten die Geschäfte. Holländische Blumen, deutsche Gurken und eine Reihe anderer landwirtschaftlicher Billigprodukte bedrohten die Substanz der jugoslawischen Landwirtschaft. Im Jahr 1990 wurden landwirtschaftliche Güter um 900 Mio. US-Dollar exportiert und um 1,8 Mrd. US-Dollar importiert. Und das in einem traditionellen Agrarexportland. Unter dieser bei der Belgrader Jugend als „Kiwi-Zeit" bekannten brachialen Westöffnung kam es immer wieder zu Protestaktionen der Bauern. Einmal wurden von aufgebrachten Dörflern Landstraßen blockiert, ein anderes Mal leerten protestierende Bauern hektoliterweise Milch vor staatliche Ämter, um damit gegen die von IWF und Marković erzwungene Marktöffnung zu Felde zu ziehen. Marković hatte, unter dem Druck seines geistigen Mentors Jeffrey Sachs vom IWF, eine ganze Reihe von volkswirtschaftlichen Zerstörungen angerichtet: Zum Beispiel ließ er 1990 Billigmilch aus Ungarn importieren, eine weitere Provokation für die serbischen und bosnischen Bauern, die – ganz im Gegensatz zu Ungarn – kleinräumig wirtschafteten. Ähnlich hatte übrigens zur selben Zeit Polens Finanzminister Leszek Balzerowicz IWF-Forderungen exekutiert: In polnischen Regalen standen Anfang der 90er Jahre Milchprodukte aus Frankreich, woher sie – ironischerweise EU-preisgestützt – importiert wurden.

Die Belgrader Schaufenster waren Mitte 1991 voll mit West-Kaffee, Stereoanlagen aus Südkorea und Japan, Alkoholika aus Schottland usw. Slowenische, kroatische und serbische Produkte verschwanden demgegenüber aus den Regalen. Die Krise des Autoherstellers Zastava verdeutlichte das schier unauflösbare Strukturproblem, in das die jugoslawische Wirtschaft geraten war. Zastava produzierte an mehreren Standorten, Autoteile kamen aus Kroatien, Serbien und Slowenien. Der billigste und beliebteste Pkw zwischen Titograd/Podgorica und Ljubljana war ein gesamtjugoslawisches Produkt. Nun boykottierten einzelne Republiken die Auslieferung von Teilen, andere hoben dafür Exportzölle ein. Ausländische Kunden stornierten Pkw-Aufträge. Gleichzeitig kamen relativ billige südkoreanische und taiwanesische Autos ins Land. Daewoo-Taxis waren in Belgrad schon damals keine Seltenheit mehr. Während dem jugoslawischen Staat also das Devisengeschäft entging, wurde die Handelsbilanz immer negativer. Märkte schützen, hätte wohl in dieser Situation das oberste ökonomische Gebot geheißen. Ministerpräsident Ante Marković tat im Verein mit dem IWF das genaue Gegenteil. „Für den IWF gilt nur, daß das Budget saniert wird", klagte damals der jugoslawische Ökonom und Akademiemitglied Kosta Mihajlović, „aber mit dieser Marktöffnung ist ja gerade das nicht zu gewährleisten." Dem Währungsfonds schob auch der serbische Außenhandelsminister und frühere IBM-Manager Slobodan Prohaska einen Gutteil der Schuld an der wirtschaftlichen und politischen Misere in die Schuhe: „Die radikale Öffnung der Märkte ist unsinnig, weil wir so ganz sicher nicht zu unserem Geld kommen, um die Schulden zurückzahlen zu können", meinte er im Juni 1991 gegenüber dem Autor.

Der stetig steigende Druck des IWF, der zu einer raschen Verarmung der Bevölkerung beitrug, bewegte die Regierung der serbischen Republik mit ihrem Präsidenten Slobodan Milošević dazu, an Mindesterrungenschaften sozialistischer Existenzgarantien festzuhalten, wie sie in den Jahrzehnten nach 1945 aufgebaut worden waren. Den mit politischen Parolen gewürzten Widerstand in den Straßen von Belgrad im März 1991 schlug die Regierung noch gemeinsam mit der Bundesarmee nieder. Die ins nationale Aufbegehren gewendeten sozialen Proteste konnte oder wollte Milošević nicht unterdrücken; sie boten ihm das gesellschaftliche Potential für seine politische Machterhaltung. Deshalb wurde er in der Folge zum Feindbild Washingtons, welches vorerst in der Inkarnation von Weltbank und Währungsfonds, später in Form von NATO-Kampfflugzeugen auftauchte und Jugoslawien in seiner Staatlichkeit und Territorialität vernichtete. Bereits Ende 1990 begann die serbische SPS, die von den Bundesorganen unter Ante Marković vorangetriebenen ultraliberalen Wirtschaftsreformen zu boykottieren.

Von der Schuldenfalle zum Banknotendrucken

„Waren, Kapital und Arbeit müssen sich überall in Europa frei bewegen können ... Gesetze, welche die Rolle des Marktes unterdrücken, bedürfen einer Deregulierung", meinte der neue Ministerpräsident Ante Marković anläßlich seiner Antrittsrede Anfang 1989. Wie radikal die vom IWF geforderte Kapitalisierung einer bis dahin im wesentlichen vergesellschafteten bzw. in Teilen subsistenten Gesellschaft gedacht war, zeigte sich bereits in den ersten Maßnahmen der von Jeffrey Sachs ausgearbeiteten Programme. Im Lauf des Jahres 1989 ließ die gesamtjugoslawische Regierung eine Hyperinflation in der Höhe von 1.000 Prozent ins Land ziehen, was die jahrelang angesparten Dinar-Sparguthaben der Bevölkerung mit einem Schlag entwertete. Die Hyperinflation diente zur Abschöpfung jener Geldmengen, die im neuen, konvertibel ausgerichteten System auch in ihrer Nachfragefunktion nicht mehr gebraucht würden. Man konnte selbiges nach 1989 in fast allen „Reformstaaten" beobachten. Nicht dollarisierbare Geldmengen waren für den Weltmarkt insofern gefährlich, als Investitionen oder Importe in ein Land ohne entsprechende Dollar- bzw. DM-Konvertibilität keinen kapitalistischen Sinn ergaben. Deshalb mußten die angesparten Werte der Bevölkerungsmehrheit enteignet werden. Gegen ein solches Schockprogramm wandte sich die serbische Führung mehrmals, um – wie es in den entsprechenden Depeschen an die Bundesbehörden hieß – „die Verarmung der Massen zu stoppen". Vergebens.

Das erste Halbjahr 1990 war dann von einem rigorosen Stabilisierungsprogramm geprägt, das Löhne wie auch Preise amtlich einfror und den Dinar in ein festes Verhältnis zur DM zwang. Dieser „Konvertibilitätspakt" wies alle Eckpfeiler einer veritablen Schocktherapie auf: restriktive Geldpolitik mit Budgetsanierung, Abbau von Subventionen und Sozialleistungen, Öffnung der Märkte für ausländische Anleger sowie einen Plan zur Kapitalisierung vergesellschaftet gewesener Betriebe. Dafür sollte es einen weiteren Beistands-Kredit der Weltbank geben, nachdem sich IWF und „Pariser Club" der staatlichen Gläubigerbanken noch im August 1989 geweigert hatten, über Umschuldungen zu verhandeln. Die Umsetzung des Austeritätsprogramms war eine Voraussetzung für den Erhalt einer weiteren Kredittranche; die „Zerschlagung des gesellschaftlichen Sektors und der sozialistischen Selbstverwaltung" mußte, laut IWF-Diktion, parallel dazu vonstatten gehen.

Jugoslawien war bereits lange in den Fallstricken der internationalen Kreditgeberorganisationen gefangen. Anfang 1991 betrug der Schuldenberg gegenüber ausländischen Banken 16 Mrd. US-Dollar. In den 80er Jahren mußten damals noch kommunistische Politiker – ähnlich dem Modell Ceaușescu in Rumänien – tiefgehende soziale Einschnitte tätigen, um den Schuldendienst, also Zinszahlungen und andere Obligationen, vornehmlich an US-Banken zurückzahlen zu können. Die stattliche Summe von 30 Mrd. US-Dollar floß zwischen 1981 und 1991 unter dem Titel „Schuldendienst" aus dem Land. Kapital ging (und geht) von Ost nach West.

In den ersten Tagen des Jahres 1991 setzte die serbische Regierung unter Milošević dem Marković-Sachs-Plan ein Ende. Schon seit geraumer Zeit war der gemeinsame Staatshaushalt von Slowenien und Kroatien boykottiert worden. Slowenien weigerte sich, die Zolleinnahmen aus den Grenzstellen abzuliefern; es verfügte mit dem geographischen Monopol, alle nach Westeuropa führenden Straßen und Bahnübergänge auf seinem Territorium zu wissen, diesbezüglich über ein gewichtiges Druckmittel. Und Kroatien hob zu jener Zeit von bosnischen und serbischen Abnehmern interne Abgaben auf Erdöllieferungen ein. Über den größten jugoslawischen Hafen Rijeka führte die Pipeline ins Land; der Aufschlag für den Weitertransport zu den Binnenrepubliken stellte in Wahrheit einen Exportzoll dar, der, wie die Slowenisierung der Zollpolitik, jegliche gesamtstaatliche Konzeption unterlief. Bereits 1983 hatte Ljubljana offiziell alle seine Zahlungen an den „Fonds für unentwickelte Gebiete Jugoslawiens" eingestellt. Mit Hinweis auf die hohen Kosten, die Regionen wie der Kosovo verursachen würden, hatte sich Slowenien aus der jugoslawischen Regionalpolitik zurückgezogen.

Beträchtliche Mitverantwortung für die ökonomische Desintegration der letzten gemeinsamen jugoslawischen Jahre lag auch bei der serbischen Regierung. Ab Anfang 1990 belastete Belgrad slowenische Waren mit einem Importzoll und betrachtete damit – nach dem Auszug der slowenischen Vertreter aus dem Bund der Kommunisten am 14. Januar 1990 – die nördlichste Teilrepublik ökonomisch als Ausland. Um den Besitz erfolgreicher Exportfirmen wie den Küchengerätehersteller Gorenje spielten sich dramatische Szenen ab. Belgrad scheute nicht davor zurück, zum Mittel der Enteignung zu greifen. Als zur Jahreswende 1989/90 der Sanierungsplan des Ante Marković beschlossen wurde, dessen Schlagworte Liberalisierung, Deregulierung und Konvertibilisierung des Dinar lauteten, führten die monetaristischen Reformen mit ihrer Verknappung der Geldmenge kurzfristig tatsächlich zu einer Konvertibilität der Landeswährung. Der Dinar sollte für ein halbes Jahr im fixen Verhältnis von 7:1 zur DM stehen. Das spontane Vertrauen selbstverwalteter Betriebe, aber auch privater Personen in diese vermeintliche Stabilität brachte viel Geld in die Banken. Vladimir Gligorov, der Balkan-Spezialist des Wiener Institutes für Internationale Wirtschaftsvergleiche (WIIW), schätzt die damals „von der Straße geholten" Reserven auf 11 Mrd. Dollar, die plötzlich verfügbar waren. Die dezentrale Struktur des Landes erlaubte es den seit Frühjahr 1990 an der Macht befindlichen nationalen Regierungen, allen voran Tudjmans HDZ, per Zugriff auf die kroatische und slowenische Nationalbank die frisch angehäuften Reserven zu requirieren. Serbien kam in diesem Rennen um Dinar und Dollar zu kurz.

Vor diesem Hintergrund eines voll entbrannten Wirtschaftskrieges zwischen den Republiken holte Serbien zum großen Schlag aus. Unmittelbar nach dem orthodoxen Weihnachtsfest bemächtigte sich Milošević der Notenbank der Bundesrepublik und ließ für umgerechnet 1,8 Mrd. US-Dollar Dinar drucken. Damit wurden in den folgenden Tagen ausständige Löhne von Staats- und Gemeindebediensteten – Soldaten, Lehrern, Ärzten, Krankenschwestern – ausbezahlt. Dem IWF-Sanierungsplan, der ja gerade auf der Geldverknappungspolitik und den Lohnkürzungen beruhte, war damit der Todesstoß versetzt. „Bankraub" und „Falschgeld-Skandal" riefen slowenische und kroatische Politiker. Westliche Finanzblätter titelten mit empörten Losungen: „Entmachtung der Nationalbank" und „Serbiens Selbstbedienungssozialismus" hieß es beispielsweise in der „Neuen Zürcher Zeitung", die den Zugriff der serbischen Autoritäten auf die Notenbank scharf kritisierte. Daß ein solcher technisch überhaupt möglich war, lag an der Struktur der seit ihrer Gründung nicht unabhängig funktionierenden Notenbank. Große Unternehmen und Republiken fühlten sich de facto als Eigentümer der Banken, auch der Notenbank. Sie waren es noch aus sozialistischen Zeiten gewohnt, eintretende Verluste früher oder später von Bankseite her abgedeckt zu bekommen. Insofern hatte die Praxis, die Notenpresse einzuschalten, Tradition. Der versuchte „Konvertibilitätspakt" des IWF war mit einer solchen Praxis freilich nicht kompatibel.

Die inflationsanheizende Maßnahme von Slobodan Milošević, in Krisenzeiten auf die Druckerpresse der Notenbank zurückzugreifen, noch dazu ohne jede Rücksprache mit IWF-Washington, stempelte ihn zum Feind der freien Marktwirtschaft. Damals, im Januar 1991, mag im Westen jener Meinungsumschwung vorbereitet worden sein, der letztlich zur Isolierung Serbiens und zur Zerstörung Jugoslawiens geführt hat. Jeffrey Sachs jedenfalls übersiedelte von Belgrad nach Laibach, offensichtlich, weil sein Zwangssanierungsprojekt in ganz Jugoslawien nicht mehr durchsetzbar schien und er von nun an auf die nördlichen Teilrepubliken setzte. 1992 wurde die Mitgliedschaft Jugoslawiens bei IWF und Weltbank – bis Mai 2001 – „eingefroren", weil man sich zwischen den Republiken nicht über die Verteilung der Schulden und des Eigentums einigen konnte. Dies hinderte allerdings Washington nicht daran, Kroatien und Slowenien in die internationalen Finanzklubs aufzunehmen.

„Mr. Baker, Mr. Baker ..."

Freitag, 21. Juni 1991, 15 Uhr. Im Belgrader Palast der Föderation tummeln sich zirka 50 Fotografen und Kamerateams. Der Mann vom Security Check prüft alle technischen Geräte, bevor er die Journalisten einläßt. Für die Anerkennung meines Fotoapparates als Fotoapparat muß ich im Extrazimmer Blitzlicht und Auslöser betätigen. Das wohltönende „Klick" macht den Sicherheitsbeamten zufrieden, er wendet sich dem ORF-Kamerateam zu.

Einige Minuten vor 15 Uhr 30 öffnet sich der slowenische Saal, nach kurzer Belehrung in serbokroatischer Sprache stürmen die 50 Bildreporter über die Türschwelle in das holzgetäfelte Zimmer. Auf zwei Fauteuils sitzen der slowenische Präsident Milan Kučan und US-Außenminister James Baker, Wachsfiguren gleich. Kučan versucht sich ein lockeres Lächeln abzuringen, Baker verzieht keinen Mundwinkel. Die schnellsten Kamerateams stehen unmittelbar hinter einer achtlos gezogenen Kordel, die den Abstand Objekt/Fotograf markiert. Jeder Schritt darüber hinaus wird von US-Bodyguards mit rüdem Zurückstoßen beantwortet. Nach zwei Minuten ist der Spuk vorbei. Zirka zehn Sicherheitsbeamte treiben die Journalisten wie eine Herde aus dem Saal, der nun zum Besprechungszimmer der Weltpolitik wird. Nach 35 Minuten wiederholt sich das Ritual. Diesmal sitzt der serbische Präsident Slobodan Milošević neben Baker, Ort des Geschehens ist nun der serbische Saal des Palastes der Föderation. Nach Milošević folgt Tudjman. Bei der abschließenden Pressekonferenz habe ich den Dreh heraußen: erste Reihe, ständig von hinten Richtung Kordelabsperrung gedrängt. Diesmal ist es allerdings umgekehrt. Nicht Baker sitzt bereits, bevor die Meute den Saal stürmt, sondern die Meute steht und rückt, bevor Baker eintritt. 40 Minuten läßt er auf sich warten. Ich bewundere die lebensgroße Tito-Statue, die schon Jahre in derselben Position verharrt. Mir tun bereits nach einer halben Stunde die Füße weh. 21 Uhr. Der jugoslawische Außenminister Budimir Lončar, Baker und eine zwanzigköpfige Expertenschar betreten – von Sicherheitspersonal eingekreist – den Raum. Kurze Ansprachen am Rednerpult. „Wir wollen nicht, daß sich die Geschichte für Jugoslawien wiederholt", spielt Baker auf die zwei Weltkriege an, an deren Ende die Geburtsstunde eines jeweils neuen Jugoslawien stand. „Wenn sich Slowenien in einigen Tagen unabhängig erklärt, werden wir diese Erklärung nicht anerkennen." „Mr. Baker, Mr. Baker", fallen ihm gegen Ende seines Statements zirka zehn bis zwölf JournalistInnen gleichzeitig ins Wort. Gnädig deutet er auf eine jugoslawische Kollegin. Ihre Frage ist längst beantwortet. Ob Baker optimistisch sei in bezug auf die Jugoslawien-Krise, will eine französische Journalistin vom Weltaußenminister erfahren. Der weicht aus. Drei Minuten später sitzen die Kollegen hinter ihren Laptops oder Lenkrädern, unterwegs für die Spätnachrichten. Bizarre journalistische Innenwelt.

Draußen, in der zweiten Wirklichkeit, beginnt fünf Tage später der Kampf der Völker. Im Vielvölkerstaat Jugoslawien ein grausamer Kampf. Titos Föderalismus ist mausetot.

Sloweniens Kampf um Eigenstaatlichkeit

Am 25. Juni 1991 spätabends beschlossen Zagreb/Agram und – ganze kurze Zeit danach – Ljubljana/Laibach mit indirekter Rückendeckung Deutschlands und Österreichs einseitig die Unabhängigkeit ihrer Teilrepubliken. Der jugoslawische Ministerpräsident Marković, wirtschaftspolitischer Gegenspieler des serbischen Führers Milošević, nahm diese Erklärung nicht zur Kenntnis und befahl der Volksarmee die Sicherung der Staatsgrenzen. Von slowenischen Bürgerwehren besetzt gehaltene Zollstationen wurden daraufhin von der Volksarmee angegriffen. Nach wenigen Tagen Zoll- und Grenzkrieg, in dem die slowenischen Paramilitärs über 1.000 jugoslawische Soldaten gefangennahmen, zog sich die Armee in die Kasernen zurück. Jugoslawien war kein Staatsganzes mehr.

Die Medien der westlichen Welt, insbesondere jene in Deutschland und Österreich, verurteilten das Vorgehen der Bundesregierung. Ironischerweise hatten in jenen Tagen mit Ministerpräsident Marković und Außenminister Lončar zwei kroatischstämmige Politiker die entscheidenden jugoslawischen Positionen inne.

Der spätere Serbenhaß äußerte sich im Sommer 1991 in deutschen Landen noch als Haß auf Gesamtjugoslawien. Die Unterstützung der Sezessionisten speiste sich ökonomisch aus dem Wunsch nach einer praktizierbaren Erweiterung des deutschen Einflußbereichs (sowie insgeheim einer erhofften touristischen Germanisierung Istriens nach dem Vorbild Mallorcas), religiös aus der uralten weströmischen Verbundenheit mit Kroaten und Slowenen sowie aus der zivilgesellschaftlichen Sprachgebärde, den ethnisch-national motivierten Widerstand gegen die zentrale Staatsgewalt als Selbstbestimmung zu interpretieren. Gerade letzteres bewirkte in der Folge einen verheerenden, kriegstreiberischen Effekt, der auch heute – nach zehn Jahren Krieg und Zerstörung – in den westeuropäischen Gesellschaften noch nicht als solcher erkannt worden ist.

Bereits Mitte der 80er Jahre traten slowenische Nationalisten auf den Plan, die – etwa zeitgleich mit dem berühmten Memorandum der serbischen Akademie der Wissenschaften – auf nationale Unabhängigkeit drängten. Im Oktober 1984 beschloß die geeinte politische Führung in Ljubljana Schritte gegen die jugoslawische Volksarmee. Verteidigungsminister Veljko Kadijević schreibt darüber in seinem 1993 auf serbokroatisch erschienenen Buch „Meine Vision vom Zerfall". Demnach wurde schon damals slowenischerseits ein Plan ausgearbeitet, wie der letzte starke Überrest einer gesamtjugoslawischen Identität – die Volksarmee – föderalisiert werden sollte. Die entscheidende Rolle bei der angestrebten Zerschlagung der bewaffneten Zentralmacht kam der slowenischen Parteijugend zu; ein geschickter Schachzug, konnten doch die alten, zu Nationalen konvertierten KP-Kader damit rechnen, daß Jugendliche schon aus sehr persönlichen Interessen gegen das Heer Sturm laufen würden. Und so kam es auch. 1988 forderte man dann in Laibach offen den Rückzug der Armeekommandantur sowie die Gründung einer eigenen Truppe auf Republiksebene.

Rund um die Jugendzeitschrift „Mladina" hatte sich bereits eine Gruppe von Nationalisten gebildet, die ihren Hauptfeind in der jugoslawischen Volksarmee ausmachte. Ihre Leitfigur war der spätere slowenische Verteidigungsminister Janez Janša. Im Mai 1988 veröffentlichte „Mladina" unbestätigte Gerüchte, denen zufolge ein Einsatz der Volksarmee gegen die slowenische Teilrepublik unmittelbar bevorstand. Ein Unteroffizier stellte entsprechende Materialien bei, die nie geprüft worden waren. Nachdem Unteroffiziere in aller Regel keinen Überblick über große strategische Planungen besitzen, muß man davon ausgehen, daß Janša und seine Freunde mit der Veröffentlichung dieser Anschuldigungen eher eine Provokation Belgrads im Sinn hatten. Schon zuvor war Jugoslawien in der Zeitschrift „Nova revija" brüskiert worden. 1987 erschien eine Sondernummer zur Frage der slowenischen Eigenstaatlichkeit. Proteste aus Belgrad blieben unbeantwortet. Statt dessen wurden die slowenischen Attacken gegen die Zentrale immer heftiger.

Die Person Janez Janša spielte bei der Lostrennung Sloweniens vom Staatsganzen eine undurchsichtige und bis heute nicht geklärte Rolle. Als Chefredakteur der Jugendzeitschrift „Mladina" kämpfte er, ganz im Stil eines westeuropäischen Alternativbewegten, für die Einführung des Zivildienstes; drei Jahre später, mittlerweile zum slowenischen Verteidigungsminister befördert, zeichnete er für den Schießbefehl gegen die – unbewaffnete – Volksarmee verantwortlich; und kurze Zeit darauf verschwand er, von Korruptionsvorwürfen begleitet, von der politischen Bildfläche.

Parallel zur Radikalisierung im Inneren Sloweniens vollzog sich der Bruch der slowenischen KP mit den Kommunisten der anderen Republiken. Im September 1989 beschloß das Laibacher Parlament eine Verfassungsänderung, die die Möglichkeit eines einseitigen Austritts Sloweniens aus dem Staatsganzen vorsah. Damit war eine jugoslawische Verfassungskrise heraufbeschworen. Eine einseitige Abspaltung einzelner Teilrepubliken war in der föderativen Verfassung Jugoslawiens nicht vorgesehen. Im Januar 1990 zog die slowenische Delegation aus dem 14. Parteitag des Bundes der Kommunisten Jugoslawiens aus, nachdem ihr Antrag, das Land in einen losen Bund selbständiger Republiken umzuwandeln, gescheitert war. Kurz darauf, im April 1990, wurden die Kommunisten in Laibach von der Macht abgewählt; eine christlich-konservative, national orientierte Parteienkoalition unter dem Namen „Demos" (Demokratische Opposition) stellte mit Lojze Peterle den ersten postkommunistischen Ministerpräsidenten Sloweniens. Als Präsident blieb dem kleinen Land Milan Kučan, ein in der Wolle der Partei gefärbter, nun allerdings vom multinationalen zum nationalen gewandelter Politiker erhalten.

Die Sezession erfolgte Schlag auf Schlag. Am 23. Dezember 1990 rief die neue Regierung nach völkischer Zustimmung: 88 Prozent der Sloweninnen und Slowenen sprachen sich in einer Volksabstimmung für die Lostrennung von Belgrad aus, für einen Kleinstaat, der zwar ohne historischen Vorgänger auskommen mußte, aber dafür mit einer unklaren Zukunftsvision ausgestattet war: „Heim nach Europa", was immer damit gemeint war.

Zwischenzeitlich hatten die Laibacher Behörden auch im praktischen Umgang mit der postkommunistischen Demokratie Belgrad die Zähne gezeigt: Im Dezember 1989 verbot die örtliche Polizei kurzerhand eine von Serben angemeldete Demonstration in der nördlichsten Teilrepublik. „Aufklärung über die serbische Politik im Kosovo" wollten die Demonstranten laut Anmeldungstext betreiben; ähnliche Manifestationen fanden überall im Land statt, dem serbischen Nationalgefühl wurde dabei breiter Raum gegeben und Slobodan Milošević als Vater der serbischen Erneuerung gefeiert. In Slowenien wollten die politisch Verantwortlichen von „serbischen Berufsdemonstranten", wie sie die zu erwartenden Manifestanten verächtlich nannten, nichts wissen; ganz nach dem Motto: Wenn schon Nationalismus, dann der unsere.

Am Abend des 25. Juni 1991 war es dann soweit. Das slowenische Parlament beschloß die Unabhängigkeitserklärung – gegen den Willen der jugoslawischen Zentrale, gegen den ausdrücklichen Wunsch der USA und gegen die Empfehlung der Europäischen Gemeinschaft.

Der Zoll- und Grenzkrieg

Am Morgen des 26. Juni 1991 wechselten Mitglieder der slowenischen Territorialverteidigung die Schilder an den Grenzübergängen zu Österreich, Ungarn und Italien aus und besetzten die Grenzstationen. Anstelle von „Sozialistische Föderative Republik Jugoslawien" wurden nun Emailtafeln mit der Aufschrift „Republik Slowenien" montiert. Nur einen Tag später, um vier Uhr früh, rückten jugoslawische Einheiten aus ihren Kasernen aus, um die Hoheit über die Zollstationen wieder zu erlangen. Dramatische Stunden hielten die Welt in Atem.

Am österreichisch-slowenischen Grenzübergang in Radkersburg/Gornja Radgona sah die jugoslawische Tragödie ihre ersten Menschenopfer. Der ORF war live dabei, als eine Gruppe von sechs oder sieben Volksarmisten, mit erhobenen Armen und weißer Fahne, um die Ecke des von slowenischer Territorialverteidigung in Beschlag genommenen Zollhauses bog. Teilweise mit nacktem Oberkörper und gänzlich unbewaffnet, hatten sie sich offensichtlich bereits ergeben, als eine Maschinengewehrsalve in die Gruppe fuhr. Zwei jugoslawische Soldaten fielen vornüber ins Gras. Der TV-Sprecher kommentierte knapp und sarkastisch, daß dieses Friedensangebot wohl gescheitert sei. In den Spätnachrichten wurde die Sequenz gekürzt wiederholt. Während allerdings im Live-Krieg am Nachmittag eindeutig zu sehen war, daß hier slowenische Territorialstreitkräfte wehrlose Soldaten der Volksarmee, die die Hände erhoben hatten, be- und erschossen, blieben am Abend Täter wie Opfer medial anonym, unbenannt.

„Die Soldaten der Bundesarmee hatten weder einen Schießbefehl noch die zum Schießen erforderliche Munition", stellte der Balkanexperte und Einsager der deutschen Bundesregierung, Jens Reuter, in seinem Bericht an das Bonner Parlament klar. Niemand in der jugoslawischen Generalität hatte daran gedacht, daß sich die Einnahme der Grenzstationen – und um die ging es am 27. Juni 1991 – zu einer kriegerischen Auseinandersetzung entwickeln würde. Deshalb waren 2.000 Soldaten von der in Slowenien stationierten Jugoslawischen Volksarmee ohne Munition zu den Grenzübergängen kommandiert worden, um die Slowenen zur Übergabe der Zollstellen zu bewegen. Sämtliche Bewegungen der jugoslawischen Armee waren dem slowenischen Verteidigungsministerium bekannt, weil slowenische Offiziere die Aufmarschpläne weitergegeben hatten; was wiederum die jugoslawische Generalität wußte, ohne daraus die entsprechenden Konsequenzen zu ziehen.

Meldungen vom heldenhaften Sieg des „David" Slowenien gegen den „Goliath" Jugoslawien entbehren also jeder Grundlage. Daß sie bis heute nicht nur in Laibach lanciert werden, soll den Mythos von der nationalen Geburt Sloweniens nähren helfen. Tatsächlich hatte sich das von keinem Staat der Welt anerkannte Slowenien der jugoslawischen Grenzkontrollstellen auf dem Territorium seiner Republik bemächtigt. Offensichtlich auf Befehl Laibachs wurde scharfe Munition ausgegeben, insgesamt mehr als 50 unbewaffnete jugoslawische Soldaten wurden getötet, Kasernen der Volksarmee von der Außenwelt abgeriegelt, ein Versorgungshubschrauber abgeschossen und die Grenzstellen besetzt gehalten. Als daraufhin General Veljko Kadijević MiG-Bomber gegen die Grenzstationen und den Laibacher Flughafen einsetzte, trat sofort der slowenische Präsident Milan Kučan auf den Plan und handelte einen Waffenstillstand aus. Innerhalb von sieben Tagen war der kriegerische Spuk zu Ende. 60 Tote, 150 Verletzte und 1.700 gefangene jugoslawische Soldaten, so lautete die traurige Bilanz.

Sogar österreichische und deutsche Fernfahrer, die zufällig im ehemaligen Krain unterwegs waren, beteiligten sich an der Ausschaltung der jugoslawischen Volksarmee, ohne daß dies im Westen einen Sturm der Entrüstung ausgelöst hätte. Im Gegenteil – sie wurden vor laufender Kamera als Helden der Befreiung gefeiert. So etwa der aus Stainz stammende 40jährige Stefan Sp., der voll Stolz am Grenzübergang Spielfeld berichtete, von der slowenischen Miliz eine Maschinenpistole erhalten zu haben. „Sie gaben mir eine MP, und dann ging es richtig los", ließ der Steirer verlauten. „Gemeinsam mit slowenischen Territorialstreitkräften wurde ein Panzer der Bundesarmee überwältigt, es wurden vier Gefangene gemacht." Der TV-Interviewer war sichtbar stolz, einen echten Krieger gefunden zu haben, einen, der es den Serben so richtig gezeigt hatte.

Auf diplomatischem Parkett suchte die Brüsseler Außenminister-Troika, bestehend aus dem holländischen, dem luxemburgischen und dem italienischen Chefdiplomaten, eine Stabilisierung der angespannten Lage. Bereits am 7. Juli 1991 war die „Deklaration von Brioni" unterschriftsreif. Laibach, Agram und Belgrad hatten sich darauf geeinigt, die Unabhängigkeitserklärungen der nördlichen Republiken auf drei Monate auszusetzen. Die Volksarmee sollte Slowenien verlassen, UN-Beobachter zogen in Laibach ein. Das jugoslawische Staatspräsidium stimmte am 18. Juli dem Truppenabzug aus Slowenien zu, nur der kroatische Vertreter Stjepan Mesić sprach sich dagegen aus. Er forderte einen gleichzeitigen Abzug der Truppen aus Kroatien. Es sollte – abgesehen vom kaum ernstgenommenen Alleingang Litauens – bis zum 23. Dezember 1991 bzw. bis zum 15. Januar 1992 dauern, daß Slowenien und Kroatien von Deutschland und Österreich bzw. von den übrigen EG-Staaten internationale Anerkennung zuteil wurde. Schon am 13. August 1992 zog Belgrad nach und erkannte Ljubljana und Zagreb als frischgekürte europäische Hauptstädte an. Bis dahin floß allerdings – in Kroatien – noch viel Blut.

Das Mißverständnis von der nationalen Selbstbestimmung

Ideologisches Kernstück der jugoslawischen Desintegration bildete die These vom Selbstbestimmungsrecht der Völker, die ohne jedes kritische Hinterfragen als Recht zur Errichtung eines eigenen, ethnisch möglichst homogenen Nationalstaates postuliert wurde. Im gesellschaftlichen Milieu des Balkans – das wußte jeder, der es wissen wollte – konnte diese Zielvorstellung nur in den Krieg führen. Wo 30 und mehr Völkerschaften auf engstem Raum miteinander leben, ist die Volkszugehörigkeit als Kriterium für eine territoriale Einheit ein Unding. Selbstbestimmung in ihrer rein nationalen Ausprägung, die noch dazu den Wunsch nach territorialer Exklusivität beinhaltete, war letzlich der Treibriemen für ein bislang zehnjähriges Völkermorden in der Region. Ideologisches Vorbild dafür stellten die Assimilationsprozesse dar, die im Westen des Kontinents im Zuge der bürgerlichen Revolutionen zur Herausbildung von ethnisch homogenen Staatsnationen geführt hatten; auch hier verliefen sie, wie die Beispiele der Bretonen, der Korsen, der Basken oder der Iren zeigen, keineswegs ohne Zwangs- und Gewaltanwendung.

Vorbilder für ethnische Homogenisierungen, Umsiedlungen oder gewaltsame Vertreibungen gibt es in der Geschichte viele. Von der Ausrottung der Armenier in der Türkei, der türkisch-griechischen Umsiedlungsaktion im Jahr 1923 bis zu den Vertreibungen der 12 Millionen Deutschen aus Osteuropa im Gefolge des Zweiten Weltkrieges oder den Massakern an den guatemaltekischen Indianern in den 80er Jahren kann allein das 20. Jahrhundert schreckliche Geschichten erzählen. Die menschheitsgeschichtlich größten, brutalsten und gleichzeitig perfektesten ethnischen Säuberungen sind allerdings aus den Siedlergesellschaften des weißen Mannes zu vermelden, aus Nordamerika und Australien. Dort wurde jeweils ein ganzer Kontinent gesäubert, um den weißen Neusiedlern Platz zu schaffen. Im Heimatland der meisten NATO-Generäle gilt die ethnische Säuberung Amerikas – glaubt man an die Kraft der Bilder im Filmgenre des „Western" – bis heute als heldenhaft und identitätsbildend. Die US-Hauptstadt Washington trägt nach wie vor den Namen eines der erfolgreichsten ethnischen Säuberer, George Washington, der als General und später als Präsident zahlreiche Indianerstämme von der ethnischen Landkarte strich. Wie unglaubwürdig müssen multikulturelle Appelle US-amerikanischer Politiker aus jenem Washington in balkanischen Ohren klingen!

Die einfache Formel von der Anerkennung neuer Nationalstaaten als Mittel zur Verhinderung von Bürgerkrieg in Jugoslawien hat sich – soviel kann nach der jugoslawischen Tragödie im nachhinein niemand bestreiten – als kriegstreiberisch erwiesen. Ohne daß daraus allerdings bisher irgendwelche Konsequenzen gezogen wurden.

Zudem haben Regierungen und Oppositionen in deutschen Landen von Anfang an den Nationalismus geschürt, indem sie gute und schlechte Nationalismen auseinanderdividierten. Serbisch wurde dabei von deutschen Medien und Politikern durchwegs mit denunziatorischen Adjektiven belegt, während slowenisch, kroatisch und – später – bosnisch sowie kosovo-albanisch einen sympathischen Klang erhielt. Daß dieser nicht lange anhalten wird bzw. im Fall von Kosovo-Albanien bereits von hörbaren Gegentönen getrübt ist, entspricht letztlich den wirtschaftlichen und geopolitischen Interessen im Westen, die positive und negative nationale Zuordnungen schnell und scheinbar mühelos wechseln können. Das wiederum unterstreicht die Instrumentalisierbarkeit der nationalen Frage.

Titos Kampfgefährte, Milovan Djilas, sollte recht behalten. Im Juli 1991, als die Debatte um das Für und Wider der staatlichen Anerkennung Sloweniens und Kroatiens in der Europäischen Union ihren Höhepunkt erreicht hatte, warnte er in der Wiener Tageszeitung „Die Presse": „Die Anerkennung der Unabhängigkeit von Slowenien und Kroatien durch Deutschland, Österreich oder andere Staaten wird direkt zu einem Bürgerkrieg in Jugoslawien führen. Dieser Krieg würde von unvorhersehbarer Dauer sein und könnte, so fürchte ich, durch die Intervention internationaler Organisationen oder das Eingreifen der Großmächte nicht gestoppt werden." Der aus Montenegro stammende Politiker und Philosoph, der auch als Schriftsteller Weltruhm erlangt hat, gehörte bis 1954 zum engsten Kreis um Staats- und Parteiführer Tito; sein Buch „Die neue Klasse" machte ihn zum Dissidenten. Mehrere Jahre verbrachte Djilas in jugoslawischen Gefängnissen, bis er 1966 begnadigt wurde. Auch dem Autor gegenüber äußerte sich die graue Eminenz des Titoismus im Juni 1991 äußerst pessimistisch über die Zukunft des Landes. Der Nationalismus habe, so Djilas, überall den Kommunismus überlebt, auch deshalb, weil es in Jugoslawien keine Mittelklasse gegeben habe. Direkt prophetisch dann Mitte Juli 1991 sein Entwurf eines Zukunftsszenarios in „Die Presse": „Die Sezession Kroatiens würde einen Aufstand der serbischen Minorität zur Folge haben. ... Es würde daraufhin zu einem Krieg zwischen den Teilstaaten kommen – Kroatien auf der einen Seite, Serbien und Montenegro auf der anderen. Und was noch schlimmer und schrecklicher ist: Der Krieg in Bosnien und Herzegowina würde auch ein Religionskrieg sein ..." Auch das Kosovo-Drama war, folgt man Milovan Djilas, vorhersehbar: „Ein Krieg in Bosnien bedeutet Massaker auch an der Zivilbevölkerung. Das wiederum könnte die Initialzündung für einen Aufstand der Kosovo-Albaner gegen Jugoslawien sein."

Nationale Selbstbestimmung mit dem Ziel von Eigenstaatlichkeit konnte nur in die jugoslawische Katastrophe führen. Die deutschländischen Anerkennungspolitiker von Wien bis Bonn wollten davon nichts wissen und nahmen bewußt den Bürgerkrieg in Kauf. Ein tatsächliches Schüren des jugoslawischen Bürgerkrieges wirft Veljko Kadijević, der letzte gesamtjugoslawische Verteidigungsminister, vor allem den Deutschen vor. Schon in den 80ern, so Kadijević in seinem Buch „Meine Vision vom Zerfall", strotzte der bundesdeutsche Militärgesandte in Belgrad nur so vor Serbenhaß. Sprüche wie „serbische Schweine" oder „Nur ein toter Serbe ist ein guter Serbe" machten im – offensichtlich gut belauschten – Botschaftsgebäude der BRD die Runde. Kadijević weiter: „Deutschland bemühte sich nicht um eine friedliche Lösung, sondern um den Bürgerkrieg, auf daß sich die Völker Jugoslawiens nie wieder werden einigen können. Es ist nicht auszuschließen, daß Deutschland sogar später auf dem Balkan herrscht", schrieb der General 1993. Für viele mögen solche Voraussagen zu jener Zeit verschwörungstheoretisch geklungen haben. Nur sechs Jahre später allerdings standen deutsche Truppen in Makedonien, Albanien und im Kosovo, bereit zum Einmarsch in Montenegro. Djilas und Kadijević, so unterschiedlich sie auch im innerjugoslawischen Diskurs politisch Position bezogen, behielten mit ihren Warnungen recht. Der slowenische Separatismus sollte zum Schlüssel für die westeuropäische und US-amerikanische Osterweiterung in diesem Raum werden, der Auftakt für ihre militärische, politische und wirtschaftliche Präsenz auf dem Balkan.

Der deutsch-österreichische Sündenfall

„Anerkennung oder Krieg" hieß die politische Devise, die von Deutschlands CDU/CSU/FDP-Regierung wie auch von den österreichischen Konservativen und Grünen jener Tage in die Welt hinausposaunt wurde. Der Sommer 1991 war außenpolitisch vom Thema der staatlichen Anerkennung Sloweniens und Kroatiens geprägt. Die Wirklichkeit zeigte allerdings sehr bald, daß der Slogan „Anerkennung oder Krieg" keine Alternative in sich barg, sondern nur die Beschreibung der historischen Abfolge darstellte: Erst Anerkennung, dann Krieg.

Zur gesellschaftlichen Konsensbildung in der nationalen Frage wesentlich beigetragen haben die Grünen. So wie im Frühjahr 1999 die BRD-Minister Joseph Fischer, Jürgen Trittin und andere den NATO-Bombeneinsatz gegen Jugoslawien akzeptierten und damit Krieg als politisches Mittel zur Lösung von Konflikten in der Generation der 68er gesellschaftsfähig machten, waren die Grünen bereits im Frühjahr und Sommer 1991 kriegstreiberisch, als sie die slowenischen und kroatischen Bestrebungen nach nationaler Eigenstaatlichkeit unterstützten.

Die Rolle der österreichischen Grünen ist dabei besonders bemerkenswert. Von den damals insgesamt acht grünen Parlamentsabgeordneten waren zwei kroatischstämmig, einer slowenischstämmig und die Fraktionsführerin mit einem Kroaten verheiratet. Nun mag man einwerfen, daß der Muttersprache in aufgeklärten Kreisen wohl keine politische Bedeutung beigemessen werden dürfe. Mag sein; der ethnisch-nationale Traum hat die grüne Fraktion jedenfalls erfaßt. Bereits im Frühjahr 1991, als erste diesbezügliche parlamentarische Aktivität im Westen, forderte Grünabgeordneter Andreas Wabl die Anerkennung der bevorstehenden kroatischen und slowenischen Sezession. Sein klerikaler Kollege Karel Smolle von der Minderheit der österreichischen Slowenen hatte bereits damals enge Kontakte zur neuen national-konservativen Regierung von Lojze Peterle in Laibach geknüpft. Kurze Zeit darauf schied Smolle aus dem österreichischen Parlament aus und stieg zum slowenischen Botschafter in Wien auf. Ein weiterer Österreicher, der Adelige Janko Vranyczany, erhielt einen hohen kroatischen Staatsposten: er, sein Leben lang im Sold der österreichischen Tourismusindustrie, wurde nun kroatischer Tourismusminister. Und der ehemalige österreichische Generalkonsul in Zagreb, Johann Dengler, stieg zum persönlichen Berater von Franjo Tudjman auf.

Nach der Ausrufung der slowenischen Unabhängigkeit begann auch die Rechte für die Anerkennung der Eigenstaatlichkeit mobil zu machen. Am 17. September 1991 kam es auf Antrag von Jörg Haiders FPÖ zu einer parlamentarischen Sondersitzung in Wien, deren Ziel die sofortige Anerkennung Sloweniens und Kroatiens war. Doch noch fehlte der österreichischen Regierung das Placet aus Bonn; offiziell getrauten sich SPÖ und ÖVP keinen Vorstoß zu, obwohl ÖVP-Außenminister Alois Mock kaum verhohlen für die Anerkennung der Sezession der nördlichen jugoslawischen Teilrepubliken Stimmung machte.

Was de jure noch auf sich – besser gesagt: auf die EG-Gremien – warten ließ, war de facto längst Realität: Slowenien wurde wie ein unabhängiger Staat behandelt. Ministerpräsident Peterle, Außenminister Rupel und Parlamentspräsident Bučar gaben einander im österreichischen Bundeskanzleramt die Türklinken in die Hand, fast keine TV-Nachrichtensendung kam ohne Interview mit einem slowenischen Politiker aus – während jugoslawische Bundespolitiker oder gar serbische Führer nie ins Bild und schon gar nicht auf die Tonspur rutschten. Politik und Exekutive ließen auch martialische Auftritte von kroatischen Nationalisten auf Österreichs Straßen zu. So jene denkwürdige Demonstration am 3. August 1991, bei der 2.500 Schachbrett-Fahnen schwingende Kroaten auf dem Wiener Stephansplatz ihrem frisch gekürten Außenminister Zvonimir Šeparović zujubelten. „Kein Land für Frieden", schmetterte Šeparović ins Mikrophon, „nicht einen Zentimeter."

Nicht nur auf diplomatischem Parkett war die Anerkennung Sloweniens eingeleitet. Auch im handfesten Wirtschaftsbereich manifestierte sie sich. So unterzeichneten Mitte September der österreichische Wirtschaftsminister Schüssel und sein slowenischer Amtskollege, Energieminister Tomsić, ein Protokoll über eine enge Zusammenarbeit auf dem Energiesektor. Es ging dabei um die völlige „Neuordnung der Energiewirtschaft Sloweniens", wie das Arbeitspapier titelte. Der Ausbau der Kraftwerksprojekte an der Save stand im Mittelpunkt. Dafür wurde die Sava AG gegründet; ihr Geschäftsvolumen betrug umgerechnet 1 Mrd. DM. Österreich sollte daran zu 60 Prozent beteiligt sein. In Energiefragen war Slowenien mit diesem Abkommen zum 10. österreichischen Bundesland geworden.

Regierungsamtliche Drehscheibe für ständige Provokationen Belgrads und Rotor der gebetsmühlenartigen Wiederholung des Grundsatzes „Anerkennung oder Krieg" war der österreichische Außenminister Alois Mock. Er war es auch, der in einem beispiellosen Akt der Verhöhnung Jugoslawiens den slowenischen Politiker und späteren Außenminister Dimitrij Rupel in die österreichische KSZE-Delegation integrierte – wohlgemerkt: noch vor der Ausrufung der slowenischen Unabhängigkeit. Am 20./21. Juni 1991 tagte in Berlin die Konferenz für Sicherheit und Zusammenarbeit in Europa (KSZE) und diskutierte – mit Rupel als getarntem slowenischen Mitglied – über den Zerfall Jugoslawiens sowie dessen Ausschluß aus der KSZE, der kurz darauf erfolgte. Der sowjetische Außenminister Edvard Schewardnadse hatte seine Amtskollegen schon im Dezember 1990 davor gewarnt, den Zerfall Jugoslawiens zuzulassen, ansonsten völkische Wiedergeburten auch die Sowjetunion bedrohen würden. Seine Stimme wurde nicht gehört.

Wenige Tage später, anläßlich der kroatischen und slowenischen Unabhängigkeitsfeiern, reisten vier österreichische Landeshauptleute (in ihrer Position Ministerpräsidenten deutscher Länder vergleichbar) nach Ljubljana und Zagreb, um die Abspaltung von Belgrad zu feiern. Auch Wiens sozialdemokratischer Bürgermeister, der zum Jahrestag der deutschen Vergrößerung am Wiener Rathaus die schwarz-rot-goldene Fahne aufziehen ließ, war mit unter den ersten Gratulanten für das neue Kroatien.

Schon zuvor ging der konservative Abgeordnete Felix Ermacora, ein für die UNO arbeitender Völkerrechtsexperte, in Wien öffentlich mit der Idee hausieren, man möge Slowenien die Chance geben, sich als 10. österreichisches Bundesland der Donaurepublik anzuschließen. Laibach lehnte dankend ab.

Allerlei abstruse Vorstellungen über die Neuordnung auf dem Balkan kursierten. Österreichs Konservative und Grüne versuchten sich als Vorhut der deutschen Außenpolitik zu profilieren. Je radikaler ein Gesamtjugoslawien abgelehnt und je schwerer Belgrad brüskiert wurde, desto sicherer konnte man sich der Zustimmung in den Medien freuen.

Die medialen Lobbyisten für die Zerschlagung des Vielvölkerstaates in nationale Einheiten saßen in den führenden deutschen Blättern. FAZ, „Die Welt" und „Bild" trommelten mit der vermeintlichen Alternative „Anerkennung oder Krieg". Und wer wollte schon Krieg? Damals, im Sommer 1991, war er noch nicht populär. Als der „Spiegel" Anfang Juli 1991 mit dem Aufmacher „Völkergefängnis Jugoslawien: Terror der Serben" titelte, hatten sich die Eckpfeiler der deutschösterreichischen Außenpolitik im Medienwald endgültig verankert. Es war nur noch eine Frage von Zeit und Geld, bis die gesamte Europäische Gemeinschaft dem deutschen Weg folgen würde.

Der britischen Regierung kam Bonn in Fragen der Sozialcharta entgegen, die zu jener Zeit zu einer Grundsäule der Maastrichter Verträge hätte werden sollen. London wurde sozialpolitische „Autonomie" erlaubt. Und für die Empfängerländer Spanien, Portugal, Griechenland und Irland füllte sich auf wundersame Weise der Budgettopf mit Mitteln aus den Brüsseler Ausgleichsfonds. Westeuropa war also schnell ins deutsche Boot geholt. Zur Jahreswende 1991/92 konnte stolz verkündet werden: Europa hat zwei neue Staaten – Slowenien und Kroatien.

Kritik an der raschen und Belgrad bewußt isolierenden deutschen Anerkennungspolitik war Ende 1991 wenig zu hören. Stimmen aus der UNO wurden – wie später während des Bürgerkrieges auch – kaum veröffentlicht oder sogar verschwiegen. So erinnern sich heute nur noch wenige daran, daß UN-Generalsekretär Javier Pérez de Cuéllar als seine letzte Amtshandlung einen Appell an EG-Vermittler Lord Carrington richtete, alles zu unternehmen, damit Deutschland Kroatien nicht anerkenne, ansonsten „ein dramatischer Kampf um jugoslawische Territorien ausbrechen" würde. Erst nachdem Jahre später die Folgen der gesellschaftlichen Ethnisierung in Bosnien tragisch und teuer zu spüren waren, meldeten sich Kritiker, die hinter die weltpolitischen Kulissen jener Monate blicken ließen. Stellvertretend sei Richard Holbrooke genannt, Washingtons Sonderbeauftragter für Bosnien, der in seinen Memoiren den Durchmarsch der Deutschen in Sachen kroatischer Sezession zu Protokoll gibt: „Doch Genscher", schrieb Holbrooke im Jahr 1998, „schlug die Warnungen seiner alten Freunde in den Wind. Ganz untypisch ließ Deutschland seine Muskeln spielen. Auf dem entscheidenden Treffen der europäischen Außenminister Mitte Dezember des Jahres 1991 erklärte Genscher gegenüber seinen Kollegen, Deutschland werde, sollten die anderen EG-Staaten nicht mitziehen, Kroatien notfalls auch im Alleingang anerkennen ...“

Die siebte Republik

Überall im krisengeschüttelten Jugoslawien erhielten die nationalen Fliehkräfte politischen Rückenwind. Die serbische Nomenklatura unter Slobodan Milošević konvertierte 1989 beim Gedenken an den heldenhaften christlichen Widerstand gegen die Osmanen im Kosovo polje zur nationalen Kraft; in Kroatien und Bosnien erklommen Anfang der 90er Führer wie Franjo Tudjman und Alija Izetbegović die höchsten politischen Ämter; die beiden hatten wegen nationalistischer bzw. muslim-fundamentalistischer Umtriebe schon mehrfach Bekanntschaft mit Gefängniszellen gemacht; in Makedonien besann man sich der nationalen Eigenheiten; Sloweniens ökonomische Überlegenheit definierte die wirtschaftlich am höchsten entwickelte Region aus der balkanischen Brüderschaft hinaus; das Selbstbestimmungsrecht der albanischstämmigen Kosovaren war seit Jahrzehnten ausschließlich national definiert; und auch vor Montenegro und der Vojvodina machten regionalistische Fliehkräfte nicht halt.

Einzig die „siebte Republik", wie die jugoslawische Volksarmee immer wieder genannt wurde, kannte keine nationale Heimat. Der Soldat war Jugoslawe. Diese keineswegs unbekannte Tatsache wurde anläßlich der nationalen Begehrlichkeiten in Zagreb, Ljubljana und – später – Sarajevo schlicht ignoriert. Auch die westlichen Unterstützer der sezessionswilligen Kräfte machten sich über Zustand und Selbstdefinition der Armee offensichtlich keine Gedanken. Mit dem lapidaren Hinweis, die Mehrheit der hohen jugoslawischen Offiziere seien Serben, glaubte man eine ausreichende Analyse unternommen zu haben. Doch dies diente nur der Feindbildpflege.

„Die Streitkräfte der Sozialistischen Föderativen Republik Jugoslawien schützen die Unabhängigkeit, die Souveränität, die territoriale Gesamtheit und die durch die Verfassung festgelegte gesellschaftliche Ordnung ..." So steht es im Artikel 240 der jugoslawischen Verfassung. Ihr Eingreifen in sezessionistische Vorgänge war vorprogrammiert. Und es wurde auch offen diskutiert. So zum Beispiel auf einer von Verteidigungsminister Veljko Kadijević einberufenen Kommandeurskonferenz am 13. November 1990, deren Ergebnisse teilweise in der Zeitschrift „Europäische Sicherheit" nachgelesen werden können. Dort sind sich jugoslawische Generäle eindeutig ihrer historischen Verantwortung für den Fortbestand der Sozialistischen Föderation bewußt. Ihre Analyse der Weltlage erwies sich – nachträglich gesehen – als relativ zutreffend: Dem russischen Präsidenten Michail Gorbatschow unterstellte General Marijan Čat, für die Interessen der USA zu arbeiten, Deutschland wurde als Beherrscherin Europas beschrieben, Ungarn als unzuverlässiger Nachbar, der sich bereits auf dem Sprung in Richtung NATO-Mitgliedschaft befände, Jugoslawien sei durch die NATO bedroht, und der kroatische Präsident Tudjman würde demnächst militärische Hilfe von außen erbitten.

Damals, im November 1990, klangen solche Bemerkungen in den Ohren westlicher Beobachter wie Verschwörungen. Heute, nach der NATO-Landnahme des Kosovo, der Übernahme von militärischer Kontrolle in Albanien, Bosnien und Makedonien, nach dem allseitig sichtbaren Einfluß Deutschlands und der USA in Kroatien müssen den jugoslawischen Generälen geradezu hellseherische Qualitäten bescheinigt werden. Das balkanische Drama war indes auch mit der klarsten Analyse nicht zu verhindern.

Daß die „siebte Republik" nicht in die Verhandlungen um die nationalen Unabhängigkeiten miteinbezogen wurde, war der vielleicht schwerwiegendste Fehler aller Beteiligten. Bereits der slowenische und kroatische Unabhängigkeitskampf begriff die Volksarmee als fremd und feindlich, obwohl auch Slowenen und Kroaten unter ihren Waffen standen.

Sobald eine politische Einigung über den Austritt der einzelnen Republiken aus dem Staatsverband erzielt war, zeigte sich die Generalität der Volksarmee kooperativ. Slowenen wurden aus den Kasernen entlassen und auch kroatische Soldaten bereits ab Juni 1991 demobilisiert. Bis Februar 1992 hatten alle kroatischen Soldaten die Volksarmee verlassen. Im Fall Bosniens komplizierte sich die Auflösung der „siebten Republik", die zu einer Armee ohne Staat geworden war, allerdings wesentlich. In dieser Republik war der personelle Bestand überwiegend lokal, bosnisch.

Bosnien-Herzegowina galt schon zu Titos Zeiten als Heerlager Jugoslawiens. Hier standen die größten Bunkerbauten, die unterirdischen Fluganlagen, hier lagerten die größten Waffenarsenale. Das gebirgige, zentral gelegene Bosnien beherbergte das Herzstück der jugoslawischen Armee.

Die bosnisch-serbische Bevölkerung, die der Ausrufung eines bosnischen Staates durchwegs ablehnend gegenüberstand, begriff die Armee im Land als die ihre. Einheimische Soldaten machten in ihr Dienst. Nichts Fremdes war erkennbar. Aus Sarajevo indes hörte man – schon vor Ausbruch der Kämpfe – täglich von den militärischen Besatzern im Land, die von Belgrad gelenkt und gegen Bosnien agieren würden. Westliche Politiker und Journalisten übernahmen diese Sichtweise. Daß es gerade in Bosnien zwei Wirklichkeiten gab, bestätigten dann die Ereignisse des Bürgerkrieges schmerzlich. Noch zuvor, im Anschluß an die internationale Anerkennung Bosnien-Herzegowinas am 5. Mai 1992, demobilisierte das jugoslawische Staatspräsidium die gesamtjugoslawischen Streitkräfte in Bosnien. 20.000 Soldaten verließen das Land, die meisten in Richtung Serbien und Montenegro. Die aus der Region stammenden Rekruten der Armee allerdings verblieben unter dem Befehl der lokalen Kommandanten. Die Kontakte zu Belgrad gingen auf informeller Ebene weiter und intensivierten sich während des Bürgerkrieges.

Damit war in Bosnien vom Beginn des Bürgerkrieges an die Situation entstanden, daß eine gut gerüstete, mit Flugzeugen, Panzern und Artillerie ausgestattete Armee, über 70.000 Mann unter ihrem Kommando, von einem Teil der Bevölkerung – den bosnischen Serben – als kohärenter Teil der Gesellschaft angesehen wurde. Demgegenüber standen die politischen Vertreter der beiden anderen Volksgruppen, der Muslime und der Kroaten. Ihre bewaffneten Einheiten wurden ebenfalls von ehemaligen jugoslawischen Offizieren befehligt, die militärisch-technische Ausstattung beschränkte sich jedoch anfangs auf leichte Waffen.

Die „siebte Republik", auf deren Zerschlagung es die westlichen Militärmächte offensichtlich von Anfang an abgesehen hatten, zerstob im Lauf der zehnjährigen Tragödie in nationale Bestandteile. Daß dies mit einem Militär, dessen Identität jugoslawisch war, nur grausam und blutig passieren konnte, darf nicht verwundern. Warnende Stimmen vor dem großen Völkerschlachten sind nicht ernstgenommen worden. Mittlerweile haben sich die Militärs aller Republiken längst nationalisiert. Die verschiedenen Armeen sind zum Rückgrat der neuen Nationalstaaten geworden.

Kroatischer Nationalismus

Seit dem Wahlsieg der „Kroatischen Demokratischen Union" (HDZ) im April 1990 lag Zagreb im nationalen Taumel. Allerorten boten in jenen Monaten des zweiten kroatischen Frühlings Devotionalienhändler Symbole der eigenen Nation an; Sehnsucht nach Unabhängigkeit von Belgrad, von „den Serben", vom Balkan schwebte über allem. Die Ausdrucksform war gleichwohl martialisch. Poster des Ustaša-Führers Ante Pavelić lachten einem in Geschäften und Wirtsstuben entgegen, auf Anstecknadeln prangte die Schachbrettfahne der faschistischen 40er Jahre. Aufkleber, Fahnen, nationale Herrlichkeiten als Kitsch in allen erdenklichen Formen wurden feilgeboten. In den neuen, uralten Liedern, wie sie aus den Lautsprecherboxen so mancher Straßencafés erschallten, wurde die antiserbische Stimmung blutrünstig: „So lange werden wir kämpfen, bis wir den Serben die Gedärme aus dem Leib schneiden."

Auf dem Hauptplatz von Zagreb ließ der neue Führer der Bewegung, Franjo Tudjman, das alte Reiterstandbild des kroatischen Nationalhelden, des Banus Josip Jelačić, aufstellen. Jahrzehntelang war der gußeiserne Jelačić auf seinem Pferd im Depot gestanden. Im sozialistischen Jugoslawien wollte sich niemand mit seinen zweifelhaften Heldentaten identifizieren – der kroatische Banus ritt im Jahr 1848, vom Süden kommend, gegen die ungarischen Revolutionäre. Der Sieg der habsburgischen Konterrevolution – die Jelačić zu instrumentalisieren wußte – gegen die ersten Regungen eines antifeudalen, bürgerlichen Ungarn, gegen Lajos Kossuth und Sándor Petöfi, war für den Titoismus kein Grund zum Feiern. Und die nationale Sache der Kroaten, für die Jelačić eigentlich ins Feld gezogen war, schon gar nicht.

Nun, 1990, wurde Jelačić als Nationalsymbol wiederentdeckt. Doch während der zweifelhafte kroatische Held in der Zeit nach dem Ersten Weltkrieg, als er schon einmal auf dem Zagreber Hauptplatz stehen durfte, sein Schwert gegen Budapest gerichtet hatte, drehte die Baukolonne das Reiterstandbild diesmal so, daß Jelačić sein Kampfschwert gegen Belgrad hielt. Symbolisch war der Feind – für alle sichtbar – ausgemacht.

Tudjman galt als starker Mann. Zweimal bereits hatte der frühere jugoslawische Armeegeneral die Demütigung des Gefängnisgangs erleben müssen. 1972 und 1981 mußte er wegen „nationalchauvinistischer Untergrundtätigkeit" hinter Gitter. Als Anfang 1990 von der kurz davor putschartig gesäuberten kommunistischen Partei Kroatiens, die sich nun eines Reformnamens bediente, Neuwahlen angekündigt wurden, sah Franjo Tudjman seine Stunde gekommen. Ohne jedes soziale oder ökonomische Programm setzte seine HDZ sofort auf die nationale Karte. „Kroatien den Kroaten" hieß die Losung – und nur ihnen. Vom „tausendjährigen Kroatien" war wieder einmal die Rede, Ustaša-Parolen hallten in den Gaststätten. Die Kultur der frühen 40er Jahre schien sich wiederzubeleben. Mehr noch: Kroatien sollte in seinen historischen Grenzen auferstehen – also inklusive Bosnien, der Herzegowina, der Vojvodina und Teilen Montenegros. Solcher Art waren die Töne, die die Hauspostille von Tudjmans Wahlpartei, der „Glasnik", anschlug. In der Propagandaschlacht um postkommunistische Mehrheiten im Sabor, dem Zagreber Parlament, kamen die expansiven Pläne gut an. Die HDZ gewann die Aprilwahl. Aus dem kanadischen und deutschen Exil heimgekehrte Ustaša-Kroaten bildeten das erste organisatorische Rückgrat und den finanziellen Rückhalt der Partei. Tudjman ließ sich zum Präsidenten ausrufen. Im Dezember 1990 folgte die neue kroatische Verfassung, in der die Unabhängigkeit des Landes bereits verankert war. Vom Volk bestätigt wurde der Wunsch nach nationaler Souveränität per Referendum im Mai 1991. 94 Prozent der WählerInnen – bei einer Wahlbeteiligung von 85 Prozent – votierten für die eigene Staatlichkeit. Die Krajina-Serben boykottierten den Urnengang.

Nur wenige Monate nach der Machtergreifung Tudjmans begannen sich die Krajina-Serben zu organisieren. Im Sommer 1990 kam es zu den ersten Straßenblockaden rund um Knin. Den neuen, von der HDZ-Regierung geschickten Administratoren sollte der Weg ins Gebiet der elf Bezirke, die zur Krajina gehören und mehrheitlich serbisch besiedelt waren, versperrt bleiben. Am 19. August hielt man im Kniner Gebiet eine Abstimmung über eine regionale Autonomie ab, zwei Wochen später bildete sich ein serbischer Nationalrat in Knin. Zagreb sprach solchen Aktionen jegliche Legalität ab und erklärte alle politischen Willenskundgebungen der Serben für ungültig. Das hinderte Knin nicht daran, eine „Serbische Autonome Provinz Krajina" zu erklären. Die Auseinandersetzung um die Kontrolle von Staats- und Gemeindeeinrichtungen hatte begonnen.

Einen Sinn für das Monumentale kann man den kroatischen – wie auch auf der anderen Seite den serbischen – Nationalisten nicht absprechen. Große Aufmärsche begleiteten jeden politischen Akt; die Zeit des Unabhängigkeitsreferendums im Frühjahr 1991 sah das Schachbrett als meistgedrucktes Stoffmuster. Immer wieder wurde an die apostolische Mission des Kroatentums erinnert, die jahrhundertelang gegen den Rom bedrohenden Byzantinismus an vorderster Front gestanden war. Katholische Hohepriester bildeten, wie 50 Jahre zuvor, das Spalier für die nationalen Redner. Ganz bewußt wurde von Tudjmans HDZ in den Wunden der Vergangenheit gewühlt. Beim katholischen Kloster Lištica beispielsweise, einem ehemaligen Zentrum der Ustaša-Bewegung, marschierten die kroatischen Nationalisten auf, um gegen Belgrad, die Armee, die Orthodoxie und die Verrottetheit der Zentralregierung zu demonstrieren. Daß in Lištica zwischen 1941 und 1945 Tausende von orthodoxen und muslimischen Serben in demütigenden liturgischen Akten zwangskatholisiert wurden, paßte den Nationalkroaten 1991 ins Konzept. Lištica war nur einer von vielen symbolträchtigen Orten aus der Ustaša-Zeit, die Anfang der 90er Jahre als Wallfahrtsstätten der nationalen Identität neuerlich Berühmtheit erlangten.

Weniger symbolisch als vielmehr äußerst konkret gab sich die Verfassung des noch immer von keinem Staat der Welt anerkannten Kroatien. Kroatisch war darin die Staatssprache, kroatisch das Staatsvolk. Minderheiten fanden Erwähnung, darunter auch die 12 Prozent Serben, die in weitgehend geschlossenen Siedlungsgebieten in der Krajina und in Slawonien lebten. Ihr Status als Staatsvolk, wie er – mit der kurzen faschistischen Unterbrechung der frühen 40er Jahre – seit 1918 existiert hatte, war dahin. Seit dem Vormarsch der Osmanen und der Teilung Ungarns im Jahr 1526 siedelten hier an der „krabatischen gränitz" und der „windischen gränitz", von der Adria bis Slawonien, vor den Osmanen geflohene Vlachen und Serben, die dem Habsburgerreich bald unter einer eigenen Verwaltungseinheit, der sogenannten „Militärgrenze", als Grenzwächter dienlich waren. Nun drohte deren Nachfahren vom Westen, von den Kroaten her, Gefahr. Erstmals seit mehreren Jahrhunderten, die Ustaša-Zeit ausgenommen, wurden die Serben in dieser Gegend zu Menschen zweiter Klasse gestempelt. Mit dem Verlust des Ranges einer Staatsnation, die sie im jugoslawischen Gesamtstaat innehatten, ging eine Reihe gewohnter Selbstverständlichkeiten verloren: Am einschneidendsten war wohl das Verbot der kyrillischen Schrift auf Ämtern und Gerichten. Im administrativen Alltag bekamen die Krajina-Serben die kroatische Knute zu spüren. Beamte serbischer Abstammung wurden zügig ihrer Ämter enthoben; von Anfang der Tudjmanschen Machtübernahme an waren insbesondere Polizisten von solchen Säuberungen betroffen. Die kroatische Territorialverteidigung, eine aus Titos Zeiten in allen Republiken anzutreffende Art „paramilitärischer" dezentraler Kraft, wurde schnell unter die Kontrolle der HDZ gebracht. In der Krajina, wo es Orte wie Knin und Kistanje gab, die bis zu 90 Prozent serbisch besiedelt waren, ging die Angst um. Der Krieg entbrannte schließlich im Kampf um Polizeistationen. In Zagreb wurde er als Befreiungsschlag, in Knin als Aggression empfunden.

Seltsamerweise nahm im Westen, wo zeitgleich die liberalen Medien den serbischen Nationalismus ausführlich ins Visier nahmen, kaum jemand von der systematischen Entrechtung der 550.000 in Kroatien lebenden Serben Notiz. Ja nicht einmal heute, nachdem die meisten von ihnen vertrieben worden sind, ist der kroatische Nationalismus mit seinen verheerenden Folgen ins Bewußtsein einer kritischen Öffentlichkeit gedrungen.

Kroatiens Krieg

Nationalkroatiens erste Waffen kamen aus Ungarn. Mitte Januar 1991 brachte die „Affäre Špegelj" ein wenig Licht in die Machenschaften militärischer Vorbereitungen der Teilrepublik auf einen Krieg. Martin Špegelj, seit den Aprilwahlen 1990 Verteidigungsminister in Zagreb, sprach in einer TV-Sendung von der notwendigen und unumgänglichen „Ausrottung" der Serbenhochburg Knin. Dafür hatte er sich von der ungarischen Armee 36.000 Maschinengewehre besorgt. Aus dem Vatikan kam billigstkreditiertes Geld mit einem Zinssatz unter 1 Prozent. Der Journalist Zvonko Ostojić, der die Rede Špegeljs in Bild und Ton setzte, verstarb zwei Stunden nach der Ausstrahlung des Beitrags. Angebliche Todesursache: Selbstmord. Die serbische Minderheit in Kroatien war alarmiert. Die aus der Territorialverteidigung gebildete „kroatische Nationalgarde", die laut Erlaß des jugoslawischen Staatspräsidiums vom 9. Januar ihre Waffen bis zum 23. Januar 1991 hätte abgeben müssen, rückte statt dessen in die serbisch besiedelten Gebiete ein.

Am 2. März 1991, also noch lange vor den militärischen Auseinandersetzungen um Slowenien, kam es in der slawonischen Stadt Pakrac zu einer gezielten Provokation kroatischer Garden gegen die örtliche Polizeistation. Eine kroatische Einheit wollte die serbischstämmigen Polizisten der lokalen Station dazu zwingen, die Ustaša-farbene Schachbrettfahne der damals auch international noch von niemandem anerkannten „Republik Kroatien" zu hissen. Als sich die Polizisten weigerten, kamen die ungarischen Armeebestände zum Einsatz. Die ersten Toten dieses Krieges waren Serben. Die jugoslawische Volksarmee schritt ein und besetzte die neuralgischen Punkte des Städtchens. Die kroatische Nationalgarde zog sich – für dieses Mal – zurück. Wenige Wochen später kam es im Gebiet des weltberühmten Naturparks der Plitvicer Seen zu Zusammenstößen zwischen Serben und Kroaten. Der Gemeinderat der mehrheitlich serbisch besiedelten Ortschaft Titova Korenica hatte beschlossen, das weltberühmte touristische Unternehmen des Nationalparks unter seine Kontrolle zu nehmen. Daraufhin rückten kroatische Sonderpolizisten in den Naturpark ein. Die Schießereien forderten mehrere Tote, 250 Touristen mußten evakuiert werden. In Konflikte wie diesen griff die Jugoslawische Volksarmee meist schlichtend ein. Sie stellte sich allerdings mit Fortdauer der Kämpfe zunehmend auf die Seite der serbischen Minderheit.

Das slawonische Borovo Selo steht für die unterschiedliche Interpretation der Ereignisse im Bürgerkrieg. Dieser Ort nahe Vukovar wurde zum Schauplatz der ersten größeren militärischen Konfrontation. Kroatische Sondereinheiten sowie serbische Paramilitärs waren daran beteiligt. Vojislav Šešelj, der rechtsradikale Parteiführer aus Belgrad, brüstete sich monatelang damit, in Borovo Selo die serbische Sache verteidigt zu haben. Was in jener Nacht vom 1. auf den 2. Mai 1991 genau passierte, wird sich wohl nie mehr ermitteln lassen. Eine kroatische Patrouille plante anscheinend an diesem „Tag der Arbeit" eine nächtliche Aktion in dem mehrheitlich von Serben bewohnten Ort. Sie ging dabei in die Falle. Aus Häusern am Ortseingang heraus eröffneten serbische Schützen das Feuer. Zwei kroatische Polizisten gerieten in die Hände der serbischen Paramilitärs. Daraufhin brachen kroatische Sondereinheiten aus Osijek und Vinkovci auf, um den eingeschlossenen Volksgenossen zu Hilfe zu eilen. Auch eine Abteilung der Volksarmee setzte sich, vom nahen Dalj aus, in Richtung Borovo Selo in Bewegung. Die erste größere Schlacht im kroatischen Sezessionskrieg forderte über 30 Tote, darunter zwölf kroatische Polizisten. Der jugoslawischen Volksarmee warf Zagreb vor, auf Seite der Serben in die Kämpfe eingegriffen zu haben. Nach der Schlacht bildete die Armee jedenfalls einen Puffer zwischen den serbischen und den kroatischen Paramilitärs.

Kroatiens Unabhängigkeit war zu diesem Zeitpunkt, im Mai 1991, noch nicht einmal ausgerufen. Dieser Tatbestand würde eigentlich nahelegen, sämtliche sezessionistischen Aktionen der von Zagreb ausgesandten Polizei- und Truppenabteilungen als illegal und somit, im Fall des Gebrauchs von Waffen, als terroristisch einzustufen. Völkerrechtlich gibt es über diese Einschätzung wohl kaum einen Zweifel. Das Gewaltmonopol der jugoslawischen Armee war aufrecht; Zagreb akzeptierte es allerdings nicht mehr. Deshalb hatte sich auch das kroatische Verteidigungsministerium als Antwort auf die Konfiszierung von Waffenbeständen durch die Volksarmee ungarische Kalaschnikows besorgt. Und deshalb ist in kroatischen Quellen jedesmal von Besetzung die Rede, wenn Serben ihre Polizeistation gegen die neuentsandte kroatische Belegschaft verteidigten.

Die unkritische Übernahme der kroatischen Sichtweise durch die deutschsprachigen Medien und die Politik der BRD sowie Österreichs entspricht zwar den wirtschaftlichen und geopolitischen Interessen des deutsch geführten „Mitteleuropa" in diesem Raum, rechtlich ist sie jedoch nicht haltbar. Denn Kroatien war kein völkerrechtliches Subjekt, dessen Legitimität es erlaubt hätte, seine Verfassung, die ja bereits seit Dezember 1990 eine politische und territoriale Unabhängigkeit vorsah, militärisch zu exekutieren. Die deutsch-österreichische Politik, an der Spitze Hans-Dietrich Genscher und Alois Mock, setzte in dieser hochbrisanten Situation auf Sezession und anerkannte de facto ein kroatisches Gewaltmonopol noch vor der Ausrufung der Unabhängigkeit. Die Signale aus Bonn und Wien – sowie aus Budapest – konnten in Zagreb nur als Zustimmung zum Vormarsch in der Krajina und in Slawonien verstanden werden. Umgekehrt sah sich die serbische Minderheit in Kroatien dadurch in die Enge gedrängt und setzte umsomehr auf Hilfe aus Belgrad.

Was die innere Dynamik des Konflikts betrifft, ist die rasche Eskalation der Gewalt anfangs auf die Kompromißlosigkeit der neuen kroatischen Regierung zurückzuführen, die ihrem nationalen Taumel auch in mehrheitlich serbisch besiedelten Teilen des Landes Bahn brechen wollte. Beide Seiten agierten mit paramilitärischen Kräften. Äußere politische Kräfte, insbesondere die Regierungen Deutschlands und Österreichs, heizten die gespannte Atmosphäre zusätzlich an, indem sie eindeutig Partei ergriffen. Kurioserweise galt ihr Argument der nationalen Selbstbestimmung nur für die kroatische Seite im jugoslawischen Staatsverband und nicht für die serbische Seite im kroatischen Staatsverband. Das konnten die in Kroatien lebenden 550.000 Serben nicht verstehen. Von der internationalen Bühne aus betrachtet, tragen Bonn und Wien die politische Verantwortung für den in der Folge einsetzenden veritablen Krieg.

Die jugoslawische Offensive

Fünf Wochen nach der einseitigen Ausrufung der kroatischen Unabhängigkeit und wenige Tage nach dem endgültigen Scheitern von Geheimgesprächen, die zwischen Slobodan Milošević und Franjo Tudjman auf höchster Ebene stattgefunden hatten, wuchsen sich die paramilitärischen Scharmützel zum Krieg aus. Milošević und Tudjman hatten versucht, über die Möglichkeit einer Teilung Bosniens in einen kroatischen und einen serbischen Teil auch die offenen ethnischen Fragen in Kroatien zu klären. Sowohl die innerkroatische Opposition als auch die Serben in Kroatien wollten von solchem Schacher allerdings nichts wissen. Ob der Krieg damals, Anfang Juli 1991, mittels eines Arrangements zwischen den beiden Staatsmännern noch abgewendet hätte werden können, ist heute eine müßige Frage. Am 1. August 1991 rückte jedenfalls die Jugoslawische Volksarmee in Ostslawonien ein. Der Krieg hatte begonnen. Anlaß war die Blockade einiger Bundesarmeekasernen in und um Zagreb durch die kroatische Nationalgarde. Für die Generäle der Volksarmee stellte dies eine Kriegserklärung dar.

In Ostslawonien war die serbische Bevölkerung zunehmend unter Druck aus Zagreb geraten. Jugoslawische Panzerverbände rückten gegen Vukovar, Okučani und Osijek vor. Es folgten Angriffe an der dalmatinischen Küste sowie gegen Šibenik, im Zuge derer die Volksarmee viel von ihrer Glaubwürdigkeit verlor. Über 1.000 Granaten gingen, großteils vom Meer aus, auf die „Perle der Adria", Dubrovnik, das alte Ragusa, nieder. Die heftigsten Angriffe der Volksarmee erfolgten am 6. Dezember 1991. An diesem Tag litt auch die historische Innenstadt, ein von der UNESCO zum Weltkulturerbe erhobener Bezirk. Der Sponza-Palast, die sephardische Synagoge, ja selbst die große serbisch-orthodoxe Kirche wurden getroffen und teilweise zerstört. In „Schutt und Asche" lag Dubrovnik zwar nicht, doch die Wiederaufbauarbeiten dauerten bis ins Jahr 2000. Für die Saison 2001 hoffen die Tourismusbehörden wieder auf die Devisen ausländischer Gäste. Man rechnet mit einer Million Besucher, also mit knapp einem Viertel der Vorkriegszahl.

Im Jahr 1991 wurden hunderttausende Kroaten aus Slawonien und anderen Landesteilen vertrieben, mehrere Tausend kamen beim Vormarsch der jugoslawischen Armee, dem die kroatische Nationalgarde militärisch nicht gewachsen war, ums Leben. Auf der anderen Seite flohen mindestens 60.000 Serben vor den Racheakten aufgehetzter Kroaten; an manchen Stellen der adriatischen Küste wurden serbische Zweitwohnsitze systematisch gesprengt; andere hatten ihre Häuser rechtzeitig an Kroaten verkaufen können. Auch orthodoxe Kirchen fielen reihenweise der klerikal-nationalen Zerstörungswut zum Opfer. Das Patriarchat spricht von insgesamt über 150 zerstörten Gotteshäusern. Die Volksarmee „antwortete" mit Angriffen auf katholisches Kulturgut, unter anderem mit der Einäscherung der Kathedrale von Šibenik.

Am 31. Dezember 1991, nur eine Woche nach der Anerkennung Kroatiens durch Deutschland, akzeptierte das föderative Staatspräsidium Jugoslawiens einen UN-Friedensplan, den US-Vermittler Cyrus Vance überbrachte, sowie die Errichtung von internationalen Schutzzonen in Kroatien. Von dauerhaftem Frieden konnte indes noch nicht die Rede sein.

Mit welchen Mitteln dieser Krieg in Kroatien geführt wurde, zeigt das Beispiel Zagreb. Anfang Oktober 1991 glich die Hauptstadt einer Festung: Sondergesetze hatten nächtliche Ausgangssperren und Verdunkelungen bewirkt. Nachts patrouillierten die Schachbrett-Verbände, ein Angriff der jugoslawischen Armee wurde von den nationalistischen Medien – und andere gab es in Zagreb nicht – direkt herbeigeredet. Am 7. Oktober 1991 geschah dann ein merkwürdiger Anschlag. Während wieder einmal jugoslawische MiGs im Tiefflug über die Innenstadt donnerten, um die BewohnerInnen einzuschüchtern, explodierte mitten im Regierungsviertel ein Sprengsatz. Das damals amtierende Mitglied des gesamtjugoslawischen Staatspräsidiums, der Kroate Stjepan Mesić, verhandelte gerade mit seinem Parteifreund Franjo Tudjman und dem – ebenfalls kroatischstämmigen – Ministerpräsidenten Ante Marković, als die Wände erzitterten. Eine der MiGs habe eine Bombe auf die drei wichtigsten kroatischen Politiker werfen wollen, lautete die amtliche

Meldung aus Zagreb. Der jugoslawische Verteidigungsminister Veljko Kadijević widersprach dem entschieden. Es sei, so seine Presseerklärung, kein Befehl für einen Angriff vorgelegen. In Belgrad erklärte man sich den Vorfall als kroatische Selbstinszenierung, um der Weltöffentlichkeit die eigene Märtyrerrolle im Bürgerkrieg vorzuführen. Tags darauf konnte jedenfalls in der Umgebung des Präsidentenpalastes kein Bombentrichter ausgemacht werden. Jugoslawischer Fliegerangriff oder selbstgelegte Bombe? Beide Versionen sind möglich. Die Wahrheit ist, daß der Krieg nicht nur mit Bomben, sondern auch mit Propaganda geführt wurde. Daraus eine allgemeingültige Wirklichkeit zu konstruieren, ist auch nach dem Ende der militärischen Konfrontationen nicht in jedem Fall möglich.

Die Opferung Vukovars

„Vukovar ist gefallen" – so titelten am 19. November 1991 wohl alle Tageszeitungen im deutschen Sprachraum. Tags zuvor war die jugoslawische Armee in der Hauptstadt Ostslawoniens einmarschiert, die nach den blutigsten Kämpfen im kroatischen Sezessionskrieg zu über 90 Prozent zerstört war. Sie glich einem Trümmerfeld. Doch die Geschichte der Zerstörung Vukovars ist mehrschichtig.

Bereits im Juni, also noch vor der Mobilmachung der jugoslawischen Armee, waren Paramilitärs der „Kroatischen Befreiungsarmee" (HOS) des rechtsradikalen Dobroslav Paraga in die Stadt gekommen, hatten mißliebige Serben vertrieben und nahe der Stadt ein Gefangenenlager errichtet. Mehr als 1.000 Serben fanden – nach serbischen Angaben – hier den Tod. In der alten, an der Donau gelegenen Barockstadt mit ihrer ethnisch durchmischten Bevölkerung wüteten zuallererst die Milizen des kroatischen HOS-Faschisten Dobroslav Paraga, der – wie sein serbisches Pendant Arkan – wohl zu den blutrünstigsten Figuren des Balkankrieges zählt. Nachdem daraufhin im Spätsommer jugoslawische Armee-Einheiten die Stadt umzingelt hielten und belagerten, rief der Befehlshaber der kroatischen Nationalgarde, die sich als reguläre Truppe verstand, Zagreb um Hilfe. Doch Tudjman verweigerte den Entsatz. Über zwei Monate lang wurde Vukovar von jugoslawischen Bodentruppen beschossen, während im Inneren der Stadt der blanke Terror herrschte. Serben wurden von den HOS-Milizen hingemetzelt, die kroatische Zivilbevölkerung wurde an der Flucht gehindert. Sie kam im Bombenhagel der Belagerer um. Zurück blieben Häuserruinen mit verkohlten Leichen – Schreckensbilder eines Krieges, den man in Europa längst überwunden glaubte. Nach dem Einmarsch wütete die serbische Armee unter der noch verbliebenen kroatischen Bevölkerung; ein Massaker an Verwundeten blieb in schauriger Erinnerung.

General Milan Dedaković, der militärisch verantwortliche Kroate der Region, machte der Zagreber Führung später schwere Vorwürfe. Die Niederlage in Vukovar, so Dedaković, wäre vermeidbar gewesen. Mehr noch: Der kroatische General unterstellte Tudjman indirekt, den Fall Vukovars absichtlich herbeigeführt zu haben, weil er für die Sensibilisierung der Weltöffentlichkeit ein drastisches Bild serbischer Greueltaten gebraucht hätte. Johannes Grotzky, ein balkanerfahrener Journalist, berichtet in seinem Buch „Balkankrieg", der General habe ihm gegenüber bestätigt, ein kroatischer Entsatz sei absichtlich verzögert worden, „um die eigene Verteidigung auszubluten". Tudjman selbst äußerte sich zum Fall der Stadt später, indem er verschwörungstheoretisch von Verrat sprach, ohne einen Schuldigen zu benennen. Daß er selbst eine Inszenierung mit Tausenden von Toten mitbefehligt haben könnte, daran will heute in Kroatien niemand erinnert werden. In der offiziellen Geschichtsschreibung des jungen Staates gilt Vukovar als „Heldenstadt", deren Bevölkerung für die nationale Freiheit sterben mußte.

Ähnlich wie in Vukovar verlief auch die Schlacht um Osijek, die zweite größere Stadt Ostslawoniens. Auch hier terrorisierten HOS-Milizen die serbischen BewohnerInnen und forderten damit die jugoslawische Volksarmee heraus. Anfang November 1991 platzte sogar dem Bürgermeister der Stadt, Zlatko Kramerić, der Kragen. „Die Privatkrieger [der HOS, d.A.] provozieren immer wieder die gefürchteten Vergeltungsschläge gegen die Stadt." Die HOS provozierte gezielt. Sogar jugoslawische Armeekasernen, bespielsweise die Borongaj-Kaserne in Zagreb, wurden von Paragas Leuten angegriffen, um die Volksarmee herauszufordern. Kriegshandwerk.

Die blutige Bilanz der kroatischen Nationswerdung bis Ende 1992: 6.500 Tote, ebensoviele Vermißte, 20.000 Verwundete; eine bis zu 50 Prozent ruinierte Industrie, 600.000 Flüchtlinge, Kroaten wie Serben.

Die endgültige Rache der Kroaten: „Blitz" und „Sturmgewitter"

Noch war der kroatische Krieg nicht zu Ende. In Westslawonien wurde durch die UNPROFOR eine erste UN-Schutzzone eingerichtet. Die dortige serbische Minderheit traute dem Frieden jedoch ebensowenig wie die Serben in Ostslawonien oder der Krajina. Zudem war mittlerweile das große Völkerschlachten in Bosnien ausgebrochen, wo nach ähnlichem Muster – rasche Anerkennung der bosnischen, das heißt muslimisch-kroatischen Staatlichkeit durch den Westen sowie Ignoranz gegenüber den Serben – bald eine internationale Verstrickung gegeben war. Am 1. Mai 1995, auf dem Höhepunkt des bosnischen Bürgerkrieges, griffen kroatische Militäreinheiten die UN-Schutzzone Westslawonien, den sogenannten „Sektor West", massiv an. Nach drei Jahren militärstrategischer Ausbildung, gutteils durch pensionierte US-Generäle, und einer gezielten Aufrüstung der Armee mit westlicher Hilfe schlug Tudjmans große Stunde. In zwei Tagen überrollten seine Einheiten den „Sektor West". 2.000 Soldaten einer kroatischen Spezialeinheit rückten, den seit einem Jahr in Kraft befindlichen Waffenstillstand brechend, gegen die ostslawonische Stadt Okučani vor; auch symbolträchtige Orte wie Jasenovac und Pakrac fielen unter ihre Kontrolle. Die Aktion „Blitz" war ein voller Erfolg. Die serbische Bevölkerung leistete keinen Widerstand, sie floh in Scharen.

Zum ersten Mal im jugoslawischen Bürgerkrieg war eine UN-Schutzzone angegriffen worden, von kroatischen Militärs, strategisch von höchster Stelle geplant und geopolitisch von den USA geduldet. Noch waren Schutzzonen für serbische Generäle wie Ratko Mladić in Bosnien tabu, Srebrenica wurde erst im Juli 1995 angegriffen. Tudjman hatte, unter Mitwisserschaft entscheidender Stellen in den USA, dieses Tabu gebrochen. Am Verhandlungstisch war mit den kroatischen Serben seit drei Jahren kein Kompromiß zustande gekommen. Daher, so die Logik der Eroberer, mußte das Blitzkriegskonzept vollendete Tatsachen schaffen. Daß der Name der militärischen Operation – „Blitz" – aus den Archiven der NS-Planer entlehnt wurde, war wohl als zusätzliche moralische Demütigung der Serben gedacht.

Die serbische Hochburg Knin sowie die gesamte Krajina lagen noch immer außerhalb der Reichweite Zagrebs. Inzwischen hatte in Bosnien die NATO jede vermittelnde Rolle aufgegeben und war auf der Seite von Tudjman und Izetbegović direkt in die Kämpfe gegen die serbischen Einheiten eingestiegen. US-Vermittler Richard Holbrooke konnte frohlocken: „Während die NATO weiter Luftangriffe flog, erlebten die kroatischen und bosnischen Streitkräfte ihre erfolgreichste Woche seit Ausbruch des Krieges", notierte er in seinen Erinnerungen an den Bosnienkrieg. Die antiserbische Allianz funktionierte also bestens: Ferngesteuerte „Tomahawks" zerstörten die serbischen Kommunikationseinrichtungen, die kroatische Bodenoffensive im Westen Bosniens tat ein übriges. 100.000 bosnische Serben flohen in Panik nach Banja Luka.

Im Schatten des kroatisch-bosnischen Vormarsches in Bosnien holte Tudjman auch in der Krajina zum großen Schlag aus. Dem „Blitz" folgte das „Sturmgewitter". Am 7./8. August 1995 war es soweit. Die kroatische Großoffensive zur Eroberung der Krajina begann. Wie schon in Westslawonien leisteten die Serben kaum militärischen Widerstand, eine 5.000 Mann starke serbische Einheit wurde bei Zrinska Gora von kroatischen Truppen eingekesselt. Die Kroaten konnten sich auf militärische Unterstützung aus den USA verlassen, was auch vom Sprecher des US-State Departments bestätigt wurde („Kurier", 9. 8. 1995). 230.000 Serben ergriffen die Flucht. Manche von ihnen fielen kroatischen Bombardements zum Opfer, kroatische Piloten klickten ihre Bomben über den Flüchtlingstrecks aus. Die nachrückenden Bodentruppen steckten die Häuser der Krajina in Brand. Wieder einmal: Mondlandschaft. Die 15.000 im Gebiet stationierten UNO-Soldaten sahen dem Geschehen tatenlos zu.

Mitten in der kroatischen Offensive, als gerade die Militäraktion „Sturmgewitter" tobte, traf der US-Sonderbeauftragte für Bosnien, Richard Holbrooke, in Zagreb mit Franjo Tudjman zusammen. Sein Delegationsmitglied Joe Kurzel hatte bereits am ersten Tag des „Sturmgewitters" nach Washington gemailt. Dort gab man sich – zumindest in offiziellen diplomatischen Depeschen – gegenüber der bislang größten ethnischen Säuberungswelle des jugoslawischen Bürgerkrieges sorgenvoll. Joe Kurzel beruhigte im Stil eines großen Strategen: „Zum erstenmal", schrieb er, „erkenne ich, wie grundlegend die kroatische Offensive in der Krajina das Wesen des Konflikts auf dem Balkan und folglich unsere diplomatische Offensive verändert hat." Die US-Außenpolitik hatte die Massenvertreibung der Serben als positiven Wendepunkt zu ihren Gunsten erkannt.

Holbrooke stimmt dieser Einschätzung in seinem Buch „Meine Mission" zu. Während des Abendessens mit Tudjman am 17. August, so der Sonderbeauftragte, als der Ordnung halber ein US-Diplomat an Tudjmans Menschlichkeit appellierte, schob Holbrooke-Adjutant Bob Frasure seinem Chef ein Zettelchen zu, auf dem er sich über Tudjmans Vormarsch in der Krajina sehr eindeutig äußerte. Holbrooke gibt den Inhalt des Zettels wieder. „Dick:" – so Holbrookes Spitzname – „Wir haben diese Leute als unsere 'Kettenhunde' angeheuert, weil wir verzweifelt waren. Natürlich müssen wir versuchen, sie zu 'kontrollieren'. Aber jetzt ist nicht die Zeit für Überempfindlichkeiten. Zum ersten Mal ist die Angriffswelle der Serben zurückgeworfen worden. Das ist wichtig für uns, um endlich Stabilität zu erlangen." Anschließend brüstet sich Holbrooke noch damit, die vor allem vom CIA geäußerten Zweifel an dieser Militäraktion zerstreut zu haben. Kroatien war serbenfrei.

Franjo Tudjman zog in der Folge die Zügel seiner Herrschaft fester an sich und seine Partei HDZ. Regionale Stimmen in Istrien wurden ebenso negiert wie die mehrmalige Wahl eines oppositionellen Kandidaten auf den Bürgermeistersessel von Zagreb. Die HDZ nahm solches einfach nicht zur Kenntnis. Wie demokratische Wahlen im kroatischen Alltag aussehen, zeigten die ersten Parlamentswahlen nach dem Kriegsende eindrucksvoll. Die im Land verbliebenen serbischen WählerInnen erhielten, zur besseren Identifikation, rosafarbene Stimmzettel, während Herr und Frau Nationalkroate weiße Zettel in die Urne warfen. Mit einem eigenen Gesetz sicherte sich Tudjman schließlich die Stimmen der Auslandskroaten, die traditionell rechts wählen, haben doch viele von ihnen bzw. ihre Väter im Pavelić-Staat ihre Sporen verdient. Der derbe Wahlkampf in Zagreb zeigt sich auch auf einem Video, das anläßlich der 97er Präsidentenwahl aufgenommen wurde. Dort ist zu sehen, wie die Mannen von Tudjmans HDZ, fühlten sie sich unbeobachtet, den Krieg in die Politik hineintrugen. Am 12. Juni 1997, als einer der zwei Gegenkandidaten zu Tudjman, der Liberale Vlado Gotovac, gerade eine Wahlkundgebung abhielt, stürmte ein Hauptmann des Tudjman direkt unterstellten Garderegiments die Szene, riß sich den Gürtel aus dem Hosenbund und ließ die Schnalle auf den Kopf des politischen Gegners knallen. Dabei schrie der Tudjman-Offizier: „Ich bin ein Ustaša! Hoch lebe Ante Pavelić!" Zwei Tage später berichtete die „Neue Zürcher Zeitung" kopfschüttelnd über diese Art von Demokratieverständnis. Tudjmans ohnedies chancenloser Gegenkandidat Gotovac ging zu Boden und mußte ins Krankenhaus abtransportiert werden. Ein politisches Nachspiel hatte die Sache nicht.

Im Herzen Europas: Krieg um Bosnien

Die ersten Schüsse im Zentrum von Sarajevo fielen am 6. April 1992, am Tag der Anerkennung der Staatlichkeit Bosniens und der Herzegowina durch die Europäische Gemeinschaft. Die EG hatte sich sensiblerweise dazu entschlossen, den von den bosnischen Serben befürchteten Schritt genau am Gedenktag von Hitlers Überfall auf Jugoslawien zu setzen (6. April 1941). Nun, 51 Jahre später, traten in Sarajevo erstmals Heckenschützen auf den Plan – die Stadt sollte die kommenden Jahre unter ihnen leiden. Eine seit mehreren Wochen immer wieder vor dem Parlamentsgebäude abgehaltene Demonstration für die multikulturelle Einheit Bosniens wurde unter Beschuß genommen. Während die muslimische Führung unter Alija Izetbegović sofort serbische Četnici dafür verantwortlich machte und die deutschsprachige Presse diese Version übernahm, wies Mira Beham in ihrem Buch „Kriegstrommeln" nach, daß auch „Grüne Barette", die Paramilitärs von Moslemführer Izetbegović, in die Menge schossen. Fernsehaufnahmen von TV-Sarajevo und BBC geben darüber eindeutig Aufschluß. Im Bewußtsein der westlichen Öffentlichkeit blieben die Schüsse serbisch. Wie schon im slowenischen Zoll- und Grenzkrieg und im kroatischen Sezessionskrieg waren die Schuldigen für Bonn, Wien und Brüssel sogleich ausgemacht: Es waren die Serben.

Spätestens mit der muslimisch-kroatischen Unabhängigkeitserklärung Bosnien-Herzegowinas am 3. März 1992 trat die ethnische Spaltung der jugoslawischsten aller Teilrepubliken gewaltsam zutage. Serbische Nationalisten begannen damit, Barrikaden um „ihre" Stadtteile zu errichten, Moslems folgten diesem Beispiel. Doch zu Frühlingsbeginn 1992 gaben sich die „Jugoslawen" Sarajevos noch nicht geschlagen. In ihrer multikulturell geprägten Stadt, so dachten sich Zehntausende, würde sich die Zerschlagung in nationale Einheiten nicht durchsetzen lassen.

Heute wissen wir, sie hatten unrecht. Damals allerdings zogen die „Jugoslawen" für ein Zusammenleben der Völker durch die Straßen der Stadt, räumten die Barrikaden der Nationalen weg und demonstrierten für ein geeintes Bosnien, für die Integrität ihres Landes. Die Barrikadenbauer besaßen schließlich den längeren Atem.

Für die Serben Sarajevos begann der Bürgerkrieg bereits am 1. März 1992. An diesem Tag fand in dem – großteils von Muslimen bewohnten – Altstadtviertel Baščaršija eine große, mehrere hundert Personen umfassende orthodoxe Hochzeit statt. Die älteste orthodoxe Kirche der Stadt steht nun einmal in der Baščaršija, dem Basarviertel. Moslemischen Extremisten waren die großen serbischen Hochzeitsgesellschaften in „ihrem" Bezirk schon seit Monaten ein Dorn im Auge, bosnische Zeitungen polemisierten gegen die „serbischen Aufmärsche". Deshalb empfanden es auch manche Bewohner der Baščaršija als Provokation, die lauten serbischen Hochzeiten ertragen zu müssen.

Am 1. März sollte damit ein für alle Mal Schluß gemacht werden. Rasim Delalić, ein aus dem Sandžak zugewanderter Moslem, schoß während der orthodoxen Hochzeitsfeierlichkeiten in die Menge. Der Vater des Bräutigams wurde getötet, der die Trauung vornehmende Priester schwer verletzt. Empörung über diese Tat suchte man außerhalb der serbischen Kommune Sarajevos vergeblich. Schlimmer noch: Die im Westen als Vorbild einer demokratischen, multikulturellen Gesinnung gepriesene Zeitung „Oslobodjenje" kommentierte das Attentat kurz und zynisch: „Übrigens: Was hat eine serbische Hochzeitsgesellschaft in der Baščaršija zu suchen?" Rasim Delalić, dem Bombenwerfer, schadete die Wahnsinnstat keineswegs. Er wurde zwar unmittelbar nach der Tat verhaftet, kurz darauf jedoch wieder freigelassen. In der Folge machte er Karriere im Staat Izetbegović' und übernahm den Posten eines Kommandanten in der Baščaršija.

Schnell wurde Bosnien zu einem Tummelplatz (para)militärischer Extremisten, die nach dem Muster von Rasim Delalić, in der Folge allerdings wesentlich besser organisiert und bewaffnet, Städte und Regionen in Angst und Schrecken versetzten: Grüne Barette, Četnici, Weiße Adler, HOS-Kämpfer, jugoslawische Armeeteile und allerlei Milizen, später NATO-Truppen und IFOR/SFOR-Einheiten ... sie alle ließen den Satz des berühmten jugoslawischen Schriftstellers Ivo Andrić aus den 20er Jahren auf schreckliche Weise wahr werden: „Bosnien ist das Land des Hasses."

Der nationale Moslem

Während serbischer Nationalismus in Westeuropa als Teufelswerk verachtet, kroatischer Nationalismus skeptisch beäugt wird und kosovo-albanischer Nationalismus erst langsam ins Bewußtsein dringt, gilt die landläufige Meinung, einen bosnischen Nationalismus gäbe es nicht, ja könne es aufgrund der religiösen Identität des neuen Bosniertums gar nicht geben. Ein solcher Romantizismus wird der bosnischen Wirklichkeit nicht gerecht.

Das Bosnisch-Nationale gehört mit zu den kriegstreiberischen Ideologien des Balkankrieges. Es speist sich aus Fundamentalismus und Ethnizismus gleichermaßen. Der norwegische Balkanexperte Svein Mønnesland hat in seinem Buch „Land ohne Wiederkehr" auf die Nationalisierung der bosnisch-muslimischen Identität hingewiesen. Ihr Exponent: Alija Izetbegović. Schon in Vorbereitung auf die Republikswahlen des Jahres 1990 – Izetbegović war gerade wieder einmal aus dem Gefängnis entlassen worden – stellte der seit seiner Studentenzeit als politischer Moslem bekannte Mann die nationale Frage ins Zentrum seiner Agitation. Das alte, regional gefaßte Zusammengehörigkeitsgefühl des „Bosniakischen", seit der Machtübernahme der Kommunisten vom „Jugoslawischen" überlagert, konnte während des Zerfalls der südslawischen Föderation keine Wurzeln schlagen. Mit dem Exilbosnier Adil Zulfikarpašić, einem Bosniaken alten Schlages und Schweizer Geschäftsmann, wäre 1990 eine Alternative zur Ethnisierung zur Abstimmung gestanden. Gemeinsam mit Izetbegović hatte er im Januar 1990 in Zürich die „Partei der demokratischen Aktion" (SDA) gegründet; später trennten sich ihre Wege. Zulfikarpašić hatte jedoch keinen Kredit bei den WählerInnen. Demgegenüber machte Izetbegović mit seiner SDA das Rennen an den Urnen.

Was repräsentiert nun dieser für den Westen bald zum bosnischen Mythos aufgestiegene Izetbegović? Wer ist er? Zuallererst: ein politischer Kämpfer. Bereits unmittelbar nach dem Zweiten Weltkrieg mußte Izetbegović wegen „panislamischer Untergrundtätigkeit" für zweieinhalb Jahre ins Gefängnis. Seine berüchtigten „Jungen Muslime" machten sich im Untergrund mit dem Eifer von Getriebenen an die religiöse Missionierung der ihrer Meinung nach durch den Kommunismus entarteten menschlichen Seele. In den späten 60er Jahren arbeitete Izetbegović dann an seinem ideologischen Hauptwerk, der „Islamischen Deklaration". Dort steht, nach einer Übersetzung von Mira Beham, zu lesen: „Es gibt weder Frieden noch Koexistenz zwischen dem islamischen Glauben und nichtislamischen sozialen und politischen Ordnungen. Der Islam negiert das Recht und die Möglichkeit jeder fremden Ideologie, sich in seinem Wirkungskreis zu entfalten." Was hier wie eine kritische Analyse der Religionsgemeinschaft klingt, ist in Wahrheit das Bekenntnis eines Mannes, der es später tatsächlich schaffen sollte – freilich mit negativer Hilfe serbischer Nationalisten und positiver der NATO –, sein Land bzw. Teile desselben zu moslemisieren. Die „Islamische Deklaration", so sektenhaft sie in westeuropäischen Ohren klingt, erschien 1990 in großer Auflage in Sarajevo.

Vieles, wofür Izetbegović 1983 ein zweites Mal, diesmal für den „illegalen Versuch zur Errichtung einer islamischen Republik", hinter Gitter mußte, hat er später durchsetzen können. Kontakte zur islamischen Welt wurden schon in den 70er Jahren geknüpft, der iranische Revolutionsführer Chomeini galt Izetbegović und seinesgleichen als großes Vorbild. Später, nach seiner vorzeitigen Haftentlassung im Jahr 1989, ergänzte Izetbegović eine Reihe der fundamentalistischen Glaubenssätze durch bosnisch-nationale Vorstellungen. Im Parteiprogramm seiner SDA ist unter anderem davon die Rede, die mehrheitlich serbisch besiedelten Teile Ostbosniens bis zur Drina mit Muslimen zu bevölkern, nach dem Leitspruch aller Nationalisten: Volk ohne Raum sucht nach territorialer Erweiterung.

Der bosnische Wahlgang am 2. Dezember 1990 drängte alle jugoslawischen und bosniakischen Gruppen sowie die kommunistische Partei ins Abseits. Die Parteienlandschaft des Landes zeigte sich in ihrem ethnischen Kleid: Die bosnisch-muslimische SDA (mit 86 Mandaten), die serbisch-nationale „Serbische Demokratische Partei" (SDS, 72 Mandate) sowie die „Kroatische Demokratische Gemeinschaft" (HDZ, 45 Mandate) zogen triumphal ins Parlament ein. Das Ergebnis des Urnengangs kam einer Volksgruppenzählung gleich.

Sofort nach dem Wahlsieg der SDA setzte Izetbegović unmißverständliche symbolische Zeichen. In Višegrad z.b. sprengten Aktivisten der SDA das dortige große Ivo Andrić-Denkmal. Der jugoslawische Literaturnobelpreisträger galt unter den Moslems als Türkenfeind. In der Innenstadt von Sarajevo wiederum wurde ein Denkmal ganz anderer Art zerstört. Dort waren vor Jahrzehnten die Fußabdrücke von Gavrilo Princip vor dem Eingang zum Museum in Beton gegossen worden, und zwar an genau jener Stelle, an der der Aktivist der „Schwarzen Hand" am 28. Juni 1914 den habsburgischen Thronfolger Franz Ferdinand erschossen hatte. Damit gedachte Bosnien der Befreiung vom habsburgischen Joch. Das neue, national-moslemische Bosnien wollte mit einer solchen Freiheit allerdings nichts zu tun haben, sie erinnerte die Mannen um Izetbegović zu sehr an die südslawische Völkergemeinschaft. Princip war bosnischer Serbe, deshalb hackten Parteigänger der neuen Macht die Fußabdrücke aus dem Beton.

Weniger symbolisch als realpolitisch drohend gab sich Izetbegović nach seinem Wahlsieg auf politischem Parkett. Der Aufbau einer islamischen Armeetruppe gehörte von Anfang an zu seinen Zielen. Bereits Anfang 1991 war dem Nationalbosnier klar, daß, um die angestrebte politische Unabhängigkeit von Belgrad zu erlangen, ein Krieg unausweichlich sein würde. Die „Patriotische Liga" fungierte als organisatorische Klammer für die Militarisierung. Munib Bisić, stellvertretender Verteidigungsminister in der neuen bosnischen Regierung, gab später, nach Kriegsausbruch, zu Protokoll: „Im April 1991 stand für uns fest, daß der Krieg nicht zu verhindern sein wird. ... Wir sind durch das Land gefahren und haben Gleichgesinnte gesucht, indem wir uns auf die Leute der SDA gestützt haben. ... Alles passierte geheim und nur mit Empfehlung von Personen, die uns bekannt waren. ... So haben sich viele Offiziere der Volksarmee uns angeschlossen. In allen Dörfern und Städten gab es Kontaktstellen unserer 'Patriotischen Liga'." Etwa zur selben Zeit verlautete der Chef, Alija Izetbegović, am 27. Februar 1991 – noch Monate, bevor Kroatien oder Slowenien, geschweige denn Bosnien ihre Unabhängigkeit ausgerufen hatten: „Für ein unabhängiges Bosnien-Herzegowina würde ich mich nicht scheuen, den Frieden zu opfern." Nach Ausbruch der Kämpfe, für die der Westen bis heute einseitig die serbische Seite verantwortlich macht, konnte der Moslemführer dann im März 1994 zufrieden feststellen: „Das Zusammenleben der Nationen klingt ja ganz nett, aber – ich darf offen sein – es ist eine Lüge. ... Denn ein Soldat stirbt nicht für das Zusammenleben der Nationen, sondern er verteidigt seine Nation, sein Volk." Spiegelbildliche Positionen konnten auf der serbischen und der kroatischen Seite beobachtet werden. Westliche Politik und Medien nahmen Nationalismus indes nur sehr selektiv wahr.

Bei den bosnisch-herzegowinischen Kroaten, die 1990 mit 45 Mandataren in die erste postkommunistische Verwaltung in Sarajevo eingezogen waren, tobte anfangs der Fraktionskampf. Ähnlich wie auf der muslimischen Seite setzten sich die Hardliner durch. Der erste Chef der HDZ, Stjepan Kljuić, wurde nach etwas mehr als einem Jahr durch den Ultranationalisten Mate Boban ersetzt. Der frühere Ökonomieprofessor Boban galt als Mann Zagrebs in Bosnien, besser gesagt: in der Herzegowina, wo die Mehrheit der Kroaten lebt. Seine ganze Karriere verdankte er den großkroatischen Träumen Franjo Tudjmans, der – schon aus innenpolitischen Gründen – auf die sogenannte „Herzegowina-Lobby" Rücksicht nehmen mußte. Ein Kroatien, das bis an die Drina reichen sollte, mußte die Herzegowina umfassen. Und in den Planungen von Tudjman und Boban, getrieben von der rechtsradikalen „Partei des Rechts" (HSP) des Dobroslav Paraga, der sich mit den Milizen der HOS (Kroatische Befreiungsgemeinschaft) eine eigene Privatarmee hielt, tat es das auch. Deshalb ist es nicht verwunderlich, daß sich Boban mit seiner HDZ nicht um ein bosnisch-herzegowinisches Staatsganzes bemühte. Wie Izetbegović für die Muslime und Karadžić für die bosnischen Serben setzte auch Boban auf die nationale Karte. Im Sommer 1992 rief er – mit Unterstützung Zagrebs – die autonome Republik „Herzeg-Bosna" aus, zu deren Hauptstadt Mostar auserkoren wurde. Gemeinsam mit Serbenführer Karadžić versuchte sich Boban an einer Aufteilung Bosniens in einen serbischen und einen kroatischen Teil. Washington und Brüssel verhinderten diesen Deal. Nach jahrelangen Kämpfen, ethnisch motivierten Vertreibungen, zig Friedensschlüssen, nach der Zerstörung Mostars und dem US-Frieden in Dayton, nach der mehr oder minder offiziellen Errichtung eines Weltbank-Protektorats in Sarajevo ist „Herzeg-Bosna" zwar offiziell von der Landkarte gestrichen; die politische und wirtschaftliche Ausrichtung der kroatisch besiedelten Teile Bosniens auf Zagreb blieb indes bis heute bestehen. Schon an der Verwendung der kroatischen Kuna, die hier als Zahlungsmittel gang und gäbe ist, zeigt sich die gesamtbosnische Fiktion.

Vom serbischen Nationalismus innerhalb Bosniens hörte man in unseren Breiten ausgiebig. Radovan Karadžić, Arzt und Schriftsteller aus Pale, war die Stimme jenes Drittels der bosnischen Bevölkerung, die von Anbeginn die Abspaltung Bosniens aus dem jugoslawischen Staatsverband bekämpfte. Bei einer innerhalb der Serbengebiete durchgeführten Volksabstimmung im November 1991, die von Sarajevo freilich nicht anerkannt wurde, sprachen sich 90 Prozent der EinwohnerInnen – im Fall einer bosnischen Sezession – für eine eigene serbische Republik aus. Im Gegensatz zu den Kräften im Militär, die lange Zeit der gesamtjugoslawischen Idee nachhingen, schlug das Herz von Karadžić serbisch. Was ihn sonst noch von den Parteiführern der muslimischen SDA und der kroatischen HDZ unterschied, war vor allem die Tatsache, daß serbische Autonomiewünsche im Westen immer auf taube Ohren stießen. Der traditionellen Allianz von Nationalkroatien mit Deutschland inklusive muslimischer Beteiligung, wie sie schon Anfang der 40er Jahre zwischen Berlin und Agram gepflegt wurde, setzte Karadžić einen umso radikaleren serbischen Nationalismus entgegen.

Moslem? Serbe? Kroate?

Sozial gesehen ist die Frage nach der ethnischen Herkunft meist unsinnig. Zumal in Bosnien, wo – von Region zu Region zwar unterschiedlich – eine diesbezügliche Zuordnung nicht konstruierbar ist. Eher gelten da gesellschaftliche Unterschiede, die sich aus dem Stadt-Land-Gefälle ergeben, wie es seit der Osmanenherrschaft bekannt ist und wie es nach 1945 in gewisser Weise neue Konturen erlangt hat. Die einfache Formel, wonach die Städte muslimisch und die Dörfer serbisch bzw. kroatisch besiedelt seien, hatte schon Ende des 19. Jahrhunderts viel von ihrer Aussagekraft verloren. Nach 1945 blieb von solch einer Bevölkerungsstruktur nur mehr wenig übrig.

Die Industrialisierung Bosnien-Herzegowinas konzentrierte sich auf den Zentralraum der Teilrepublik. Rund um die Städte Sarajevo und Zenica entstanden – in relativ bescheidenem Umfang – Fabriksanlagen; nach Art der klassischen sozialistischen Entwicklungskonzeption vorzugsweise Schwerindustrie. Die spätere Großstadt Sarajevo bewohnten nach dem Zweiten Weltkrieg weniger als 100.000 Menschen; in den 80er Jahren hatte sich ihre Bevölkerung mehr als verdreifacht. Ein ähnlich rasantes Wachstum wies auch Zenica auf. Knapp vor dem Ausbruch des Bürgerkrieges änderte sich die Bevölkerungsstruktur Sarajevos noch einmal drastisch. Aus dem Sandžak westlich des Kosovo zogen etwa 150.000 Moslems zu, die dort von serbischen Führern bedrängt wurden und sich hier in der mutmaßlichen zukünftigen Moslemrepublik bessere Chancen ausrechneten. 1990 lebte in Sarajevo mehr als eine halbe Million Menschen.

Der Kommunismus brachte eine Jugoslawisierung mit sich, die vor allem von der rasch in die moderne Industriegesellschaft gezwungenen Stadtbevölkerung getragen wurde. Diese Proletarier sind es, auf die sich die Projektionen der deutschen und französischen Multikulti-Fans, an ihrer Spitze die Avantgarde der postmodernen Philosophie, stützen, wenn sie vom ehemaligen kosmopolitischen Bewußtsein in Bosnien träumen. Vor der kommunistischen Industrialisierung – sei es im SHS-

Reich, unter den Habsburgern oder auch unter den Osmanen – war von einer gelebten Multikulturalität auf dem Balkan nichts zu spüren. Literatur und sozio-ökonomische Statistik geben über die Sprachlosigkeit des Nebeneinanders unterschiedlicher sozialer und ethnischer Gruppen beredt Auskunft. Ein Sittenbild der besonderen bosnischen Spielart dieser ethno-religiösen Koexistenz findet der Interessierte zum Beispiel in Ivo Andrić' Buch „Audienz beim Großwesir", in dem das vormoderne Leben in der Stadt Travnik auf eindrückliche Weise beschrieben wird.

Auch statistisch entpuppt sich der westeuropäische Traum vom jahrhundertelangen ethnischen Miteinander als Schimäre. 1945 lebten 80 Prozent der bosnisch-herzegowinischen Bevölkerung auf dem Land. Im Dorf hatte jeder seinen Platz; die Kargheit der landwirtschaftlich nutzbaren Flächen und der fehlende politische Wille zur Agrarindustrialisierung nach 1945 brachten es mit sich, daß Landwirtschaft in Bosnien weitgehend ein Synonym für Subsistenz geblieben ist. Mehrere Generationen bewirtschafteten die ein bis fünf Hektar Nutzfläche, was gerade zum Überleben im Familienverband reichte. In den frühen 70er Jahren gingen viele bosnische Familien dazu über, über die von der Regierung geförderten Anwerbebüros ein männliches Familienmitglied zur Wanderarbeit nach Österreich oder Deutschland zu entsenden. Die Einkommen der Gastarbeiter verbesserten den Lebensstandard im Dorf. Die meisten Dörfer waren ethnisch zuordenbar, ohne daß sich irgend jemand besonders darum kümmerte.

In der Stadt, wohin seit 1945 gut die Hälfte der Landbevölkerung abwanderte, waren ethnische Zugehörigkeiten noch unwichtiger. Hier vermischten sich die rasch Proletarisierten, die ihre ländlichen Wurzeln allerdings niemals aufgaben, zu Jugoslawen. Diese Identität prägte noch das Jahr 1990, als Umfragen unter der Bevölkerung Bosniens immer wieder ergaben, daß nationale Staatlichkeiten und damit ein Zerfall Jugoslawiens unerwünscht wären.

Die ethnische Zurichtung Bosniens war der größte Gewaltakt während der Zerstörung Jugoslawiens, sie forderte die meisten Opfer. Und sie mobilisierte Millionen unter Zwang, die, weil sie ihrer Heimat beraubt sind, in der Folge bereit sein müssen, zu niedrigsten Kosten die schlechtesten Arbeiten zu verrichten. Damit kehrt der ethnische Krieg zu seiner Wurzel zurück: zur sozialen Frage, die nun ungelöster ist als je zuvor.

Eine bereits in die Amtszeit Izetbegović' gefallene gesamtjugoslawische Volksabstimmung hat für das Jahr 1991 – also noch vor dem Krieg – folgende ethnische Zusammensetzung Bosnien-Herzegowinas ergeben: 43,7 Prozent Moslems, 31,4 Prozent Serben, 17,3 Prozent Kroaten.

Vom Referendum zur doppelten Belagerung Sarajevos

Die bosnische Tragödie übertraf die kroatische noch. Hier war und ist die ethnische Durchmischung um ein Mehrfaches komplizierter. Dennoch setzte die deutsch/österreichische Außenpolitik auf dasselbe Krisen„lösungs"muster wie schon in Kroatien, die Europäische Gemeinschaft und die USA folgten. Internationale Hilfe wurde an die Ausrufung der Unabhängigkeit geknüpft. Zuvor noch trieb man die bosnische Führung in ein Referendum über die Eigenstaatlichkeit, wohl wissend, daß ein Drittel der Bevölkerung – die Serben – dieses Modell strikt ablehnte.

Seit der Dezemberwahl des Jahres 1990 waren Ämter und Posten auf allen Ebenen unter den drei nationalistischen Parteien SDA, SDS und HDZ aufgeteilt worden. Gemeinden mit muslimischer Mehrheit erhielten Bürgermeister aus den Reihen der SDA, jene mit serbischer Mehrheit SDS-Parteigänger. Eine diesbezüglich umfassende Ethnisierung konnte rasch durchgesetzt werden. Noch war die bosnische Regierung allerdings bemüht, Belgrad nicht direkt zu provozieren; auch ein innerhalb der SDA diskutierter Vorschlag, Deutschland, die EG und die USA zu einer raschen Anerkennung der Unabhängigkeit zu drängen, wurde anfangs verworfen. „Die Regierung [in Sarajevo] flehte darum, ihre Republik noch nicht völkerrechtlich aufzuwerten. Es half ihr nichts. Die EG verlangte ein Referendum über die Unabhängigkeit", war Mitte Dezember 1991 in der nicht gerade serbenfreundlichen Hamburger „Die Zeit" zu lesen. Bosnien gehörte damals noch zum vielgeschmähten „serbischen Block", der über das jugoslawische Staatspräsidium die Politik außer in Slowenien und Kroatien (mit)bestimmte. Doch nur solange, bis Alija Izetbegović im Herbst 1991 dem deutschen Außenminister Hans-Dietrich Genscher seine erste Aufwartung machte. Damals, so der jugoslawische Verteidigungsminister Veljko Kadijević in seinen Memoiren, wurde in Bonn der offene Kampf um die bosnisch-herzegowinische Sezession beschlossen.

Darauf ging alles Schlag auf Schlag. Die Europäische Gemeinschaft verlangte ein sauber abgehaltenes Referendum über die Unabhängigkeit. Jeder Bosnier und jede Bosnierin mußte sich bekennen: bosnisch-nationale Freiheit oder serbo-kommunistisches Schlamassel. Wohl wissend, daß zumindest ein Drittel der Bosnier eine solche Alternative für unannehmbar hielt, drängte Bonn – mehr noch als Brüssel – Sarajevo zur Abstimmung. Am 29. Februar/1. März 1992 fand selbige statt. Ihr Ausgang war vorhersehbar. 62 Prozent der Bosnier stimmten mit „Ja". Die Serben hatten den Urnengang boykottiert. Sofort wurden Vorschläge einer Kantonisierung des Landes öffentlich erörtert. Die deutsche Bundesregierung beteiligte sich von allem Anfang an am Zeichnen ethnischer Landkarten. Ein Monat nach dem Referendum, am 6. April 1992, erkannte Brüssel den neuen, von einem Drittel seiner Bevölkerung nicht gewünschten Staat an. Einen Tag später zog Washington nach. Zeitgleich verließen die politischen Vertreter der bosnischen Serben die bis dahin gemeinsame Regierung in Sarajevo. Der Schießkrieg um die Größe der nationalen Einflußsphären könnte beginnen.

Dreieinhalb Jahre lang dauerte der südslawische Bürgerkrieg in Bosnien-Herzegowina. Die bosnischen Muslime und Kroaten – und mit ihnen Westeuropa – nahmen diesen Krieg ausschließlich als serbische Aggression wahr; gleichzeitig jedoch fielen herzegowinische Muslime auch kroatischen Bomben zum Opfer, Muslime aus Bihać wurden von den Glaubensbrüdern der Izetbegović-Armee bekämpft und vertrieben; mit bosnischen Serben bevölkerte Dörfer sahen den Aggressor in den „Grünen Baretten" der Moslemarmee, Serben aus der bosnischen Krajina fürchteten die Attacken der Kroaten. Ein großer Schlachtgesang, den alle Armeen und paramilitärischen Einheiten auf serbo-kroatisch sangen, lag in der Luft. Die Texte unterschieden sich allerdings grundsätzlich voneinander. Es war ein ethnisch geführter Krieg, ein Religionskrieg, ein Krieg des Landes gegen die Städte ... letztlich ein Krieg um die besten ökonomischen Startchancen bei der bevorstehenden geopolitischen Neuordnung des Balkans. Nach dreieinhalb Jahren haben – fast – alle verloren. Bis auf die Schieber, Plünderer, Privatisierer, die Geschäftemacher und natürlich die Herren von Weltbank und Währungsfonds, SFOR und EU-Verwaltung. Und mit ihnen die Investoren der Weltfirmen, die am Aufbau des Landes – wie heißt es so schön – mitnaschen. Ganze Trosse von Ratgebern sind nach 1995 ins Land eingefallen, haben sich in Sarajevo, Mostar, Tuzla und Brčko eingenistet und träumen nun den seit dem 19. Jahrhundert immer rarer gewordenen Traum: den Traum vom Kolonialistendasein. Dreieinhalb Jahre lang wurde die Weltöffentlichkeit mit Bildern dieses schrecklichen Krieges gefüttert, die wieder und wieder die eine Seite zeigten: serbische Angriffe auf moslemische Menschen. Vertreibungen, Vergewaltigungen, Massenmord kannten nur einen Täter: den Serben. Wider jede Vernunft, die sich ein balkanisches Bürgerkriegsszenario bei auch nur geringer Kenntnis von Geschichte und Geographie als allseitiges Wüten vorstellen müßte, beharrten westeuropäische und US-amerikanische Politik und Medien auf dem Unwahrscheinlichen, Unmöglichen: Allein die Serben schießen. Wider jede Vernunft, die in der Zerschlagung Jugoslawiens neben den inneren Faktoren auch äußere Interessen erkennen hätte müssen, beharrten dieselben Politiker und Medien auf einem Lügengebäude: Der Westen tritt als neutraler Schlichter in Erscheinung.

Afghanische Mujahedin mit abgeschlagenen Köpfen als Jagdtrophäe in der Hand; westliche Fernsehjournalisten, die um einige DM bosnische Jugendliche über die Sniper-Straße schicken; US-Offiziere, die der mehrfachen Vergewaltigung von bosnischen Frauen angeklagt werden; Kriegsalltag. Kriegsalltag allerdings, wie er aus dem Bewußtsein der westlichen Öffentlichkeit ausgeblendet wurde.

Der bosnische Bürgerkrieg wurde auch und nicht zuletzt an der Medienfront geführt. Die Manipulation von Geschehnissen, das Vertauschen von Information und Desinformation gehörten zum Handwerk eigens engagierter Public Relations-Agenturen und Medienvertreter. Der Leitfaden für deutschsprachige Konsumenten lautete: Serbische Greuel ins Bild setzen, bosnische und kroatische ausblenden, nicht zuordenbare Massaker serbisieren. Nur damit, mit der eindeutigen Zuweisung von Schuld, konnte im Westen Kriegskonsens erzielt werden. Nur damit war es in der Folge möglich, NATO-Eingriff und Protektoratserrichtung im Herzen Europas kritiklos durchzuführen. Im bosnischen Bürgerkrieg hat es die westeuropäische Wertegemeinschaft geschafft, ihren Abscheu vor dem Krieg, der seit 1945 gesellschaftlich prägend war, abzulegen. Dank eindeutiger Schuldzuweisung konnten gerechte, tapfere, um ihr Volk kämpfende Krieger konstruiert werden, denen geholfen werden mußte. Daß auch sie nur Instrumente westeuropäischer und US-amerikanischer Herrschaftsträume sind, wird ihren Führern irgendwann dämmern. Das positiv manipulierte Image werden Tudjman, Izetbegović und ihresgleichen dann allerdings längst verloren haben. Um ihr Aufbegehren zu verhindern, könnte es passieren, daß längst vergangene Wahrheiten publik gemacht werden. Bis Ende 2000 galt allerdings ausschließlich „der Serbe" – mit Namen wie Karadžić, Mladić, Milošević – als Verantwortlicher des Völkermordens.

Mit zur größten Manipulation der bosnischen Wirklichkeit gehörte die Darstellung des Kriegsgeschehens in der Stadt Sarajevo. Dreieinhalb Jahre lang wurde den Medienkonsumenten im Westen weisgemacht, es handle sich um eine muslimische Stadt, die von außen einer serbischen Belagerung ausgesetzt sei. Tatsächlich standen bosnisch-serbische Truppen rund um Sarajevo und feuerten aus ihren „Stalinorgeln" auf die moslemisch besiedelten Stadtteile. Doch auch in der Stadt selbst tobte der Krieg zwischen den verfeindeten muslimischen und serbischen Milizen. Željko Vuković, bis Kriegsausbruch Vorsitzender des bosnisch-herzegowinischen Journalistenverbandes, beschreibt in seinen Beiträgen „Kriegslorbeeren" und „Das Potemkinsche Sarajevo" – beide in Klaus Bittermanns „Serbien muß sterbien" erschienen – die Situation in der Stadt. Monatelang verlief die Frontlinie mitten durch das Zentrum. Diesseits standen die Truppen von Izetbegović, jenseits die Soldaten der Karadžić/Mladić-Armee.

Ab Mai 1992, also nach der Anerkennung Bosniens durch den Westen und nach Ausbruch der Kämpfe, hatte sich die jugoslawische Armee aus Bosnien zurückgezogen, logistisch blieben freilich die Verbindungen der bosnischen Serben zu Belgrad bestehen.

Während des gesamten Bürgerkrieges existierten zwei Sarajevos. Beide lagen durch die jeweils gegnerischen Verbände unter Beschuß. Izetbegović war nicht bereit, Menschen aus der von ihm kontrollierten Stadthälfte die Flucht zu erlauben. Es entstand ein sogenannter „innerer militärischer Ring", der hauptsächlich dazu diente, Moslems am Verlassen der Stadt zu hindern. Im Lauf des Krieges um Sarajevo schloß sich dann um die Stadt ein immer undurchlässigerer „äußerer militärischer Ring", von dem aus serbische Verbände die Ein- und Ausfahrten kontrollierten. Vuković wirft der Moslemarmee vor, die eigene Bevölkerung als militärischen Schild gegen die Bombardements der Serben mißbraucht zu haben. Mehrere Angebote von Karadžić, Frauen, Kindern und alten Männern freies Geleit aus den muslimischen Stadtteilen Sarajevos heraus zu garantieren, wurden von Izetbegović ausgeschlagen. Die Brutalität der serbischen Belagerung wird dadurch um nichts geringer, nur die Einseitigkeit der Kriegsberichterstattung ein wenig aufgebrochen.

Edin läuft in den Tod

Westliche Kamerateams prägten das Bild vom Krieg, vor allem in Sarajevo selbst. Ihre Bilder sollten mitbestimmend für weitreichende politische Entscheidungen sein, die zur immer stärkeren Isolierung der Serben führten. Wo die Aufnahme für schockierende Details nicht ausreichte, wurde einfach nachgeholfen. Da wurden schon einmal – nach dem erfolgreichen Vorbild der 1989er Revolution im siebenbürgischen Timișoara – die Leichen im Krankenhaus Verstorbener als Schußopfer drapiert oder als Bombenopfer ins Bild gesetzt. Die Geschichte mit dem Abfilmen bewußt provozierten Kindermordes im Zentrum der Hauptstadt läßt sich allerdings in ihrem Zynismus kaum noch überbieten. Željko Vuković erzählt sie uns in seinem Beitrag „Kriegslorbeeren". Im Herbst des Jahres 1993 war jene Kreuzung direkt am Institut für Hygiene die gefährlichste Stelle in Sarajevo. Täglich lag sie unter Beschuß von Heckenschützen.

Der neunjährige Edin wohnt hier in der Gegend, den Krieg kennt er bereits über zwei Sommer lang. Von den vielen ausländischen Reportern in der Stadt weiß er, daß es sich dann und wann lohnt, sie anzubetteln. Diesmal sind es deutsche Fernsehleute, die sich nahe dem Hygiene-Institut mit ihrer Kamera verschanzt halten, um einen „big shot" zu ergattern. Der Tod soll live in die westeuropäischen Haushalte. Als sich Edin an die Deutschen heranmacht – oder sind es doch Engländer? –, bietet ihm einer, der neben dem Kameramann, zehn Mark, wenn er dafür über die Kreuzung läuft. Edin schaut ungläubig. Weiß er, wie gefährlich das Angebot ist, gerade in diesen Tagen? Für zehn Mark, was kann er sich nicht alles dafür kaufen. Nur einmal über die Straße? Wäre doch gelacht, würde das nicht klappen. Edin will im voraus bezahlt werden. Kein Problem. „Geduckt, mit dem Geldschein in der Hand", erzählt uns Vuković, „rennt Edin los, läuft über die gefährlichste Kreuzung in Sarajevo. ... Edin ist blitzschnell drüben. Und genauso blitzschnell ist er wieder zurück, außer Atem, aber lächelnd." Der Fernsehmann wiederholt sein Angebot. Edin nimmt den Zehn-Mark-Schein und startet erneut. Insgesamt acht Mal haben die TV-Leute das Schicksal herausgefordert, für die Weltöffentlichkeit. Edin stirbt mit 80 DM in der linken Hand. Der Heckenschütze hat präzise getroffen. Die serbische Belagerung Sarajevos, so hörte man es wohl am Tag darauf in den Abendnachrichten, schreckt auch vor Kindesmord nicht zurück. Ob das Kamerateam die 80 DM als Spesen absetzen konnte?

Konferenzen, Konferenzen, Konferenzen

Carrington, Vance, Owen, Stoltenberg und Holbrooke hießen die Vermittler im bosnischen Krieg. Seit dem Sommer 1992 jagten sie und ihresgleichen, jeweils mit einem halben Flugzeug von Experten ausgestattet, um den Erdball, um Frieden zu stiften, wie sie sagten. In Wahrheit wohl: um die Europäische Gemeinschaft und die USA ins Kriegsgeschäft auf dem Balkan zu bringen. Washington engagierte sich immer stärker; mit der Ausbootung von EG-Vermittler Lord Peter Carrington und dem immer wichtiger werdenden US-Vermittler Cyrus Vance war auch personell eine geopolitische Änderung dokumentiert. Denn bis zum Sommer 1992 war der Zerfall Jugoslawiens – neben den vielfach beschriebenen inneren Widersprüchen – hauptsächlich eine deutsche Angelegenheit gewesen. Dem konnten die USA nicht unbeteiligt zusehen. Und deshalb rückten sie sich selbst ins Zentrum der Verhandlungsführung – mit großem Erfolg, wie nachträglich leicht festgestellt werden kann. Bosnien ist heute de facto ein von der Weltbank und dem Währungsfonds verwaltetes Protektorat, ohne die USA/NATO läuft militärisch nichts, die zivilen Unwägbarkeiten wurden der UNO bzw. der OSZE übergeben.

Eines war allen Vermittlungsversuchen gleich: Bosnische Serben und bosnische Kroaten kamen nicht oder nur ohne Stimmrecht zu Wort. Die bosnische Seite wurde vom Nationalmuslim „Präsident" Alija Izetbegović vertreten. Und das, obwohl die Verfassung des Landes gar keinen „Präsidenten" im Sinn einer einzelnen Person vorsah. Dort ist von einem Staatspräsidium die Rede, in dem sich sieben Mitglieder den Vorsitz im Rotationsprinzip teilen. Seit dem Auszug der Serben Anfang April 1992 war die bosnische Regierung also de jure nicht mehr gegeben. Izetbegović hat die Unterstützung der Westmächte genutzt, um sich den Posten des „Präsidenten" anzueignen. Die Verhandler sahen über solch kleine Formalfehler hinweg. Sie mochten sich sogar über den unsicheren Status von Izetbegović gefreut haben, konnten sie doch mit großer Wahrscheinlichkeit annehmen, daß der verfassungsmäßig bedenkliche Zustand der Regierung die Verhandlungspartner politisch gefügiger und wirtschaftlich leichter korrumpierbar machen würde.

Ende August 1992 versammelte sich in London erstmals der Vermittlertroß zum Stelldichein. Cyrus Vance und David Owen hatten Lord Carrington abgelöst. Am Verhandlungsalltag änderte das wenig. Landkarten wurden gezeichnet und wieder verworfen, Kantone gebildet, politischer Druck auf Belgrad ausgeübt, Sanktionen gegen Jugoslawien verhängt. Im Januar 1993 präsentierten dann Vance und Owen ihren Plan zur Teilung Bosnien-Herzegowinas in – diesmal – zehn Regionen. Detailliert wurden die Einflußsphären nach Städten und Dörfern, Vermögenswerten, Rohstofflagern, Stromerzeugungskapazitäten, Straßen und Eisenbahnschienen sowie überhaupt der Zuordnung nach Quadratkilometern von Grund und Boden abgesteckt. Das Parlament der bosnischen Serben in ihrer mittlerweile recht gut funktionierenden Republika Srpska lehnte ab. Diese „Serbische Republik" war im Januar 1992 ausgerufen worden, nachdem in den betroffenen Bezirken eine Volksabstimmung mit einer 98prozentigen Zustimmung für die Errichtung der Republika Srpska stattgefunden hatte.

Für die bosnischen Serben war vor allem die Trennung der serbischen Gebiete in zwei Teile ohne einen ausreichend breiten Verbindungskorridor bei Brčko unannehmbar. Die Moslems hatten sich schon zuvor gegen jede ethnische Grenzziehung – und eine solche war der Vance-Owen-Plan in hohem Ausmaß – ausgesprochen. Unter dem Druck der USA stimmte Izetbegović allerdings zu. Den Kroaten wäre mit dem Plan geholfen gewesen. Sie hätten Territorium zugesprochen erhalten, das weit über die effektive kroatische Besiedlung hinausreichte und sich an den Grenzen der Banschaft Kroatien von 1939 orientierte. Verstärkte Kämpfe um Brčko zwischen Moslems und Serben sowie um Gornji Vakuf zwischen Moslems und Kroaten machten den Plan bald obsolet. Sie zeigten auch, daß jeder auf der Landkarte gezogene Strich für mindestens eine Seite inakzeptabel war; deshalb wurden Vermittlungspläne regelmäßig von verstärktem militärischen Dreinschlagen begleitet, wobei sich damit mindestens eine Seite bessere Ausgangsbedingungen für eine etwaige Friedenskonferenz erhoffte.

London, Genf, Washington. Die Konferenzorte wechselten, die Probleme blieben dieselben. Der Krieg eskalierte.

Kriegsalltag

Der von Milošević gegen den Einspruch der jugoslawischen Generalität verordnete Rückzug der Armee hinterließ den bosnischen Serben eine militärisch voll intakte Truppe, weil Kriegsmaterial zusammen mit den bosnischen Offizieren und Soldaten vor Ort blieb. Zudem unterhielten Radikalenführer Šešelj und der berüchtigte Arkan – mit bürgerlichem Namen Željko Ražnjatović – paramilitärische Kräfte, die vor allem im Vorfeld der in den serbisch besiedelten Teilen als regulär aufgefaßten bosnisch-serbischen Armee unter muslimischer Bevölkerung wüteten. Schätzungsweise 200 Panzer und weitere 250 Militärfahrzeuge, dazu ein Dutzend kleinere Flugzeuge und schwere Artilleriewaffen standen unter Befehl von General Ratko Mladić, kontrolliert über den „Präsidenten" der Republika Srpska, Radovan Karadžić.

Typischerweise mag eine militärische Attacke der serbischen Seite folgendermaßen ausgesehen haben: Als Vergeltung für einen tatsächlichen oder vermeintlich stattgefundenen feindlichen Akt moslemischer Milizen – deren es zahlreiche gab und die auch von Söldnern aus Afghanistan und dem Iran unterstützt wurden – rückten schwerbewaffnete bosnisch-serbische Verbände gegen eine Ortschaft vor. Anfangs vermutete man darin meist feindliche Soldaten bzw. Paramilitärs, später wurden solche Vorstöße systematisch in moslemisches bzw. – weniger häufig – in kroatisches Gebiet geführt. Vor dem artillerieunterstützten Angriff gegen die Stadt oder das Dorf forderte der Befehlshaber die Einwohner auf, den Ort zu verlassen und – gegebenenfalls – die gesuchten Paramilitärs der gegnerischen Seite auszuhändigen. Daß es schon dabei zu Übergriffen kam, muß angenommen werden. Nach der Vertreibung eines Großteils der Bevölkerung plünderten dann serbische Paramilitärs die Häuser und gingen gegen verbliebene Zivilisten mit der Waffe vor. Je nach Gelegenheit zählten Morden, Brandschatzen und Vergewaltigen dabei zum Kriegsalltag. Nachdem bosnisch-serbische Truppen den so „gesäuberten" Ort eingenommen hatten, wurde eine neue Verwaltung eingerichtet. Die alten, meist bosnisch-muslimischen Funktionsträger waren entweder geflohen oder verloren nun ihre Stellung. Auch regelrecht rassistische Ausnahmegesetze gab es; so berichten Moslems davon, daß in ihrer Ortschaft für die früheren EinwohnerInnen Ausgehverbote nach 18 Uhr auferlegt wurden, während die Militärs und die nachziehenden serbischen Zivilisten an solche Restriktionen nicht gebunden waren. Von Massakern an ganzen Ortsbevölkerungen wurde immer wieder berichtet.

Der alltägliche Kriegshorror auf der Seite vorrückender Kroaten, insbesondere in der Westherzegowina gegen die dortige muslimische Bevölkerung, dürfte ziemlich ähnlich abgelaufen sein.

Anders auf muslimischer Seite. Die militärische Kraft der Truppen von Alija Izetbegović reichte vorerst nicht aus, um eine Systematik im Vormarsch aufbauen zu können. Über die Blockade von Kasernen, aus denen dann die jugoslawische Volksarmee ohne schweres Kriegsgerät abziehen mußte, hatten sich zwar auch bosnisch-muslimische Kräfte mit Armeebeständen versorgt; generell war ihre Bewaffnung allerdings schlechter als die der serbischen Truppen. Dementsprechend muß man sich die Greuel der Moslems als eher guerillaartig vorgetragene Angriffe gegen mißliebige Familien im Nachbarort vorstellen. Auch Überfälle an Straßen und in Tälern dürften zum taktischen Repertoire der Moslemarmee sowie der vielen paramilitärischen Gruppen gehört haben. Nicht zu vergessen die militärische Provokation, die vor allem von Muslimen betrieben wurde, ohne dabei auf eigene Opfer zu achten. Sie sollte in der Folge mit kriegsentscheidend werden, zwar nicht auf dem Schlachtfeld, aber in der – immer wichtiger werdenden – Propagandaschlacht um die öffentliche Meinung im westlichen Ausland.

Massaker in Sarajevo – Embargo gegen Belgrad

Am 27. Mai 1992 übertrugen sämtliche TV-Stationen der Welt grauenhafte Bilder einer Explosion im Zentrum von Sarajevo, bei der 16 Menschen getötet und viele weitere verletzt worden waren. In eine um Brot Schlange stehende Menge in der Vase Miskina-Straße schlugen, so der Kommentar zum Film, serbische Granaten ein; am Boden kriechende Schwerverletzte mit zerfetzten Beinen blieben der Welt in Erinnerung – als Opfer serbischer Aggression. Drei Tage später, am 30. Mai, verabschiedete der UNO-Sicherheitsrat die Resolution 757. Harte Sanktionen gegen Belgrad waren damit, als unmittelbare Antwort auf den Brotschlangenterror, in die Tat umgesetzt. Das internationale Embargo gegen Rest-Jugoslawien – wie es damals hieß – begann.

Später kamen Zweifel auf, ob es tatsächlich von serbischen Positionen abgefeuerte Granaten waren, die das „Brotschlangenmassaker" in der Vase Miskina-Straße verursachten. Eine Untersuchungskommission der UNO vermißte beispielsweise die für Granatentreffer typischen Einschläge im Asphalt. Auch die Tatsache, daß die Straße kurz vor dem mörderischen Zwischenfall von bosnischen Behörden gesperrt gehalten wurde, ließ Vermutungen aufkommen, es könnte sich bei dem Terrorakt um eine gezielte Provokation bosnischer Milizen gehandelt haben – zumal ein bosnisches Fernsehteam an Ort und Stelle war, um die Schreckensbilder in alle Welt zu senden, so als ob Journalisten etwas vom bevorstehenden Massaker geahnt hätten. Belgrader Quellen nennen auch eine – später von bosnischen Behörden verhaftete – Augenzeugin, die von ihrem Fenster aus gesehen haben will, wie bosnische Polizisten vor dem Anschlag jenen Ast der Straße absperrten, der in ein moslemisches Viertel der Stadt führt, sodaß es mehrheitlich serbische Bürger aus Sarajevo waren, die um Brot anstanden. Später mutmaßten UNO-Mitarbeiter, es könnte sich bei dem Attentat tatsächlich um eine muslimische Provokation gehandelt haben, um der bereits geplanten UNO-Abstimmung über ein Embargo gegen Jugoslawien den entsprechenden öffentlichen Druck hinzuzufügen.

Eine eindeutige Klärung des Massakers ist bis heute nicht erfolgt. Dokumente, die eventuell Aufklärung bieten könnten, liegen bei der UNO unter Verschluß. Ob die 16 um Brot Schlange stehenden Menschen nun Opfer von Serben abgefeuerter Granaten oder einer von bosnischen Milizen gelegten Bombe wurden, blieb ungeklärt. Das Embargo gegen Belgrad indes wurde – nicht zuletzt unter Hinweis auf die Schuld der Serben am „Brotschlangenmassaker" – verhängt.

Die wirtschaftliche Isolation Belgrads war jedoch selbst im Fall einer bosnisch-serbischen Täterschaft in der Vase Miskina-Straße nicht gerechtfertigt. Rest-Jugoslawien verfügte im Jahr 1992 nur über geringen Einfluß auf die bosnischen Serben und ihre militärischen Operationen. Zwar gab es bezüglich technischem Equipment Hilfen und politische Kontakte, jedoch keine Übereinstimmung zwischen

Karadžić und Milošević. Ein Bericht von UN-Generalsekretär Boutros Boutros-Ghali beschrieb die Divergenzen zwischen der bosnisch-serbischen Hauptstadt Pale und Belgrad als beträchtlich. Boutros-Ghali stellte darin in Abrede, Belgrad die alleinige Verantwortung für die kriegerischen Eskalationen in Bosnien zuschreiben zu können. Es müsse vielmehr davon ausgegangen werden, daß zum einen Pale von Belgrad nicht gelenkt werde, sondern selbständig handle, und zum anderen Kroatien in ähnlicher Weise wie Serbien in den bosnischen Krieg verstrickt sei. Sanktionen nur gegen Belgrad konnte Boutros-Ghali in seiner Stellungnahme nicht befürworten. Zum Massaker auf dem Marktplatz war ein eigener Bericht erstellt worden, der – laut jugoslawischer Presseagentur Tanjug – vom österreichischen UN-Botschafter Hohenfellner zurückgehalten wurde. Österreichs damaliger Sitz im UN-Sicherheitsrat trug also möglicherweise dazu bei, daß Boutros-Ghali und der Generalversammlung wichtige Informationen vorenthalten blieben. Für den UN-Generalsekretär begann mit diesem Bericht, der der serbenfeindlichen Grundhaltung von EG und USA einen Gutteil ihrer Legitimation genommen hätte, das Ende seiner UN-Karriere. Madeleine Albright und Richard Holbrooke arbeiteten fortan an seiner Demontage.

Serbien war durch das Embargo mit einem Schlag international isoliert. Kurz darauf verwehrte die UNO Belgrad gar die Rechtsnachfolge Jugoslawiens und damit das automatische Verbleiben in der Generalversammlung. Nur fünf afrikanische Länder erhoben Einspruch gegen die Suspendierung der Mitgliedschaft Jugoslawiens in der Weltorganisation, die bis Ende 2000 anhielt. Jahrelang bestimmte das Embargo das Leben von mehr als zehn Millionen Menschen in Jugoslawien und zig weiterer Millionen in Rumänien, Bulgarien, Makedonien, Ungarn ... Allein für Serbien wies Ministerpräsident Mirko Marjanović einen durch die Sanktionen bedingten ökonomischen Verlust von 30 Mrd. US-Dollar in den ersten zwei Jahren aus. Das Wiener Institut für Internationale Wirtschaftsvergleiche (WIIW) beziffert den Einbruch im Außenhandel als dramatisch. Setzt man 1990, ohnehin bereits ein Jahr der Krise, mit 100 Punkten an, so fielen die Exporte im Zuge des Embargos 1993 auf 12 Punkte, also um rund 90 Prozent.

Für Montenegro, den Juniorpartner der stark geschrumpften jugoslawischen Föderation, schätzte Premierminister Milo Djukanović – damals noch ein Verbündeter Serbiens – auf einer Pressekonferenz in Podgorica die wirtschaftlichen Ausfälle in den ersten zwei Jahren auf über 5 Mrd. Dollar. Der Totalausfall im Tourismus trug wesentlich dazu bei. „Noch vor fünf Jahren landeten hier in Tivat jede Sommerwoche 22 Chartermaschinen allein aus Düsseldorf", wußte Vikašin Culafić, der ehemalige Leiter der jugoslawischen Fremdenverkehrsagentur in Deutschland, im Sommer 1994 zu berichten. Die Hotels stehen leer, das Flugfeld bleibt ungenutzt. In den idyllischen, im venezianischen Stil erbauten Küstenstädten Budva und Kotor/Cattaro fällt kein deutsches Wort mehr.

Jahrelange Isolation – das bedeutete neben tiefgreifenden volkswirtschaftlichen Auswirkungen auch Alltagserschwernisse jeder Art; zum Beispiel für die zigtausenden serbischen Gastarbeiter in Österreich und Deutschland. Durch die Suspendierung des internationalen Flugverkehrs war Belgrad nur schwer erreichbar. Von Budapest aus hatte eine private jugoslawische Firma regelmäßige Busverbindungen installiert. Die Regelmäßigkeit blieb allerdings relativ, schon deshalb, weil der kleine ungarisch-serbische Grenzübergang heillos überlastet war. Im südungarischen Tompa spielten sich Tag für Tag und Nacht für Nacht abenteuerliche Szenen ab. Fünfeinhalb Stunden Wartezeit wurden einem durch haarsträubende Bus- und Pkw-Duelle um wenige Meter Platzgewinn verkürzt. Ungarische Zöllner und UNO-Beobachter überwachten den Aggressionsstau.

Jahrelange Isolation – das hieß aber auch Routine im Umgang damit. Das Belgrader Alltagsleben hatte sich rasch normalisiert. Die Straßencafés waren gut besucht, verliebte Pärchen schmusten im Park vis-à-vis des Parlaments. Die jungen Männer waren ganz offensichtlich nicht im Bosnienkrieg, ihr Militarismus beschränkte sich auf kurzgeschorenes Haar.

Die Läden entlang der Boulevards waren trotz der internationalen Sanktionen mit Waren gefüllt, auf den Gehsteigen verkauften Arbeitslose Zigaretten, Kosmetika und Kaugummi. Auch ausländische Produkte wurden überall feilgeboten. Für die meisten waren sie allerdings unerschwinglich teuer. Der Liter Benzin kostete 1994 an den staatlichen Zapfsäulen drei Dinar, drei DM; an den Ausfallstraßen der Hauptstadt standen Händler mit Kanistern und gaben das Benzin etwas billiger ab.

Die Sozialstruktur Jugoslawiens blieb relativ embargo-resistent. 51 Prozent der Bevölkerung lebten von der Landwirtschaft; die Bauern spürten das Embargo am allerwenigsten. Ein gutes Viertel der Städter hat Verwandtschaft auf dem Land. „Sie besorgen sich viele Nahrungsmittel durch Tausch, manche gehen auch in die Dörfer ihrer Verwandten, um mitzuhelfen", erklärte Nikola Vitorovic, ein bekannter Belgrader Fernsehjournalist, wie die Familien in der Stadt im Sommer 1994 ihr Überleben organisierten. Als eigentliches Opfer des Embargos galten die 20 bis 25 Prozent ArbeiterInnen und Intellektuelle, die – ohne bäuerlichen Anhang – den hohen Marktpreisen in der Stadt ausgeliefert waren. „Der soziale Preis für das Embargo wird hauptsächlich von den Arbeitern bezahlt", meinte auch Milan Nikolić, Generaldirektor von Simpo, der größten jugoslawischen Möbelfabrik im südserbischen Vranje, gegenüber dem Autor. Die Reallöhne seiner Arbeiter betrugen 1994 nur mehr 20 Prozent des früheren Lohns. Vier Schwesterbetriebe – in Italien, Frankreich, England und Rußland – lagen wegen des Embargos brach, an den 14 jugoslawischen Standorten arbeiteten 5.600 Proletarier für den Binnenmarkt – und wohl auch für versteckte Exporte.

Exportiert wurde trotz des Embargos auch vom Textilwerk Yumco, das in derselben Industriestadt Vranje lag – allein schon deshalb, um Devisen für den Import der jährlich notwendigen 10.000 Tonnen Baumwolle zu erwirtschaften. Wie diese ins Land kamen, blieb das Geheimnis von Direktor Staniša Janjić. 13.000 ArbeiterInnen standen damals, im Sommer 1994, bei Yumco hinter den Maschinen, im größten Websaal schoß an 220 Webstühlen der Faden hin und her. Janjić erklärte seine Strategie, trotz des Embargos zu produzieren: „Außer der Baumwolle können wir die allermeisten Vorprodukte selbst herstellen; im chemischen Bereich haben wir neue Produktionen aufgebaut, um uns selbst zu versorgen." Auf die Frage, ob also angesichts dieser Strategie das UN-Embargo auch positive Effekte habe, antwortete der Manager unumwunden: „Es hilft uns, Importe zu substituieren und die Produktionstiefe zu erweitern. Weil Sie aus Österreich kommen, erzähle ich Ihnen folgendes Beispiel: Schon jahrzehntelang arbeiten wir mit Textilmaschinen der Linzer Firma Fehrer. Seit dem Embargo beliefert sie uns nicht mehr mit Ersatzteilen. Also waren wir gezwungen, ein kleines jugoslawisches Unternehmen mit der Konstruktion solcher Ersatzteile zu beauftragen. Es hat geklappt. Und eines kann ich Ihnen sagen: Nach der Aufhebung des Embargos werden wir nie mehr österreichische Originalersatzteile kaufen." 1999 fiel auch Yumco unter den NATO-Bombardements in Trümmer.

Das Embargo gegen Belgrad war Teil des jugoslawischen Desintegrationsprozesses, den die westliche Solidargemeinschaft – unter Anleitung Deutschlands – unterstützt hat. Bis November 1996, ein Jahr nach dem Dayton-Abkommen, blieben die Sanktionen der UNO aufrecht. Informell ging das Embargo gegen Jugoslawien auch danach weiter. Die US-Amerikaner entwickelten für diesen Zustand sogar einen eigenen Begriff: outerwall sanctions, das Außenwandembargo. Wenn zum Beispiel Belgrad ein technologisch hochwertiges Herzreanimationsgerät in Wien kaufen wollte, wurde zwar die Zahlung von der Produktionsfirma entgegengenommen, die Lieferung erwies sich jedoch als unmöglich, weil die USA – unter Berufung auf das seit 1948 bestehende Cocom-Embargo gegen kommunistische oder sonstige mißliebige Staaten – dies verhinderten. Im Juni 1998 verhängte dann die Europäische Union Sanktionen gegen Belgrad, vorerst den Flugverkehr betreffend, später gegen Investitionen nach Jugoslawien und gegen jugoslawische Konten in der EU vorgehend.

Eine Werbefirma für Izetbegović

Tudjman, Izetbegović, Thaçi. Nationalkroaten, Nationalmuslime, Nationalalbaner. Sie alle hatten irgendwann zwischen 1991 und 1999 ein und dieselbe Werbeagentur in ihren Diensten: Ruder Finn Global Public Affairs. Wo immer es im jugoslawischen Drama antiserbisches Geld zu machen galt, war die Firma aus Washington dabei. Ihre Aufgabe war einfach: pro-kroatische, pro-bosnisch-muslimische und pro-kosovo-albanische Meldungen zu lancieren, um die Weltöffentlichkeit im Sinn ihres Auftraggebers zu beeinflussen. Waschmittel, Kampfflugzeuge, Politik und mediale Rezeption derselben ... die Regeln der Werbewirtschaft sind überall gleich. Der Kunde muß zufrieden sein. Wahrheit über das Weiß des Waschmittels, die Flugeigenschaften des Kampfjets oder die Politik/den Krieg des Präsidenten ist nicht unbedingt gefragt. Sie schadet sogar dort, wo sie dem Image abträglich ist. Ruder Finn hat mit dieser Werbephilosophie Kriegsgeschichte gemacht. Vor allem im bosnischen Konflikt ist es der Agentur gelungen, Meinung in den USA und Westeuropa zu bilden. Sie war schneller als Journalisten und Presseagenturen und, vor allem: Sie war noch skrupelloser. Woher das Geld des Werbefeldzuges für die im Grund wirtschaftlich maroden Sezessionisten um Tudjman, Izetbegović und Thaçi gekommen ist, darf nur gemutmaßt werden. Exilkroaten aus Kanada und den USA dürften für Kroatien gesammelt, islamische Staaten ihren Brüdern in Bosnien eine international erfahrene Werbeagentur gesponsert haben; und ob das Geld von in der Schweiz lebenden Exilalbanern ausgereicht hat, um den Albaner- organisationen bestmögliche Betreuung zukommen zu lassen, oder ob US-Stellen da finanziell nachgeholfen haben, wird so leicht nicht zu klären sein. Für die Be- treuung Bosnien-Herzegowinas verlangte die Agentur in einem internen Papier monatlich pauschal 25.000 US-Dollar für „Basic Services"; für ein Reiseprogramm zu und von US-Kongreßabgeordneten kamen noch einmal 25.000 US-Dollar dazu. Im Kostenvoranschlag ist sogar vom „Taschengeld" für schnelle Besorgungen die Rede: pro Monat 5.000 bis 10.000 US-Dollar.

Der Chef von Ruder Finn, James Harff, ein aggressiver PR-Mann der neuen US-amerikanischen Art, hat seine Erfolge erläutert. Und sich damit sogleich dem nächsten westorientierten Sezessionsprojekt irgendwo auf der Welt empfohlen. Jacques Merlino, Chefredakteur der französischen TV-Anstalt „France 2", sprach mit James Harff. In seinem Buch „Les vérités yougoslaves ne sont pas toutes bonnes à dire" läßt er uns am Konzept des Werbekrieges von Ruder Finn teilhaben. Teile des aufschlußreichen Gesprächs sind auf deutsch in Klaus Bittermanns „Serbien muß sterbien" erschienen, übersetzt von Bodo Schulze. „Unsere Arbeit besteht darin", plaudert Ruder Finn-Chef Harff aus der Schule, „Informationen auszu- streuen und so schnell wie möglich in Umlauf zu bringen. ... Wenn eine Informati- on für uns gut ist, machen wir es uns zur Aufgabe, sie umgehend in der öffentli- chen Meinung zu verankern." Was gut für Ruder Finn ist, muß gut für den Kunden sein, zum Beispiel den bosnischen Präsidenten Alija Izetbegović und seine Partei SDA. Zwischen dem 2. und 5. August 1992 schrieb der später dafür mit dem Pulit- zer-Preis ausgezeichnete Journalist Roy Gutman eine Artikelserie über Todeslager in Bosnien. Serben hielten Muslims in Lagern gefangen. Ruder Finn machte dar- aus KZs, Konzentrationslager. „Im Handumdrehen konnten wir die Serben in der öffentlichen Meinung mit den Nazis gleichsetzen. ... Und wir haben gewonnen", meint Harff weiter, „weil wir das jüdische Publikum anvisiert haben. Die Presse wandelte umgehend ihren Sprachgebrauch und verwendete ab sofort stark aufgeladene Begriffe wie ethnische Säuberung, Konzentrationslager usw." Ruder Finn ist die Herstellung von Meinung weit über die konkreten Ereignisse hinaus gelungen: „Die emotionale Aufladung war so stark, daß niemand mehr eine gegenteilige Meinung vertreten konnte oder anderenfalls Gefahr lief, des Revisionismus beschuldigt zu werden. Wir hatten voll ins Schwarze getroffen."

James Harff war sich der Komplexität seiner Aufgabe bewußt. Ruder Finn war dazu angeheuert worden, seine Kunden – kriegführende Sezessionisten – als Sympathieträger ins Licht der Öffentlichkeit treten zu lassen. Das schien keine leichte Sache, war doch Tudjman wegen seiner immer wiederkehrenden antisemitischen Äußerungen der liberalen Westpresse suspekt, Izetbegović seiner politischen Herkunft nach ein islamischer Fundamentalist und Thaçi die US-geklonte Symbiose von maoistischer Befreiungsbewegung und Skanderbeg-SS-Tradition. Insofern hat Ruder Finn ganze Arbeit geleistet. Das einzige, was der Agentur vorgeworfen werden kann, ist, daß ihre Werbetätigkeit an der Wirklichkeit vorbei geführt hat. Niemand hat beispielsweise je bewiesen – und keiner will es auch heute mehr beweisen –, daß es in Bosnien „Konzentrationslager" mit Massenvernichtung gegeben hat. Für James Harff stellt das kein Problem dar: „Es ist nicht unsere Aufgabe", gibt er Jacques Merlino gegenüber zu Protokoll, „Informationen auf ihren Wahrheitsgehalt hin zu überprüfen. ... Unsere Aufgabe besteht darin, Informationen, die unserer Sache dienen, schneller unter die Leute zu bringen. ... Wir haben nicht behauptet, daß es in Bosnien Todeslager gibt, sondern wir haben bekannt gemacht, daß 'Newsday' das behauptet." Punktum. „Wir hatten eine Arbeit zu erledigen. Und wir haben sie erledigt." Eine antiserbische Öffentlichkeit war hergestellt, unumstößlich gemacht. Mehr konnte der Auftraggeber nicht verlangen. Selbst verantwortungsbewußte Journalisten hatten es in der Folge schwer, den Begriffskeulen „ethnische Säuberung" und „Konzentrationslager" auszuweichen. Wo sie es doch taten, verlor so mancher von ihnen seinen Job.

In aller Regel hatten auch die westlichen Journalisten, ebenso wie die PR-Agentur Ruder Finn, „Arbeit zu erledigen". Ihre Auftraggeber saßen zwar nicht auf Staatspräsidentenposten, hatten aber doch deutliche Interessen. Als Informationsdienstleister spiegeln die bürgerlichen Medien die ökonomischen und geopolitischen Interessen der kräftigsten Kapitalgruppen wider, mit denen sie im übrigen eng verwoben sind. Dazu kommt noch als eine Art Eigeninteresse die Ertragssteigerung, sprich: Auflagenhöhe, Quote. Beides gemeinsam trieb vor allem die deutschsprachige Medienlandschaft im fast zehnjährigen jugoslawischen Krieg zu negativer Höchstleistung. Widerspruch zur pro-westlichen – sprich: slowenischen, kroatischen, später bosnischen und noch später kosovo-albanischen – Seite wurde nicht geduldet. Dieser Grundsatz wurde dem Projekt entsprechend – immerhin handelt es sich um die wirtschaftliche und geopolitische Neuordnung eines Teils von Europa – ohne Kompromisse durchgesetzt. Einseitige Berichterstattung wurde im Lauf des Bosnienkrieges durch Manipulationen ergänzt; im 78tägigen NATO-Krieg gegen Jugoslawien herrschte dann nur noch blanke Zensur.

Vollstrecker dieser Medienpolitik vor Ort war die Kriegsmedienmeute, wie sie Peter Handke in seinem Bosnien-Stück „Die Fahrt im Einbaum oder Das Stück zum Film vom Krieg" trefflich als „die Internationalen" beschreibt. Im Bosnienkrieg erfanden sie Stadien, in denen Serben, wilden Tieren gleich, systematisch muslimische Frauen vergewaltigten. Nachrecherchen eines der wenigen in Bosnien tätig gewesenen kritischen Journalisten, Martin Lettmayer, ergaben dann, daß in besagtem Ort gar kein Stadion existierte, geschweige denn irgend jemand je etwas von systematischen Vergewaltigungen gehört hatte. Daß Soldaten im Krieg vergewaltigen, hat System; die ethnische Zuordnung von Vergewaltigern entsteht indes eher in den Köpfen von PR- oder Presseagenturen als in der Wirklichkeit.

Da wurde der Moslem Borislav Herak der internationalen Presse als Kronzeuge für die Existenz von Vergewaltigungslagern vorgeführt; er war gebückt und ausgehungert, ohne daß sich jemand fragte, wie leicht ein solch geschlagener Mann manipulierbar ist – und er war von den bosnischen Behörden instruiert. Da wurde ein alter Mann vor die Kamera gezerrt, der angeblich hinter dem Zaun eines Konzentrationslagers kauerte, bis Verwandte ihn als jugoslawischen Offizier identifizierten, der als Gefangener der Moslems in einem Lager saß. Da wurden mehr als einmal getötete Serben zu Opfern der serbischen Soldateska gemacht; „Fehler" über „Fehler" passierten. Und ausnahmslos waren es solche „Fehler", die irrtümlich oder willentlich eine serbische Täterschaft vorgaben. Die mediale Kriegführung ging in Westeuropa mit der tatsächlichen Unterstützung der Kriegspartei einher.

Nicht nur Medienmenschen, sondern auch Intellektuelle beteiligten sich an der positiven Rezeption von Gewalttaten. Im grausamen Bosnienkrieg waren es vor allem französische Philosophen vom Schlag Alain Finkielkraut, André Glucksmann und Bernard-Henry Lévy, die glaubten, das Abendland gegen „die Serben" verteidigen zu müssen. Mit einer eigenen Sarajevo-Liste traten sie in Frankreich zu den Wahlen an. Ihr Motto: Europa beginnt in Sarajevo. Glucksmann pathetisch als Schlachtensänger in der Zeitschrift „L'Express": „Wir können siegen, daher müssen wir siegen! Ja oder nein zur europäischen Zivilisation!" Lévy brachte es zum tatsächlichen Frontmann in Sachen moslemisches Bosnien. Er war persönlich bei einer entscheidenden Besprechung in Paris anwesend, bei der die Würfel für die militärische Intervention der NATO fielen. Am 29. August 1995 – einen Tag nach dem zweiten Markale-Attentat, am Abend vor den ersten massiven NATO-Bombenangriffen auf bosnisch-serbische Stellungen – lud die US-amerikanische Botschafterin in Frankreich, Pamela Harriman, die Frau des verstorbenen Kalten

Kriegers und langjährigen US-Botschafters in Moskau, William Averell Harriman, zu einem Dinner. Richard Holbrooke gibt uns in seinen Memoiren bereitwillig darüber Auskunft, wer dort zugegen war: Alija Izetbegović, Wesley Clark – der spätere NATO-Kommandant im Bombenkrieg gegen Jugoslawien –, Richard Holbrooke selbst und, neben anderen, der Philosoph Lévy. An jenem Abend ließ Holbrooke – per heißem Draht nach Washington – die Bombardierung Pales und anderer serbisch-bosnischer Städte beschließen. Bernard-Henri Lévy schrieb in seinem später erschienenen Buch „Le Lys et la Cendre" über die Stimmung in der US-Botschaft: „Das letzte, was ich sah, war eine äußerst würdige Pamela Harriman, gefolgt von dem schweigenden Izetbegović und den amerikanischen Diplomaten, die alle irgendwie angespannt wirkten, eingetaucht in ein fahles Licht, das sie wie auf frischer Tat ertappte Verschwörer aussehen ließ." Lévy war bei dieser „Verschwörung" dabei, und viele Journalisten und Intellektuelle ebenfalls, wenngleich die wenigsten von ihnen so nahe am Ort der Entscheidungen.

Zwei Massaker auf dem Marktplatz – und die Folgen

Die Welt der TV-Bilder hat die Kriege um die Zerstörung Jugoslawiens stark beeinflußt. Mehr als einmal stützten sich politische Entscheidungsträger im Westen auf horrible Berichte aus dem Fernsehen, um Schritte zur weiteren Vorgehensweise zu argumentieren. Die sukzessive von der politischen zur militärischen Intervention fortschreitende Einmischung der NATO-Allianz auf dem Balkan zog dabei immer wieder strategische Schlüsse aus – schrecklichen – Tagesereignissen. Die mediale Wahrnehmung in den Ländern der späteren veritablen Anti-Jugoslawien-Allianz suggerierte ein unhinterfragtes Bündel der scheinbar einfachsten Erklärungsmuster. Erstens: Die Serben sind schuld – oder, wie es „Spiegel"-Mann Olaf Ihlau einmal in einer Mischung aus grenzenloser Naivität und Zynismus ausdrückte: „In diesem Fall ist es zu 90 Prozent sicher [daß es die Serben waren, d.A.]." Zweitens: Jedes Ereignis wurde seiner Geschichte, seiner Ursachen entkleidet und als für sich stehender Gewaltakt analysiert. Hintergründe wurden nicht erläutert. Drittens: Die Frage „Wem nützt es?" war tabu. Die Frage danach, welcher Bürgerkriegspartei bestimmte militärische oder terroristische Aktionen dienten, durfte nicht gestellt werden. Viele Berichterstatter gingen sogar soweit, überhaupt abzustreiten, daß es sich beim großen bosnischen Morden um einen Bürgerkrieg gehandelt habe.

In einem solchen Klima unhinterfragter einfacher Wahrheiten und klarer Parteinahme des Westens für die muslimisch ausgerichtete Regierung in Sarajevo konnte fast nicht mehr wahrgenommen werden, daß die Moslems – wie ihre Bürgerkriegsgegner auch – einen schmutzigen Krieg führten. Dazu gehörten verdeckte militärische Angriffe gegen die eigene Bevölkerung, die nur ein Ziel kannten: die internationale Öffentlichkeit gegen die Greueltaten aufzubringen, die dann den bosnischen Serben in die Schuhe geschoben wurden. Nur hier und dort waren kleine Notizen in westlichen Medien zu lesen, die von solchen Konter-Attacken berichteten – das französische und englische Publikum erfuhr mehr darüber als das deutschsprachige –, etwa jener Bericht aus der Wiener Wochenzeitschrift „profil" vom 7. August 1995, in dem der Sprecher der französischen UNO-Truppen in Sarajevo zitiert wurde: „Die bosnisch-muslimische Regierung, von aller Welt als Vertreter der Opfer im Jugoslawien-Konflikt geachtet, ließ das eigene Volk beschießen, um Punkte im Propagandakrieg zu sammeln." „profil" dann weiter: „Französische Marinesoldaten hatten ein Schützennest im ehemaligen Parlamentsgebäude identifiziert, das von bosnischen Regierungstruppen besetzt ist. Nachdem die Franzosen der bosnischen Militärführung im Juni mitgeteilt hatten, sie würden die Heckenschützen ausräuchern, hörte der Beschuß aus dem Parlamentsgebäude schlagartig auf." In seinem Abschiedsbrief an die UNO – den David Binder in der „Weltwoche" vom 16. Juni 1994 zitierte – erklärte der französische Kommandant der internationalen Truppen, Francis Briquemont, unumwunden: „In Sarajevo provoziert die BiH-Armee [die Moslems, d.A.] die BSA [die Serben, d.A.] täglich. Dies ist für uns sehr leicht festzustellen, da sich die BiH-Mörser im allgemeinen ganz in der Nähe von UNPROFOR-Einheiten befinden."

Von kleineren „machiavellistischen" Konter-Aktionen konnte man fallweise lesen, bei den großen Massakern hingegen wurden keine Zweifel an der Urheberschaft geduldet: Diese hatte serbisch zu sein. Die zwei verheerendsten Attentate in der bosnischen Hauptstadt fanden beide auf dem Marktplatz – seit der österreichischen Besetzung zu Monarchiezeiten verballhornt nach dem deutschen Ausdruck für Markthalle „Markale" genannt – statt. Am 5. Februar 1994 und am 28. August 1995 fielen 68 bzw. 41 Menschen schrecklichen Anschlägen zum Opfer. Die TV-Bilder davon erschütterten die Welt. Und erleichterten es der NATO, ihren Druck auf die bosnischen Serben zu erhöhen.

Was passierte an jenem 5. Februar 1994 um 12 Uhr 20 auf dem belebten Marktplatz von Sarajevo wirklich? Vieles spricht für eine gezielte Provokation der moslemischen Regierung. Doch der Reihe nach: 68 Tote und über 200 Verwundete stellten das vermutlich schlimmste Attentat im bosnischen Krieg dar. TV-Sarajevo und CNN kannten die Urheber sofort. Eine serbische Mörsergranate, so die Berichte übereinstimmend, hatte auf dem Marktplatz, mitten ins geschäftige Treiben, eingeschlagen. US-Präsident William Clinton meinte zwei Tage später: „Es liegt auf der Hand, daß mit größter Wahrscheinlichkeit die Serben verantwortlich sind." Der bosnische Vizepräsident Ejup Ganić formulierte ideologieschwanger: „Nun ist es kein Krieg mehr zwischen zwei Armeen, sondern einer zwischen Gut und Böse." Diese Darstellung bestimmte das Bewußtsein im Westen.

Eine methodisch einwandfreie, unabhängige Untersuchung der Tathergänge fand nicht statt. Schlimmer: Die objektive Beweisaufnahme wurde unterbunden, wie UN-Sprecher Bill Aikmann anläßlich einer Pressekonferenz in Sarajevo mitteilte. Zivile UN-Mitarbeiter durften stundenlang nicht zum Ort des Geschehens. Die bosnisch-muslimischen Behörden nahmen alle Sprengstoffteile in Gewahrsam, die Toten wurden ohne Obduktion begraben und die Verletzten in das US-Militärhospital im deutschen Landstuhl ausgeflogen, wo sie von Journalisten abgeschirmt waren. Ein Expertenteam der in Bosnien tätigen UNPROFOR lancierte am Tag darauf eine Meldung, nach der es unwahrscheinlich bis unmöglich sei herauszufinden, woher die 120mm-Mörsergranate gekommen war. Der französische General Pierre Galois äußerte sich in einem TV-Interview mit dem serbischen Sender „Kanal Eins" überzeugt davon, daß eine 120mm-Granate mit drei Kilogramm Explosivstoff nicht derartig viele Opfer hinterlassen könne. „Es hätte vieler Granaten bedurft, um das Ziel des Marktplatzes in einem solchen Ausmaß zu treffen." Dieselbe Auffassung vertrat Paul Beaver, Herausgeber der wichtigsten US-amerikanischen Militärfachzeitschrift „Jane's Defense Weekly": „Niemals habe ich von einem solchen Fall gehört, daß eine einzige Artilleriegranate eine so hohe Anzahl von Opfern verursachen könnte." Allein, die Statistik der UN-Behörden weist an diesem Tag überhaupt nur einen Granatwerferangriff auf das Zentrum von Sarajevo aus. Dies erklärt sich übrigens aus der Tatsache, daß genau in jenen Mittagsstunden des 5. Februar 1994 der bosnisch-serbische Spitzenpolitiker Momčilo Krajišnik, später Serbenvertreter in der gesamtbosnischen Regierung, auf dem Flugfeld der Hauptstadt mit dem bosnischen Außenminister Haris Silajdžić zusammentraf, um über eine Demilitarisierung Sarajevos zu verhandeln.

Die bosnischen Serben behaupteten von Anfang an, sie hätten mit dem Anschlag nichts zu tun. General Manojlo Milovanović wies jede Verantwortung für das Massaker zurück; seine Truppen hätten an jenem Tag keine Angriffe durchgeführt, um die Gespräche zwischen Pale und Sarajevo nicht zu gefährden. Die Belgrader Tageszeitung „Politika Express" wies die technische Planung des Anschlags dem ehemaligen Sprengstoffspezialisten der jugoslawischen Polizei, Mirza Hadjiamaković, zu.

Zweifel an der serbischen Urheberschaft kamen auch anderswo auf. So in der israelischen Tageszeitung „Davaar" vom 16. Februar 1994, in der eine Moslemin aus der unmittelbaren Umgebung des Marktplatzes in Sarajevo zitiert wird, die beteuert, keines der typischen zischenden Fluggeräusche gehört zu haben, die Granateinschlägen üblicherweise vorangehen. Ein israelischer Militärexperte zog Parallelen zu Hisbollah-Anschlägen im Libanon, bei denen ein Mix aus Phosphorbomben und Handgranaten zum Einsatz kam, was verheerende Auswirkungen hatte. Die Verletzungen der Opfer, soweit sie aus den Aufnahmen bekannt sind, geben dieser Version recht, handelte es sich doch mehrheitlich um Wunden unterhalb der

Gürtellinie, die nur von gelegten Bomben und nicht von geschossenen Granaten stammen können. Dieses bestätigte auch der US-amerikanische Mediziner Karduman gegenüber „Davaar": „Es waren Brandwunden und tiefe offene Wunden, die Füße waren verbrannt und vertrocknet."

„New York Times"-Journalist David Binder recherchierte die Hintergründe des Massakers im nachhinein und kam zu dem Schluß, daß man nicht von einer serbischen Täterschaft sprechen könne. Sein Beitrag „Wer trägt die Schuld an dem Massaker?" erschien auf deutsch in der „Weltwoche" vom 16. Juni 1994. Darin kommt er nach eingehender Recherche zu dem Schluß, daß eine serbische Urheberschaft sehr fraglich sei und eine muslimische keineswegs ausgeschlossen werden könne. Die UNO soll einen abschließenden Bericht erstellt haben, der muslimische Täter nahelegt. Der französische Journalist Michel Wolker zeigte in einem Dokumentarfilm auf „Télé France 1" das Faksimile dieses Rapports, der allerdings bis heute der Öffentlichkeit nicht zugänglich ist.

Cui bono? Die Frage muß erlaubt sein, auch wenn sie keinen eindeutigen Schluß auf die Urheberschaft eines Anschlags zuläßt. Unmittelbare Auswirkungen hatte das Massaker im sofortigen Abbruch der Verhandlungen zwischen Moslems und Serben, aus denen sich Haris Silajdžić zurückzog. In der Folge gelang den USA ein perfekter diplomatischer Schachzug. Nachdem die serbisch-muslimische Annäherung hinweggebombt worden war, drängte Washington auf eine kroatisch-muslimische Allianz. Dazu lud das State Department am 1. März 1994 Vertreter der beiden in der Herzegowina auch militärisch gegeneinander kämpfenden Volksgruppen in die US-amerikanische Hauptstadt, wo – unter Anleitung der USA – eine moslemisch-kroatische Föderation gebastelt wurde.

Mehr noch als die vergebene Chance auf direkte Friedensgespräche zwischen Serben und Moslems wirkte sich das erste Markale-Massaker auf der internationalen Bühne aus. Der Anschlag mit seinen 68 Toten gab der NATO die Legitimation für ein militärisches Ultimatum gegen die serbische Seite. Dieses wurde am 9. Februar, also vier Tage nach dem blutigen Akt, verkündet: Sollte General Mladić seine schweren Waffen nicht bis zum 21. Februar 1994 aus dem Umkreis von Sarajevo zurückziehen, hieß es darin, wären US-amerikanische Luftschläge die Folge. Auch ein Flugverbot für Maschinen der bosnischen Serben wurde verhängt. Die Bemühungen Frankreichs, wegen der ungeklärten Täterschaft des Markale-Massakers auch die muslimische Seite unter Druck zu setzen, scheiterten. Alain Juppé, Chef am Pariser Quai d'Orsay, gab der Wochenzeitschrift „Nouvel Observateur" Auskunft über die harsche Art der US-amerikanischen Zwangsdiplomatie: „Warren Christopher [damaliger US-Außenminister, d.A.] war für meine Argumente taub." Am 28. Februar 1994 griff die NATO erstmals direkt militärisch ins Kriegsgeschehen auf dem Balkan ein: Vier Cessna-Maschinen der bosnischen Serben wurden abgeschossen. Seit damals verfolgte der Westen eine Interventionspolitik der „Nadelstiche"; immer wieder wurden serbische Stellungen oder Ortschaften von der Luft aus angegriffen.

Die USA waren aus geopolitischen Gründen entschlossen, den Moslems zu helfen, unabhängig davon, wer welche Kriegsverbrechen begangen hatte und welche Alliierten dem US-Kurs folgen sollten. Weltpolitisch betrachtete Washington seine Einflußnahme im bosnischen Bürgerkrieg offensichtlich als Kompensation für den Golfkrieg und die damit einhergehende Demütigung der arabisch-islamischen Sache. Gegenüber einem kleinen islamischen Gebilde in der Mitte Europas konnte man sich generös zeigen. Dieses hatte nichts mit gefährlichem Panarabismus zu tun, wie ihn Saddam Hussein gepredigt hatte. Doch es schien geeignet, die anti-amerikanischen Gefühle in der arabischen Welt, die durch die Zerstörung der irakischen Infrastruktur, die vielen zivilen Opfer und die 200.000 getöteten irakischen Soldaten neue Nahrung erhalten hatten, zu beruhigen. Die Kosten für diese Art von Geopolitik, das konnte man sich in den USA leicht ausrechnen, würden die Westeuropäer tragen – neben den Menschen auf dem Balkan freilich, deren Funktion ohnedies auf die einer Manövriermasse im Wettstreit um strategische Vorteile beschränkt blieb. Es ging überhaupt nicht darum zu klären, wer für das Attentat verantwortlich zeichnete, denn seiner Funktion nach hatte es serbisch zu sein. So diente es der Legitimation eines weiteren Schritts zur Auflösung Jugoslawiens.

Am 28. August 1995 wiederholte sich das Markale-Drama, mit noch dramatischeren internationalen Auswirkungen. Wieder schlug auf dem Marktplatz Markale in Sarajevo eine Mörsergranate ein, wieder war die Welt sofort von einem serbischen Angriff überzeugt, und wieder war eine Konter-Aktion der moslemischen Kräfte mehr als wahrscheinlich. Diesmal lautete die traurige Bilanz: 41 Tote und über 80 Verwundete. Für die NATO war dies der Auftakt zur bereits seit längerem vorbereiteten militärischen Intervention auf dem Balkan. Die Operation „Deliberate Force" brachte erstmals einen „Out of area"-Einsatz in der Geschichte der nordatlantischen Allianz. Am 30. August 1995 um 2 Uhr früh stiegen 60 NATO-Kampfjets vom US-Flugzeugträger „Theodore Roosevelt" und vom italienischen Aviano aus auf und bombardierten die bosnisch-serbischen Orte Pale, Lukavica, Čajniče, Sarbinje usw. 2.000 kg schwere Fliegerbomben waren bislang im Krieg auf dem Balkan noch nicht zum Einsatz gekommen. Es blieb den USA vorbehalten, mit solchen massiven Waffen in den engen Schluchten der bosnischen Täler Verheerungen großen Ausmaßes anzurichten; allein in den ersten zwei Tagen kamen 100 Menschen ums Leben. Cruise Missiles feierten ihre europäische Premiere. Bodentruppen der „Schnellen Eingreiftruppe", die vom kroatischen Split aus schon Ende Juni 1995 auf den Berg Igman unmittelbar südöstlich von Sarajevo verlegt worden waren, unterstützten den Kampf der NATO-Jets.

Die politisch treibende Kraft für den von der westlichen Öffentlichkeit kaum wahrgenommenen Einmarsch der „Schnellen Eingreiftruppe" und die – in unseren

Breiten euphorisch begrüßten – Luftschläge waren die damalige UN-Botschafterin und spätere US-Außenministerin Madeleine Albright und ihr Bosnien-Sonderbeauftragter Richard Holbrooke. Dem schwoll noch Jahre später beim Memoirenschreiben die Brust. Voll Stolz berichtet er in seinem Buch „Meine Mission", daß schließlich er es war, der die Entscheidung für die militärische Option fällte. Von seinem Vorgesetzten, Vize-Außenminister Strobe Talbott, am Morgen nach dem Markale-Massaker telefonisch befragt, ob nun Vergeltungsschläge geflogen werden sollten, antwortete Holbrooke ohne Zögern, daß „die NATO Luftangriffe gegen die bosnischen Serben aufnehmen [solle], und zwar keine bloßen 'Nadelstiche', sondern einen schweren und wenn möglich nachhaltigen Luftkrieg. ... Dies sei, fuhr ich fort, seit dem Ende des Kalten Krieges der wichtigste Test für den amerikanischen Führungsanspruch nicht nur in Bosnien, sondern in ganz Europa". Holbrooke war, folgt man seinen eigenen, etwas selbstherrlichen Ausführungen, der entscheidende Falke im US-Team und – anders als Talbott – fürs brutale Dreinschlagen.

Lassen wir ihn aus der Kriegerschule plaudern. Zur Vorbereitung der Lufteinsätze mußte zuerst einmal die UNO mit ihrem in Sachen einseitiger Schuldzuweisungen an die Serben skeptischen Generalsekretär Boutros Boutros-Ghali ausgeschaltet werden. Weil sich dieser gerade nicht im Hauptquartier in New York befand, nahm Albright Kontakt mit seinem Stellvertreter auf, einem gewissen Kofi Annan. Dieser ließ sich einen Tag nach dem Markale-Massaker dazu überreden, auf das UN-Mandat in Bosnien zu verzichten und kein Vetorecht gegen Bombenangriffe der NATO einzubringen. Nun mußte es schnell gehen. Boutros-Ghali wußte sicherlich schon bald von diesem kleinen „Putsch" innerhalb der UNO. Als zweite Hürde für das US-Militärengagement in Bosnien mußte der NATO-Rat überwunden werden. Dort saßen allerlei für Holbrooke und Albright unangenehme Europäer, die etwa von der serbischen Täterschaft auf dem Marktplatz überhaupt nicht überzeugt waren. Also galt es, dieses Forum zu umgehen. Holbrooke machte sich an den eben frisch gekürten NATO-Generalsekretär Willy Claes heran. „Der frühere belgische Außenminister", so Holbrooke in seinen Memoiren, „war noch relativ neu auf seinem Posten, und es handelte sich für ihn um eine brisante Entscheidung. Schließlich befürwortete er nun die größte Militäraktion in der 45jährigen Geschichte der NATO, und das, obwohl sie von der Mehrheit seiner europäischen Landsleute keineswegs begeistert begrüßt wurde." Das Ja des früheren belgischen Außenministers zur Intervention kam dann folgendermaßen zustande: „Statt eine offizielle Sitzung einzuberufen ..., informierte Claes die anderen NATO-Mitglieder lediglich, daß er General Joulwan und Admiral Leighton Smith ermächtigt habe, wenn nötig militärisch in Bosnien einzugreifen. Claes' Manöver war von entscheidender Bedeutung", lobt ihn Holbrooke, „denn der NATO-Rat hätte die Bombenangriffe zweifellos entweder verschoben oder ganz abgelehnt." So kam es, daß aus dem UNO-Mandat für Bosnien ein NATO-Mandat und aus dem NATO-Mandat eine Militärintervention wurde.

Eine Stunde vor dem Einsatz der NATO-Bomber nahm Holbrooke den bosnischen Präsidenten Izetbegović, mit dem er auf der bereits oben erwähnten Dinner-party bei der Pariser US-Botschafterin Harriman weilte, beiseite und sagte zu ihm: „Herr Präsident, ich habe eine gute Nachricht für Sie ... die NATO beginnt in weniger als zwei Stunden mit den Bombenangriffen in Bosnien." Daraufhin „lächelte er [Izetbegović, d.A.] nur sein seltsam kleines Lächeln und ging hinaus in die Nacht von Paris", beendet Holbrooke sein Kapitel über den Beginn der NATO-Intervention mit einer romantischen Note.

Sechs Wochen nach diesen entscheidenden Ereignissen – die bosnischen Serben waren zwischenzeitlich von den Luftschlägen der NATO in die Knie gezwungen worden – veröffentlichten mehrere Zeitungen Ergebnisse eines UN-Untersuchungsberichts zum Markale-Massaker vom 28. August 1995. Britische UN-Experten hatten herausgefunden, daß die Mörsergranate, die 41 Menschen das Leben gekostet und als Rechtfertigung für die NATO-Intervention gegen Pale gedient hatte, von bosnischen Regierungstruppen abgefeuert worden sein mußte. Von der „Sunday Times" bis zum „Kurier" (2. 10. 1995) konnte man angesichts der offensichtlich irrtümlichen Schuldzuweisung bedauernde journalistische Untertöne herauslesen.

Bihać, Srebrenica, Goražde

Der Zeitraum zwischen den beiden verheerenden Attentaten auf dem Markale-Marktplatz im Zentrum von Sarajevo gilt als die blutigste Epoche im bosnischen Bürgerkrieg. Jedes Dorf, jede Stadt war heftig umkämpft. Die deutschsprachigen Medien litten mit den Menschen in den UN-Schutzzonen Žepa, Goražde und Srebrenica, die oft wochenlang unter dem Beschuß serbischer Artillerie lagen. Mit zunehmender Kriegsdauer brutalisierte sich das Geschehen auf den Schlachtfeldern. Paramilitärs wie der Serbe Arkan hatten Hochsaison. Viele muslimische Dörfer fielen seinen Häschern zum Opfer; die sich regulär fühlende bosnisch-serbische Armee stand paramilitärischen Greueltaten um wenig nach und beherrschte zeitweise bis zu 80 Prozent des bosnischen Territoriums. Es war die Zeit der großen Flüchtlingswellen, die – je nach ethnischer Herkunft – Richtung Wien (Moslems), Zagreb (Kroaten) oder Belgrad (Serben) wogten. Muslimische Bosnier verließen zu Hunderttausenden ihre Heimat.

Alle Konflikte, die keine serbischen Täter aufwiesen, wurden in deutschen Landen totgeschwiegen. So auch der innermoslemische Kampf um die Vorherrschaft im Westen des Landes, um Bihać. Dort, an der Grenze zu Kroatien, hatte sich der populäre Fikret Abdić, ehemaliger Parteigenosse von Alija Izetbegović, eine starke politische Hausmacht aufgebaut. Abdić war in der Region kein Unbekannter. In den 80er Jahren baute er das Unternehmen Agrokommerc zu einem großen Konzern auf, zehntausende ArbeiterInnen waren in diesem Betrieb tätig. Wegen Betrugsverdachts wanderte Abdić 1987 kurzzeitig hinter Gitter. Der Konkurs von Agrokommerc brachte die gesamte politische Elite Bosniens ins Wanken; der Nationalbankchef wurde entlassen, der Vertreter der Teilrepublik im Staatspräsidium mußte von seiner bevorstehenden jugoslawischen Präsidentschaft zurücktreten. Die Moslems in Bihać sahen im Skandal um Agrokommerc allerdings eine Intrige Belgrads und standen zu ihrem Fikret Abdić. Bei der ersten postkommunistischen Wahl erhielt der Mann die meisten Stimmen – mehr noch als Izetbegović.

Den provokativ antiserbischen Kurs sowie die Auslieferung Bosnien-Herzegowinas an die Interessen des Westens wollte Abdić nicht mitmachen. Deshalb verließ er die Regierung in Sarajevo und zog sich nach Bihać zurück. Abdić schloß sowohl mit den bosnischen Serben wie auch mit Kroatien Friedensverträge, die „Autonome Region Bihać" durchlebte während der schlimmsten ethnischen Säuberungen eine relativ ruhige Zeit. In Sarajevo galt der Agrokommerc-Mann als Verräter. Seine Verträge mit Karadžić waren den radikalen Muslimen um Izetbegović ein Dorn im Auge, zeigten sie doch, daß sich moslemische Bosnier mit Serben einigen konnten, ohne sich im Krieg unterwerfen zu müssen. Versuche aus Sarajevo, den Einfluß von Abdić zurückzudrängen, gab es schon mehrmals. Am 21. August 1994 war es dann soweit. Die Izetbegović-Armee stürmte die Hochburgen der Region, in der Hauptstadt Velika Kladuša kam es zu Schießereien, Tote blieben in den Straßen liegen. Und die „Grünen Barette" aus Sarajevo taten, was in der Logik des Krieges lag: Sie vertrieben die „Feindbevölkerung". 25.000 Moslems flohen vor der moslemischen Armee in Richtung Kroatien in dortiges – von Serben kontrolliertes – Gebiet, viele davon weiter in den Westen, wo manche von ihnen, um Aufnahme zu erhalten, ihr Elend als ein serbisch verursachtes hinstellten. Die Weltöffentlichkeit nahm für dieses eine Mal die moslemische Vertreibung nicht zur Kenntnis, weil sie von Sarajevo aus betrieben wurde. Vier Wochen später, als serbische Milizen und Armee-Einheiten sowie Truppen des Fikret Abdić das nunmehr von Izetbegović kontrollierte Bihać angriffen, war allerorten vom serbischen Vormarsch die Schreibe.

Goražde, Žepa und Srebrenica, die drei UNO-Schutzzonen im Osten Bosniens, standen lange Zeit im Mittelpunkt des westlichen Interesses. Alle drei Städte waren mehrheitlich muslimisch besiedelte Enklaven in serbisch kontrolliertem Gebiet. Goražde, das als einzige der drei Enklaven nach dem Vertrag von Dayton bei der muslimisch-kroatischen Föderation verblieb, zählte vor dem Krieg 37.000 EinwohnerInnen, 70 Prozent bezeichneten sich als Moslems, 26 Prozent als Serben. Eine typische Ortschaft für diese Gegend. Muslimische Händler und Handwerker in der Stadt, serbische Bauern in den Dörfern ringsum. Hier im Osten Bosniens war der Bürgerkrieg einer des Landes gegen die Stadt, der Stadt gegen das Land. So auch in Goražde, das nach der Einnahme durch die bosnischen Serben als erste Stadt – schon Anfang April 1994 – von US-amerikanischen F 16-Kampfbombern attackiert wurde, die nach dem ersten Markale-Massaker vom Februar 1994 immer wieder ihre militärische Feuerkraft zeigten.

Ende März 1994 war es zu einer moslemischen Offensive gegen die umliegenden serbischen Dörfer gekommen. Nach der Bildung der in Washington vereinbarten kroatisch-moslemischen Föderation zog Izetbegović seine Truppen aus Mostar ab, wo sie gegen die dortige kroatische Vorherrschaft eingesetzt waren. Nun machten diese Einheiten marodierend den Osten unsicher. Radovan Karadžić reagierte – wie gewohnt – militärisch. Am 5. April stießen serbische Soldaten an die Drina vor und umzingelten die Stadt Goražde. Izetbegović setzte schon damals auf eine große Intervention der NATO. Gerüchte von serbischen Giftgasattacken mit tausenden toten Moslems schwirrten einen Tag lang durch die internationale Presselandschaft, wurden aber von den vor Ort stationierten UNO-Truppen umgehend dementiert.

In Srebrenica war es schon zuvor zu einer ähnlichen militärischen Konstellation gekommen. Der Herbst 1992 sah eine massive Offensive der bosnischen Moslems, die – von Srebrenica aus – in die umliegenden Dörfer einfielen und fast 50 von ihnen niederbrannten. Misha Glenny, der bekannte BBC-Journalist, hat die Attacken der Moslems dokumentiert und 1.200 getötete SerbInnen gezählt (vgl. Mira Beham). Die militärische Antwort der von Ratko Mladić geführten bosnisch-serbischen Armee war nicht minder brutal. Wochenlang belagerte sie die Stadt Srebrenica, hungerte deren BewohnerInnen aus. Bis im März 1993 ein UNO-Kontingent den Belagerungsring durchbrach und Hilfe für die Eingeschlossenen brachte. Zwei Jahre später, im Sommer 1995 – die Kriegserklärung der NATO gegen die bosnischen Serben lag bereits vor –, stürmte General Mladić mit seinen Truppen unter den Augen von holländischen Soldaten die UNO-Schutzzone Srebrenica und vertrieb zehntausende moslemische BewohnerInnen. Während der niederländische UNO-Kommandant der Schutzzone dabei „von keinen nennenswerten Menschenrechtsverletzungen gehört haben will" („Neue Zürcher Zeitung", 29. 8. 1995), berichteten manche seiner Soldaten von „langen Reihen von Leichen in den Straßengräben". Später entdeckte Massengräber haben schließlich den Beweis erbracht, daß Mladić junge männliche Moslems aus der Stadt bringen und erschießen ließ. Bis heute ist die Zahl der Toten dieses Massakers Gegenstand propagandistisch gefärbter Geschichtsaufarbeitung beider Seiten. Mitte Juli 1999 mußte als Spätfolge des Kampfes um Srebrenica der Chef des holländischen Militärgeheimdienstes, Joop Vandeweijer, zurücktreten. Den holländischen UN-Soldaten war 1995 Kooperation mit den serbischen Belagerern vorgeworfen worden.

Bosnien wird US-amerikanisch: Dayton

Zum Frieden gebombt. So sahen US-amerikanische Diplomaten und mit ihnen die veröffentlichte Meinung im Westen den Daytoner Vertragsabschluß. Mit der Wirkung der NATO-Bomben hatten sie recht, ein Frieden wurde daraus jedoch nicht.

Seit März 1994, nach dem opferreichsten Anschlag auf dem Marktplatz Markale in Sarajevo und der unter US-Fittichen zustande gekommenen kroatisch-muslimischen Föderation, lief die Militarisierung Bosniens auf Hochtouren. Washington nahm den Krieg auf zwei Arten in seine Hand. Einerseits flogen F 16-Jets der NATO seit damals Einsätze gegen bosnische Serben, andererseits wurde eine systematische Aufrüstung der Izetbegović-Armee betrieben; das Waffenembargo bestand – was die Moslems betraf – nur mehr auf dem Papier. William Clinton hatte grünes Licht dafür gegeben. Die „Neue Zürcher Zeitung" berichtete am 16. April 1996, zwei Jahre später, darüber, daß Teheran mit Billigung Clintons zum Hauptwaffenlieferanten der bosnisch-muslimischen Armee geworden war. Über den kroatischen Hafen Rijeka kamen tausende Tonnen von Kriegsmaterial – Minenwerfer, Gewehre, Panzerabwehrgerät – ins Land. „Die Lieferungen", so die „Neue Zürcher Zeitung" unter Hinweis auf offizielle Quellen, „halfen nicht nur den vorher nur ungenügend bewaffneten Muslimen, ihre belagerten Positionen zu halten, sondern trugen laut Angaben von Regierungsbeamten der USA auch entscheidend zum Sieg der Kroaten über die Serben in der Krajina im Jahr 1995 bei, da ein großer Teil – man spricht von rund 30 Prozent – des geschmuggelten Gutes bei den Kroaten hängenblieb." Der US-Botschafter in Zagreb, Peter Galbraith, war von Tudjman persönlich über die großangelegte Waffeneinkaufstour informiert worden. Clinton ließ mitteilen, nichts dagegen unternehmen zu wollen.

Anfang September 1995 hatten die bosnischen Serben durch heftige Angriffe der NATO-Izetbegović-Tudjman-Allianz schwere Verluste erlitten. Zentralbosnische Städte wie Kluć, Donji Vakuf oder Jajce wurden von kroatisch-muslimischen Einheiten überrollt, zehntausende Serben ergriffen die Flucht in Richtung Banja Luka. Nun schien den USA der Zeitpunkt für einen Friedensschluß richtig. Banja Luka wollte man die Kroaten und Moslems nicht einnehmen lassen. Washingtons Plan: Auf dem Boden eine starke US-geführte Streitmacht von 50.000 bis 60.000 Mann, Lufthoheit und ein Marionettenregime in Sarajevo.

Zuerst mußte – wieder einmal – die UNO ausgeschaltet werden. Formal besaß sie nach wie vor die Führung über das Krisenmanagement auf dem Balkan. In dieser Situation kam die Ablöse des UN-Sonderbeauftragten für Jugoslawien, Yasushi Akashi, gerade recht. Sein Nachfolger wurde ein gewisser Kofi Annan, der sich schon einmal in Sachen NATO-Militärintervention US-amerikanische Sporen verdient hatte. Die Bodentruppe sollte Implementation Force (IFOR) heißen, später verwandelte sich das I in ein S: SFOR (Stabilization Force). Ihr vorläufiges

Hauptquartier nahm sie im ungarischen Kaposvár, einem in relativer Nähe zu Bosnien und Serbien gelegenen Ort, der mehrere Funktionen gleichzeitig erfüllte: Seine strategische Lage bedrohte Serbien direkt, nach Bosnien waren es nur 100 Kilometer, und das postkommunistische Ungarn konnte auf diese Weise seine Bündnistreue unter Beweis stellen, noch bevor es in die NATO aufgenommen wurde. Ein kleineres militärisches Problem war noch zu lösen: die Einbindung der russischen Streitkräfte. Rußland gehörte ja mit zur Bosnien-Kontaktgruppe, einem über die UNO ins Leben gerufenen Vermittlungsorgan. Unter NATO-Flagge wollte Verteidigungsminister Gratschow seine Soldaten nicht marschieren lassen, also einigte er sich mit seinem US-Gegenüber Perry auf eine skurrile Lösung: Die vorgesehenen 2.000 russischen Soldaten wurden direkt den US-Streitkräften in Europa unterstellt. Diese Hilfskonstruktion erlaubte es Moskau offensichtlich, sein Gesicht zu wahren; und sie konnte nicht verhindern, daß Jahre später, nach dem NATO-Bombenkrieg gegen Jugoslawien, genau jene dem US-Kommando direkt unterstellten Russen von Bosnien aus in Richtung Priština aufbrachen und am 12. Juni 1999 noch vor der NATO im Kosovo eintrafen.

Am 1. November 1995 begrüßte US-Außenminister Warren Christopher die nach Dayton/Ohio zitierten Präsidenten Tudjman, Izetbegović und Milošević. 20 Tage sollte nun über die ethnische Landkarte Bosniens diskutiert werden, bis sich Clinton mit seinen drei „Gästen" einigte. Dayton, gibt Chef-Unterhändler Holbrooke zu, stand für eine neue Art der Diplomatie: die „Holzhammermethode". „Alle Beteiligten werden so lange eingesperrt, bis sie zu einer Einigung kommen." William Clinton reiste freilich nur zweimal kurz an.

Der entscheidende US-amerikanische Schachzug – und Dayton war eine rein US-amerikanische Angelegenheit – gelang Richard Holbrooke schon während der Vorbereitung: Die bosnischen Serben blieben von den Verhandlungen ausgesperrt. Ihre zivilen und militärischen Führer, Radovan Karadžić und Ratko Mladić, durften auf keinen Fall nach Dayton kommen (sie waren bereits vom Haager Kriegsverbrechertribunal angeklagt worden). Richard Holbrooke blieb es vorbehalten, unter dem Bombenhagel der NATO im August 1995 die Ausschaltung der bosnischen Serben zu betreiben. Er bediente sich dabei des serbischen Präsidenten Slobodan Milošević. Milošević nahm zwar drei bosnische Serben mit nach Dayton, darunter Momčilo Krajišnik, diese wurden jedoch – mit seiner Hilfe – noch während der Verhandlungen isoliert.

Drei Grundprinzipien prägten die Daytoner „Holzhammermethode": Jeder der drei südslawischen Präsidenten mußte alle Vollmachten für eine Einigung haben, spätere Ratifizierungsprozesse wurden nicht geduldet; alle drei mußten so lange in den USA weilen, bis die Teilung Bosniens perfekt war; und niemand durfte mit der Außenwelt – insbesondere der Presse – Kontakt haben. Tudjman hielt sich nicht daran, er flog nach wenigen Tagen auf einen Kurzbesuch nach Zagreb. Izetbegović und Milošević blieben drei Wochen lang in Dayton. Es wurde um jeden Quadratkilometer gefeilscht, bis am Abend des 21. November 1995 eine Landkarte gezeichnet werden konnte, der alle drei Präsidenten zustimmten. Wie in der Kontaktgruppe vereinbart, erhielt die Föderation 51 Prozent des Territoriums, während sich die bosnischen Serben mit 49 Prozent zufriedengeben mußten. Milošević hatte unter anderem auf die serbisch besiedelten Teile von Sarajevo, insbesondere den Stadtteil Grbavica, verzichtet. Als einzige ungelöste Territorialfrage verblieb der Posavina-Korridor bei Brčko an der Save, der die beiden serbisch besiedelten Teile Bosniens verbindet. Diese offene Frage ist bis heute nicht endgültig gelöst.

Neben den Grenzziehungen zwischen der kroatisch-moslemischen Föderation und der Republika Srpska kam noch allerlei Grundsätzliches in den Dayton-Vertrag, das sich in der Folge meist als undurchführbar bzw. gar nicht beabsichtigt erwies. Dayton legte fest, daß Bosnien – als erstes Land der Welt – aus zwei Einheiten besteht: der muslimisch-kroatischen Föderation und der Serbischen Republik. Es war eine Zentralregierung geplant, die für Außenpolitik, Währungsfragen, Kommunikation und Zollwesen zuständig sein sollte, nicht jedoch für Polizei und Armee. Gemeinsame Staatsorgane sind drittelparitätisch zu bestellen, wesentliche Fragen dürfen nicht gegen die Position eines der drei Drittel entschieden werden. Das Unabhängigkeitsreferendum vom 1. März 1992, das gegen den Willen der Serben auf deutschen Druck zustande gekommen und kriegsauslösend war, hätte dem Daytoner Vertrag also nicht entsprochen.

Zur Überwachung des Vertragswerkes wurden die bereits erwähnten IFOR/SFOR-Truppen vorgesehen, an denen sich in der Folge sogar neutrale Länder wie Österreich beteiligten. Als zivile Kontrollinstanz fungiert der sogenannte „Hohe Repräsentant", der die Rolle des Kolonialverwalters einnimmt und mit weitreichenden Kompetenzen bis hin zum Verbot politischer Parteien, der Entrechtung einzelner mißliebiger Personen oder der Schließung von Zeitungen und Fernsehstationen ausgestattet ist. Eine unübersehbar gewordene Schar von Kolonialbeamten aus aller Herren Länder hat sich mittlerweile in Sarajevo festgesetzt und stellt den einzigen florierenden „Wirtschaftszweig" des Landes dar.

Richard Holbrooke hatte die US-amerikanische Sache gut gemacht. Er selbst führte den Erfolg auf seine wachsende Menschenkenntnis zurück, insbesondere die Serben betreffend: „Allmählich entwickelte ich ein Gefühl für die Serben", schreibt er in seinem Buch, „sie waren eigensinnig und nahmen den Mund gerne voll. Aber wenn man es darauf ankommen ließ und ihnen die Pistole an die Brust setzte, waren es letzten Endes nur kleine Rabauken." Und weiter im US-amerikanischen Rassendiskurs: „Der Westen hatte während der letzten Jahre den Fehler gemacht, die Serben so zu behandeln, als seien sie rational denkende Menschen, mit denen man ernsthaft diskutieren und vernünftig verhandeln konnte. Tatsächlich aber reagieren sie nur auf Gewalt ..."

Dermaßen ideologisch gestählt, gingen die IFOR/SFOR-Truppen in der Folge ans Werk. Hier wurde ein serbischer Bürgermeister erschossen, der sich angeblich nicht Dayton-konform verhielt, dort die Bevölkerung der Stadt Pale mit nächtens tieffliegenden Kampfjets traktiert, weil Karadžić und Mladić in der Stadt vermutet wurden. Der schon bei Holbrooke nur leicht verdeckt vorhandene Rassismus gelangte draußen bei den Kolonialsoldaten zu voller Blüte. Zum Beispiel in der kleinen österreichischen Truppe. Mitte 1996 wurde in Wien ruchbar, daß eine Reihe von österreichischen Soldaten der IFOR-Truppe ihrem rassischen Überlegenheitsgefühl freien Lauf ließen. Speziell hergestellte T-Shirts belegten, wes Geistes Kind im kolonialen Klima gedeiht. Aufdrucke mit „IFOR – Ein jeder Tschusch schweigt still, wenn unser starker Arm es will" waren besonders beliebt. Dazu ein hammerschwingender Bodybuilder, dessen Gesichtszüge unverkennbar den österreichischen Rechtspolitiker Jörg Haider wiedergaben. Soviel zur kleinen Welt der Unteroffiziere im großen Spiel der Weltmächte.

Die Hauptstadt des nun wie ein Protektorat funktionierenden Bosnien hatte noch schwarze Tage vor sich. Die ersten Märzwochen des Jahres 1996 sahen einen endlosen Flüchtlingsstrom von Serbinnen und Serben aus Sarajevo, die aus ihren Stadtteilen flohen. Viele von ihnen hinterließen verbrannte Erde, besser gesagt: verbrannte Wohnungen. Oft wurden einfach die Möbel in der Mitte der Zimmer zusammengerückt, mit Benzin übergossen und angezündet. Schätzungsweise 60.000 Sarajevo-Serben machten sich in jenen Märztagen in eine ungewisse Zukunft auf; etwa die Hälfte von ihnen war erst kurz zuvor als Flüchtlinge aus anderen Teilen Bosniens in die Stadt gekommen. Am 18. März 1996 zogen serbische Polizisten des Stadtteils Grbavica die blau-weiß-rote Fahne ein. „Wir haben dieses Gebiet auf dem Schlachtfeld gehalten und in Dayton verloren", meinte verbittert Milenko Karisik, der stellvertretende Innenminister der Republika Srpska. Auch in der Hauptstadt der bosnischen Serben, Pale, war die Stimmung mehr als gedrückt, verzweifelt. „Verdammt sei die Hand, die dieses Abkommen unterschrieben hat", verfluchte ein Kommandant der bosnisch-serbischen Truppen Milošević und seine Dayton-Delegation. Die Stadt Pale, vor dem Krieg eine 15.000 Seelen zählende Ortschaft, war zu einem großen Flüchtlingslager geworden, in dem sich 1996 über 40.000 Menschen aufhielten. Zigtausende trieb es auch in die Vojvodina oder in den Kosovo. Vielen bosnischen Serben galt Milošević fürderhin als Verräter.

Am 14. September 1996 fanden in Bosnien-Herzegowina die ersten Nachkriegswahlen statt. Jede Ethnie wählte ihre radikale Nationalpartei, in Wahrheit befürwortete keiner der drei Sieger eine gemeinsame Regierungspolitik. In der Republika Srpska feierte die SDS einen überwältigenden Erfolg. Radovan Karadžić war schon zuvor auf Befehl des „Hohen Repräsentanten" vom passiven und aktiven Wahlrecht ausgeschlossen worden. Das über OSZE-Büros betriebene westliche Demokratieverständnis ging indes noch einen Schritt weiter. Sendeeinrichtungen der bosnischen Serben wurden gestört, blockiert und gesprengt. Karadžić' Nachfolger, Momčilo Krajišnik, war sofort nach seiner Wahl ebenfalls heftigen Attacken seitens der USA und der OSZE ausgesetzt. Am 1. April 2000 schließlich nahmen SFOR-Soldaten Krajišnik fest und überstellten ihn nach Den Haag.

Die Suche nach einem serbischen Kolonialverwalter hatte begonnen. Ab dem 8. Dezember 1996 wurde sie von Madeleine Albright, der neuen US-Außenministerin, betrieben. Mit Biljana Plavšić, einer wie Karadžić und Krajišnik ultranationalistischen bosnischen Serbin, schien man fündig geworden zu sein. Albright und ihr engster Berater James Rubin bearbeiteten Plavšić in ihrer Heimatstadt Banja Luka und schlugen ihr vor, mit Pale zu brechen. „Seit Dayton hatten wir ständig auf einen Bruch zwischen Pale und Banja Luka gewartet", triumphierte Holbrooke, als es gelungen schien. Allein, die parlamentarischen Institutionen der bosnischen Serben erwiesen sich als zäh. Der Bruch Plavšić' mit Pale hatte keine dauerhaften Auswirkungen.

Der Kampf der USA um politischen Einfluß bei den bosnischen Serben ging indessen weiter. Einen neuen Höhepunkt erreichte er am 5. März 1999, nur zwei Wochen vor dem Beginn der NATO-Angriffe gegen Belgrad. An diesem Tag erklärte der Spanier Carlos Westendorp, seines Zeichens „Hoher Repräsentant" der westlichen Wertegemeinschaft in Bosnien-Herzegowina, den Präsidenten der Republika Srpska, Nikola Poplašen, für abgesetzt. Poplašen war in einer von der OSZE überwachten Wahl mit großer Mehrheit zum Chef der zweiten bosnischen territorialen Einheit, der Serbischen Republik, gewählt worden. Der Putsch des Spaniers Westendorp hatte strategische Gründe. Seit Dayton war die territoriale Zugehörigkeit des Korridors von Brčko, der die beiden Teile der Republika Srpska miteinander verband, umstritten. Sarajevo beanspruchte den Landstrich ebenso wie Pale, das mittlerweile in Brčko eine rudimentäre Verwaltung aufgebaut hatte. Während Milošević nun in Rambouillet um die Territorialität Serbiens stritt, schien dem Westen der Zeitpunkt für eine Klärung der Streitfrage um Brčko günstig. Westendorp unterstellte den Korridor der gesamtbosnischen Regierung, was den Streit zwar nicht endgültig löste, für die Republika Srpska jedoch nicht akzeptabel war. Dieses vorausahnend, hatte Westendorp Präsident Poplašen für abgesetzt erklärt. „Es gibt offensichtlich zu wenige einheimische Politiker, die den Willen und die Macht haben, eine Politik nach den Vorgaben von Dayton in Bosnien durchzusetzen", kommentierte die „Neue Zürcher Zeitung" am 6./7. März 1999 den beispiellos undemokratischen Akt des „Hohen Repräsentanten". Als dann am selben Abend Poplašens Ministerpräsident, Milorad Dodik, zurücktrat, schien auch dieser Versuch der „westlichen Wertegemeinschaft", ähnlich wie in Sarajevo auch in Pale einen willigen Verwalter an die Spitze der Politik zu hieven, gescheitert. Kurz darauf kehrte Dodik jedoch in sein Amt zurück und galt für zwei Jahre – bis 2000 – als Hoffnungsträger des Westens.

Die serbischen Kriege

Blenden wir zurück in das Jahr 1989. Am 28. Juni versammelten sich auf dem Kosovo polje, dem Amselfeld, nach unterschiedlichen Quellen 400.000 bis eine Million Serben, um der bislang verheerendsten Niederlage in der serbischen Geschichte zu gedenken. Auf den Tag genau vor 600 Jahren war das von Fürst Lazar geführte christliche Heer nahe Priština von den Osmanen unter Sultan Murad I. vernichtend geschlagen worden. Slobodan Milošević, der mit großem Pomp per Helikopter auf die Bühne geflogen wurde, nützte diesen historischen Gedenktag, um seiner Partei und seiner Person eine nationale, großserbische Aura anstelle der in weiten Kreisen diskreditierten jugoslawisch-kommunistischen Identität zu verpassen. Die Kontinuität der Macht in Belgrad schien damit gesichert.

Auf kosovo-albanischer Seite waren schon seit dem Tod Titos im Jahr 1980 die Stimmen lauter geworden, die sich mit der 1974 zugestandenen weitgehenden Autonomie nicht mehr zufriedengeben wollten. Sie forderten die Errichtung einer „Kosovo-Republik". Frühlingsdemonstrationen albanischstämmiger Studenten in Priština beendete die jugoslawische Armee am 1. und 2. April 1981 mit brutaler Gewalt. In den Straßen der kosovarischen Hauptstadt blieben damals nach offiziellen Angaben elf Tote zurück, die albanische Seite sprach von 200 getöteten Demonstranten. Eine bis dahin im Kosovo nicht gekannte Radikalisierung setzte ein. Im Herbst 1988 wurden schließlich der Parteichef der albanischen Kommunisten im Kosovo, Azem Vllasi, sowie seine Stellvertreterin Kaqusha Jashari abgesetzt. Die Verfassungsänderung vom 22. Februar/28. März 1989 schloß das – historisch gesehen – kurze Autonomiekapitel des Kosovo.

Schon ein Jahr zuvor waren Autonomiebeschränkungen für die Vojvodina und den Kosovo beschlossen worden. Zwischen 1974 und 1988/89 hatten Novi Sad und Priština de facto Hauptstadtfunktionen inne. Beide autonomen Provinzen verfügten über weitestgehende soziale, kulturelle, politische und wirtschaftliche Selbstbestimmung. Eigene Verfassungen garantierten einen Grad an Autonomie, der in der ganzen Welt einzigartig war. Dies ging sogar soweit, daß Gesetze, die ganz Serbien betrafen, von mindestens zwei der drei präsidialen Gremien befürwortet werden mußten, was dem Kosovo und der Vojvodina theoretisch die Möglichkeit gab, auch gegen die Interessen des serbischen Kernlandes zu agieren. Auch im gesamtjugoslawischen Kontext waren die Vojvodina und der Kosovo den sechs südslawischen Republiken fast gleichgestellt. Ihre Vertreter im Staatspräsidium besaßen dasselbe Stimmrecht wie die sechs Republikspräsidenten – übrigens mit ein Grund für die Demontage ihrer Autonomie durch Belgrad, konnte doch auch nach der Verfassungsänderung Serbien diese beiden Stimmen im achtköpfigen obersten Staatsorgan behalten. Dies war deshalb möglich, weil die territoriale Autonomie des Kosovo und der Vojvodina auch in der 1989er Verfassung erhalten blieb; jeder Einfluß auf Bundesorgane wurde jedoch gestrichen. Die drei Repräsentanten der Republik Serbien konnten damit von Belgrad bestellt werden.

Serbischer Nationalismus statt jugoslawischer Sozialismus

Wie in allen übrigen Republiken formierten sich auch in Serbien, dem bevölkerungsreichsten Land Jugoslawiens, Mitte der 80er Jahre die nationalen Kräfte. Der Jugoslawismus mit seiner fast das ganze 20. Jahrhundert andauernden Tradition entsprach nicht mehr dem modernen Staatsgedanken. In seiner Form als Selbstverwaltungssozialismus wurde er von vielen für die tiefe ökonomische Krise verantwortlich gemacht, seine monarchistische Variante aus den 20er und 30er Jahren war zum einen überhaupt außer Mode gekommen und zum anderen nun nicht mehr jugoslawisch, sondern serbisch gedacht.

Die Absetzbewegungen aus den nordwestlichen Teilrepubliken kannten hier in Belgrad ein Pendant: den großserbischen Traum. Der serbische Nationalismus der 80er Jahre war offensiv und defensiv zugleich: Militärisch gebärdete er sich – nachdem er seines jugoslawischen Ursprungs beraubt worden war – aggressiv gegen jede Form von sezessionistischer Bewegung, war sie nun im wirtschaftlich schwächeren Kosovo oder im stärkeren Nordwesten des Landes beheimatet. Ökonomisch sah sich der serbische Nationalismus gegenüber den Begehrlichkeiten aus Zagreb und Ljubljana allerdings in die Defensive gedrängt, was wiederum mit soldatischen Drohgebärden kompensiert wurde. Die nationale Strömung erlebte sowohl parteiintern als auch im Belgrader Geistesleben einen großen Aufschwung. Innerhalb der kommunistischen Funktionärsschicht tobte schon seit Titos Tod im Jahr 1980 ein Kampf um Macht und Einfluß, den 1987 der nationalere Flügel mit Slobodan Milošević an der Spitze für sich entscheiden konnte.

Weichenstellend für den Aufstieg des aus dem Milieu einer Kleinstadt namens Požarevac stammenden, seit seiner Studentenzeit auch politisch mit seiner späteren Frau Mira Marković verbundenen Milošević sollten die großserbischen Tiraden des bekannten Schriftstellers Dobrica Cosić sein. Cosić gilt zu recht als der Theoretiker des neuen serbischen Nationalismus. Schon 1977 wurde der alte Partisanenkämpfer und Verfasser unzähliger Romane Mitglied der Serbischen Akademie der Wissenschaften. Sein Großserbentum konnte er nur mühsam hinter den Lobeshymnen für Partei und Vaterland verstecken. 1968 hatte ihn die KP deshalb wegen nationalistischer Abweichung aus ihren Reihen ausgeschlossen; die Phase der Ungnade währte indes nicht lange.

Dobrica Cosić war es auch, der als graue Eminenz hinter dem 1986 öffentlich gemachten „Memorandum" der Akademie der Wissenschaften stand – ein 56seitiges Elaborat, um dessen verschiedene Fassungen und dessen Instrumentalisierung für den politischen Aufstieg von Slobodan Milošević jahrelang heftig polemisiert wurde. Der von der Akademie nie offiziell beschlossene Text gelangte über sonderbare, nie geklärte Umwege in die Medien. Das „Memorandum", in dessen erstem Teil die kommunistische Mißwirtschaft angeprangert wurde, zielte im zweiten, nationalen Abschnitt auf die seit 1974 geltende Autonomieregelung für den Kosovo (die es letztlich zu Fall brachte). Die serbische Bevölkerung in der Provinz war in der Wahrnehmung der Autoren durch die hohe Geburtenrate der Albaner einem schleichenden Genozid ausgesetzt. „So waren nicht alle Nationen gleichberechtigt: der serbischen Nation wurde zum Beispiel das Recht auf einen eigenen Staat abgesprochen", beklagten sich die Akademiemitglieder über die Verfassung des Landes, welche den Kosovo und die Vojvodina gegenüber dem serbischen Kernland angeblich bevorzugte. Der Exodus der Serben aus dem Kosovo, der großteils wirtschaftliche Gründe hatte, wurde im „Memorandum" zur „Vertreibung des serbischen Volkes" und zum „wahrhaft außergewöhnlichen, offenen und totalen Krieg" gegen die Serben.

Bereits im Herbst 1985 schrieb der Historiker Dimitrije Bogdanović eine polemische serbische Nationalgeschichte des Kosovo: „Knjiga o Kosovu" – „Das Buch über den Kosovo". Darin beschuldigte er die Albaner des „biologischen Genozids" an den Serben, eine in der Folge immer beliebter gewordene Formel serbischer Nationalisten, mit der sie die staatlichen Repressionen in der Provinz zu rechtfertigen glaubten.

Aus dem mit solchen Geschichtsbildern verbreiteten serbischen Opfermythos ist – eine tragische Ironie der Ereignisse – Wirklichkeit geworden. Die Gewalt, mit der die serbische Nationalidee seit 1981 und mehr noch nach 1989 auftrat, richtete sich später gegen die Serben im Kosovo und in ganz Jugoslawien. Auf beklemmende Weise haben sich damit die meisten düsteren Vorahnungen des „Memorandums" erfüllt. Was als Aufruf zu serbischem Heldentum und serbischer Opferbereitschaft gedacht war und 1986 gar nicht anders als wahnhaft nationalistisch interpretiert werden konnte, entpuppt sich heute, nach zehn Jahren Krieg und westlichen Interventionen, als Bestandsaufnahme des Ist-Zustands im Kosovo. So sprach das „Memorandum" der Akademie von „großalbanischen Rassisten", die es zu bekämpfen gälte, von einer gezielten Vertreibung aller Serben aus dem Kosovo und der bevorstehenden schwersten serbischen Niederlage seit 1941. Nur ein starkes Serbien, nicht ein schwaches Jugoslawien, könne den Gefahren aus dem Osten, dem Vormarsch des Islam, erfolgreich begegnen, äußerte sich Cosić überzeugt. Das „Memorandum" galt in der Folge als ideologische Grundlage für eine rapide Nationalisierung aller gesellschaftlichen Bereiche. In der vielgehaßten Autonomie des Kosovo sah sein Mentor Dobrica Cosić den Dreh- und Angelpunkt für ein Erstarken der serbischen Bewegung. Er sollte, auf ungeahnte und schreckliche Weise, recht behalten.

Slobodan Milošević fungierte im innerserbischen Diskurs als Schüler von Dobrica Cosić. Seine anfangs gar nicht lauthals hinausposaunten großserbischen Regungen begleitete die Intelligenzija der Serbischen Akademie, allen voran Cosić, jedesmal mit öffentlich geäußerten guten Zensuren. Der Aufstieg einer eindeutig rechtsradikalen Kraft, als deren Führer sich später Vojislav Šešelj etablieren sollte und die sich außerhalb der Partei formierte, brachte den Milošević-Flügel in der KP noch mehr unter nationalen Zugzwang. Bis dann eben am 600. Jahrestag der Schlacht auf dem Amselfeld die Transformation von einer theoretisch sozialen zu einer praktisch nationalen Partei, vom Jugoslawismus zum Serbentum gelang.

Gesellschaftlich umgesetzt wurde die neue großserbische Ideologie auf der Straße. Das aus dem Englischen ins Serbische verballhornte Wort „miting" steht für jene von Slobodan Milošević geführte Bewegung, die zehn Jahre lang seine soziale Basis abgeben sollte. Hunderte solcher „Meetings" fanden im ganzen Land statt, Millionen nahmen daran teil. Anders als in Kroatien, Slowenien oder Bosnien, wo der Westen die nationalen Wünsche unterstützte, holte sich Milošević seine Legitimation von der Straße. Zwischen Sommer 1988 und Herbst 1989 sah jede größere serbische Stadt ihr Massen-„Meeting". Anläßlich eines Generalstreiks in den Bergwerken des Kosovo kam es zu einem der mächtigsten nationalen Aufmärsche in Belgrad. Am 28. Februar 1989 demonstrierte eine Million Serben gegen die streikenden Kosovo-Albaner, die ihren Arbeitskampf als albanisch-nationale Sache aufzogen. Die serbische Masse in Belgrad forderte damals den Kopf des früheren KP- und jetzigen Streikführers Azem Vllasi. Kurz darauf wurde Vllasi verhaftet und die Autonomie der Provinz aufgehoben. Die Lage im Kosovo spitzte sich zu.

Serbiens Parteienlandschaft vor dem Krieg

Die ersten postkommunistischen Wahlen Serbiens im Dezember 1990 sahen Slobodan Milošević als triumphalen Sieger; mit zwei Dritteln der Stimmen errang er das höchste Amt in der Republik. Im Juni 1992 wurde Dobrica Cosić zum Präsidenten des sogenannten „Rest"-Jugoslawien, der kurz zuvor gegründeten serbisch-montenegrinischen Föderation, gewählt. Als sein Ministerpräsident stieg der US-amerikanische Geschäftsmann serbischer Herkunft, Milan Panić, in die Wirrnisse balkanischer Politik ein, in denen er sich bald heillos verstrickte. Im Dezember 1992 unterlag Panić Milošević bei der Wahl zum serbischen Präsidentenamt nur knapp. Die USA und die EG verstärkten den Druck auf die politische Elite Serbiens, der sie mit Hilfe des mittlerweile gescheiterten Politabenteurers Panić zu Leibe rücken wollten. Milošević und seine Sozialistische Partei (SPS) entschlossen sich zur Offensive und schrieben Neuwahlen aus. Im Dezember 1992 gewann die SPS nach dem neuerlichen Urnengang 101 von 250 Mandaten, Šešeljs Radikale

Partei (SRS) kam auf 73 Mandate, die Demokratische Bewegung Serbiens, ein Bündnis mit Vuk Drašković an der Spitze, konnte 50 Sitze im neuen Parlament für sich reklamieren. Diese drei Politiker bestimmten, in wechselnden Allianzen, für die folgenden Jahre die serbische Regierung.

Die Ausgangsposition der postkommunistischen Politik in der größten ehemaligen Teilrepublik, der von den westlichen Medien immer wieder jede demokratische Legitimation abgesprochen wurde, unterschied sich wesentlich von jenen der nordwestlichen Republiken. Wie in vielen Ländern des orthodoxen Osteuropa kam es auch in Serbien nicht zu einem radikalen organisatorischen Bruch mit der Vergangenheit. Die Transformation äußerte sich innerhalb der alten Parteistrukturen, die im Lauf der Zeit Veränderungen unterlagen. Dies entsprach dem orthodoxen Politikverständnis von Kontinuität, wie es sowohl von der Funktionärshierarchie als auch von der Basis gewünscht war. Was den Westen daran störte, war der blockierte Zugriff auf die ökonomische Substanz des Landes. Während in Kroatien, Slowenien und Bosnien politische Umstürze die alte Partei mit den Resten der sozialen Bindungen zur Basis hinwegfegten, blieben in Serbien – wie in Montenegro – die politischen Strukturen weitgehend erhalten. Das hatte vor allem zur Folge, daß die Nutznießer der auch hier stattfindenden ökonomischen Transformation mit ihren Privatisierungen Angehörige der alten Nomenklatura waren. Das „Management-buy-out" verblieb in der ex-kommunistischen Familie. In Kroatien und Bosnien passierte die Transformation gänzlich anders. Dort waren die neuen staatlichen Strukturen anfangs so schwach, daß sich westliche Interessenten problemlos die Filetstücke aus der ehemaligen Staats- und Genossenschaftswirtschaft herauspicken konnten, wenn nur genügend für die nicht organisatorisch, sondern nur national in der Gesellschaft verankerten neuen Machthaber und ihre Quislinge übrigblieb.

Beide Systeme kannten die Bereicherung ihrer Führer. Der Unterschied lag zu einem guten Teil in der westlichen Rezeption, die wiederum vom Anteil des Kuchens abhing, der billig an EG- und US-Firmen abgetreten wurde. Deshalb galten von Anfang der jugoslawischen Tragödie an die politischen Systeme in Kroatien und Slowenien, später auch in Bosnien als demokratisch, jenes von Serbien als diktatorisch. Mit den Entscheidungsprozessen im Wahlgang hatte diese Einschätzung des Westens nichts zu tun. Denn in punkto Pluralismus war Serbien seit dem ersten postkommunistischen Urnengang den meisten anderen Republiken voraus.

Besuchen wir nun die unterschiedlichen politischen Kräfte Serbiens, wie sie sich 1991 – noch vor dem Zerfall Gesamtjugoslawiens – formierten. Die Reise durch die serbische Parteienlandschaft erstaunt den Betrachter, der die Vorurteile aus dem deutsch-österreichischen Blätterwald gewohnt ist. „In Slowenien und Kroatien gibt es einen monolithischen Politikzugang. Paradoxerweise ist es Serbien, das demokratiepolitisch am weitesten entwickelt ist", stellte Djuro Kovačević,

Direktor des Institutes für Europäische Studien in Belgrad, im Sommer 1991 fest. Auch die international geachtete moralische Autorität Jugoslawiens, Milovan Djilas, ließ keine Zweifel an einem demokratisch gewendeten Serbien. „Es gibt hier freie Zeitungen, freie Presse. Nicht so in Kroatien, dort läuft alles nach nationalistischer Parteidoktrin ab", meinte der ehemalige Tito-Intimus und spätere Dissident im Gespräch mit dem Autor. Tatsächlich gab es in Belgrad kaum ein politisches Tabu. Sozialdemokratischer Regierungspolitik standen nationalistische Ultras, rechte, linke, feministische und grüne Opposition gegenüber. Als Sozialdemokraten getarnte Kommunisten, als Sozialdemokraten getarnte Liberale, als Liberale getarnte Sozialdemokraten, Königstreue, Großserben, Gesamtjugoslawen ... bevölkerten die Politarena.

Vier Prototypen serbischer Politik wollen wir nun den LeserInnen vorstellen: den großserbisch-faschistischen Četnik-Führer Vojislav Šešelj, den Vizepräsidenten der nationalistischen Serbischen Erneuerungsbewegung (SOP) Jovan Marjanović, den westgestylten liberalen Miroljub Labuš von der Demokratischen Partei und das Vorstandsmitglied der regierenden Sozialistischen Partei (SPS) Miroslav Marković.

Vojislav Šešelj

Der gefürchtetste Mann in Serbien, das Feindbild aller jugoslawisch, kroatisch, slowenisch oder albanisch Denkenden, der Führer der Četnici. Vojislav Šešelj. An ihn heranzukommen war damals, im Sommer 1991, nicht allzu schwer. Der legale Arm seiner Politik, die Serbische Radikale Partei (SRS), operierte offen. Im Parteilokal hinterließen wir unsere Hoteltelefonnummer. Am Tag darauf wurde zum Interviewtermin gebeten.

Eben erst bezogene kahle Räume, eine Sekretärin serviert Kaffee. Alle hier warten auf den Chef. 19 Uhr 10: Šešelj und zwei Leibwächter fahren vor. Knappe Begrüßung, vor dem Gespräch noch zwei kurze Telefonate. Das Interview will Šešelj auf serbokroatisch führen, meine englisch gestellten Fragen beantwortet er trotzdem auf englisch. Vojislav Šešelj wirkt ruhig, überlegt. Einzig seine hünenhaften 1,95 Meter schüchtern ein wenig ein. Eloquent erklärt er Parteiprogramm und nationale Ziele seiner Bewegung. „Unsere Partei ist gegen Jugoslawien und für ein unabhängiges Serbien, in dem alle Serben Platz finden sollen." Sein großserbischer Traum umschließt Montenegro, Bosnien-Herzegowina, das adriatische Küstenland bis Zadar und weitere Teile Kroatiens, mit Karlovac als Grenzstadt.

Demnächst zieht Šešelj ins Belgrader Parlament ein. Nach den Wahlen im Dezember 1992 wird er dann – bis Ende 2000 – eine nicht mehr zu leugnende Kraft in der Skupština darstellen. Mit seiner Radikalen Partei, dem legalen Arm der bewaffneten Četnici, hat er im April 1991 gerade Nachwahlen in Rakovica gewonnen – gegen die regierende Sozialistische Partei und die serbischen Erneuerer von Vuk Drašković. Šešelj ist beim einfachen Volk beliebt, als Rächer der sich enterbt Fühlenden. Er nennt sich selbst Vojvode, ein militärischer Offiziersrang aus der Zeit serbischer Unabhängigkeit vor dem Ersten Weltkrieg. Historisch tief wurzelt auch die Tradition der Četnici. Ursprünglich die Bezeichnung für serbische Freiheitskämpfer gegen das Osmanische Reich, repräsentierten sie im Königreich nach 1918 den rechtesten politischen Flügel; aber auch eine antifaschistische Tradition verbindet sich mit der Bezeichnung Četnik, waren doch vor und neben den kommunistischen Partisanen auch monarchistische Kämpfer unter der Bezeichnung Četnici gegen die deutsche Wehrmacht unterwegs. Im Herbst 1941 war es zu einem historischen Treffen zwischen dem Chef der kommunistischen Partisanen, Tito, und dem Četnik-Führer Draža Mihajlović gekommen, um den Widerstand gegen die deutsche Wehrmacht zu koordinieren. Mihajlović fühlte sich dem im englischen Exil weilenden letzten jugoslawischen König verpflichtet. 1946 wurde der Četnik-Führer von den Titoisten hingerichtet. Als Symbol des antikommunistischen serbischen Nationalismus lebt er in den Herzen der Rechten weiter.

„Die Serben sind die natürlichen Verbündeten Österreichs und Ungarns", spricht mich Šešelj als vermeintlichen Freund an. Auf meine ungläubigen Blicke hin überrascht er mit einem Angebot: „Jugoslawien muß zwischen Serbien, Italien, Österreich und Ungarn geteilt werden. Die nordadriatischen Inseln sollen an Italien gehen, Slowenien inklusive Istrien an Österreich; so bekommt ihr wieder Zugang zum Meer." Ein Wahnsinniger, denke ich still, muß aber unvermittelt an die gleichzeitig in Österreich ablaufende Politik denken und an den nur wenige Monate zurückliegenden Vorschlag des ÖVP-Abgeordneten Felix Ermacora, der ja auch von Slowenien als möglichem 10. österreichischen Bundesland gesprochen hat.

Jovan Marjanović

In einem Plattenbau eines Belgrader Vorortes hatte die Serbische Erneuerungsbewegung (SPO) Anfang 1991 ihr Hauptquartier aufgeschlagen.

Der 65jährige Politologieprofessor Jovan Marjanović empfängt uns stellvertretend für den Chef der Partei, Vuk Drašković. Dieser weilt gerade in London, wo er einem Festbankett des serbischen Thronfolgers Alexander II. beiwohnt. Seine Mission soll, belehrt uns der grauhaarige Vize, den seit Beginn des Zweiten Weltkrieges im Exil lebenden Karadjordjević heim nach Serbien führen. Vuk Drašković' SPO gilt im Sommer 1991 als stärkste oppositionelle Kraft zur regierenden Sozialistischen Partei des Slobodan Milošević.

Jovan Marjanović beäugt mißtrauisch mein zum Roßschwanz gebundenes Haar; auch daß mein Journalistenkollege Igor Schellander unrasiert ist, bleibt ihm nicht verborgen. Marjanović wirkt proper und eitel. Fotografiert zu werden, bereitet ihm sichtlich Genugtuung. Auf seinem Arbeitstisch befindet sich eine Weihwasserflasche mit einem Holzkreuz darin, nach derselben Art, wie es zusammengesetzte Schiffe in Glasflaschen gibt. Überall das serbische Königswappen. Auf dem Jahreskalender an der Wand reitet ein längst verstorbener Karadjordjević. „Die Serbische Erneuerungsbewegung ist eine nationale Partei, das heißt, wir können das heutige Jugoslawien nicht akzeptieren", legt Marjanović sein Weltbild offen: „Die Serben sind von Jugoslawien immer stiefmütterlich behandelt worden. Zum Beispiel im Kosovo. Dort ist ungerechterweise ein Staat im Staat entstanden. Die Skipetaren", so nennt der Professor die Albaner und unterstreicht sein Überlegenheitsgefühl mit einer abfälligen Handbewegung, „sind eine Minderheit auf serbischem Boden, mehr nicht!" Seine Stimme wird lauter. Den Wahlslogan seines Chefs Vuk Drašković zitiert er wie aufgezogen: „Wo immer sich Serben und serbische Gräber befinden, dort ist Serbien." Wie großserbisch die SPO wirklich ist, wo also das zukünftige Reich seine geographischen Grenzen haben soll, darauf will sich unser Gesprächspartner nicht genau festlegen. Seine Vision: ein kantonisiertes Jugoslawien mit einem serbischen König an der Spitze. Die Sehnsucht nach dem Jahr 1918 beherrscht den Raum.

Djindjić-Sprecher Miroljub Labuš

Mitten im Zentrum von Belgrad, im „Haus der Studenten", residierte vor dem großen Waffengang die Demokratische Partei des Zoran Djindjić.

„Westeuropa", fällt einem unwillkürlich als Stichwort ein, wenn man das Parteilokal betritt. Computer überall, High-tech im Büro. Ganz offensichtlich hat hier ein finanzkräftiger westeuropäischer Partner seine gönnerhafte Hand mit im Spiel. Bereitwillig erzählt uns der Pressesprecher Miroljub Labuš, späterer erster Wirtschaftsfachmann in der Post-Milošević-Zeit, woher die DM kommen. „Unsere Partei hat gute Beziehungen zur ‚Europäischen Demokratischen Union' (EDU), insbesondere zur ‚Neuen Demokratie' in Griechenland."

Miroljub Labuš ist knapp über 40. Seine HelferInnen erinnern an das Büro einer Studentenorganisation: jung, dynamisch, europäisch. „Unsere Partei steht zu Jugoslawien. In Europa gibt es Integration, und hier sollen wir Jugoslawien zerteilen?" fragt er und versucht, Zustimmung zu erheischen. Mit seiner Westeuropa-Apologetik verbreitet er den Eindruck eines Vorpostens, ein Kämpfer des Wirtschaftsliberalismus in einer ökonomisch unwirtlichen Landschaft. Der ganze Abwehrkampf der Demokratischen Partei gilt dem Protektionismus. Freier Markt – ohne Subventionen, kompromißlos. Seit jenen Tagen hat jede innenpolitische Krise nach 1991 den in Deutschland ausgebildeten Universitätsprofessor Zoran Djindjić auf der politischen Werteskala Serbiens nach oben befördert. Sein Angebot, den serbischen Verwaltungsposten für westliche Interessen auf dem Balkan zu übernehmen, wird erst im Dezember 2000 von der Mehrheit der serbischen Bevölkerung angenommen.

SPS-Mann Miroslav Marković

Am Ufer der Save ragte das im Sommer 1991 noch unbeschädigte 23stöckige Parteihaus des Bundes der Kommunisten empor, die sich im Juli 1990 mit der „Sozialistischen Allianz des werktätigen Volkes" zur „Sozialistischen Partei Serbiens" umwandelten. Baustil: KP-Zentrale am Wiener Höchstädtplatz, nur eben doppelt so hoch. In der Nacht vom 20. auf den 21. April 1999 verwüsteten NATO-Raketen das höchste Haus der Stadt.

Im siebenten Stock empfängt uns Miroslav Marković, gekleidet in den braunen Einheitsanzug aus den 70er Jahren. Er ist Mitglied des Vollzugsausschusses. Unsere fragenden Blicke klärt er mit dem Hinweis, daß das ehemalige Zentralkomitee nun eben Vollzugsausschuß hieße. Das Interieur seines Büros wirkt realsozialistisch, im Bücherregal lehnt sich ein bronzener Tito an eine schmale Buchreihe.

Was Marković sagt, klingt vernünftig. „Wir sind für eine demokratische Föderation Jugoslawien mit einheitlichem Markt, gemeinsamer Währung, Außen- und Verteidigungspolitik." Die Sozialistische Partei Serbiens (SPS) kann für sich Demokratie genauso in Anspruch nehmen wie die neuen slowenischen oder kroatischen Machthaber. Mit über 60 Prozent der Stimmen gewann sie bei den ersten parlamentarischen Wahlen eindeutig. Daß das die westlichen Berichterstatter in Funk und Print nicht wahrhaben wollten, stellte zwar in Wien, Bonn und dem Vatikan die Wahrheit auf den Kopf, in Belgrad war dies 1991 freilich schwer möglich.

Der beliebte Stehsatz von den frischlackierten Alt-Kommunisten in der neuen serbischen Regierung relativiert sich vor der Tatsache, daß die serbischen Oppositionellen früher ebenfalls KP-Mitglieder oder Funktionäre waren. Das betrifft den ehemaligen Systemjournalisten Vuk Drašković ebenso wie Ex-KP-Mitglied Šešelj oder die Mehrheit der heute liberal gewendeten Riege ehemals systemtreuer Universitätsprofessoren, die sich in der Demokratischen Partei sammeln.

Die SPS steht für einen kontrollierten Weg zur Marktwirtschaft. Langsamer Abbau von Subventionen, langsamer Aufbau eines Kapital- und Arbeitsmarktes. Soziale und nationale Revolten sollen so verhindert werden. „Unsere Politik ist die der nationalen Gleichberechtigung aller Völker Jugoslawiens. Der Nationalismus für sich genommen kann den Leuten ja keinen Wohlstand bringen", hört sich Miroslav Marković ganz anders an als die Reden seines Parteichefs Milošević, der spätestens seit 1989 auf der nationalistischen Welle schwimmt. Daß die serbische Politik im Kosovo diesen Bekenntnissen widerspricht, bestreitet Marković vehement. „Kosovo ist das Herzstück Serbiens. Keine nationale Minderheit der Welt kann einfach so mir nichts, dir nichts einen eigenen Staat gründen."

Hinter den Kulissen waren schon knapp nach den 1992er Wahlen politische Säuberungen in der SPS im Gang. Der ehemalige Banker Slobodan Milošević ließ neben sich keine personelle Alternative aufkommen. In den folgenden Jahren wurden ganze Generationen von Funktionären verschlissen. Milošević' möglicherweise bedeutendster Gegenspieler, der ehemalige Gouverneur der jugoslawischen Zentralbank und Weltbank-Manager Dragoslav Avramović, der trotz seines im Januar 1994 verfügten Austeritätsplans viel Sympathie im Volk genießt, fiel ebenso in Ungnade wie eine ganze Reihe anderer prominenter Parteigänger. Die Opposition formierte sich immer wieder um wechselnde Koalitionen; im Februar 1997 feierte sie unter der Überschrift „Zajedno" („Zusammen") nach dreimonatigen Demonstrationen in Belgrad ihren größten Erfolg – die Anerkennung von Wahlsiegen in einigen großen Städten wie Belgrad, Novi Sad und Niš. Seit damals sitzen Milošević-Gegner in vielen Rathäusern des Landes.

Knapp vor dem drohenden NATO-Krieg gegen Jugoslawien ordnete die Parteispitze dann auch die Armee- und Geheimdienstführung neu. Die obersten Köpfe der im Kriegsfall besonders wichtigen Organisationen kamen im Oktober 1998 unter die Räder der allmächtig scheinenden Gruppe um den Führer. Nach dem verlorenen Krieg um den Kosovo schrumpfte die soziale Basis von Slobodan Milošević radikal, neue Allianzen entstanden.

Plan Avramović

Serbiens erster Versuch einer radikalen Austeritätspolitik trägt einen Namen: Dragoslav Avramović. Der ehemalige Zentralbankchef änderte kurzfristig und drastisch die währungs- und wirtschaftspolitischen Spielregeln Jugoslawiens. Am 24. Januar 1994 führte Belgrad schlagartig einen Neuen Dinar ein, der 1:1 an die DM gekoppelt war und monatelang diesen starren Kurs hielt. Dieser pure Monetarismus, der unter den Bedingungen des Embargos erstaunlich gut funktionierte, erregte damals in internationalen Finanzkreisen höchstes Aufsehen. Da gelang es einem von allen kreditgebenden Institutionen der westlichen Wertegemeinschaft geächteten Paria-Staat, die eigene Hyperinflation, die zuletzt auf weltrekordverdächtigem Niveau von 300 Mio. Prozent gelegen war, in den Griff zu bekommen. Die Umsetzung einer extrem restriktiven Geldpolitik konnte auch ohne IWF-Diktat, im peripheren Alleingang, gelingen.

Die sozialen Folgen waren dementsprechend. Der strenge Monetarismus verursachte eine extreme Geldknappheit. Wer keine ausländischen Devisenreserven gehortet hatte, trieb de facto in die geldlosen Sektoren der Gesellschaft ab. Der Großteil der Bauern entwickelte sich zu Selbstversorgern, viele Städter revitalisierten ihre ohnedies niemals gekappten Beziehungen zur Scholle, indem sie entweder direkt aufs Land zogen oder zumindest häufige Arbeitsbesuche bei ihren Verwandten erledigten. Den Menschen, die während der Austeritätspolitik von Avramović ums Überleben kämpfen mußten, standen auf der anderen Seite neureiche Kriegs- und Embargogewinnler gegenüber, zu denen auch die Familie Milošević zählte. Diese dachten längst nicht mehr in Dinars, sondern in Devisen, der Plan Avramović sicherte ihre Profite. Die damals bestehende totale Abschottung der jugoslawischen Wirtschaft hatte möglicherweise positive Effekte auf die Umsetzung des selbstgestrickten Monetarismus. Denn der internationale Geld- und Kapitalmarkt, der üblicherweise ähnliche IWF-Sanierungspläne nutzt, um mittels Währungsspekulationen von der nationalen Inflationseindämmung zu profitieren, war dieses eine Mal vom Geschehen ausgeschlossen. Die UNO hatte schließlich dafür gesorgt, daß Wirtschaftskontakte zu Belgrad unterbunden blieben.

Die Albaner im Kosovo

Kosovo, die Provinz im Süden von Serbien, wies 1981 – anläßlich der bislang letzten seriös durchgeführten Volksabstimmung – einen albanischstämmigen Bevölkerungsanteil von 75 Prozent aus. Zehn Jahre später sprach die offizielle jugoslawische Statistik von 82 Prozent AlbanerInnen im Kosovo, das waren 1,6 Mio. albanischsprechende Menschen gegenüber 200.000 SerbInnen. Mitte der 90er Jahre ging man davon aus, daß mittlerweile 90 Prozent der EinwohnerInnen des Kosovo albanischstämmig seien. Zähl- und Wahlboykotte der Albaner, die gegen die Zentrale Belgrad gerichtet waren, machen ein eindeutiges demographisches Bild der Region schwer nachzeichenbar. Fest steht nur, daß seit 1945 ein ungewöhnlich rascher und kontinuierlicher Anstieg der albanischstämmigen Bevölkerung stattgefunden hat. Dieser kann drei Faktoren zugeschrieben werden: zum ersten der im europäischen Vergleich höchsten Geburtenrate der „Skipetaren", wie sie im Land – der albanischen Sprachwurzel folgend – oft bezeichnet werden. Weiters hat die mißliche wirtschaftliche Lage in der Provinz in den vergangenen Jahrzehnten viele Serben dazu veranlaßt, der Krisenregion den Rücken zu kehren, Schätzungen sprechen für die Zeit zwischen 1971 und 1991 von 250.000 solchen serbischen „Wirtschaftsflüchtlingen". Die nach 1974 umgesetzten Autonomieregelungen im Kosovo mögen ihre Auswanderungsentscheidung unterstützt haben. Und drittens fand eine quantitativ nicht verifizierbare Einwanderungswelle von albanischen Männern und Frauen statt, die in den 70er und 80er Jahren vor dem Enver Hodscha-Regime die Flucht ergriffen. Hierbei war in geographischer Hinsicht die unübersichtliche Gebirgslandschaft zwischen dem albanischen Kernland und dem Kosovo sowie in politischer Hinsicht die weitreichende Selbstbestimmung des Kosovo für diese Art der Albanisierung hilfreich.

Die Autonomie der Region nach 1974 beinhaltete beispielsweise in Fragen der Erziehung ein vom Serbischen abgekoppeltes Schul- und Bildungswesen. Mehr noch, an der Universität Priština wurde teilweise sogar mit Lehrplänen aus Tirana gearbeitet. Das im Kosovo herrschende gesellschaftliche – albanisch-nationale – Klima jener Jahre erleichterte Menschen aus Albanien jedenfalls die Integration. Auch nach der Abschaffung bzw. Einschränkung des großzügigen Autonomiestatuts für den Kosovo, das übrigens vom gesamtjugoslawischen Staatspräsidium unter Raif Dizdarević abgesegnet wurde, ging es niemals um die albanische Unterrichtssprache in den Schulen, wie es westliche Kommentatoren der hiesigen Öffentlichkeit weismachen wollten, sondern um Lehrpläne und Zeugnisse. Kosovo-albanische Lehrer lehnten Unterrichtsmaterialien aus Belgrad – die freilich in albanischer Sprache gedruckt waren – ab und forderten statt dessen die Möglichkeit, selbst Lehrpläne entwickeln bzw. welche aus Albanien verwenden zu dürfen. Die Zeugnisse wiederum sollten keinen Briefkopf der „Republik Serbien" tragen.

Das Erziehungswesen spielte für den seit Anfang der 80er Jahre schwelenden Konflikt zwischen Albanern und Serben eine wichtige Rolle. Nachdem das Land nach den Balkankriegen 1912/13 zu Anfang des 20. Jahrhunderts aus dem osmanischen in den serbischen Einflußbereich gewechselt war, alphabetisierte sich die Bevölkerung sukzessive. Waren 1912 noch 95 Prozent der Kosovaren – gleich ob serbischer, albanischer oder sonstiger Abstammung – des Lesens und Schreibens unkundig, so erreichte das Schulwesen des SHS-Staates in der Zwischenkriegszeit immerhin ein Drittel der Bevölkerung. Im sozialistischen Jugoslawien wurden weitere Alphabetisierungsanstrengungen unternommen, sodaß heute davon ausgegangen werden kann, daß zirka 80 Prozent der Kosovo-AlbanerInnen die Schule besucht haben. Insbesondere die Zeit nach 1974 kann als Hochblüte des kosovo-albanischen Bildungssystems bezeichnet werden. Die Folgen dieser Bildungsexplosion äußerten sich indes nicht nur positiv. Denn die erste Generation junger Kosovo-Albaner, die es zu Universitäts- und Fachschulabschlüssen gebracht hatte, wurde Opfer der ökonomischen Krise. Wegen der in ihrer Heimat besonders spürbaren Auswirkungen konnte sie die schulische und universitäre Ausbildung nicht im Berufsleben umsetzen. Abwandern ins westliche Ausland, insbesondere in die Schweiz und nach Österreich, lautete die Antwort. Im Land formierte sich zunehmend sozialer Protest, den die kosovo-albanischen Studenten von Anfang an mit der nationalen Frage verknüpften. Damit hofften sie wohl auch, die tiefe kulturelle Spaltung der albanischen Gesellschaft im Kosovo überwinden zu können. Denn neben der modernen, im Zeitalter von Selbstbestimmung und Autonomie aufgewachsenen Stadtbevölkerung, insbesondere der jüngeren Generation, existiert hier bis heute auf dem Land eine traditionelle patriarchale Familienstruktur, die stammesmäßig organisiert ist und ein modernes Staatsgefüge nur vom Hörensagen kennt.

Es war also die unter dem Titoismus erzogene kosovo-albanische Intelligenz, die nach Unabhängigkeit rief. Unzureichende Arbeitsmöglichkeiten ließen die im Kern sozial motivierten Kundgebungen zu nationalen Protesten ausarten. Das war bei den Studentenunruhen im Jahr 1981 bereits so, und es wiederholte sich bei den Bergarbeiterunruhen sieben Jahre später. Die albanische Fahne mit ihrem schwarzen Doppeladler auf rotem Grund begleitete jedes lokale Aufbegehren. Dazu kam immer häufiger der Ruf nach einer „Republik Kosovo". Manche Gemäßigten wie der Schriftsteller und Volkstribun Ibrahim Rugova verstanden darunter die Errichtung einer Republik innerhalb Jugoslawiens, für andere – und diese nahmen in der Folge an Zahl und Einfluß zu – bedeutete die Forderung nach einer „Kosovo-Republik" staatliche Unabhängigkeit. Eine praktische Umsetzung dieser Eigenstaatlichkeit schien angesichts der ökonomischen Umstände im Land – außer dem Bergbau war kein wirtschaftlicher Zweig entsprechend entwickelt – nicht möglich. Dies führte in der Folge zur Idee eines Anschlusses an Tirana, zur Vision von Großalbanien, wie es bereits zwischen 1943 und 1945 unter deutscher Protektion bestanden hatte.

Am 2. Juli 1990 riefen die albanischstämmigen Vertreter der Kosovo-Nationalversammlung in einer improvisierten Sitzung vor dem behördlich gesperrten Parlamentsgebäude die Provinz als „Republik Kosovo" aus, was im Gegenzug die endgültige Auflösung des Parlaments in Priština zur Folge hatte. Vom 26. bis zum 30. September 1991 ließ Rugova ein Referendum über die Autonomie durchführen; 87 Prozent der Provinzbevölkerung nahmen daran teil, von Gegenstimmen ist nichts bekannt. Am 18. Oktober 1991 deklarierten die von Belgrad längst abgesetzten albanischen Abgeordneten die unabhängige „Republik Kosovo", die bis heute von keinem Land der Welt offiziell anerkannt wird, sieht man von einem albanischen Parlamentsbeschluß ab, der auf Druck der USA von der Regierung in Tirana nicht anerkannt wurde.

Die selbstorganisierten Parlaments- und Präsidentenwahlen am 24. Mai 1992 machten den Literaturprofessor Ibrahim Rugova zu einem Führer ohne Land. Alle jugoslawischen Einrichtungen wurden seit damals von der albanischen Bevölkerungsmehrheit im Kosovo boykottiert. Belgrad verschärfte zwar die Repression in der Provinz, griff jedoch Ibrahim Rugova, der unter dem Schutz des Westens – insbesondere Deutschlands – stand, nicht an. Rugova galt als Kopf des kosovoalbanischen Widerstands. Bis ihm im Zuge der von den USA forcierten Militarisierung des Jugoslawienkonflikts in jungen, radikalen Männern einer bewaffneten Untergrundbewegung, der UÇK (Ushtria Çlirimitare e Kosovës), ernsthafte Konkurrenz um die Führerschaft des albanischen Kosovo erwuchs.

Die Vorgeschichte des NATO-Bombenkrieges

Durch die Kriege in Kroatien und Bosnien verschärfte sich die ohnehin äußerst prekäre Lage im Kosovo. Während das nationale Aufbegehren der Albaner immer hörbarer und die Repression dagegen immer spürbarer wurde, suchten Hunderttausende im kroatischen und bosnischen Bürgerkrieg vertriebene Serben nach neuer Heimstatt. Im Spätsommer 1995 kamen 15.000 Krajina-Serben in die Provinz. Belgrad, das mit insgesamt 700.000 Kriegsflüchtlingen aus Bosnien und Kroatien konfrontiert war, projektierte immer wieder Ansiedlungsprojekte für die Verzweifelten. Die Bedingungen dafür waren alles andere als leicht. Wegen des internationalen Embargos kam auch kaum humanitäre Hilfe ins Land. Im Gegenteil – die westliche Wertegemeinschaft blockierte Medikamenten- und Nahrungsmittellieferungen, wo es ging. Ausnahmegenehmigungen für Flüchtlingshilfe mußten lange bürokratische Wege gehen, bevor sie vor UN-Gremien Gnade fanden.

Die Albanerorganisationen, allen voran Rugovas „Demokratische Liga" (LDK), die im Kosovo seit mehreren Jahren Parallelstrukturen im Verwaltungs- und Schulwesen aufgebaut hatten und nun über die UÇK auch dabei waren, mittels Terrorakten ähnliche im Sicherheitsapparat zu errichten, bekämpften die serbischen Ansiedlungsprojekte. Als politisches Argument gegen die Niederlassung serbischer Flüchtlinge hielt eine befürchtete „serbische Kolonisierung des Kosovo" her – ohne freilich darauf hinzuweisen, daß der albanische Anteil an der Bevölkerung seit Jahrzehnten gestiegen war. Auf militärischer Ebene galten gewalttätige Anschläge der UÇK nicht selten gerade jenen serbischen Flüchtlingen. Das sprach sich schnell im Land herum. Die Angst vor Attentaten und die triste wirtschaftliche Lage im Kosovo haben in der Folge dazu beigetragen, daß sich viele serbische Flüchtlinge weigerten, in die Unruheprovinz zu ziehen. Die es doch taten, waren oft besonders national motiviert, albanerfeindlich.

Die zwei parallelen Staatlichkeiten im Kosovo konnten auf die Dauer nicht funktionieren, sie blockierten einander. Weil sich die albanischstämmige Bevölkerung nicht auf kulturelle und gesellschaftliche Eigenständigkeit beschränken wollte und konnte, eskalierte die permanente Krise zum Krieg. Eigene Schulen, eine eigene Partei, ein eigener Präsident – das alles beantwortete Belgrad mit Repression. Wirklich militärisch ging die Zentrale gegen die zweite, illegitime Staatlichkeit im Land allerdings nicht vor. Schulen wurden geschlossen, sperrten aber anderswo wieder auf, Zeitungen wurden schikaniert, sie erschienen trotzdem, Rugova wurde als Präsident nicht anerkannt, blieb aber in Freiheit. Penible Statistiken geben ein Bild der serbischen Repression: Die Belgrader Oppositionszeitung „Vreme" zählte in ihrer Ausgabe vom 31. Oktober 1996 für die ersten drei Quartale des Jahres 1996 13.226 serbische Übergriffe, davon zwölf, die für Albaner tödlich endeten. Der von Kosovo-Albanern geleitete „Rat für die Verteidigung von Menschenrechten und Freiheit" in Priština protokollierte – nach einer offensichtlich anderen Zähl-methode – für 1997 5.600 Vorfälle staatlicher Repression im Kosovo.

Das Jahr 1997 führte in die endgültige Militarisierung des Konflikts. Auch die kosovo-albanische Seite trug dazu bei. Denn bis dahin waren einzelne Überfälle auf Polizeistationen oder Terrorakte gegen mißliebige Serben in Form von Einzel-aktionen mit leichten Waffen durchgeführt worden. Durch den Zusammenbruch der Staatlichkeit im benachbarten Albanien im Gefolge der Zahlungsunfähigkeit der landesweit operierenden Pyramidenspiele zum Jahresende 1996 bot sich nun für die UÇK die Möglichkeit, an schwerere Waffen zu kommen. Und diese nützte sie. Im albanischen Kernland stürmte das Volk die Kasernen und plünderte Depots und Munitionslager, radikale Kosovo-Albaner beteiligten sich daran bzw. kauften für billiges Geld große Bestände. Sie errichteten zugleich einen territorialen Stütz-punkt im Norden des Landes, der dem geschaßten albanischen Präsidenten Sali Berisha – dem mutmaßlichen Drahtzieher der Pyramidenspiele – Zuflucht bot. Bis zum Einmarsch der NATO im Jahr 1999 – und womöglich noch darüber hinaus – wurde der als konservativ und stammesmäßig organisiert geltende Norden Albani-ens von der UÇK kontrolliert. Der albanische Staatsbankrott im Jahr 1997 spielte also eine entscheidende Rolle bei der Aufrüstung der kosovarischen Organisation UÇK. Deren Charakterisierung als Befreiungsbewegung setzte sich im Westen erst Mitte 1998 durch – noch im Februar 1998 bezeichnete US-Sondergesandter Ro-bert Gelbard die Aktivität der UÇK als „terroristisch".

Im selben Jahr 1997, als die UÇK ihr Waffenarsenal aufbesserte, konnte auch der serbische Repressionsapparat im Kosovo einen entscheidenden Schlag gegen die gewalttätige Albanerorganisation landen: Die erste Generation der UÇK, die zu einem guten Teil der Großfamilie Jashari angehörte, wurde regelrecht vernich-tet. Bei Razzien gegen die Jasharis wurden 20 Männer getötet. Die brutale Ausrot-tung der Jashari-Familie zeigte, wie sehr die serbische Exekutive und das jugosla-wische Militär bei ihrer Bekämpfung der UÇK bereits zu staatsterroristischen Methoden übergegangen waren. Damit verstärkten sie auch das antiserbische Haß-gefühl in der albanischen Bevölkerung.

In dieser aufgeheizten Atmosphäre trat der Westen auf den Plan. Die USA ent-sandten – wieder einmal – ihren diplomatischen Falken, den früheren Sonderbeauf-tragten für Bosnien, Richard Holbrooke, nach Belgrad. Und Westeuropa war be-müht, die OSZE auf EU-Kurs zu bringen. Am 6. Juli 1998 wurde, auf Drängen Washingtons, die Kosovo-Kontaktgruppe installiert; Rußland und die EU waren mit von der Partie. Als vordergründiges Ziel galt die Erreichung eines Waffenstill-stands im Kosovo. Dort hatte mittlerweile die UÇK erstmals in veritablen Gefech-ten ihre in Albanien erbeuteten Waffen ausprobiert und damit im Raum Srbica der serbischen Polizei eine schwere Niederlage beschert. Im November 1997 verkündete ein regionaler UÇK-Führer die „Befreiung" dieses Gebietes. Wenige Monate später, im Februar/März 1998, eroberten serbische Einheiten die Region zurück. Dabei kamen – laut kosovo-albanischen Angaben – 80 Personen, fast durchwegs Kämpfer der UÇK, zu Tode. Dieses sogenannte „Drenica-Massaker" der jugoslawischen Armee setzte sich im Bewußtsein der westlichen Öffentlichkeit fest. Immer häufiger gingen jugoslawische Armee und serbische Sonderpolizei dazu über, den flexibel operierenden Gruppen der UÇK mit der vollen Wucht des staatlichen Repressionsapparates zu begegnen. Auslösend dafür war die Strategieänderung der Albaner, die sich seit Ende 1997 nicht mehr auf terroristische „Nadelstiche" gegen staatliche Einrichtungen – vorzugsweise Polizeistationen – beschränkten, sondern dazu übergingen, kleine befreite Territorien zu schaffen. Dies entsprach auch der Politik des fortgesetzten Aufbaus einer zweiten Staatlichkeit, wie sie die zivilen Führer in weiten Bereichen – trotz serbischer Repression – de facto durchgesetzt hatten. Zudem gelang es der UÇK nun mit ihrer besseren Bewaffnung auch, die jugoslawische Lufthoheit im Kosovo anzugreifen. Im März 1998 erfolgte der erste Abschuß einer jugoslawischen Maschine. Die militärischen Reaktionen Belgrads nahmen immer weniger Bedacht auf zivile Opfer. Nun leerten sich bereits ganze Dörfer, deren albanische Bevölkerung vor serbischen Sonderpolizisten und Soldaten die Flucht ergriff. Für die serbischen Einheiten wurde es zunehmend unmöglicher, einzelne UÇK-Kämpfer im dörflichen Umfeld zu identifizieren und ihrer habhaft zu werden. Im Juli 1998 kam es zu einer großangelegten Offensive der jugoslawischen Armee, während der die von der UÇK gehaltene Verkehrsverbindung zwischen Priština und Peć wieder geöffnet sowie die Ortschaft Mališevo rückerobert werden konnte.

Umgekehrt gingen albanische Guerillagruppen gegen serbische Exekutivbeamte und Verwalter, aber auch gegen jene Landsleute vor, die sich von der UÇK distanzieren wollten. Bernhard Küppers wies in seinem Beitrag „Freunde zum Fürchten" in der „Süddeutschen Zeitung" (1. 9. 1998) auf die erbarmungslose Situation im Guerillakrieg hin. Beide Seiten setzten zunehmend völkerrechtswidrige Praktiken ein. Doch während die serbischen Greuel im Kosovo der westlichen Öffentlichkeit ausgiebig dargelegt wurden, war von den terroristischen Methoden der UÇK nicht viel zu sehen oder zu lesen. Da half es auch nichts, daß mehrere OSZE-Beobachter, die sich vor Ort ein Bild von der Lage machen konnten, objektive Opferbilanzen referierten. Einer der österreichichen OSZE-Beauftragten, Heinz Habertheuer, recherchierte beispielsweise die Untaten der albanischen Seite. Allein „zwischen 14. und 19. Juli 1998", so seine Aussage in der TV-Sendung „Zur Sache" des ORF am 11. April 1999, „kidnappte die UÇK 47 Serben". Wenige Tage später wurden sie alle, ob Lehrer, Flüchtlinge aus Bosnien, Verwaltungsbeamte oder einfach nur politisch Auffällige, tot aufgefunden – gequält, gefoltert, ermordet. Von einem derartigen Kosovo-Bild wollte der Westen damals nichts wissen.

In der sich durch Guerillaterror und Staatsterror aufschaukelnden Situation setzten die USA auf militärische Schlagkraft. Am 12. Oktober 1998 drohte der NATO-Rat der Bundesrepublik Jugoslawien mit Luftschlägen, sollten Armee und Polizei ihre Kämpfe nicht einstellen. Unter dieser als „activation order" bekannt gewordenen internationalen Eskalation fanden in der Folge die OSZE-Mission und das Rambouillet-Erpressungsmanöver statt, bis die „order" am 24. März 1999 im Bombenkrieg umgesetzt wurde.

Vorerst versuchte die Organisation für Sicherheit und Zusammenarbeit in Europa (OSZE) noch, den großen Krieg zu verhindern. Am 16. Oktober 1998 vereinbarten der damalige OSZE-Vorsitzende und polnische Außenminister Bronisław Geremek und der jugoslawische Außenminister Živadin Jovanović die Errichtung einer Beobachtermission im Kosovo. 2.200 OSZE-Beobachter sollten in der Folge in der Provinz stationiert werden – de facto wurden es dann 1.400 –, als Chef der Mission ernannte Geremek den Amerikaner William Walker. Walker hatte zuvor 37 Jahre in den Diensten des US-State Departments gestanden und für den Geheimdienst CIA mehrmals heikle Missionen in Mittelamerika erfüllt. Belgrad verpflichtete sich, Militär und Sonderpolizei aus dem Kosovo abzuziehen. Die albanische Seite wurde in das Abkommen nicht miteinbezogen. Parallel dazu verlegten die USA, Deutschland, England und Frankreich insgesamt 400 Kampfflugzeuge nach Aviano und auf Flugzeugträger ins Mittelmeer, die NATO-Truppen wurden auf ihren Einsatz vorbereitet, die Stationierung einer „Schnellen Eingreiftruppe" in Makedonien – einem militärischen Protektorat der NATO – zum Schutz der OSZE-Beobacher folgte.

Tatsächlich zogen sich unter den Augen der OSZE 15.000 Mann der jugoslawischen Armee und der serbischen Sonderpolizei innerhalb weniger Tage aus dem Kosovo zurück. Am 28. Oktober vermeldete Belgrad die Vertragserfüllung, UNO und OSZE bestätigten dies. „90 Prozent der Truppen des serbischen Innenministeriums sind zurückgezogen ... sowie Panzer und Soldaten der Armee", berichtete die US-amerikanisch-russisch-europäische Kosovo-Kontaktgruppe. Frieden kehrte dennoch nicht ein. Zu tief saßen die serbischen Demütigungen im kollektiven und individuellen Bewußtsein der Albaner. Und die NATO befand sich mitten in der Kriegsvorbereitung.

Die albanische Seite hatte ja keinerlei Vertrag mit der OSZE unterzeichnet, deshalb sah sie sich auch an keine Waffenstillstandsvereinbarung gebunden. Folgerichtig besetzte die UÇK sofort die von der jugoslawischen Armee geräumten Territorien. Dies bestätigte zum Beispiel die „Österreichische Militärische Zeitschrift" vom Februar 1999, ihr Autor Jureković schrieb: „Die UÇK ... weitete ihren Aktionsradius auch auf die städtischen Gebiete aus. Dies rief besonders bei der in den Städten konzentrierten serbischen Minderheit Panik hervor, die sich in Protesten gegen die Belgrader Regierung entlud. Letzterer wurde vorgeworfen, keine ausreichenden Vorkehrungen für den Schutz der serbischen Zivilbevölkerung im Kosovo getroffen zu haben." Und weiter zur Bedrohung der Serben: „In der zweiten Dezemberhälfte (1998) wurden in den Städten Kosovka Mitrovica, Priština, Podujevo und Peć eine Vielzahl von Anschlägen durchgeführt, deren Opfer hauptsächlich Serben waren." In den Monaten November und Dezember 1998 stieg die UÇK zur führenden albanischen Kraft im Kosovo auf. Militärisch weitgehend unbehindert, versuchte sie in den von ihr kontrollierten Gebieten – schätzungsweise 30 Prozent des Kosovo – den Aufbau einer exekutiven Gewalt. Zu häufigen Zusammenstößen mit den serbischen Sicherheitsorganen kam es an der Grenze zu Albanien. Nordalbanien und der Kosovo wurden von der UÇK als gemeinsames Land betrachtet, auf beiden Seiten der Grenze übte die Organisation militärische Gewalt aus. Dazwischen standen Grenzkontrolleinheiten des jugoslawischen Innenministeriums, die oft vergeblich versuchten, die Nachschubwege der Guerillaarmee zu blockieren. Am 14. Dezember 1998 wurde eine solche UÇK-Nachschubpatrouille von serbischen Grenzstellungen aufgerieben: 37 albanische Kämpfer blieben während dieses Waffentransportes von Albanien in den Kosovo tot in den Bergen liegen.

Die Frage der Grenzsicherung zwischen den beiden albanisch besiedelten Gebieten und damit die Frage der jugoslawischen Territorialität war einer der entscheidenden Schwachpunkte der OSZE-Beobachtermission. Die internationale Organisation konnte oder wollte die Grenze nicht ausreichend sichern. Knut Vollebæk, norwegischer Außenminister und als Nachfolger Geremeks zum OSZE-Vorsitzenden bestimmt, meinte dazu Anfang 1999 in Wien: „Die löchrige Grenze muß geschlossen werden." Ansonsten war Vollebæk mit der OSZE-Mission im Kosovo Anfang des Jahres 1999 recht zufrieden. „110.000 Menschen sind in ihre Dörfer zurückgekehrt, ... noch gibt es 180.000 Vertriebene", die auf ihre Heimkehr warteten. Vollebæks Optimismus war unangebracht.

Die UÇK hatte sich mittlerweile in den Augen des Westens vom Terrorkommando zur Befreiungsarmee gemausert. Stolz verkündete sie Sieg um Sieg. „Der Kampf unseres Volkes", hieß es in ihrer Erklärung Nr. 69 vom 10. Januar 1999 in bombastischer Sprache, „organisiert und geführt von der Befreiungsarmee Kosova, meldet zu Beginn des Jahres 1999 die erfolgreiche Ausbreitung zur Intensivierung des Kampfes für die Freiheit und die Unabhängigkeit. Es zeigt sich die Entschlossenheit des Mutes und die Vitalität dieses Volkes, alles für ein besseres Leben in einem freien Vaterland zu geben." Zu diesem „alles" gehörten allerdings auch – nach wie vor – feige Anschläge gegen Unbewaffnete, so am 12. Dezember 1998 in einer Bar in Peć, als sechs serbische Jugendliche im Kugelhagel der UÇK starben; fünf Tage später wurde der stellvertretende Bürgermeister von Kosovo Polje, Zvonko Bojanić, entführt, gefoltert und kurz darauf ermordet aufgefunden.

Die Zunahme der albanischen Übergriffe provozierte serbische Gegenschläge. Am 21. Dezember 1998 marschierten Truppen der jugoslawischen Armee wieder in den Kosovo ein. Mit 80 Panzern stellten sie sich drei Tage später einem Gefecht bei Podujevo. Fast frohlockend verkündete NATO-General Wesley Clark kurz darauf, am 26. Dezember, die jugoslawische Armee habe alle ihre Versprechen gebrochen. Die OSZE drohte mit dem Rückzug ihrer unbewaffneten Beobachter, blieb aber dennoch vorerst in der Provinz. Ihr größter Erfolg in den folgenden Monaten bis zum Krieg sollte die Befreiung von acht jugoslawischen Soldaten sein, die von der UÇK Anfang Januar 1999 gefangengenommen worden waren.

Die drei Monate seit der „activation order" hatte die NATO genützt, um in der Region aufzurüsten. Strategische Kriegsvorbereitungen wurden getroffen, die künftigen Aufmarschgebiete inspiziert. So reiste US-Verteidigungsminister William Cohen zur Jahreswende 1998/99 ins makedonische Skopje, um mit seinem Ministerkollegen Lazár Kitanovski die Errichtung eines NATO-Stützpunktes zu besprechen. Eine Presseerklärung des US-Verteidigungsministeriums vom 6. April 1999 gibt auch darüber Auskunft, daß Kitanowski kurz darauf Washington besuchte, um den Pakt perfekt zu machen. 12.000 Soldaten waren Anfang 1999 in Makedonien stationiert, 400 Kampfflugzeuge standen bereit, der Kongreß in Washington und der Bundestag in Bonn hatten die entsprechenden Beschlüsse für den Eventualfall gefällt. Krieg lag in der Luft. Wollte die NATO überhaupt Frieden? Der verteidigungspolitische Sprecher der CDU/CSU-Fraktion im deutschen Bundestag und Mitarbeiter der OSZE, Willy Wimmer, stritt das indirekt ab: „Wir sind in eine ziemlich hoffnungslose Mission geschickt worden", gab er am 26. März 1999 gegenüber der Berliner Tageszeitung „Junge Welt" zu Protokoll. „Und zwar deshalb, weil man unseren Erfolg vermutlich gar nicht wollte ... Zum Beispiel diejenigen, die hinter der UÇK stehen und die Fäden ziehen. Die internationalen Beobachter, die OSZE-Beobachter, sie haben eindeutig erklärt, daß die jugoslawische Seite nach den Oktober-Vereinbarungen sich an diese auch gehalten hat. Und daß hingegen die UÇK systematisch diese unterlaufen hat. Sie ist in die leeren Räume wieder eingedrungen, sie hat provoziert usw. Das sind doch Dinge, vor denen ich meine Augen nicht verschließen kann." Die Weltöffentlichkeit konnte die Augen vor dieser Politik, die ohne die NATO nicht möglich gewesen wäre, verschließen. Im NATO-Hauptquartier wartete man nur noch auf einen Anlaßfall für militärisches Eingreifen.

Das Massaker von Račak

Das kleine Dorf Račak südlich von Priština erlangte traurige Berühmtheit. Am 16. Januar 1999 in der Früh entdeckte OSZE-Chefinspektor William Walker ein Massaker an Zivilisten. Die Bilder eines mit Leichen gefüllten Feldrains schockten die Welt. Die 45 Toten von Račak stellten, im nachhinein betrachtet, den Auslöser für den NATO-Bombenkrieg dar. Wie diese 45 Leichen in den Feldrain kamen, darüber gibt es jedoch unterschiedliche Auffassungen. Walkers Version vom Zivilistenmassaker scheint nach genauer Lagebeurteilung nicht länger haltbar. Am Morgen des 15. Januar drangen Sondereinheiten der serbischen Polizei in die als UÇK-Bastion bekannte Ortschaft Račak ein. Ein TV-Team von „Associated Press" und ein Journalist des französischen „Figaro" waren anwesend.

Das Dorf ist zu diesem Zeitpunkt menschenleer. Die militärische Operation wird gefilmt, als plötzlich UÇK-Kämpfer von einer nahen Anhöhe aus den Schußwechsel eröffnen. Nach heftigem Gefecht bleiben 15 UÇK-Aktivisten tot zurück. Die Sonderpolizei zieht ab. Ein OSZE-Team inspiziert daraufhin die Ortschaft und findet, neben den getöteten Kämpfern, zwei leicht verletzte alte Leute, die versorgt werden. Am nächsten Morgen – das Dorf ist mittlerweile wieder von der UÇK eingenommen – werden Walker und Gefährten zu dem Feldrain geführt, wo 45 Leichen liegen. Die Dorfbewohner behaupten, am Vortag seien die Serben von Haus zu Haus gegangen, hätten alle Bewohner auf die Straße gezerrt und viele von ihnen anschließend im Feldrain erschossen. Dem widersprechen „Figaro"-Reporter Renaud Girard und der AP-Film. „Die Polizei scheint nichts verbergen zu müssen, denn von halb neun an lädt sie ein Fernsehteam dazu ein, die Operation zu filmen. Auch die OSZE ist benachrichtigt und schickt zwei Fahrzeuge mit amerikanischen diplomatischen Nummmernschildern", so Girard im „Figaro" zur serbischen Aktion des Vortages, die – so die offizielle Belgrader Diktion – der Festnahme von fünf Terroristen gedient habe.

Wie die 45 Leichen über Nacht in den Feldrain kamen, wer sie dorthin gebracht hat, bleibt unklar. Im „Figaro" erschien am 20. Januar 1999 ein Leitartikel, der die Walker-Version eines Massakers grundsätzlich in Zweifel zog; „Le Monde" und „Guardian" zitierten OSZE-Beobachter, die nach den Kämpfen durch das Dorf gingen, als von einem Massaker an Zivilisten noch keine Spur zu sehen war – obwohl die Dorfbevölkerung die Version von Massenerschießungen unisono verbreitete. „Sollte die UÇK", fragte der während der Aktion anwesende Girard, „nachts die Leichen derer, die tatsächlich durch serbische Kugeln starben, eingesammelt haben, um eine kaltblütige Hinrichtung zu inszenieren?" In der Tat fanden Journalisten nur wenige Patronenhülsen im Feldrain, wo angeblich die Exekutionen stattgefunden haben sollen. Welche Seite für die Morde verantwortlich war, ob es eine albanische Provokation oder ein serbisches Massaker war, konnte bis heute nicht restlos geklärt werden. Der von westlichen Journalisten ziemlich genau verfolgte Ablauf der Ereignisse von Račak legt allerdings nahe, daß es sich bei den Toten jedenfalls nicht um im Feldrain Exekutierte handelte und daß es auch keine aus ihren Häusern gezerrten Dorfbewohner waren.

Am 19. Januar 1999 berichtete die „New York Times" von einem sonderbaren Treffen Madeleine Albrights mit ihrem engsten Mitarbeiterstab, das am Tag des

Massakers von Račak stattgefunden hatte. Bei dieser Sitzung erklärte die US-Außenministerin, daß die zwischen Milošević und Holbrooke geschlossene Vereinbarung über eine erneute Waffenruhe „jeden Moment gebrochen" werden könnte. Unabhängig davon, ob Račak eine Inszenierung war oder nicht, macht die Äußerung von Albright doch klar, wie sehr die US-Administration spätestens seit dem Oktober 1998 nur auf eine Gelegenheit wartete, um ihre Bomber loszuschicken. Indirekt bestätigt das auch der Staatssekretär im deutschen Außenamt, Ludger Volmer, auf der Internetseite seines Ministeriums. Die Weltpolitik nach dem Massaker von Račak stellte sich demnach aus deutscher Sicht folgendermaßen dar: „Auf westlicher Seite standen zwei Optionen gegeneinander. Die Amerikaner wollten sofort auf der Basis der noch gültigen 'activation order' mit Bombardierungen beginnen. ... Die zweite Option, die sich faktisch durchsetzte, war in der Führung des Auswärtigen Amtes entstanden: Auf einer Friedenskonferenz sollte unter dem Druck der internationalen Gemeinschaft erst ein Waffenstillstand erreicht, dann der endgültige Status des Kosovo ... und in einem dritten Schritt eine umfassende Balkankonferenz geplant werden." Folgt man der Argumentation von Ludger Volmer, wollten die USA also Račak – wie schon die Markale-Massaker in Bosnien – für eine militärische Intervention nutzen, während Deutschland auf eine Friedenskonferenz setzte. Daß in Rambouillet, wo die „Friedenskonferenz unter Druck der internationalen Gemeinschaft" kurz darauf stattfand, die deutsche Politik absent war, stellt dem Plan des Außenamtes kein gutes Zeugnis aus. Albright und Cook nahmen in der Folge die Zügel der Weltpolitik in die Hand und führten die „internationale Gemeinschaft" direkt in den Krieg.

Von Rambouillet bis Avenue Kléber

Am 22. Januar 1999, eine Woche nach den Ereignissen in Račak, trafen Mitglieder der Kosovo-Kontaktgruppe in London zusammen. US-amerikanische, westeuropäische und russische Beamte bereiteten die Einberufung einer Friedenskonferenz vor, die Belgrad und die UÇK an einen Tisch bringen sollte. Die USA wollten eine Konferenz à la Dayton, wo mit der bewährten Methode der „Holzhammer-Diplomatie" die politischen Führer der Streitparteien solange eingesperrt blieben, bis ein – für den Westen und seine Partner – akzeptabler Friedensplan herauskäme. Doch der Kosovo war nicht Bosnien. Hier ging es nicht um eine staatliche Fiktion, die mit Hilfe US-amerikanischer und EU-europäischer Interessen geopolitisch neu zu ordnen war, sondern um einen – aus Belgrader Sicht – integralen Bestandteil Jugoslawiens. Der Kosovo war – nach dem altserbischen Mythos – heilige slawische Erde. Auch realpolitisch lagen die Dinge weit komplizierter als in Bosnien. Die Aufgabe serbischer Staatlichkeit in der südlichen Provinz hätte einen Präzedenzfall in vielerlei Hinsicht geschaffen. Innerhalb Serbiens könnte die Vojvodina mit gleichem Recht wie der Kosovo staatliche Unabhängigkeit fordern. Die territoriale Destabilisierung in den Nachbarländern Makedonien, Albanien, Rumänien, Griechenland und Bulgarien, in denen überall regional konzentrierte Minderheiten leben, würde den ganzen Südosten Europas in Aufruhr und Bürgerkrieg versetzen. Dies wohl wissend, setzte die Kosovo-Kontaktgruppe – auch die USA – nicht auf die Sezession des Kosovo. Allerdings fehlte ein alternatives Konzept.

Besonders in militärischer Hinsicht unterschied sich der Kosovo von Bosnien. Dayton hatte nach drei Jahren eines für alle Seiten zermürbenden Krieges stattgefunden. Im Fall des Kosovo lag die Sache anders. Die jugoslawische Armee verbuchte – bei geringen Verlusten – Siege gegen schlecht koordinierte UÇK-Truppen, deren Führungsprobleme offensichtlich waren. Größere serbische Niederlagen hatte es nur dann gegeben, wenn Belgrad wieder einmal einem Waffenstillstand zugestimmt hatte, der dann von albanischer Seite gebrochen wurde. Die serbische Regierung hatte also wenig Anlaß, aus innerjugoslawischen Gründen militärische Kompromisse zu schließen. Anders wirkte auf Belgrad die Drohgebärde der NATO, wie sie seit Oktober im Raum stand. Über die Effektivität des NATO-Truppenaufmarsches in Makedonien im Gefolge der OSZE-Mission sowie die Verlegung von 400 Kampfjets in die Region stritt sich die serbische Generalität. Generalstabschef Perišić äußerte schon im Oktober 1998 ernsthafte Zweifel, ob die serbische Abwehr den angedrohten massiven Luftschlägen – vor allem im zivilen Bereich – standhalten könnte. Seine Zweifel wurden durch seine Ablöse nur vordergründig beseitigt. Die Drohung der NATO – und nicht innerserbische Verhältnisse – trug letztlich dazu bei, daß Slobodan Milošević eine Delegation nach Paris schickte.

Ende Januar 1999 legte die Kosovo-Kontaktgruppe einen Zehn-Punkte-Plan vor. Am 6. Februar 1999 begann darüber die Konferenz im Pariser Vorort Rambouillet zu tagen. Die Außenminister Großbritanniens und Frankreichs, Robin Cook und Hubert Védrine, firmierten als Einlader, US-Lady Albright sorgte für den militärischen Druck des Westens. Von Belgrad aus reiste eine 13köpfige Delegation an, die von dem Verfassungsjuristen Ratko Marković geleitet wurde; später stieß der serbische Präsident Milutinović dazu. Schon mit der Zusammensetzung der Delegation wollte die serbische Seite die Multikulturalität des Landes darlegen; von westlichen Medien wurde dies angesichts der Repression im Kosovo als Provokation empfunden. Neben den Vertretern Belgrads fanden sich im serbischen Komitee ein Kroate, zwei Roma, mehrere regimetreue Albaner sowie ein türkischstämmiger Kosovare. Für die albanische Seite trafen 17 Männer in Rambouillet ein, drei Gruppierungen teilten sich die Delegationsplätze: die „Demokratische Liga" mit Ibrahim Rugova und Bujar Bukoshi, die UÇK mit Hashim Thaçi und Jakub Krashniqi sowie die „Vereinigte Demokratische Bewegung" mit Rexhep

Qosja an der Spitze. Die graue Eminenz der UÇK, der als kosovarischer Mandela gepriesene Adem Demaqi – er saß wegen nationalistischer Umtriebe 30 Jahre in jugoslawischen Gefängnissen – fehlte. Demaqi war von Anfang an nicht bereit, auf die völlige staatliche Unabhängigkeit des Kosovo zu verzichten, wie es im Zehn-Punkte-Plan vorgesehen war. Er brachte Rambouillet schließlich zu Fall. Nach zweieinhalb Wochen scheiterte die Konferenz – und wurde vertagt. Rückblickend betrachtet war das Scheitern auf beide Seiten, wesentlich auch auf die UÇK zurückzuführen, die bereits in jenen Wochen auf die Rückendeckung der USA zählen konnte. Der von Christopher Hill (für die USA), Wolfgang Petritsch (für die EU) und dem russischen Unterhändler Majorski vorgelegte Zehn-Punkte-Plan sah die Schaffung einer weitgehenden politischen und kulturellen Autonomie des Kosovo vor, ohne den Albanern eine vollständige exekutive Gewalt zubilligen zu wollen. Die Grenzkontrollstellen wären nach diesem Vorschlag in der Hand Belgrads verblieben, die Territorialität des Staates wäre nicht angetastet worden. Weiters war ein beiderseitiger Waffenstillstand inklusive einer schrittweisen Demobilisierung der UÇK geplant, für Hashim Thaçi ein unannehmbares Ansinnen. Die serbische Delegation wiederum wollte die Vereinbarung auf die politischen Paragraphen beschränkt wissen und stellte sich klar gegen jene Punkte, die exekutive Gewalt entweder an die Albaner oder an westliche militärische Institutionen abgeben würden. Wie in Bosnien bereits praktiziert, war auch im Kosovo eine Art „Hoher Repräsentant" der Staatengemeinschaft vorgesehen, der ähnliche koloniale Verfügungen über Politik, Medien und Verwaltung treffen hätte können. Die Überwachung des Abkommens sollte von 28.000 Soldaten einer Kosovo-Implementation-Force durchgeführt werden. Vor allem dagegen, gegen ausländische Truppen im Land, wehrte sich Belgrad.

Die albanische Delegation lehnte den Rambouillet-Plan rundweg ab, der serbische Präsident Milutinović schrieb einen Brief an die Kontaktgruppe, in dem er sich bereit erklärte, Autonomie für den Kosovo zu unterstützen, jedoch jede Unabhängigkeit der Provinz, sei es auch als dritte Republik innerhalb Jugoslawiens, ablehnte. Fremde Truppen im Land seien in jedem Fall inakzeptabel. Über die jugoslawische Presseagentur „Tanjug" ließ Milutinović erklären, daß er sich um die 17 Tage in Rambouillet betrogen fühlte: „Es war ein Betrug passiert. Man wollte gar kein Abkommen. Das ganze Theater war zu dem Zweck arrangiert worden, daß wir Unannehmbares akzeptieren sollten oder, wenn wir es nicht akzeptierten, Bomben fielen ... Wir hatten zu wählen zwischen Bomben – sollten wir ein schlechtes Abkommen ablehnen – oder Truppen – für ein besseres Abkommen."

Die westliche Öffentlichkeit war vom Ausgang der Gespräche in Rambouillet, die übrigens zu keinem Zeitpunkt direkt zwischen serbischen und albanischen Vertretern stattfanden, irritiert. Zwar hatte man in den Chefetagen der Zeitungen und Fernsehstationen verstanden, daß die Konferenz als diplomatisches Druckmittel zum Rückzug der Serben aus dem Kosovo gedacht war; am 23. Februar 1999 allerdings stand man vor der peinlichen Situation, daß auch und vor allem die albanische Seite sich weigerte, ihre Unterschrift unter das Vertragswerk zu setzen. Hashim Thaçi, der in ständiger Telefonverbindung mit Adem Demaqi stand, lehnte für die UÇK eine Unterzeichnung ab. Mit einem allseitig abgelehnten Vertrag konnte die NATO allerdings keinen militärischen Druck auf Belgrad ausüben. Ratlosigkeit machte sich kurzfristig breit. Stimmen der Vernunft waren kaum zu hören. Die Serben, so der allgemeine Tenor, seien schuld am Scheitern. Offensichtlich war es komplizierter. Das bemerkte beispielsweise auch der keineswegs als Serbenfreund bekannte ehemalige US-Außenminister Henry Kissinger in der „Welt am Sonntag". Am 28. Februar schrieb er seiner Nachfolgerin Madeleine Albright, die in Rambouillet mit dem Ausspruch „Laut schreien und eine große Tomahawk-Rakete tragen!" auffiel, ins Stammbuch: „Von Jugoslawien, einem souveränen Staat, verlangt man die Übergabe der Kontrolle und Souveränität über eine Provinz mit etlichen nationalen Heiligtümern an ausländisches Militär. Analog dazu könnte man die Amerikaner auffordern, fremde Truppen in Alamo einmarschieren zu lassen, um die Stadt an Mexico zurückzugeben, weil das ethnische Gleichgewicht sich verschoben hat." Solche warnenden Stimmen blieben selten. Die Führer der Weltpolitik schritten zur nächsten Verhandlungsrunde.

Mittlerweile war die albanische Delegation in Washington umgekrempelt worden. Der kompromißbereitere Rugova wurde als Gesamtleiter der Delegation demontiert und der ideologische Hardliner Demaqi ausgeschaltet. Blieb der junge, in der Schweiz ausgebildete Thaçi, der in die USA beordert worden war und sich in der Folge als Marionette der stärksten Militärmacht der Welt Lorbeeren verdiente. Mit Thaçis Führerschaft gelang zweierlei: Die auf gewaltlosen Widerstand und den Aufbau einer zweiten Staatlichkeit innerhalb des Kosovo setzende „Demokratische Liga" mit Rugova konnte entmachtet werden. Ebenso die auf tiefen historischen Wurzeln stehenden Nationalisten wie Demaqi, deren Ideologie sich entweder aus alten albano-maoistischen Versatzstücken oder aus der faschistischen „deutschen Epoche" speiste. Thaçi war Pragmatiker, er war für den Westen brauchbar. Und, was nicht übersehen werden darf: Thaçi war eine zusätzliche Provokation für Belgrad. Sein Name stand ganz oben auf der Liste der „Terroristen", die in jahrelangem Kleinkampf Polizisten und Verwaltungsbeamte angegriffen hatten. Thaçi wurde wegen konkreter Polizistenmorde gesucht.

Mit neuem Schwung reiste die Albanerdelegation am 15. März 1999 nach Paris. Diesmal war allerdings nicht das vornehme Schloß in Rambouillet als Verhandlungsort vorgesehen, sondern die nüchterne Atmosphäre eines Verwaltungsgebäudes in der Avenue Kléber mitten in der Pariser Innenstadt. Sogleich unterschrieb Thaçi den neuen Vertragsentwurf, der den Serben erst unmittelbar vor Gesprächsbeginn überreicht wurde. Wesentliche Änderungen vor allem im militärischen Teil des Textes machten es den Albanern leichter, ihre Unterschrift unter das Papier zu setzen. Nun war nicht mehr von einer vollständigen Demilitarisierung der UÇK die Rede, dagegen sollten die jugoslawischen Sicherheitskräfte – auch an den Grenzen – auf eine symbolische Stärke reduziert werden. In drei Jahren, so sah es der Textvorschlag vor, würde ein Referendum über die Staatlichkeit des Kosovo entscheiden. Für die serbische Delegation entpuppte sich „Avenue Kléber" als unannehmbar. Mehr noch: Jeder objektiv eingestellte Beobachter hätte erkennen müssen, daß dieses Vertragswerk seinen Namen nicht verdiente. Neben einem internationalen Verwalter, 28.000 NATO-Soldaten, einer Anerkennung der UÇK als Defacto-Polizeibehörde und einer in drei Jahren absehbaren Sezession des Kosovo waren im militärischen Teil des Papiers Paragraphen versteckt, die ganz Serbien und Montenegro zu einem Aufmarschgebiet für die NATO gemacht hätten. Artikel 8 setzte fest, daß sich das „NATO-Personal ... innerhalb der gesamten Bundesrepublik einschließlich ihres Luftraumes und ihrer Territorialgewässer frei und ungehindert bewegen können" muß. Die Weigerung Belgrads, diesen Text zu unterzeichnen, war verständlich.

Nicht so für die USA und die EU. Deren Vertreter in der Kosovo-Kontaktgruppe, Hill und Petritsch, waren sich nicht zu schade dafür, eine Zeremonie zu inszenieren, bei der Thaçi und Rugova ihre Füllfedern zückten, um einen „Vertrag" ohne Gegenseite zu unterzeichnen. Hill und Petritsch applaudierten. Der russische Vertreter in der Kontaktgruppe, Majorski, hatte sich der Peinlichkeit entzogen. Daß das Machwerk von der Avenue Kléber als „Vertrag" in die Zeitgeschichte eingehen konnte, mag dem Umstand zuzuschreiben sein, daß nur wenige Tage später die NATO ihren ersten Krieg gegen einen souveränen Staat führte – Tage und Wochen also, in denen kritisches Hinterfragen endgültig der plakativen Kriegspropaganda weichen mußte. Das mögen auch Petritsch und Hill schon gewußt haben. Und die medialen Transformatoren ebenfalls. Deshalb dauerte es wohl bis zwei Wochen nach Kriegsbeginn, daß die Zweifel am Pariser „Vertrag" öffentlich geäußert wurden. Was immer man von dem von Thaçi und Rugova unterzeichnetem Papier halten mag – ein Vertrag ist es nicht. Denn ein solcher bedürfte, den Grundregeln der römischen Vertragsgesellschaft entsprechend, mindestens zweier Partner. Avenue Kléber war ein Diktat.

Die serbische Seite hatte das zwar erkannt, ihre verzweifelten Bemühungen, diese diplomatische Manipulation der Weltöffentlichkeit darzustellen, funktionierten indes nicht. Da nützte auch ein Brief von Slobodan Milošević an Cook und Védrine nichts: „Meine Herren Minister", schrieb der jugoslawische Präsident am 23. März 1999, „die Gespräche in Paris, die Sie als beendet betrachten, haben überhaupt nicht stattgefunden. Die Delegationen der Republik Serbien und der albanischen separatistischen und terroristischen Gruppen haben nicht ein einziges Mal miteinander gesprochen. ... Übrigens ist der Text, den Sie als 'Vertrag von Rambouillet' bezeichnen, schon vor den Gesprächen in der albanischen Zeitung 'Koha Ditorë' abgedruckt worden. ... Wir sprechen uns klar dagegen aus, daß von uns verlangt wird, etwas zu unterschreiben, was eventuell ein Vorschlag für ein Abkommen ist, jedoch sicher kein Abkommen ..." Tags darauf startete die NATO ihre Luftangriffe.

Wer ist die UÇK?

„Die UÇK ist eine Tragödie für das albanische Volk", brachte es der frühere UN-Berichterstatter für Jugoslawien und tschechische Außenminister Jiři Dienstbier auf den Punkt. Tatsächlich haben die kosovo-albanischen Kämpfer in ihrer kurzen Guerillageschichte nicht viel Positives erreicht. Seit im Kosovo gegen die serbische Repression gebombt und geschossen wird, vergrößerte der Gegenterror der jugoslawischen Armee nur die Leiden der Zivilbevölkerung. Ein Konzept gegen diese Eskalation hatte die UÇK nie vorzuweisen. Als wohl einzige Befreiungsbewegung dieser Welt hat sie es – ungewollt – geschafft, daß ihr Land von der Bevölkerung fast vollständig „befreit" wurde. Es wäre freilich ungerecht, die durch serbische Paramilitärs und die jugoslawische Armee angerichteten Vertreibungen der UÇK anzulasten; dennoch deutet vieles darauf hin, daß die Guerilleros seit ihren Vormärschen im November/Dezember 1998 die eigene Bevölkerung bewußt als Geisel genommen haben. Festhaltungen von Zivilbevölkerung, Zwangsrekrutierungen und Vergeltungsschläge gegen angebliche oder tatsächliche Verräter haben im Kosovo auch unter den Albanern ein Klima geschaffen, das von Angst und Ergebenheit bestimmt ist. Kriegersinn, männlicher Stolz, Fanatismus ... das sind die Eigenschaften, die ein guter UÇK-Kämpfer braucht. Politik und Ideologie überließ man lange Zeit den zivilen Organisationen, bis sich die NATO ihrer annahm.

Die „Geburtsstunde" der UÇK (Ushtria Çlirimitare e Kosovës) schlug im Jahr 1993. Damals wurden die ersten serbischen Polizeistationen überfallen, die Brüder Jashari gehörten zu den ersten Attentätern. Der Geschichte des kosovo-albanischen Befreiungskampfes reicht indes weiter in die Vergangenheit zurück. Nach dem Rückzug der Osmanen im Jahr 1912 – der Kosovo blieb fast fünfhundert Jahre lang ein türkisches Vilajet, ein Regierungsbezirk – übernahm das serbische Königreich die Oberherrschaft über die Provinz. Großalbanische Visionen, wie sie in der „Liga von Prizren" (1878) oder in der „Liga von Peć" (1900) zur Sprache kamen, blieben ohne territoriale Konsequenzen. Die sogenannten Kaçak-Gruppen kämpften bereits zu Beginn des 20. Jahrhunderts für deren Umsetzung. Während des Zweiten Weltkrieges schlossen sich nicht wenige junge Kosovo-Albaner den Nazitruppen an, in der Hoffnung, mit deutscher Hilfe nationale Unabhängigkeit zu erlangen – was nur zwischen 1943 und 1945 gelingen sollte. In der Schutzstaffel

Skanderbeg, die noch im Oktober 1944 den Rückzug der Heeresgruppe E der deutschen Wehrmacht aus Nordgriechenland deckte, wurden die radikalsten von ihnen gegen die Serben eingesetzt. Schwarzbehemdet, mit der Faust an der Stirn grüßend, so sieht man noch heute manche Nachahmer der verherrlichten „Skanderbeg SS" in den Reihen der UÇK.

Der Widerstand gegen Belgrad ging auch nach dem Ende des Zweiten Weltkrieges weiter. Als einziger hoher Funktionär der kommunistischen Partei wurde unmittelbar nach dem Krieg Miladin Popović, Sekretär des Gebietskomitees im Kosovo, von albanischen Nationalisten ermordet. Die Spur des nationalen Aufbegehrens zog sich bis in die 70er Jahre, als albanische Maoisten des Enver Hodscha-Regimes im Kosovo Sympathisanten warben. Verhaftungswellen wechselten mit Phasen repressiver Toleranz ab. Bis nach Titos Tod die Forderung nach einer eigenen „Kosovo-Republik" entstand.

Die UÇK nimmt – wie auch Rugovas LDK – die meisten dieser Traditionslinien für sich in Anspruch. Im Jahr 1993 gründete sie sich als nationalistische Befreiungsbewegung. Ihr gegenüber den Slawen, insbesondere den Serben, rassistisches Weltbild wird im Westen nicht rezipiert. Dabei scheut sich die UÇK gar nicht, Kostproben davon zu verbreiten. Zum Beispiel in Form von Generalstabsbefehlen, die auf ihrer Homepage nachzulesen sind: „Volk Albaniens", stand da am 8. September 1998, „die Befreiungsarmee Kosovas, geboren aus dem Feuer des Freiheitskampfes, wird auch nach der Vandalenoffensive der primitiven Karpatenbewohner den Kampf bis zum Sieg weiterführen ... Freiheit oder Tod ... Wir ziehen ein Leben in den Wäldern und den Bergen vor, als daß wir die unglückbringenden Aufrufe der serbischen Hyänen und ihrer Vertreter hören." Zum Verständnis: Die Albaner sehen sich selbst als Nachfolger der Illyrer auf dem Balkan. Da die Slawen erst um das 8. Jahrhundert in den Raum zogen, gelten sie als „von den Karpaten kommend", in der Diktion der UÇK eben als „primitive Karpatenbewohner". Daß umgekehrter – serbischer bzw. slawischer – Rassismus gegen die Albaner ebenso existiert, muß an dieser Stelle nicht extra betont werden. Er speist sich aus den ersten Jahrzehnten des 20. Jahrhunderts, als die Četnici des serbischen Königs Karadjordjević den Kosovo eroberten. Die albanische Bevölkerung wurde damals bei Ausschreitungen ideologisch mit Zuordnungen wie „Wilde" oder „Rothäute Europas" (als Schimpfwort gemeint) bedacht. In heutigen offiziellen Dokumenten ist Rassismus allerdings nicht zu finden.

Bewaffnet hat sich die UÇK, wie schon erwähnt, vor allem in den Wirren des staatlichen Zusammenbruchs der albanischen Republik. Der Friedensforscher Erich Schmidt-Eenboom hat außerdem darauf hingewiesen, daß Deutschland während der Regierungszeit von Helmut Kohl große Mengen an alten Beständen der früheren DDR-Armee, der NVA, an Albanien lieferte, die von dort weiter in die Hände der UÇK gelangten. Während der NATO-Intervention versorgten sich UÇK-Einheiten direkt in Nordalbanien mit dem nötigen Kriegsgerät, das teilweise über Italien in den Hafen Durrës kam. Woher die Gelder für die Waffenkäufe stammten, ist bis heute nicht geklärt. Fest steht, daß die relativ einflußreiche albanische Diaspora in der Schweiz regelmäßige Spendenaktionen für den Befreiungskampf durchführt. Das serbische Fernsehen machte zudem die USA und den Börsenguru George Soros für Hilfskampagnen verantwortlich, die in Form von Waffen an die kosovo-albanische Armee gingen.

Auch die effektive Anzahl der UÇK-Kämpfer bleibt im Dunkeln. Vor den NATO-Bombardements dürfte die UÇK höchstens 5.000 Männer unter Waffen gehabt haben. Während des Bombenkrieges prahlte sie mit bis zu 15.000 Kämpfern; es kann jedoch davon ausgegangen werden, daß die meisten davon im ruhigen Albanien saßen und nur fallweise in den Kosovo eindrangen. Nach dem vorläufigen Kriegsende hat sich die Struktur der UÇK wesentlich geändert. Anstelle der oft amateurhaft operierenden Dorfmilizionäre haben ehemalige Offiziere der jugoslawischen Volksarmee Leitungsposten der UÇK übernommen. So der neue Generalstabschef Agim Ceku, ein albanischstämmiger Brigadegeneral, der bereits im kroatischen Bürgerkrieg seine Brutalität unter Beweis stellen konnte. Als einer der ganz wenigen aus der kroatischen Armee wird er vom Haager Kriegsverbrechertribunal gesucht. Dieser auch der NATO kaum verborgen gebliebene Tatbestand hat zu keinen Konsequenzen hinsichtlich der verstärkten Kooperation mit Agim Ceku und seinen Soldaten geführt.

Clinton führte keinen Krieg

Am 24. März 1999 endet die fast auf den Tag genau 54 Jahre dauernde Nachkriegszeit in Europa. Erstmals seit 1945 wird ein souveräner Staat militärisch angegriffen. Die Bomben auf Jugoslawien werden aus US-amerikanischen, britischen, französischen, deutschen, italienischen, kanadischen, holländischen, belgischen, spanischen und türkischen Flugzeugen abgeworfen. Die NATO, eine aus 19 Staaten bestehende Allianz, die sich erst wenige Tage zuvor um Polen, Ungarn und Tschechien erweitert hat, erklärt offiziell keinen Krieg. William Clinton, der oberste Feldherr der Bombardements, gibt in der Nacht auf den 24. März eine kurze Erklärung ab, die für das Heimpublikum in den USA gedacht ist. In ihr steckt ein perfides, die Geschichte völlig verfälschendes Argument der vermeintlichen Rechtfertigung, das in der Folge – auf kaum weniger plumpe Art und Weise – von sämtlichen Allianzmitgliedern nachgebetet wird. Die Konzentrationslager der Nazis aus dem letzten Krieg in Europa dienen dem US-Präsidenten als Kriegsgrund. In der TV-Rede hörte sich das folgendermaßen an: Die Serben, so Clinton, hätten nicht nur den Ersten Weltkrieg ausgelöst, nein, es hätte „dort auch den Holocaust" gegeben. Um die Wiederholung dieser Geschichte zu vermeiden, müssen die Bomben her. Die mutmaßlich absichtsvolle Verwechslung von Kroatien und Serbien, von Judenvernichtern und KZ-Opfern, stieß auf keinerlei Protest bei den europäischen Verbündeten. Im Gegenteil – sie wurde zur ideologischen Grundlage für den Krieg gegen Jugoslawien. Von NATO-Generälen bis zur grün-liberalen Intelligenz entstand in Westeuropa ein monatelang anhaltender, kaum durchbrochener gesellschaftlicher Konsens, wonach die serbische Politik im Kosovo der Nazi-Aggression der Jahre 1939 bis 1945 vergleichbar sei. In der Folge erfanden Politiker und Medien serbische Konzentrationslager und Massenvernichtungsstätten, um der von Clinton für das ahnungslose US-amerikanische Heimpublikum ausgestreuten historischen Absurdität zumindest post factum Genüge zu tun.

Der nichterklärte NATO-Krieg gegen Jugoslawien war eine jeder Rechtsgrundlage entbehrende Aggression. Gebrochen wurden das Völkerrecht, die UN-Charta, die NATO-Statuten und vielerlei nationale Verfassungen, insbesondere auch das deutsche Grundgesetz. Kurz der Reihe nach: Von der Haager Landkriegsordnung des Jahres 1907 über das Genfer Abkommen (1949) samt Zusatzprotokollen (1977) bis zur UN-Charta findet sich kein Deut Rechtfertigung für den Überfall auf einen souveränen Staat, der keine internationalen Grenzen verletzt und keinen anderen Staat angegriffen hat. Insbesondere das Gewaltverbot nach Artikel 2, Absatz 4 der UN-Charta läßt keinen Zweifel daran, daß die NATO-Luftschläge von Anfang an völkerrechtswidrig waren. Dieser Artikel verbietet ausdrücklich Gewaltandrohung und Gewaltanwendung in den internationalen Beziehungen. Vor dem Kriegsbeginn war das auch den politisch Verantwortlichen in Deutschland noch klar, als beispielsweise Außenminister Joseph Fischer am 16. Oktober 1998 – vier Tage nach der „activation order" der NATO gegen Belgrad – klipp und klar feststellte: „Für uns ist es wichtig ..., daß es keine Selbstmandatierung der NATO in dieser Frage gibt." Zwischen Oktober 1998 und März 1999 liefen die Kriegsvorbereitungen auf Hochtouren. Und dazu gehörte wohl auch die „Überzeugungsarbeit" der US-Falken für ihre westeuropäischen Partner. Die Selbstmandatierung der NATO war für Fischer, Védrine, Cook usw. am 24. März kein Problem mehr. Ein Blick in die NATO-Statuten hätte sie allerdings eines Besseren belehren müssen. Denn dort stand schwarz auf weiß, daß NATO-Interventionen nur im Fall eines Angriffs auf ein Mitgliedsland möglich sind. Da weit und breit kein NATO-Mitglied angegriffen wurde, ja überhaupt kein militärischer Angriff gegen einen Staat stattfand, widersprachen die NATO-Bombardements auch den eigenen Spielregeln. Die wurden allerdings während des Krieges, zum 50. Jahrestag der Allianz-Gründung, entsprechend nachgebessert.

Deutsches Recht wurde auf allen Ebenen gebrochen. Zuerst einmal der 2+4-Vertrag vom 12. September 1990, der anläßlich der Eingliederung der fünf neuen Länder in die BRD-Strukturen unterzeichnet wurde. Dort ist explizit vom Verbot des Kriegführens die Rede: „... daß das vereinte Deutschland keine seiner Waffen jemals einsetzen wird, es sei denn in Übereinstimmung mit seiner Verfassung und der Charta der Vereinten Nationen." Da der 2+4-Vertrag eine internationale Übereinkunft ist, hat Bonn/Berlin auch diesbezüglich einen schwerwiegenden Rechtsbruch begangen. Ganz zu schweigen von den nationalen Paragraphen. Die Beteiligung der BRD an der NATO-Aggression widerspricht folgenden Artikeln im deutschen Grundgesetz: § 25, wonach das Völkerrecht Bestandteil des Bundesrechtes ist; § 26, wonach die Führung eines Angriffskrieges verfassungswidrig und unter Strafe zu stellen ist; § 87, wonach außer zur Verteidigung die Streitkräfte nicht eingesetzt werden dürfen. Die Liste der Vergehen gegen das Strafgesetz, deren sich die deutschen Minister Schröder, Scharping und Fischer schuldig gemacht haben könnten, ist zu lang, um an dieser Stelle Platz zu finden: Totschlag (§ 212), schwere Körperverletzung (§ 224), Aufstacheln zu einem Angriffskrieg (§ 80a), Volksverhetzung (§ 130), Nichtanzeige geplanter Straftaten (§ 138) usw. Tatsächlich gingen bei den entsprechenden Stellen mehrere Strafanzeigen gegen deutsche Regierungsmitglieder ein, darunter eine des früheren Chefs des militärischen Geheimdienstes MAD, Flottenadmiral a.D. Elmar Schmähling. Der Generalbundesanwalt behandelte alle Strafanzeigen kurz und abschlägig, nach dem Muster: „Sehr geehrte/r Herr/Frau XY, ich habe von der Einleitung eines Ermittlungsverfahrens abgesehen, weil tatsächliche Anhaltspunkte für das Vorliegen einer Straftat nicht gegeben sind." Der Rechtsstaat bog das Recht zurecht. Für Krieg, so die Botschaft, braucht der Staat kein Recht.

„Bis zur Zerstörung der jugoslawischen Kriegsmaschine" werde man die Angriffe auf Ziele in Serbien und Montenegro fortsetzen, verlautete NATO-Sprecher Shea nach der ersten Kriegsnacht. Geworden ist daraus die Zerstörung Jugoslawiens; die „Kriegsmaschine" wurde nur beschränkt getroffen, wie nach dem Waffengang festgestellt werden konnte. Die Welt verfolgte 78 Tage lang den US-EU-Krieg gegen ein Land, das während der ganzen Zeit keinen einzigen Schuß auf fremdes Territorium abgab. Für die Phase 1 der NATO-Schläge standen, laut Sabine Riedel und Michael Kalman in ihrem aufschlußreichen Beitrag in der Zeitschrift „Südosteuropa", 420 Kampfjets zur Verfügung. „Die Angriffe begannen mit einer ersten Welle von mindestens 20 Marschflugkörpern, die von den US-amerikanischen Kriegsschiffen USS Gonzales und USS Philippine Sea aus abgefeuert wurden. Eine weiter nicht näher bekannte Anzahl dieser 'Tomahawks' genannten Block 3 Version Land-Attack-Missiles (TLAM) wurde vom britischen U-Boot HMS Splendid aus abgeschossen." Die Menschen in Belgrad, Niš, Novi Sad, Priština (albanisch: Prishtinë) und anderen Städten flohen in die Luftschutzbunker. Diese sollten in den kommenden Wochen ihr zweites Zuhause werden.

Dazu kamen in der ersten Höllennacht zwei Langstreckenbomber zum Einsatz. Die Bomber vom Typ B-2a Spirit waren auf dem Luftwaffenstützpunkt Whiteman in Missouri/USA gestartet und flogen nonstop ihre jeweils 16 Bomben ins Zielgebiet. Nach 30 Flugstunden kehrten diese mit einer Radar-Tarnkappe versehenen Langstreckenbomber nach Missouri zurück. Stealth-Bomber sowie diverse britische und deutsche Typen von Kampfjets ergänzten das NATO-Luftkriegsszenario am 24. März.

Die erste Angriffswelle zielte auf militärische und polizeiliche Logistikzentralen. Bürohäuser, Kasernen und Kommunikationseinrichtungen wurden zerstört. Die jugoslawische Seite hatte indes ihre militärischen und politischen Potentiale längst unter die Erde gebracht. Seit dem Aufbau einer eigenständigen, nach Partisanenart funktionierenden Armee unter Josip Broz, genannt Tito, die hauptsächlich gegen einen sowjetischen Einmarsch konzipiert war, existiert in ganz Jugoslawien eine vom zivilen Leben abgekoppelte militärische Infrastruktur unter der Erde. In den balkanischen Bergen befindet sich jede Menge militärischer Einrichtungen bis hin zu Flugplätzen. Die Versorgungskapazitäten für die Truppe, auch jene an Treibstoff und Energie, sind für eine Notzeit von drei Jahren konzipiert. Jeder einfache Soldat wußte darüber Bescheid. Der Struktur der jugoslawischen Armee war mit der Zerstörung oberirdischer Einrichtungen nicht beizukommen. Das mußte auch den NATO-Generälen klar sein. Deshalb ging die Allianz sehr bald dazu über, die zivile Infrastruktur zu vernichten. Die Phase 2 hatte Fabriken, Energieversorger und -lager sowie schließlich auch Verkehrsverbindungen, insbesondere Brükken und Eisenbahnlinien, im Visier. Dazu faßte die NATO für ihre Operation „Allied Force" am 29. März 1999 einen einstimmigen Beschluß, der eine Ausweitung der Angriffsziele beinhaltete.

Die deutschsprachigen Medien begleiteten die ersten zwei Kriegstage mit Propagandaslogans, die militärische Stärke der Allianz und zugleich Rechtfertigung für den Angriff suggerieren sollten. „NATO bombt weiter" oder „Ziemlich schwere Schäden" war da zu lesen. Den Vogel schoß die „Bild"-Zeitung ab. Dort erstarrte die Druckerschwärze am 25. März 1999 in den Worten: „Die deutschen Offiziere – auf die kommt es jetzt an" und „Die Serben töten Babys". Die Frage der Rechtfertigung für den Bombenkrieg beschäftigte die Heimatfront um vieles mehr, als den Strategen lieb war.

Vertreibungen stoppen!

Vertreibungen stoppen – so hieß die Losung, die hinter dem gigantischen Truppenaufmarsch der NATO stand, der von Flugzeugträgern, U-Booten und Militärflugplätzen aus halb Europa und den USA seine mörderische Kraft entfaltete. Wieviele AlbanerInnen waren vertrieben worden und, vor allem: Seit wann mußten sie zu Zigtausenden ihre Dörfer verlassen?

Die westlichen Medien und Politiker trommelten unisono: Im Kosovo ist eine „humanitäre Katastrophe" im Gang. Abgesehen davon, daß dieses Sprachungeheuer eigentlich bedeuten würde, daß die Katastrophe humanitär sei – was sicherlich nicht gemeint war –, konnte es wegen seiner schwammigen Begrifflichkeit mit vielerlei Inhalten gefüllt werden. Eine Katastophe erlebte der Kosovo zweifellos. Unterschiedlichen Berichten zufolge waren seit dem März 1998, als jugoslawische Einheiten die erste große UÇK-Offensive zurückschlugen, zeitweise bis zu 250.000 Menschen auf der Flucht. Von dieser Zahl ging auch das US-Außenministerium für den März 1999 aus, wie man in den „Blättern für deutsche und internationale Politik" vom Mai 1999 nachlesen kann. In den meisten Fällen dauerte das Verlassen von Heim und Hof gerade so lange, bis die militärische oder polizeiliche Aktion der Serben gegen die UÇK im jeweiligen Dorf abgeschlossen war. Doch die Kämpfe wiederholten sich, sodaß in manchen Gegenden, insbesondere in Grenzgebieten zu Albanien, die BewohnerInnen den Scharmützeln zwischen der Terror- bzw. Befreiungsgruppe und den staatlichen Organen oftmals ausweichen mußten. Das Szenario einer sich wie Fische im Wasser bewegenden Guerillatruppe und feindlich auftretenden Sicherheitsorganen prägte für manche Gegenden des Kosovo – nicht für die großen Städte – das immer unerträglicher werdende Leben. Gerade aus diesem Grund kam es ja im Oktober 1998 zum Abkommen zwischen Belgrad und der OSZE. Deren Beobachter konnten seitdem feststellen, daß die serbische Repression zwar nicht aufhörte, aber abnahm. Von mehreren Seiten wird über die Rückkehr eines Gutteils der Flüchtlinge berichtet, die bis März 1999 fast ausschließlich im Kosovo, in unmittelbarer Nähe ihrer jeweiligen Dörfer verblieben waren. So beispielsweise der Leiter einer OSZE-Außenstelle, Roland Keith, in der Zeitschrift „The Democrat" vom Mai 1999: „Zur Zeit meiner Ankunft entwickelte sich der Krieg zunehmend in Richtung eines Konflikts mittlerer Intensität, als Überfälle aus dem Hinterhalt, Angriffe auf wichtige Verbindungswege und Entführungen von Sicherheitskräften [durch die UÇK, d.A.] die Zahl der Opfer auf Regierungsseite deutlich ansteigen ließen, was wiederum zu umfangreichen Vergeltungsmaßnahmen von seiten der jugoslawischen Sicherheitskräfte führte. ... Anfang März war es durch diese Terror- und Anti-Terror-Aktionen so weit gekommen, daß die Einwohner zahlreicher Dörfer flohen beziehungsweise in andere Dörfer, Städte oder über die Hügel zerstreut wurden, wo sie Zuflucht suchten. ... Es war eindeutig so, und ich erlebte es persönlich bei Überfällen auf Polizeipatrouillen, die Tote und Verletzte zur Folge hatten, daß die UÇK mit ihren Provokationen gegen das Abkommen von vergangenem Oktober verstieß. Die Antwort der Sicherheitskräfte blieb nicht aus, und die folgenden Übergriffe und Gegenattacken führten zu einer Intensivierung des Guerillakriegs. Wie aber an anderer Stelle bereits erwähnt, erlebte ich keine und erfuhr auch von keinen sogenannten 'ethnischen Säuberungen', und es gab, solange ich mich als OSZE-Beobachter im Kosovo befand, zweifellos keine 'Politik des Genozids'. Was sich seit der Evakuierung der OSZE-Beobachter am 20. März ereignete, hatte mit der Flucht oder Vertreibung von etwa 600.000 Kosovo-Albanern aus der Provinz offensichtlich eine ... humanitäre Katastrophe zur Folge. Das geschah jedoch nicht vor dem 20. März, und so würde ich die humanitäre Katastrophe direkt oder indirekt den NATO-Luftangriffen und der daraus resultierenden 'Anti-Terror'-Offensive zuschreiben."

Die Verbesserung der Lage der kosovo-albanischen Bevölkerung zur Jahreswende 1998/99 war auch Behörden im Westen nicht verborgen geblieben. In einem Lagebericht des deutschen Auswärtigen Amtes vom 18. November hieß es beispielsweise: „Im Kosovo selbst hat sich die schwierige humanitäre Situation etwas entspannt. Die Rahmenbedingungen für die Versorgung von Bedürftigen haben sich verbessert. Die Kampfhandlungen im Kosovo wurden von beiden Seiten mit militärischen Mitteln geführt, wobei auf serbisch-jugoslawischer Seite die Sicherheitskräfte bei der Einnahme von Ortschaften auch mit schweren Waffen vorgingen. Beim Einzug der serbischen Sicherheitskräfte in zurückeroberte Orte kam es zu Übergriffen gegen dort verbliebene Bewohner. Die durch die Presse wiederholt gemeldeten 'Massaker' und Meldungen über 'Massengräber' trugen zur Beunruhigung der Flüchtlinge bei, könnten jedoch durch internationale Beobachter bislang nicht bestätigt werden." OSZE-Beobachter waren zu diesem Zeitpunkt, als der „Lagebericht Nr. 514-516, 80§ YUG" veröffentlicht wurde, bereits mehrere Wochen im Land und hatten sich Überblick verschafft.

Eine systematische Vertreibung auf ethnischer Grundlage hat vor dem 24. März 1999 jedenfalls nicht stattgefunden. Das bestätigt auch eine ganze Reihe von offiziellen Depeschen und Lageberichten aus den USA und Deutschland. Wie beispielsweise jener Bescheid aus dem deutschen Außenamt vom 28. Dezember 1998 an das niedersächsische Oberverwaltungsgericht, in dem „nach Erkenntnis des Auswärtigen Amtes die Maßnahmen der Sicherheitskräfte [im Kosovo, d.A.] in erster Linie auf die Bekämpfung der UÇK gerichtet [sind], die unter Einsatz terroristischer Mittel für die Unabhängigkeit des Kosovo, nach Angaben einiger ihrer Sprecher sogar für die Schaffung eines 'Groß-Albanien' kämpft". Diese offensichtlich für eine Asylentscheidung gegebene „amtliche Auskunft" spiegelt die gesamte westeuropäische Asylpraxis gegenüber Kosovo-Albanern wider. Und die widerspricht voll und ganz der Aggressionsrechtfertigung. So lehnte beispielsweise der hessische Verwaltungsgerichtshof mit 5. Februar 1999 rechtskräftig ein kosovarisches Asylansuchen mit der Begründung ab, daß „die Kläger als albanische Volkszugehörige aus dem Kosovo weder im Zeitpunkt ihrer Ausreise noch im Fall ihrer jetzigen Rückkehr einer asylerheblichen Gruppenverfolgung ausgesetzt waren oder wären". In Nordrhein-Westfalen galt am 11. März 1999 folgender Leitsatz: „Albanische Volkszugehörige aus dem Kosovo waren und sind in der Bundesrepublik Jugoslawien keiner regionalen oder landesweiten Gruppenverfolgung ausgesetzt."

„Für ein geheimes Programm oder einen auf serbischer Seite vorhandenen still-schweigenden Konsens, das albanische Volk zu vernichten, zu vertreiben oder sonst ... zu verfolgen, liegen keine hinreichend sicheren Anhaltspunkte vor", war am 15. März 1999 vom Oberverwaltungsgericht Nordrhein-Westfalen zu vernehmen. Und noch am 31. März 1999, also eine Woche nach (!) Beginn der Luftangriffe, saßen 25 Schubhäftlinge aus dem Kosovo in Oberösterreich in Schubhaft, weil ihr Asyl-antrag abgelehnt wurde und sie auf Rückführung warteten. Ethnische Säuberun-gen haben also, zumindest in der Wahrnehmung deutscher und österreichischer Ministerien und Gerichte, im Kosovo nicht stattgefunden.

Es waren westliche Geheimdienste, die die Existenz einer „Operation Hufei-sen" der Welt zur Kenntnis brachten, nach der – angeblich – die serbische Seite seit Monaten einen Plan zur systematischen Vertreibung der AlbanerInnen aus dem Kosovo vorbereitete und begonnen habe, ihn in die Tat umzusetzen. „Vertreibun-gen der kosovo-albanischen Bevölkerung mit dem Ziel gewaltsamer regionaler demographischer Veränderungen sind offensichtlich Bestandteil des Planes", konnte man im April 1999, also erst nach Beginn der Luftangriffe, auf der www-Seite der bundeswehr.de, Stichwort: Kosovo/Hufeisen, lesen. „Völkermord", „Genozid" und „systematische Vertreibung" traten als Argumente erst nach den NATO-Bombar-dements in die Debatte. Als späte, als verspätete Rechtfertigung.

Nun mag man einwenden, Asylgerichtsbescheide und Lageberichte von Mini-sterien hätten in einer kritischen Bestandsaufnahme nichts verloren. Einerseits rich-tig. Andererseits geht es jedoch hierbei gerade um die Argumentation, wie der Krieg zu rechtfertigen ist. Exakt in der Stunde, in der sich die NATO im Krieg befindet, ändert sich die offizielle westliche Einschätzung der Lage im Kosovo um 180 Grad. Das muß doch zu denken geben. Ab 24. März 1999 – in Österreich sogar erst später, aber hier geht alles seinen gemütlicheren Gang – fußen die Lage-berichte des Außenamtes auf der These der systematischen Vertreibung, werden die kosovarischen Asylanträge positiv beschieden respektive nicht mehr abgelehnt, diskutiert man sogar die Aufnahme von Flüchtlingen, die kurz zuvor noch begrün-det abgeschoben wurden. Es bleiben also, wie Sabine Riedel und Michael Kalman in der Zeitschrift „Südosteuropa" nach Kriegsende formulierten, „berechtigte Zwei-fel an einer operativen Strategie serbischer Sicherheitskräfte und Jugoslawischer Armee zur 'ethnischen Säuberung' in der Provinz Kosovo vor dem Beginn der NATO-Militäraktionen bestehen".

Die ganze Zeit des Luftkrieges hindurch mühten sich die offiziellen Stellen in NATO-Ländern und die ihnen weitgehend hörigen Medien um die Rechtfertigung des Angriffs. Dieser schwache Punkt an der Heimatfront konnte nicht wirklich ausgemerzt werden. Da halfen keine Erfindungen über serbische Konzentrations-lager und Massenvergewaltigungen, wie sie vor allem vom deutschen Verteidi-gungsministerium ausgestreut wurden. Auch die sich ständig überschlagenden

Flüchtlingszahlen nach Kriegsbeginn konnten die fehlende Rechtfertigung für das Bomben nur schwer übertünchen. Irgendwann fiel dieses Manko auch im Medienwald auf. Der „Spiegel" vom 12. April 1999 beklagt die fehlenden „Fakten über Greuel, besser noch Bilder von Grausamkeiten, die Milošević' Schergen begangen haben. ... Doch genau daran mangelt es im Moment. Verteidigungsminister Scharping beschwerte sich öffentlich, die NATO rücke nicht genügend Bilddokumente heraus. 'Ich hoffe, sie ändert das bald', so Scharping, denn 'es ist auch eine Schlacht um Informationen und Propaganda' ... Für serbische KZs gibt es ebensowenig Beweise wie für Massenexekutionen".

Der NATO-Krieg löste eine ungeheure Flüchtlingstragödie aus, die für 850.000 Menschen zu einem persönlichen Schockerlebnis wurde. Mehrere Gründe mögen diese schreckliche Form der Zwangsmobilisierung erklären helfen. Zuallererst der Bombenkrieg selbst. Die ganze Provinz war seit Monaten von Unruhen erschüttert worden. Von serbischer Exekutive gepeinigte albanische Kosovaren lebten zwischen Razzien, Schikanen und Demütigung. Ein Bombenkrieg in einer Situation, in der ein großer Teil der Bevölkerung aus taktischen Gründen auf der Seite der attackierenden Kampfjets steht, kann nur zur Katastrophe führen. Zu der Angst vor den Bomben gesellte sich – für die Albaner – die Angst vor den Serben hinzu. Militär, Polizei, Arkans Milizen, Nachbarn ... sie alle waren der Rache, der irrationalen Rache fähig. Und Rachegefühle gegen eine Bevölkerung, die auf seiten der UÇK stand, welche wiederum im Lauf des Krieges zur Bodentruppe der NATO wurde, gab es überall. Die Bomben der NATO waren den radikalen Serben Rechtfertigung für grausame Wochen des Mordens, Vertreibens und Folterns. Serbische Zivilisten wiederum – besonders in mehrheitlich albanisch bewohnten Ortschaften – fürchteten sich vor Lynchkommandos der Gegenseite. Und selbst Albaner waren nicht sicher voreinander. Dem großen Mordgeschäft am Himmel folgte das grausame Gemetzel am Boden.

Die jugoslawische Armee hatte sich mit Kriegsbeginn in kleinste Einheiten aufgelöst. Diese Strategie, die nie mehr als 20 Soldaten auf einer Stelle duldete, entsprang aus der Partisanentaktik während des Zweiten Weltkrieges und sollte sich auch gegen die NATO als richtig erweisen. Panzerkolonnen, große militärische Vormärsche und dergleichen waren in Kriegszeiten nicht vorgesehen. Dementsprechend gering hielten sich auch die Verluste der Armee, die die NATO im Juli 1999 zwar nach wie vor mit 5.000 Mann bezifferte, die Belgrader Stellen jedoch mit 576 Soldaten angaben. Schweres Kriegsgerät, das mußten NATO-Offiziere nach dem Rückzug der jugoslawischen Einheiten selbst eingestehen, blieb fast unbeschädigt. Nur 18 ausgebrannte Panzer konnten von den Alliierten in Beschlag genommen werden.

Die Partisanentaktik gegenüber dem Feind am Himmel konnte indes am Boden dazu führen, daß die weitgehend selbständig agierenden kleinen und flexiblen Trup-

115

penteile eigenmächtig handelten. In bezug auf die albanische Bevölkerungsmehr-heit hieß das nichts Gutes. Kleine, flexible Einheiten brauchen wechselnde Unter-stände, Häuser und Bauernhöfe, in denen Partisanen mit ihrem Kriegsgerät übli-cherweise Unterschlupf finden. Im Kosovo indes stand dem serbischen Militär eine feindlich gesinnte Bevölkerung gegenüber. Beide Seiten wußten das. Insofern mußte es direkt zur Strategie der jugoslawischen Truppen gehören, die Dorfbevöl-kerungen zu vertreiben, um selbst sichere Unterstände zu erhalten. Eine Kollabo-ration zwischen Armee und Bevölkerung, wie es sie hier und dort gegeben haben mochte, hätte und hat die UÇK auf den Plan gerufen, die ihrerseits nicht davor zurückscheute, „Verräter" zu liquidieren. Der Kampf gegen die UÇK mag ein weiterer Grund für systematische Vertreibungen gewesen sein. Mit Satelliten-telefonen ausgestattete UÇK-Männer informierten von Kriegsbeginn an NATO-Verbindungsoffiziere in Makedonien und Albanien über lohnende Bombenziele, lebten ansonsten jedoch unter der Dorfbevölkerung. Das vorstellbare, zynische Kalkül der serbischen Einheiten: Mit der Vertreibung der Bevölkerung einer gan-zen Region müssen auch die UÇK-Aufklärer weichen. Aufgegangen ist diese Stra-tegie allerdings nicht.

Die Abfolge von Bombenkrieg und Vertreibung konnte strategischen Köpfen in Brüssel oder Washington nicht entgangen sein. Doch die NATO kümmerte sich nicht darum. Sie setzte offensichtlich die kosovarische Bevölkerung als Kriegs-pfand ein. Die Serben taten es der NATO gleich. Die albanischstämmige Bevölke-rung des Kosovo war zwischen alle Fronten geraten, sie hatte die größten Kriegs-leiden zu ertragen.

Daß dazu noch paramilitärische Nationalisten ganz bewußt gegen AlbanerIn-nen vorgingen, bestätigen indirekt auch die serbischen Offiziellen. Sie konnten – oder wollten – dies nicht verhindern. Wie systematisch die Vertreibungen während des Bombenkrieges der NATO durchgeführt wurden, darüber gibt es unterschied-liche Berichte. Die westlichen Medien gingen einhellig davon aus, daß planmäßi-ge Vertreibungen stattfanden. Einzelne Reiseberichte aus dem Kriegsgebiet stell-ten einen solchen serbischen Generalplan allerdings in Abrede. So beispielsweise der neogaullistische französische Abgeordnete und frühere Mitterand-Berater Ré-gis Debray, der sich nach eigenen Angaben ungehindert im Kosovo bewegen konnte. Debrays Fazit nach einer Woche im Kriegsgebiet: Der Massenflucht lag keine Systematik zugrunde, sie basierte auf „Vergeltungsschlägen" lokaler serbischer Kommandanten und Paramilitärs einerseits sowie andererseits auf Befehlen der UÇK, die offensichtlich ganze Gegenden in Angst und Schrecken versetzten.

Wie es möglich war, daß zehntausende Flüchtlinge über die Grenze nach Make-donien flohen, um dann eines Tages – am 7. April 1999 – plötzlich aus dem provi-sorischen Lager zu verschwinden; warum bis zu 25 Kilometer lange Flüchtlings-kolonnen, die auf die Einreise nach Makedonien warteten, über Nacht wie vom

Erdboden verschluckt waren ... solche Geschichte werden mit der Wirklichkeit nie mehr konfrontiert werden können; sie entspringen wohl eher den um Quoten ringenden TV-Reportern, die mit unseriösen Flüchtlingszahlen hantierten, welche sich für eine neue Situation – beispielsweise das Verlassen eines Lagers – im nachhinein als unrealistisch herausstellten. So hätte es etwa 800 Busse gebraucht, um einen Grenzstreifen zu räumen, auf dem angeblich tags zuvor 50.000 geflohene AlbanerInnen lagerten. Das Elend der Vertriebenen wurde für ganze Scharen von Reporterteams zum Geschäft; mancher mag da dem Motto erlegen sein, das Peter Handke so trefflich in seinem Stück über Bosnien beschreibt: Je größer das Elend, desto höher die Einschaltquote, desto sicherer der nächste Auftrag, desto fetter der Betrag am Konto.

Geeinigt haben sich die BeobachterInnen des UN-Flüchtlingshochkomissariats und der OSZE lediglich darauf, daß zum Zeitpunkt des Rückzugs der jugoslawischen Armee aus dem Kosovo 850.000 Flüchtlinge aus der Provinz getrieben waren – der Großteil davon hielt sich in albanischen und makedonischen Lagern auf. Die im Zuge des Krieges vertriebenen Serben gibt Belgrad mit 70.000 Menschen an.

Ein besonders tabuisiertes Kapitel im schrecklichen vierten Waffengang auf dem Balkan stellt die Gewalt der UÇK gegen abtrünnige oder mißliebige AlbanerInnen dar. Westliche Medien haben sich fast durchwegs geweigert, darüber zu berichten. „Hinrichtungen von kosovarischen Kollaborateuren" gehörten mit zum Handwerk der UÇK, konnte man indes Anfang April 1999 in der US-amerikanischen Militärfachzeitschrift „Jane's Intelligence Review" nachlesen. Bei Straßensperren kam es immer wieder zu Übergriffen auch auf albanische Landsleute, die als Belgradloyal galten. Während des Krieges waren von der UÇK-Gewalt besonders diejenigen jungen Männer betroffen, die sich der Zwangsrekrutierung entziehen wollten. Manch ein Albaner bezahlte seine Weigerung, in den Krieg gegen die Serben zu ziehen, mit dem Tod. Auf dem Fluchtweg über die Grenze nach Albanien oder Makedonien, als die Menschen bereits fürchterliche Tage und Wochen der Vertreibung hinter sich und manche von ihnen die Bilder von bestialisch ermordeten Familienmitgliedern noch vor Augen hatten, warteten Rekrutierungstrupps der UÇK auf neue Kämpfer. In Albanien angekommen und vermeintlich sicher, griff der lange Arm der UÇK nach wehrfähigen Männern. Unter den Augen von Hilfsorganisationen, von UNO-Mitarbeitern und NATO-Offizieren streiften Kommandos durch die Lager. Ein Journalist der „Süddeutschen Zeitung" verfaßte am 1. April 1999 eine eindrucksvolle Geschichte über diese Art des Bruderkrieges. „In langen Kolonnen fahren die Busse die Straße hinunter, die in die 200 Kilometer entfernte Hauptstadt Tirana führt. Doch schon nach 15 Kilometern werden alle Fahrzeuge mit den Flüchtlingen an Bord gestoppt. Hier hat die UÇK das Kommando. Rund 30 Uniformierte mit Kalaschnikows kontrollieren jeden Wagen. Die Männer im kampffähigen Alter müssen aussteigen. 'Wir erlauben ihnen nicht zu fliehen', erklärt ein UÇK-Offizier mit grauen Bartstoppeln. 'Sie müssen zurück in den Kosovo.' Eine junge Frau fleht die Kämpfer an, ihren Mann weiterfahren zu lassen. 'Mein Bruder ist schon getötet worden, ich brauche ihn.' Doch der Mann muß mit. Auch die UÇK kennt kein Erbarmen mit den Flüchtlingen." Und noch im fernen Deutschland und Österreich waren Kosovo-Albaner im schießfähigen Alter vor Zwangsrekrutierungen durch die UÇK nicht sicher. In einer Tiroler Kaserne, in der man 164 Kosovo-Flüchtlinge untergebracht hatte, brach kurzfristig Panik aus, als österreichische Journalisten das Elend der Frauen und Männer fotografieren wollten. Junge Albaner machten darauf aufmerksam, daß sie sich vor militärischen Aushebungen der UÇK fürchteten und keinen Kontakt mit der Außenwelt wünschten. Daraufhin beschloß der zuständige Landesrat, Flüchtlingsunterkünfte in Zukunft geheimzuhalten.

„Vendlindja therret" – „Das Vaterland ruft", hieß es in den Anwerbebüros der UÇK in Deutschland, die unter den Augen der Polizei ihr Unwesen trieben. Nicht jeder, der in Solingen, Stuttgart oder anderen Städten zum Kampf antrat, tat das aus freien Stücken. Männer ohne Pässe, abgelehnte Asylwerber oder Kleinkriminelle waren in der jeweiligen albanischen Kommunität nur zu gut bekannt. Eine vage Drohung eines Anwerbers, und die Illegalität konnte dem unwilligen Kosovaren zum Verhängnis werden. Also pilgerten nicht selten sich in Deutschland illegal aufhaltende Albaner zu den in Diskotheken oder kleinen Geschäften angesiedelten Büros, füllten die Rekrutierungsformulare aus und übernahmen den Kampfanzug der UÇK, der oft gleich an Ort und Stelle angelegt wurde; die Waffen erhielten die frischen Soldaten dann in Albanien. Die deutschen Behörden sahen solchem Treiben meist unbeteiligt zu, sie besaßen angeblich keine Handhabe gegen die Kriegsrekrutierungen. Verständlich, immerhin kämpften UÇK und deutsche Luftwaffe gemeinsam gegen Serbien.

Der NATO-Bombenkrieg

„Immer öfter höre ich die Sirenen. 600 alliierte Bomber fliegen an diesem 16. und 17. April über Belgrad. Über 1.000 Einwohner sind bereits getötet worden. Viele Menschen verwundet, viele Gebäude in Schutt und Asche gelegt. Alle Brücken über die Donau und die Save sind zerstört. Wasserkraft und Elektrizitätsnetz funktionieren nicht mehr. Aus der Richtung Čukaria kamen neun Flugzeuge, gefolgt von weiteren neun. Sie waren metallweiß und flogen wahrscheinlich in 2.000 bis 3.000 Meter Höhe der rechten Uferseite der Save entlang. Während ich in die Höhe sah, merkte ich nicht, was auf dem Bahnhof geschah. Da bäumte sich ein Waggon wie ein Pferd auf, um ihn herum spritzte die Erde strahlenförmig in die

Luft. Während die Flugzeuge in Richtung Ušće abdrehten, fingen alle Waggons zu brennen an, und ein schwarzer, schwerer Rauch erhob sich." So erlebte Ivo Andrić, der spätere Literaturnobelpreisträger, die Fliegerangriffe der Alliierten auf Belgrad, die im Frühling 1944 die Stadt verheerten. Seine Kriegseindrücke sind in der Briefsammlung „Andrić' Freundschaften" – herausgegeben von Radovan Popovich – 1992 auf serbokroatisch in Belgrad erschienen. Ivo Andrić ist tot. Die Kinder und Kindeskinder seiner Generation mußten 55 Jahre später, wieder im Frühling, die gleichen schrecklichen Erfahrungen machen, die gleiche Angst vor dem Himmel verspüren, die gleiche Ohnmacht, die gleiche Fassungslosigkeit vor dem Bombenkrieg. Wie schon im April 1941, als die Nazis Belgrad bombardierten, und 1944, als die Alliierten ihre Bombenlast auf die Stadt abwarfen, kam der Tod vom Himmel. Diesmal waren die Flugzeuge schneller, unsichtbarer, mehr. Die Bombenlast war größer, heftiger. Die Zielgenauigkeit exakter. Die Opfer im ganzen Land, hunderte.

78 Bombennächte, über 50 Bombentage, 1.000 Kampfjets – nach anderen Angaben bis zu 1.600 –, 35.000 Lufteinsätze, 15.000 Tonnen Explosivstoff auf Jugoslawien, 1.800 großteils bis zur Unkenntlichkeit zerfetzte Zivilisten, 500 (nach jugoslawischer Quelle) bzw. 5.000 (nach NATO-Briefing) getötete Soldaten, 6.500 Verwundete, 1 Million Vertriebene, Zigtausende nach Ungarn, Österreich, Griechenland Geflüchtete, mehrere tausend Ermordete im Kosovo, 280 Bombenangriffe auf Priština, 156 auf Prizren, 120 auf Novi Sad, noch mehr auf Belgrad, 200 dem Erdboden gleichgemachte Fabriken, in Brand geschossene Raffinerien, ein lahmgelegtes Wasser- und Energiewesen, 33 zerstörte Brücken, unbezifferte Verwüstungen am Straßen- und Eisenbahnwesen, unschätzbare ökologische Schäden, in Brand gesteckte kosovarische Dörfer, in Schutt und Asche gelegte Wohnviertel in fast allen Städten Jugoslawiens, zerbombte Regierungsgebäude, Rathäuser, Kirchen, Klöster, Spitäler, Schulen, Universitäten, Kindergärten, Sportanlagen, Museen, Gedenkstätten, Friedhöfe. Das Land ist zerstört. Die Führer der internationalen Wertegemeinschaft, vertreten durch den NATO-Rat, legen Wert auf die Feststellung, jedem einzelnen Angriffsziel „politisch" zugestimmt zu haben.

„Wir haben Angst vor der Sonne." Unter dieser Titelzeile mailte die 32jährige Literaturwissenschaftlerin Vladislava Gordić aus Novi Sad in den ersten Wochen der NATO-Bombardements ein Kriegstagebuch in die Welt. Die Berliner Wochenzeitung „Freitag" druckte am 16. April 1999 Auszüge davon: „Hallo, allerseits, ich bin Vladislava Gordić aus Novi Sad in Jugoslawien, eine von den Millionen wütender, frustrierter, moralisch und seelisch erschütterter Opfer der NATO-Bombenangriffe. Als die NATO am 24. März, gegen acht Uhr abends, ihre Angriffe startete, waren ihre ersten Ziele sogenannte militärische Objekte in Novi Sad. Was tatsächlich zerstört wurde, waren seit langer Zeit leerstehende Kasernen. Bei dem Versuch, diese Kasernen zu treffen, wurde die nahegelegene Grundschule 'Svetozar Marković Toza' schwer beschädigt. Zum Glück waren zu diesem Zeitpunkt keine Kinder mehr im Schulgebäude. ... Wenn man so nachdenkt, scheint diese Kategorie der 'militärischen Ziele' sehr weit auslegbar. Angenommen, serbische Soldaten essen Schokolade, sollten NATO-Bomben dann alle serbischen Schokoladefabriken zerstören, um zu verhindern, daß serbische Soldaten sich etwas Süßes gönnen und Energie tanken, damit sie 'Völkermord an den Albanern' begehen können? Dies ist alles völlig absurd. ... Ich bin Dozentin für amerikanische Literatur an der Universität von Novi Sad. Ich habe die Vereinigten Staaten besucht und erfahren, daß es tatsächlich ein Land der Möglichkeiten ist. Ich gehöre nicht zu den Leuten, die sich über den amerikanischen Traum lustig machen. Trotzdem, nachdem ich zwei Tage in einem feuchten Keller gehockt bin, mit einem entzündeten Zahn, ohne in diesem Schlamassel zum Arzt gehen zu können, fühle ich mich sehr angespannt, fast am Rand meiner Kräfte. Ich möchte nicht ausfallend werden, gegen niemanden. Nur, bitte, macht aus dem amerikanischen Traum keinen jugoslawischen Alptraum. Vladislava Gordić am 26. März 1999." Jeden Tag informierte Vladislava über Internet alle, die es wissen wollten, wie es einer jungen Intellektuellen im Krieg ergeht. Irgendwann nach dem 7. April wurde die Telefonleitung nach Novi Sad gekappt. Was aus Vladislava geworden ist?

„Wir sitzen im Garten des kleinen Hauses von Nemenikuce, 60 Kilometer südlich von Belgrad", schreibt Kurt Wolff, der als einer der wenigen Deutschen mitten im Krieg serbischen Freunden einen Besuch abstattet. Die Tageszeitung „Neues Deutschland" vom 26. Mai 1999 bringt Auszüge seines Reiseberichts: „An diesem wunderschönen Maimorgen übersetzt mir Milomirka Martac-Fillmann NATO-Flugblätter ins Deutsche. Milomirka buchstabiert mir eben, um fünf Minuten vor elf Uhr, den Namen einer ... als plötzlich starkes Dröhnen von fünf, sechs Jets oberhalb der lockeren Wolkendecke einsetzt. Kurz danach ein Einschlag. Sicherlich in Mladenovac, wo vor Tagen schon die Autoteilefabrik 'Petar Drapsin' demoliert wurde. Um elf Uhr und zwölf Minuten röhrt wieder ein Jet heftig über uns. Fast gleichzeitig eine ohrenbetäubende Detonation, deren Druckwelle deutlich zu spüren ist. Mir ist wie bei Tiefflieger-Angriffen vor 55 Jahren. Ich versuche, mein Zittern vor Milomirka zu verbergen, und weise auf Bodenerhebungen im Garten, wo wir Deckung finden können. Zunächst glauben wir, es hätte im Dorf eingeschlagen, dann tippen wir auf den Kosmaj, einen 600 Meter hohen, waldbedeckten Berg, zwei Kilometer südöstlich von uns. Den mittleren seiner Gipfel krönt ein weithin sichtbares Denkmal aus hochgeschweiften Beton-Armen. Es erinnert an die erste Kosmaj-Brigade der Partisanen, die am 2. Juli 1941 gegründet wurde. Und es mahnt an die Opfer für die Befreiung Jugoslawiens. Bis zum Beginn der NATO-Angriffe brannte dort ein ewiges Licht. ... Nachmittags fahren wir auf den Kosmaj. Zwei Raketen vom Typ Maverick mit Laser-Steuerung haben knapp 50 Meter vor dem Denkmal die Bäume zerfetzt. Die erste schlug in den Waldboden ein, die andere detonierte 15 Meter weiter in Richtung des Fundaments. Die Zielansprache des NATO-Piloten lautete eindeutig: Denkmal! Ein Irrtum ist auszuschließen." In der Nacht darauf wurde die nahe Klinik „Dragiša Misović" getroffen. Drei behinderte Menschen sowie eine Mutter, deren Kind gerade durch Kaiserschnitt zur Welt hätte gebracht werden sollen, fanden im Bombenhagel den Tod.

Ganz Jugoslawien, Serbien, der Kosovo, die Vojvodina, Montenegro, war Zielgebiet der NATO-Bombardements. Im folgenden soll versucht werden, einen zeitlich geordneten, wenn auch notwendigerweise selektiven Überblick über Ziele und Schäden des Bombenkrieges zu geben.

Am 1. April 1999 klappt die erste Donaubrücke in Novi Sad in sich zusammen. In der Folge zerstört die NATO sämtliche Brücken über die Donau – bis auf jene, die Belgrad mit Pančevo verbindet. Von einer der Brücken in Novi Sad warfen im Zweiten Weltkrieg deutsche Faschisten tausende Juden in die Donau. Der größte Fluß Europas ist seit dem 1. April 1999 für lange Jahre nicht mehr schiffbar. Die entstandenen Schäden betreffen nicht nur Serbien, sondern auch alle Anrainerstaaten. Hans Frank, Vorstandsmitglied der Reederei „Bayrischer Lloyd", gibt an, daß allein 155 Frachtkähne seines Unternehmens südlich von Novi Sad festsitzen und vor sich hinrosten. Die größte österreichische Frachtreederei, die DDSG, beziffert ihre Schäden mit 29 unbrauchbar gewordenen Schiffen und einem täglichen Verlust von umgerechnet 1,4 Mio. DM. Novi Sad sah sich auch seiner direkt in die Altstadt führenden Donaubrücke beraubt – eine militärisch unsinnige Verwüstung, können doch die winzigen Gassen des Zentrums von keinem Militärfahrzeug befahren werden. Am 29. April 2000 wurde die Eisenbahnbrücke in Novi Sad, die Wien mit Belgrad und Griechenland verbindet, wieder eröffnet.

Am 2. April fallen die ersten Bomben auf Belgrad. Ministerialgebäude im Zentrum der Stadt liegen in Schutt und Asche. Ungläubig stehen die BewohnerInnen der jugoslawischen Hauptstadt vor den Trümmern neoklassizistischer Bauwerke, die die Straßen blockieren. Entsetzt verfolgen sie in den kommenden Wochen die täglich heftiger werdenden Bombardements, denen mehr als 100 Zivilisten zum Opfer fallen. Am 4. April geht die Belgrader Raffinerie in Flammen auf, das städtische Heizwerk wird völlig zerstört.

Tags zuvor haben US-amerikanische Soldaten der SFOR-Einheiten in Bosnien die über bosnisches Territorium führende Eisenbahnlinie Belgrad–Podgorica gesprengt. Dabei wurde ein bosnisch-serbischer Streckenwärter, der Alarm schlagen wollte, erschossen. Mit diesem Anschlag waren de facto auch Bodentruppen, sogar solche der bosnischen SFOR, in den NATO-Krieg verwickelt.

5. April: In der südserbischen Industriestadt Vranje schlagen Cruise Missiles in Wohnhäuser ein. Das serbische Fernsehen meldet den Tod von 20 BewohnerInnen.

Am 9. April zerstören sechs Marschflugkörper die größte Autofabrik des Balkans in Kragujevac. Zastava gibt es nicht mehr. Bereits am 26. März hatten Belegschaft und Management die NATO in einem offenen Brief darüber informiert, daß sie das Werk mit ihren Körpern schützen würden. „Und deshalb haben wir beschlossen", hieß es in dem Brief, „die Werkstätten nicht zu verlassen, auch nicht während des Luftalarms, sondern auf dem Werksgelände zu bleiben. Diese lebende Mauer aus Angestellten, ihren Familien und BürgerInnen von Kragujevac soll die Fabrik rund um die Uhr beschützen, sieben Tage in der Woche, solange die Kriegseinsätze gegen unser Land andauern." Die NATO bombt trotzdem, obwohl sie auch wissen mußte, daß gerade Zastava ein Hort der politischen Opposition gegen Milošević war. 140 Arbeiter werden in der Nacht auf den 9. April verletzt, 20 von ihnen lebensgefährlich; wieviele an den Folgen sterben, ist nicht bekannt. 38.000 Arbeiter verlieren in dieser Nacht durch NATO-Bomben ihren Arbeitsplatz. Neben Lkw waren in Kragujevac vor der tiefen Wirtschaftskrise zu Beginn der 90er Jahre jährlich 200.000 Pkw der Marke „Jugo" vom Band gerollt. Joint-Venture-Projekte mit Peugeot – dessen „106er" vertraglich bereits ab Ende 1999 hier hätte montiert werden sollen –, Fiat und Iveco haben sich damit erledigt. Die Zerstörung des Zastava-Werkes steht für den Willen der westlichen Allianz, Jugoslawien seiner industriellen Fähigkeiten, die ohnehin in der Krise steckten, gänzlich zu berauben. Um damit den Weg frei zu machen für Importe aus der EU und den USA. In Kragujevac wurde Weltmarkt-Industriepolitik mit Bomben betrieben.

Am 11. April, in der Nacht zum orthodoxen Ostersonntag, löschen NATO-Bomben das Dorf Mirovac im Kosovo aus. Dieser unweit von Pudojevo gelegene, mehrheitlich serbisch besiedelte Ort bietet tags darauf ein erschütterndes Bild. Kein einziges Haus ist unbeschädigt. Zu den Opfern gehört die alteingesessene türkische Familie Gasi. Mehmut Gasi, seine Frau und drei seiner Kinder sterben durch eine für sie unsichtbare Hand, die 5.000 Meter weiter oben einen elektronischen Vernichtungsbefehl ausgelöst hat. In den Tagen und Nächten zuvor haben NATO-Piloten die Ortschaften Lipljane, Kačanik, Djakovica und Uroševac angegriffen und teilweise zerstört. Die Hinweise zum Beschuß solcher Ziele, die militärisch keinerlei Wert hatten, kamen vermutlich von UÇK-Kämpfern am Boden, die sich auf diese Weise – via Satellitentelefon – für Vertreibungsaktionen der jugoslawischen Armee rächten, indem sie serbische Dörfer mit „ihrer" Luftwaffe ausradieren ließen.

Am 13. April geht der internationale Zug Saloniki-Belgrad in Flammen auf. Mehrere Waggons, die gerade die Eisenbahnbrücke bei Grdelica im Süden Serbiens überqueren, brennen vollständig aus. Die NATO-Rakete tötet zehn Passagiere, 16 werden verletzt.

Der 14. April sieht eines der größten Flüchtlingsmassaker im Kosovo. 75 von der makedonischen Grenze zurückkehrende AlbanerInnen werden Opfer eines NATO-Angriffes. Der Welt bietet sich auf der Straße bei Meja ein Bild der Verwüstung. Tagelang kursieren vom NATO-Pressesprecher in Umlauf gebrachte Gerüchte, serbische Hubschrauber hätten den Flüchtlingstreck angegriffen. Im österreichischen Fernsehen werden am Abend des Massakers im sicheren Makedonien mehrere Albaner vor die Linse gestellt, die bestätigen, vor Ort gewesen zu sein und Hubschraubergeräusche vernommen zu haben, bevor die Leiber von 75 Menschen zerfetzt wurden. Ein 13jähriges albanisches Mädchen antwortet dem österreichischen Journalisten: „Serbische Soldaten haben gesagt, ich soll sagen, es war die NATO." Erst zwei Tage nach den fürchterlichen Ereignissen von Meja gibt Allianz-Pressesprecher Shea die NATO-Urheberschaft zu. Schon zuvor kam die französische Journalistin Catherine Monnet von „Radio France Internationale" an den Schreckensort und konnte sich anhand einer Inschrift auf einem Bombenfragment vom bislang größten NATO-Massaker vergewissern: „For use on MK82." Das alliierte Hauptquartier sprach, wie immer in solchen Fällen, von „Irrtümern" oder unbeabsichtigten „Irrläufern". Doch wie schon im Dorf Mirovac hätte auch hier an der Straße nach Meja die UÇK ein Interesse am Angriff auf ihre Landsleute haben können. Denn es waren rückkehrwillige Albaner, die, von der makedonischen Grenze kommend, in ihre Dörfer heim wollten. Hasan, ein 60jähriger Albaner, der als einer der wenigen das Massaker überlebte, gab dem Journalisten Nikola Živković diesbezüglich ein aufschlußreiches Interview, das im „Neuen Deutschland" vom 16. April 1999 wiedergegeben wurde: „Die NATO-Flugzeuge kamen in zwei Wellen. Als wir die Maschinen hörten, haben die serbischen Polizisten uns die Anweisung gegeben, sich zu Boden zu werfen. Es gab keinen Grund für einen Angriff. Es war keine Militärkolonne. Es gab nur ein Dutzend serbische Polizisten, die uns sagten, sie schützen uns vor möglichen Übergriffen der UÇK-Leute, die uns Rückkehrer als albanische Verräter betrachten." Hasans Aussage nährt die Vermutung, die UÇK hätte über einen ihrer heißen Drähte zum NATO-Verbindungsoffizier Befehl gegeben, gerade diese Flüchtlingskolonne zu attackieren. Rückkehr, so lautete offensichtlich die tödlich-zynische Botschaft an alle Kosovo-AlbanerInnen, kann nur unter UÇK-Schutz, nicht mit Hilfe serbischer Polizisten geschehen.

Einen Tag nach dem tödlichen Flüchtlingsbeschuß beginnt die größte ökologische Katastrophe des Krieges. Am 15. April um 22 Uhr 40 kommt es zum ersten Luftangriff auf die Chemiefabrik in Pančevo. Ein gefährliches Gemisch an toxischen Giften entweicht. Wie die Tageszeitung „Junge Welt" am 21. Juni 1999 berichtete, hatte der technische Direktor der „HIPO PetroHemija Pančevo", in der 3.000 Menschen beschäftigt waren, schon zu Kriegsbeginn als vermeintliche Vorsichtsmaßnahme an das NATO-Hauptquartier und die Regierungen der wichtigsten NATO-Länder einen genauen Lageplan geschickt, auf dem die Standorte der gefährlichsten Tanks eingezeichnet waren. Das Bombardement traf den Betrieb während laufender Produktion, gerade jene Tanks wurden attackiert und zerstört, in denen sich die gefährlichsten Substanzen befanden. Daraufhin warnte der Direktor die NATO in einem zweiten Schreiben vor weiteren Angriffen, da die hochgiftigen Chemikalien, soweit sie noch nicht explodiert und entwichen waren, nun in Tankwaggons umgepumpt werden mußten. Dieses Schreiben versandte der Direktor per E-Mail an 100 Stellen in aller Welt. Die prompte Anwort der NATO: ein zweiter Angriff am 18. April um ein Uhr nachts, der die noch nicht zerstörten Tanks zur Explosion bringt. Eine UNO-Delegation stellte Mitte Juni 1999 fest, daß in Pančevo zirka 10.000 Tonnen Chemikalien mit Chlorverbindungen ausgetreten sind, daß große Teile Vinylchlorid verbrannten und damit Dioxin und Phosgen entstanden sind. Mehrere hundert Hektar landwirtschaftlicher Fläche ersterben in den kommenden Wochen. Im bulgarischen Westen, wohin die Giftwolke treibt, kehrt an manchen Orten blitzartig der Herbst ein, die Blätter fallen von den Bäumen. Auch ein Lager mit 100 Tonnen Quecksilber wurde getroffen ...

Am 20. April fällt der Himmel über Niš zusammen. Zehn Wohnhäuser werden ein Raub der Flammen, schwere Schäden entstehen rundum.

Der 21. April sieht dunkle, träge Rauchwolken über der Innenstadt von Belgrad. Das höchste Haus der Hauptstadt steht in Flammen. Die Parteizentrale der Sozialistischen Partei Serbiens (SPS) sowie Büros anderer Organisationen und Firmen existieren nicht mehr. Mehrere Menschen sterben während der Arbeit. Zeitgleich bombardiert die NATO ein Lager bosnisch-serbischer Flüchtlinge am Stadtrand. Zehn Menschen, die im bosnischen Bürgerkrieg schon alles verloren haben, verlieren hier ihr Leben, 16 werden verletzt.

Zwei Tage später, am 23. April, detoniert eine NATO-Bombe während der Nachrichtensendung im Senderaum des staatlichen Fernsehens RTS. Zehn Personen – die meisten davon Journalisten – sind sofort tot, sechs weitere sterben an den Folgen, 19 sind so schwer verletzt, daß sie ihr Leben lang behindert bleiben werden. Die Attacke gegen die zentrale Fernsehstation Serbiens stellt einen weiteren negativen Höhepunkt in der Kriegführung der westlichen Wertegemeinschaft dar. Wer nicht für uns, ist unser Todfeind – so die klare Botschaft der Allianz. Und: Journalisten sind Schreibtisch-Soldaten, wenn sie für den Feind arbeiten. In der Folge werden viele – private wie staatliche – Fernsehstationen durch gezielte NATO-Angriffe zerstört. Jugoslawien wird innerhalb weniger Wochen seiner zivilen Kommunikationsstruktur beraubt. Das über den Satelliten EUTELSAT ausgestrahlte Programm des serbischen Fernsehen wird abgedreht; dies verletzt nicht nur das vermeintlich existierende Recht auf freie Meinungsäußerung sowie diverse Verträge, sondern mutmaßlich auch das Aktienrecht, ist doch RTS Teilhaber an EUTELSAT. Die militärische Gewalt der NATO hat sich in diesem Fall über das Leben von Journalisten, das hehre Wort der Meinungsfreiheit, den Aktienbesitz eines mißliebigen Gesellschafters und vieles mehr hinweggesetzt und einem Meinungstotalitarismus den Weg gebombt, der insbesondere für die Heimatfront – auch nach Kriegsende – noch lange verheerende Auswirkungen haben wird. Die westliche Journaille protestiert kleinlaut. CNN-Reporter, die ebenfalls im Sendeturm von

RTS gearbeitet hatten, verließen kurz vor dem Bombardement die TV-Anstalt. Sie dürften von der NATO rechtzeitig informiert worden sein. Ihre serbischen Kollegen warnte niemand.

Am 25. April beschließen EU und NATO eine Seeblockade gegen Jugoslawien. Dieser erneut völkerrechtswidrige Schritt betrifft auch Dritte, vor allem Rußland, und er stellt eine weitere Eskalation der international äußerst angespannten Situation dar.

Die bulgarische Hauptstadt Sofia wird am 28. April bombardiert, ein Cruise Missile schlägt in einen Vorort ein und zerstört ein Haus. Die NATO erklärt den Vorfall damit, daß das eigentliche Ziel der Rakete, eine grenznahe serbische Radaranlage, ausgeschaltet worden sei, wodurch das auf diese programmierte Cruise Missile navigationslos wurde und 50 Kilometer weiter flog als gedacht. Politisch war der Moment des Bombeneinschlags heikel, hatte sich doch das bulgarische Parlament bis dahin geweigert, der von Regierungschef Iwan Kostow versprochenen Öffnung des Luftraums für NATO-Flugzeuge zuzustimmen. Sollte das Cruise Missile vom 28. April doch nicht fehlgeleitet gewesen sein, um „parlamentarische" Überzeugungsarbeit zu leisten? Kurz darauf jedenfalls erteilte das Parlament in Sofia die erwünschten Überflugsgenehmigungen.

Neun Stunden ununterbrochener Luftangriff auf Belgrad. So erleben die BewohnerInnen der Hauptstadt den 30. April, als anderenorts die ersten heißen Frühlingstage genossen werden. Die Zerstörungen sind beträchtlich. Nun gibt es kaum noch einen Flecken in Jugoslawiens Industrie- und Infrastruktur, der nicht schon angegriffen worden wäre. Die NATO geht dazu über, bereits beschädigte Objekte nochmals zu attackieren.

Am 1. Mai wird der „Niš-ekspres", ein vollbesetzter Bus, in der Nähe der Ortschaft Lužani von einem NATO-Flugzeug ins Visier genommen: 60 tote Passagiere, vier überleben schwer verletzt. Zwei Tage später sterben 28 Passagiere in einem Bus, der regelmäßig zwischen Peć und Rožaje verkehrt. Eine Kassettenbombe, die nach dem Abwurf 202 kleine, mit Metallsplittern gefüllte Streubomben freisetzt, verstümmelt die Leichen.

Ab 2. Mai fällt eine neue Bombenart vom Himmel: die Graphitbombe. Sie schließt in weitem Umkreis sämtliche elektrischen Kontakte kurz. Strom und Wasser funktionieren kaum mehr. Am 24. Mai reduziert sich die den BelgraderInnen zur Verfügung stehende Wassermenge durch das Außerbetriebsetzen der Pumpen auf 10% der üblichen Menge. Während der Pfingstfeiertage zerstören F 16-Jets zwei Kraftwerke und die wichtigsten Überlandleitungen, die Strom in die Stadt bringen können. Seit diesem Zeitpunkt ist das zivile Leben in Jugoslawien gänzlich unerträglich geworden. „Es gibt kein Licht, kein Fernsehen, kein Internet. Man tappt im Dunkeln. Es gibt kein Wasser, kein Brot. Man kann nicht kochen. Restaurants, Banken, die Post sind geschlossen. Die Straßenbahn steht still. ... Seit

Tagen attackiert die NATO das Stromnetz in Serbien, die Stromversorgung im ganzen Land ist zusammengebrochen" („Der Standard", 26. 5. 1999), beschreibt der Belgrader Journalist Andrej Ivanji die Unerträglichkeit des Seins unter dem zynischen Kalkül der „westlichen Wertegemeinschaft" – ein Volk niederzuringen, um, wie es heißt, Menschenrechte zu schützen. NATO-Sprecher Shea zur Wirkung der Graphitbombe im Originalton: „Wir können in Serbien nach Belieben die Lichter ausschalten, ohne das elektrische Netz zu zerstören."

Am 8. Mai detonieren vier Cruise Missiles in der großen chinesischen Botschaft in Belgrad. Vier tote Botschaftsbeamte und 50 Verletzte sind zu beklagen. Zwei Tage zuvor kam der G7-Gipfel mit Rußland nach zähen Verhandlungen einer Friedenslösung nahe. Jelzins Sonderbeauftragter Viktor Tschernomyrdin pendelte bereits seit 22. April zwischen Belgrad, Bonn, Brüssel und Moskau, um einen Friedensschluß zustande zu bringen. Die Russen schienen, so hieß es, „mit im Boot". Einem UN-Beschluß über einen Rückzug der jugoslawischen Einheiten aus dem Kosovo und einer Stationierung von internationalen Truppen unter UN-Hoheit stand nichts mehr im Weg. Außer ein mögliches chinesisches Veto. Heute kann man davon ausgehen, daß der NATO-Beschuß der chinesischen Botschaft den Frieden im Visier hatte. Die USA, die den angeblichen „Fehler" auf einen alten Stadtplan zurückführten, auf dem an jener Stelle ein anderes Gebäude gestanden haben soll, wollten zu diesem Zeitpunkt mit dem Bomben noch nicht aufhören. Die Version mit der irrtümlichen Zieleingabe aufgrund eines falschen Planes entbehrt übrigens jeder Grundlage, denn das Viertel, in dem die chinesische Botschaft steht – besser: stand –, wurde erst im Jahr 1996 auf die grüne Wiese gestellt, in einen neu errichteten Stadtteil also, der auf alten Plänen gar nicht zu finden ist.

Mitte Juli 1999 gab George Tenet, Chef des US-amerikanischen Geheimdienstes CIA, vor dem Kontrollausschuß des Abgeordneten-Hauses zu, daß es der Geheimdienst gewesen war, der die Zielkoordinaten für das Botschaftsgebäude vorgegeben hatte. „Es ist das einzige Ziel gewesen, das wir bestimmt haben", versuchte Tenet die Partner der Allianz zu beruhigen. Indirekt hat er damit die Wichtigkeit gerade dieses Bombardements für die US-Politik bestätigt, indem er einräumte, daß niemand sonst im NATO-Ausschuß darüber informiert worden war.

Die vier Raketen waren, laut Belgrader Militärbehörden, mit speziellen „Mikrowellen"-Bomben bestückt, die alle Halbleiter zerstören. Es ging der NATO also gezielt um die Vernichtung von Information. Da die chinesische Botschaft in Belgrad als Balkan-Zentrale fungierte, wurden mit dem Angriff alle computergestützten Informationen gelöscht. Ein schwerer Schlag für die chinesische Sicherheit und Diplomatie, der sicherstellen sollte, daß China im UN-Sicherheitsrat ein Veto gegen einen voreiligen Friedensschluß erheben würde. Der Friede mußte also – auf Kommando aus Washington – noch warten. In der Folge wurden die Botschaften Schwedens, der Schweiz, Spaniens, Norwegens, Ungarns und Pakistans durch Treffereinwirkungen beschädigt. Am 14. Mai töten Streubomben 100 Kosovo-AlbanerInnen, die im Dorf Korisa übernachten wollten. Dieser, was Menschenleben anbelangt, mutmaßlich folgenschwerste NATO-Angriff führt die verheerende Wirkung der Cluster- oder Kassettenbomben vor Augen, deren einziges Ziel die Tötung und Verletzung von Menschen ist. Wie zu ähnlichen traurigen Anlässen versucht NATO-Sprecher Shea ein, zwei Tage lang, die Täterschaft der alliierten Kampfjets zu leugnen, bis er auch diesmal die NATO-Urheberschaft eingesteht. Die serbische Armee, die im Dorf angeblich Panzer stationiert hatte, wird beschuldigt, die Albanerflüchtlinge als Schutzschilde verwendet zu haben. Dem Kriegsverlauf entsprechend, ist diese Version wahrscheinlich.

Luftangriffe am 21. Mai zerstören ein Gefängnis in Istok/Kosovo. 19 Personen werden getötet, zehn schwer verletzt. Zu den Toten zählen sowohl Gefangene als auch Wachpersonal.

Zwei Tage vor dem Ende des Krieges fliegt die NATO Flächenbombardements im Süden des Kosovo. B 52-Bomber werfen ab, was noch in den Arsenalen liegt. Gerüchte, daß bei diesem letzten großen Angriff 600 serbische Soldaten getötet worden sein könnten, sind nicht verifizierbar.

Kosovarisches Elend im Schatten des Bombenkrieges

Der Großteil der kosovarischen Bevölkerung erlebte den Bombenkrieg auf der Flucht. Albanischstämmige Männer, Frauen und Kinder waren der Willkür jugoslawischer Kommandanten und Sonderpolizisten ausgesetzt. Ganze Dorfbevölkerungen irrten in umliegenden Wäldern umher, auf der Suche nach Schutz, Nahrung und Sicherheit. Viel ist darüber in den westlichen Medien geschrieben und gezeigt worden, und doch können Worte und Bilder das Elend dieser Menschen nicht einfangen. Zwei kurze, eindrückliche Geschichten sollen die Demütigungen der KosovarInnen während der Kriegsmonate in Erinnerung rufen.

Die Ortschaft Ade in der Nähe von Priština machte am 25. März 1999, einen Tag nach dem Beginn des NATO-Bombardements, unliebsame Bekanntschaft mit der jugoslawischen Armee. Eine Einheit umzingelte den kleinen Proletarierort, in dem die meisten Männer als Grubenarbeiter tätig waren, bis der Krieg das Bergwerk zum Stillstand brachte. Azem Krasniqi, einer der später Vertriebenen, schilderte dem Redakteur der „Neuen Zürcher Zeitung" (5. 5. 1999) die schreckliche Zeit. Fast jeden Tag, so der Arbeiter, stehen bewaffnete serbische Soldaten rund um das Dorf. Wer aus einem Haus des 1.900 Einwohner zählenden Ortes tritt, ist akut gefährdet, Lebensgefahr. Die Serben schießen auf alles, was sich bewegt. Der

Terror der Armee dauert wochenlang. Am 28. April, nachdem bereits über 20 Menschen der Ortschaft erschossen wurden, rückt eine serbische Einheit mit mehreren Panzern in den Ort ein, treibt alle Menschen aus ihren Häusern, steckt sie in bereitgestellte Busse und gibt Marschbefehl Richtung Makedonien.

Es ist ein Dorf wie Ade, in das am 12. Juli 1999, Wochen nach dem Rückzug der jugoslawischen Armee aus dem Kosovo, KFOR-Truppen mit Gerichtsmedizinern kommen, um ein Massaker an albanischen Zivilisten aufzuklären. 50 Leichen werden hier am Ortsende in einem Massengrab gefunden, die meisten davon völlig entstellt, in Plastiksäcke eingepackt. Offensichtlich haben sich serbische Armee- oder Milizangehörige an diesem kleinen Dorf brutal für die NATO-Bomben gerächt. Irrationale Rache. Nach allem, was eine der wenigen Überlebenden zu berichten weiß, trieben Bewaffnete alle BewohnerInnen, deren sie habhaft werden konnten, in einen Raum des größten Bauernhofes, schlossen die Fenster und warfen eine Handgranate in das Zimmer. Leben war nicht mehr.

Die ökologische Dimension des Krieges

Pančevo. Der Name der unweit von Belgrad gelegenen Industriestadt steht für die im NATO-Krieg bewußt in Kauf genommene Umweltkatastrophe, die noch jahrelang die Menschen der Region beschädigen und die Forscher der Welt beschäftigen wird. Novi Sad, Barić, Smederevo, Lučani, Gnjilane, Priština, Čačak, Belgrad ... in allen diesen Städten gingen Raffinerien, Treibstofflager, petrochemische und pharmazeutische Anlagen in Flammen auf, nachdem gezielte ferngesteuerte Bomben vom Himmel fielen.

Hunderte Meter hohe Rauchsäulen formierten sich tagelang zu giftigen Wolken, die mit dem Wind einmal in diese, einmal in jene Richtung zogen. In den rauchigen Abgasen, Aschen und allerlei Rückständen aus Verbranntem wurden tödlich-gefährliche organische Verbindungen sonder Zahl transportiert: flüchtige Aromate, Chlor- und diverse Kohlenwasserstoffverbindungen, Aldehyde, Fluorhydrid, Vinylchlorid, Phosgen etc. „Diejenigen, die uns bombardieren, sind verrückt; sie wissen sehr gut über die Risiken Bescheid", meinte der Arzt und Toxikologe Slobodan Kosović. „Kaum jemand kauft Gemüse, Obst und Salat. Eltern lassen ihre Kinder keine frische Milch trinken. Viele Belgrader haben die schwere, bittere, mit Asche und Staub erfüllte Luft nach den Angriffen eingeatmet. Patienten mit Vergiftungssyndromen wurden registriert", schreibt der Journalist Andrej Ivanji in der Wiener Tageszeitung „Der Standard" am 25. Mai 1999 aus dem Krieg. „Die Toxizität verbrennender Flachbodentanks von Kraftstoff-Raffinerien ist kaum zu überschätzen", meinen Sabine Riedel und Michael Kalman in ihrem bereits erwähnten Beitrag in der Zeitschrift „Südosteuropa". Und weiter: „Die Einatmung der Gifte führt beim Menschen nicht nur zu Atemwegserkrankungen, sondern auch zu einem erhöhten Krebsrisiko. Daneben droht die Kontamination von Böden und Grundwasser. Im Verlauf des April 1999 gab es bereits Berichte über einen rund 25 km langen Ölteppich auf der Donau. Am 11. Mai wurde nahe der serbisch-bulgarischen Grenze (Donaukilometer 840) bereits der 14. vorbeitreibende Ölteppich registriert." Die Krankheitsbilder der ökologischen Verwüstungen sind vielfältig: Krebs, Lungenödeme, Vergiftungen in Leber-, Fett- und Hautgewebe ...

Die zigtausenden Kampfeinsätze der riesigen NATO-Luftflotte allein haben eine noch nicht abzuschätzende negative Auswirkung auf die Umwelt. Kerosin ist zwischen Aviano und dem Balkan in riesigen Mengen verbrannt worden. Ein einziger Bombenflug dauerte im Durchschnitt fünf Stunden – ganz zu schweigen von den 30-Stunden-Nonstop-Flügen der Langstreckenbomber aus den USA – und verbrauchte, nach Schätzungen in der einschlägigen Fachliteratur, sechs bis acht Tonnen Kerosin. Sabine Riedel und Michael Kalman rechnen hoch und kommen auf einen Kerosinverbrauch von 23.000 Tonnen pro Kriegswoche, was einem wöchentlichen Ausstoß von 50.000 Tonnen Kohlendioxyd und 3.500 Tonnen Kohlenmonoxyd entspricht. An der wachsenden Größe des Ozonlochs wird sich demnächst die Schlagkraft der elf Bombenwochen für die nördliche Erdkugel ein zweites Mal messen lassen.

In Artikel 35 des Ersten Zusatzprotokolls (1977) zu den Genfer Völkerrechtsabkommen steht folgender Leitsatz: „Es ist verboten, Methoden oder Mittel der Kampfführung zu verwenden, die dazu bestimmt sind oder von denen erwartet werden kann, daß sie ausgedehnte, langanhaltende oder schwere Schäden der natürlichen Umwelt verursachen." Die NATO kümmerte sich nicht darum.

Das NATO-Waffenarsenal

80.000 US-Soldaten, die 1991 im kuwaitisch-irakischen Wüstensand kämpften, leiden acht Jahre danach an einer mysteriösen Krankheit, die mangels medizinischer Begrifflichkeit als „Golfkriegssyndrom" in den ärztlichen Sprachschatz eingegangen ist. Es bezeichnet ein unspezifisches Leiden – manche Patienten können sich sowohl geistig als auch körperlich nur gestört bewegen. Die in der Lobbyarbeit der US-Demokratie mächtigen Veteranenverbände machen dafür den Einsatz von DU-Munition im Golfkrieg verantwortlich. DU steht für „depleted uranium", also abgereichertes Uran, das als Härtungsmittel für Geschoße dient. DU-Munition hat panzerbrechende Wirkung; sie wurde im Golfkrieg vor allem von Apache-Hubschraubern aus eingesetzt. Grundstoff für diese Waffenart ist ein Abfallprodukt aus der zivilen Atomindustrie, das ansonsten wegen seiner radioaktiven Strahlung mühsam entsorgt werden müßte: Uranium 238. 580.000 Tonnen davon lagern in den USA. Das Pentagon hat dazu eine Studie in Auftrag gegeben, die von signifikanten Gesundheitsfolgen für jene spricht, die abgereichertes Uran einatmen. Mehrere hunderttausend IrakerInnen leiden mutmaßlich an denselben Symptomen, die sich statistisch in einer merklichen Erhöhung von Fehlgeburten sowie Krebskrankheiten niederschlagen.

Am 21. April 1999 gab NATO-Sprecher Shea erstmals zu, daß auch im Krieg gegen Jugoslawien Uran-Geschoße verwendet würden. Es handle sich dabei um eine „technische Weiterentwicklung" jener im Golf eingesetzten Waffen. Die „Vereinigung Internationaler Ärzte zur Verhütung eines Nuklearkrieges" hat – wie auch das ARD-Magazin „Monitor" – recherchiert und die Folgen des Einsatzes von DU-Munition als katastrophal bezeichnet. Durch die Reibung beim Durchschlagen einer Panzerung wird Radioaktivität freigesetzt, die als Wolke in die Umwelt gelangt. Wer in der Nähe steht, wird radioaktiv verseucht. Im NATO-Krieg auf dem Balkan waren es hauptsächlich Erdkampfbomber der Marke Thunderbolt II – die Apache-Hubschrauber getrauten sich nicht ins serbische Sperrfeuer –, die im Kosovo auf Panzerjagd gingen und mit der strahlenden Munition ausgestattet waren. Daß dabei, wie wir heute wissen, großteils nur Panzerattrappen aus Gummi und Blech getroffen wurden, macht die Verstrahlung der Region nicht besser. Der spanische Pilot Adolfo Luis Martin de la Hoz berichtete nach Kriegsende in der Wochenzeitung „Articolo 20" von der Ohnmacht der Piloten gegenüber völkerrechtswidrigen Waffen wie der radioaktiven DU-Munition: „Ein ganzes Land wurde massakriert und mit Waffen wie dem abgereicherten Uran bombardiert. ... Unser Hauptmann hat oft gegenüber den NATO-Chefs protestiert, daraufhin wurde er ausgetauscht."

Wahrhaftig dienten ein ganzes Land und ein ganzes Volk der Waffenindustrie als Versuchsfeld. Piloten flogen – gutbezahlten Firmenvertretern gleich – ihre Einsätze, während in den Zentralen der Rüstungskonzerne Erfolge und Mißerfolge verbucht wurden. Neben der „verbesserten" DU-Munition wurden neue technologische Entwicklungen auf das Schlachtfeld geworfen: speziell programmierte Cruise Missiles, Cluster- bzw. Kassettenbomben, Graphitbomben und Mikrowellen. Die Träger all dieser Geschoße waren äußerst vielfältig, die Allianzmitglieder testeten unterschiedliche Flugzeugtypen und selbstgelenkte Raketen. Herausragend waren die Einsätze der Tarnkappenbomber, vor allem des „unsichtbaren" Stealth-Bombers F 117A, dessen Verlust die wahrscheinlich schwerste Schlappe der US-Rüstungsindustrie darstellte. In der Nacht zum 28. März schoß die jugoslawische Luftabwehr die vielgepriesene Wunderwaffe der USA ab, zwei Milliarden US-Dollar fielen auf einem Acker in Zentralserbien auseinander.

Zu den Gesamtkosten der alliierten Kriegführung gibt es sehr unterschiedliche Schätzungen, die zwischen 25 Mrd. US-Dollar (Merrill Lynch-Bank) und 125 Mrd. US-Dollar (Carnegie-Stiftung) liegen.

Ausgiebig verschossen wurden die Cruise Missiles, unbemannte, tief unter dem Radar langsam dahinziehende Marschflugkörper, die Ende April bereits knapp geworden waren. In diesen „Tomahawk" genannten Todbringern ist das Ziel oft mittels Bildern einprogrammiert. Sie orientieren sich am Vergleich der Wirklichkeit mit dem eingescannten Zielfoto. Nicht explodierte Cruise Missiles gaben ein brisantes Geheimnis preis. Die jugoslawische Abwehr konnte nachweisen, daß die Fotos für die Programmierung der Marschflugkörper von US-amerikanischen OSZE-Beobachtern geschossen worden waren. Die digitale Fotografie hatte das Datum der Aufnahme noch gespeichert.

Kriegsrechtlich besonders geächtet sind Cluster- bzw. Kassettenbomben. Die NATO verwendete sie im Einsatz gegen große Gebäudekomplexe, Flughäfen, Zivilisten und Soldaten. Es handelt sich um veritable Anti-Personen-Bomben. Jedes Flugzeug trägt mehrere mit solchen Kassettenbomben gefüllte Container. Clusterbomben bestreichen ein Gebiet von 100 bis 150 Metern Breite und einem Kilometer Länge. Die Schrapnellsplitter der einzelnen kleinen „Tochterbomben" haben eine Reichweite von 150 Metern, sie lassen Lebewesen im oben beschriebenen Umkreis keine Chance, schlimmsten Verletzungen zu entgehen. Beim verheerenden Angriff auf den albanischen Flüchtlingstroß am 14. April auf der Straße bei Meja, bei dem 75 Menschen zu Tode kamen, waren Kassettenbomben im Einsatz. Der britische Journalist Robert Fisk schilderte im „Independent" seine unheimliche Begegnung mit dieser Waffenart. Alexandra Bader hat den Bericht in der Zeitschrift „Alaska" vom Mai 1999 übersetzt: „Die meisten der Schrapnelle waren so scharf, daß man sich in die Hand schneiden konnte, wenn man sie nur berührte. Die Körper der Toten zeigten, was passiert, wenn sie lebend erwischt werden – einer der Leichen in Terežicki Most war die Stirn einfach weggerissen worden, samt Gehirn und Augen. Eine Frau hatte einen aufgerissenen Hals." Über 30.000 Clusters mit ungezählten kleinen „Tochterbomben", die oft nur Tennisballgröße aufweisen, hat die NATO verschossen. Tausende dieser todbringenden Tennisbälle liegen als Blindgänger in ganz Jugoslawien, insbesondere im Kosovo, herum. Sie stellen die größte Gefahr bei der sogenannten Entminung dar. Während die von der jugoslawischen Armee verlegten Minenfelder auf Plänen eingezeichnet und der NATO übergeben wurden, liegen tausende nichtexplodierte Bomben von Clusterabwürfen unidentifiziert im Gelände. Ihre defekten Zündmechanismen reagieren entweder auf Zeit oder auf Berührung bzw. Annäherung; mit Opfern dieser Clusterbomben ist noch in Jahren zu rechnen.

Zwei bislang auch der Fachwelt in ihrer Wirkung unbekannte Waffensysteme hatten im NATO-Krieg ihre Premiere: die Mikrowellen- und die Graphitbombe. Über erstere ist nach wie vor kaum etwas an die Öffentlichkeit gedrungen, nur soviel: Sie zerstört Halbleitersysteme, das heißt Computer-Chips, und jede digitale Speicherung. Eingesetzt wurde sie gegen militärische und zivile Kommunikationssysteme. Auch die chinesische Botschaft wurde mit der Mikrowellen- oder „Software"-Bombe „bestrahlt", alle Computerdaten verschwanden mit einem Schlag. Vielleicht kriegsentscheidend war die Graphitbombe, ausgerüstet mit Millionen von feinsten Graphitfäden, elektromagnetisch aufgeladenen Kohlepartikeln. Sie haften an allem, was elektrisch ist. Vom Umspannwerk über die Überlandleitung, vom Notstromaggregat bis zum häuslichen Sicherungskasten wird der Strom kurzgeschlossen, lahmgelegt. Ausgestreut wurden Graphitbomben ab dem 2. Mai, sie trugen in der Folge maßgeblich zur Zermürbung der Bevölkerung bei. Strom fiel aus, das hieß, die Wasserpumpen funktionierten nicht mehr, Licht, Herd, Straßenbahn, Lift, Fernsehen, Radio ... das städtische Leben erlahmte. Die wieder und wieder abgeworfenen Graphitbomben ließen die Menschen in Belgrad, Niš und Novi Sad verzweifeln. Es waren diese Angriffe auf den Lebensalltag der zivilen Gesellschaft, die die Widerstandskraft Jugoslawiens gebrochen haben.

Die Heimatfront

Die Heimatfront kämpfte um die Herstellung von Konsens. Das war in jedem Krieg so. Mit Losungen à la „Jeder Schuß, ein Russ'" oder „Serbien muß sterbien", wie sie im Jahr 1914 von dem österreichischen Autor Felix Salten gedichtet wurden, war Gemeinsamkeit im Reich nicht mehr herstellbar. Auch eine jüdisch-bolschewistische Verschwörung, das Feindbild der 30er Jahre, konnte für NATO und EU des Jahres 1999 keine einigende Klammer darstellen. Die moderne Konsensproduktion orientierte sich an den Erfahrungen der vergangenen Jahrzehnte.

Kampflegitimation brauchte mehr als eine ökonomische Grundlage. Die verwertungsorientierte, waren- und konsumorientierte Gesellschaft bedurfte, um in den Krieg gegen den Feind zu ziehen, auch einer religiösen bzw. quasi-religiösen Legitimität. Seit dem Golfkrieg versuchten es die Heimatfrontler aus Politik und Medien mit dem Antifaschismus. Selektiv wahrgenommen, manipuliert und jeder ökonomischen oder geopolitischen Dimension enthoben, bot diese Art von Antifaschismus der neuen Generation von Kriegshetzern eine fast perfekte Tarnung.

„Saddam Hussein ist Adolf Hitler", „Slobodan Milošević ist Adolf Hitler", schrien die Söhne und Töchter von Wehrmachtssoldaten und Holocaust-Opfern unisono. Dieser scheinbar moralischen Koalition durfte nicht widersprochen werden. Und auf diesem Tabu basierte ein Gutteil des Kriegskonsenses. So geriet der Einmarsch irakischer Truppen in Kuwait zum Synonym für den Überfall des Deutschen Reiches auf Polen, und die ethnisch motivierte Repression der Kosovo-Albaner wurde flugs als Wiederholung des Holocausts an den deutschen Juden ausgegeben. En passant hatte man damit auch gleich die Greuel der deutschen Geschichte relativiert; Amerika sei Dank.

Diesmal, so der Tenor aus Washington und Berlin, wolle man dem Schlachten nicht untätig zusehen. Ab dem 24. März 1999 kamen Menschenrechtsbomber und Friedenstruppen zum Einsatz gegen die – wie es hieß – „serbischen Barbaren". Der Barbar war, wie zu Zeiten des alten Roms, zum zentralen Begriff konsensualer Feindbildherstellung im „Reich" geworden. Das Selbstverständnis auch des modernen Reichsgedankens wurzelt in den Traditionen des Imperium Romanum, des römischen Kaisers und seiner Transformation in das weströmische Papsttum. Das Capitol in Washington ist symbolischer Ausdruck dieser Kontinuität des alten römischen Kapitols, es ist der Reichshügel in seiner bürgerlichen Form.

Auf griechisch heißt Barbar „der Stammelnde", der unverständlich Sprechende. Und tatsächlich verstanden Clinton, Solana und Fischer niemanden weniger als die Menschen auf dem Balkan (oder in den arabischen Ländern, geschweige denn in China). Samuel Huntington, US-Präsidentenberater, ließ in seinem berühmt gewordenen Buch schon vor Jahren keinen Zweifel an der Existenz von Barbaren, deren Bekämpfung für den Konsens im Reich notwendig sei. Ein genialer Schachzug gelang den westlichen Medienproduzenten, als sie die Opfer der imperialen Aggression zu Tätern machten. Huntingtons „Kampf der Kulturen", eigentlich die modern geschriebene Variante von „Mein Kampf", wurde so zur Menschenrechtspostille für die Kampfeinsätze der 90er Jahre – und wohl darüber hinaus. Die Berichterstatter an der Heimatfront wollten den totalen Krieg. Reichsparteitage auf dem Nürnberger Zeppelinfeld zur Aufputschung der Massen waren von modernen medialen Inszenierungen abgelöst worden. Und niemand brauchte mehr die pathetische Frage zu stellen. Sie wollten den totalen Krieg, den totalen Sieg. „Jetzt geht es um den vollständigen Sieg", drückte sich Österreichs Starkommentator Hans Rauscher um das Wörtchen „total". Doch die Begriffe sind ident. Und die dahinterstehenden Begierden gleichen einander.

Der tägliche TV-Konsument war live dabei: Vertreibung, Spenden, Bomben. Das Elend der Flucht war albanisch, die Spenden waren deutsch und österreichisch, die Bomben US-amerikanisch. So hatte alles seinen Platz. Und der Feind, keine Frage, der war serbisch. Seine Sendeanlagen, die dem Schlachtgesang der NATO zumindest für die serbische Rezeption medial Paroli boten (und die Vertreibungen im Kosovo leugneten), waren für Cruise Missiles-Einsätze programmiert. Im Namen der Pressefreiheit.

Gefragt waren Reizschlagworte, die den Serbenhaß unterstrichen – „Schlächter Milošević", „Kosovo-Albaner in KZ gepfercht", „Massenvergewaltigung an Albanerinnen", „Kosovo-Albaner als lebende Schutzschilde mißbraucht", „Massaker in den Dörfern". Zeitungstitel reichten von „Irrer Serbe stürzt uns in den Krieg" („Berliner Kurier") bis „Serben-Killer treiben Albaner in KZ-Zonen" („Berliner Kurier"). Woher alle diese Informationen über den serbischen Terror stammten, ist angesichts der immer wieder eingestandenen schlechten Nachrichtenlage unklar.

Deutsche Staatsmänner à la Rudolf Scharping, der zu den eifrigsten Scharfmachern zählte, könnten sich bei ihrer Materialsuche ins Archiv begeben haben, wo die politische und mediale Vorbereitung für den letzten deutschen Angriffskrieg nachzulesen ist. „Die deutsche Regierung", steht dort in den Akten des Auswärtigen Amtes Anfang September 1939 zu lesen, „hat, ergriffen vom Leid der von Polen gequälten und unmenschlich behandelten Bevölkerung, dennoch fünf Monate lang geduldig zugesehen, ohne auch nur einmal gegen Polen eine ähnlich aggressive Handlung zu betätigen. Sie hat nur Polen gewarnt, daß diese Vorgänge auf die Dauer unerträglich sein würden." Die entsprechenden „Vorgänge" werden aufgelistet: Ermordung von Deutschen, Vertreibung, KZ-Einweisung. „Am vorigen Sonntag", schrieb der deutsche Generalkonsul in Thorn am 28. August 1939 an sein Auswärtiges Amt, „hielten die Polen die Stunde für gekommen, um Rache an der deutschen Bevölkerung zu nehmen. Im Rahmen der Evakuierungsmaßnahmen wurde der größte Teil der Volksdeutschen wie eine Herde zusammengetrieben und ins Innere des Landes in Marsch gesetzt. ... Eine schwangere Frau, die einfach nicht mehr weitermarschieren konnte, wurde von der Begleitmannschaft so schwer geschlagen, daß sie frühzeitig niederkam und dabei verstarb. Die Volksdeutschen dürften in eines der zahlreichen Konzentrationslager getrieben worden sein." Scharping, Fischer und Kriegskollegen brauchten nur die „Polen" durch die „Serben" zu ersetzen und die „Volksdeutschen" durch die „Kosovo-Albaner" – schon war die alte Rechtfertigung aus dem Jahr 1939 für den Angriffskrieg 1999 modernisiert.

Die Rechtfertigung ist das notwendigste Begleitstück einer jeden militärischen Aggression. Die schlimmsten Greuel mußten dafür herhalten: Völkermord, Vergewaltigung, Konzentrationslager wurden dem Feind vorgeworfen. Solch schwere Kaliber der Heimatfront waren der Nachkriegsgeneration unbekannt, das Schweigen eine weitverbreitete Reaktion. Die 68er fanden den Krieg plötzlich geil, oder aber sie bunkerten sich ein. Peter Handke beschrieb die neue Kriegsgeneration in der „Süddeutschen Zeitung" vom 15. Mai 1999 als „Turnlehrer des Grauens". Ihre Distanz zum grausigen Geschehen entsprach der Art des Bombardements aus 5.000 Meter Höhe. Kriegsfolgen kamen über das Internet bzw. über diverse TV-Stationen auf den Bildschirm. Gesellschaftlich definiert werden kann diese „Neue Mitte", die an der Heimatfront den Krieg rechtfertigte, als „Pakt des moralischen mit dem wirtschaftlichen Flügel den neuen Kleinbürgertums", wie es Georg Seeßlen im Mai-Heft 1999 des „Konkret" tat. Diese kultur-ökonomischen Neoliberalen haben tatsächlich etwas zu verlieren: die Privilegien einer Zentrumsgesellschaft, die gegenüber den Habenichtsen im Osten und Süden verteidigt werden. Wer diese postindustrielle, globalisierte Zivilgesellschaft, die ihren Wirkungskreis nur in relativ kleinen, geschützten Räumen (vornehmlich den Städten der EU oder der USA) entfalten kann, stört, ist fast automatisch Feindbild, wird zum Feind. „Und zum

Feind müßte dabei jeder werden", philosophierte Seeßlen provokant, „der sich außerhalb des Projekts der Versöhnung von Menschenrechts-Moral und Neoliberalismus befindet. Die nächsten Bomben fallen, um einen bescheidenen Swiftschen Vorschlag zu machen, auf Gesellschaften, in denen Klitorisbeschneidungen oder Tabakanbau geduldet werden."

Die Erfindung der 68er-Generation heißt „humanitärer Krieg". Geführt wird er mit dem Begriff der „Menschenrechte". Begriffliche Definition ist keine vorgesehen. In seiner Schwammigkeit steckt die propagandistische Stärke. Was wollte man auch damit anfangen, daß die UNO im Jahr 1976 zwei Menschenrechtspakte verabschiedet hat: einen für wirtschaftliche und einen für politische – also einen für kollektive und einen für individuelle – Rechte. Den „Turnlehrern des Grauens" ist eine solche Systematik zuwider. Wirtschaftliche Menschenrechte wie das Recht auf ausreichende Ernährung, Wasser und Arbeit – auf ein würdiges Dasein – bedrohen ziemlich direkt die Privilegien jener, die davon im Überfluß haben. Einige Zahlen über die Entwicklung der Menschheit in den vergangenen Jahrzehnten mögen dies verdeutlichen. So verdoppelte sich zwischen 1960 und 1995 laut UN-Angaben der Verdienst des reichsten Fünftels der ErdenbewohnerInnen gegenüber dem ärmsten Fünftel. Heute entnehmen die reichsten 20 Prozent 61mal (!) soviel aus dem Gesamttopf wie die ärmsten 20 Prozent. Ein nicht zu vernachlässigender Teil der Bevölkerungen Osteuropas fällt seit 1989 in dieses unterste Segment der Welteinkommenspyramide. Das ist gefährlich. Vor den sozialen Auswirkungen dieser Differenz schützt sich das reichste Segment. Die geographische Nähe von reich und arm, wie sie für das Europa der Zeitenwende kennzeichnend ist, brutalisiert diesen Schutzmechanismus. In früheren Zeiten mußten für die Wahrung weltweiter Disparitäten Rassenlehren oder religiöse Missionsvorstellungen herhalten, der moderne Zentrumsmensch macht sich dafür auch die Menschenrechte nutzbar. Und weil die ökonomische Deformation in der Peripherie politisch zum Aufstieg von Nationalismen, Fundamentalismen und Grausamkeiten sonder Zahl führt, eignen sich politische Menschenrechte mit hehren demokratischen Zielen besonders, um Interventionen des Westens in Ost und Süd zu rechtfertigen.

Menschenrechte als ein solches Schutzinstrument sind teilbar. Deshalb gilt zum Beispiel das Recht auf nationale Selbstbestimmung der albanischstämmigen Bevölkerung im Kosovo als Menschenrecht, während der kurdische Befreiungskampf weiträumigeren Interessen untergeordnet wird. Deshalb sammeln LDK und UÇK in Deutschland unbehelligt Spenden und Kämpfer, während die PKK verboten ist. Deshalb tritt Hashim Thaçi, der mutmaßliche Polizistenmörder, in halb Westeuropa bei Pressekonferenzen mit politischen Freunden auf, während Abdullah Öcalan überall des Landes verwiesen wurde, um schließlich dem türkischen Geheimdienst auf dem Tablett serviert zu werden – um sein Todesurteil entgegenzunehmen. Deshalb ist Slobodan Milošević ein Menschenrechtsverletzer, während die türkischen

Präsidenten und Ministerpräsidenten von allen westeuropäischen Regierungen hofiert werden.

Am 27. Mai 1999 wurden vier führende serbische Politiker und ein General vom Haager Tribunal wegen mutmaßlicher Kriegsverbrechen angeklagt. Auf Slobodan Milošević, den Chef der „kriminellen Bande", setzte William Clinton kurz darauf ein Kopfgeld in mehrstelliger Millionenhöhe aus – FDP-Mann Jürgen Möllemann hatte selbiges schon Anfang April vorgeschlagen.

Serbische Solidarität

In Wien beginnt der Balkan. Diese vor allem in deutschen Landen immer wieder kolportierte Erkenntnis bestätigte sich während des NATO-Krieges. Wiens innerstes Zentrum, der Platz um den gotischen Stephansdom, war vom 25. März bis 11. Juni 1999 fest in der Hand der Serben.

Täglich demonstrierten hier zwischen 1.000 und 3.000 jugoslawische GastarbeiterInnen, an Wochenenden fanden sich auch schon einmal 10.000 Protestierende ein. Organisiert vom „Verband jugoslawischer und serbischer Kulturvereine", versammelten sich die KriegsgegnerInnen jeweils ab acht Uhr abends nach der Arbeit. Die Bühne fungierte als offenes Forum, aus den Lautsprechern tönten abwechselnd Volkslieder und Jugo-Rock, die Nationalhymne sang die Mehrheit der Anwesenden mit. Über eine Satellitenanlage wurden direkt Bilder des Belgrader Fernsehens auf eine große Videowand geworfen – bis die Zwangsschließung des serbischen TV Sendungen unmöglich machte. Die Stimmung war gut bis nachdenklich, Informationsaustausch über Bombenziele und Familienkontakte spielten die tragende Rolle. Trillerpfeifen und Trompetenlärm gaben den Kundgebungen vor allem in den ersten Wochen das Flair eines Fußballstadions, manch ein Jugendlicher trug das „Beobanka"-Shirt seines Stars von „Roter Stern Belgrad". Auch die vielen Kids in modischem Outfit mit Handys am Ohr wirkten für demonstrationsgewohnte Linke etwas seltsam. Die NATO-Bomben hatten ganz offensichtlich unterschiedliche Generationen und Klassen vereint. Die schmale serbische Oberschicht Wiens wirkte an den Demos ebenso mit wie Bauarbeiterpartien nach Betriebsschluß und aus dem bäuerlichen Milieu stammende Frauen, die tagsüber Mittelklassewohnungen putzen. Und kaum ein Abend, an dem sich nicht auch der jugoslawische Botschafter oder die eloquente Konsulin blicken ließen.

Etwa 300.000 Serben und Montenegriner leben und arbeiten in Österreich, 120.000 davon in Wien. Jeder vierte von ihnen ist bereits österreichischer Staatsbürger. Anders als in Berlin, Hamburg oder Köln stellen die Serben die größte Gastarbeitergruppe in der Stadt. Das erklärt auch ihre Stärke, die tagtäglich auf dem Stephansplatz spürbar war. Ein weiterer Unterschied zu deutschen Städten:

Die Wiener Polizei war vom Innenministerium beauftragt, deeskalierend zu wirken. Das hatte einerseits mit der personellen Stärke der serbischen Migranten zu tun, die in einzelnen gesellschaftlichen Segmenten teilweise gut integriert sind, und hing andererseits mit der spezifischen Einstellung Österreichs zum NATO-Krieg zusammen: Trotz verbaler Unterstützung durch die Regierung verweigerte das Land – als einziges in Europa außer der Schweiz – mit Hinweis auf die Neutralität Überflugrechte für Bomberjets. In den 78 Tagen der Innenstadtdemonstrationen war diese österreichische Eigenart positiv spürbar. Selbst bei Demonstrationen am Wochenende, an denen 10.000 Jugoslawinnen und Jugoslawen durch die ganze Stadt zogen, um sich abschließend vor dem Dom zu versammeln, wurden kaum Exekutivbeamte gesichtet. Als Einsatzleiter fungierte ein slowenischstämmiger Österreicher, der einen guten Draht zu den serbischen Kulturvereinen aufgebaut hatte. Fallweise Schlägereien, die sich am Rand der Demonstration in den U-Bahn-Stationen zwischen jugendlichen Serben und Skinheads entwickelten, wurden von Veranstaltern und Polizei gemeinsam entschärft. Die serbische Kommunität in Wien hatte sich in wenigen Wochen einen öffentlichen Raum geschaffen, der zwar von den Medien totgeschwiegen wurde, im Wiener Stadtbild jedoch nicht zu übersehen war.

Grüne und Linke wirkten demgegenüber ratlos, verschreckt. Gemeinsames Auftreten mit den serbischen und jugoslawischen Organisationen kam für viele allein schon deshalb nicht in Frage, weil sie beim Anblick von Nationalfahnen, und deren gab es auf den allabendlichen Demonstrationen genug, einen unbestimmten Distanzierungsdruck verspürten. Als einen „nationalistischen Hexenkessel" denunzierte beispielsweise ein bekannter Wiener Linksliberaler die Anti-NATO-Kundgebungen der Gastarbeitergesellschaft. Zu unrecht. Denn Četnici waren auf den Demos ohnehin unerwünscht, und die wenigen AnhängerInnen von Milošević ließen nach einigen Tagen ihre selbstgeklebten Plakate mit dem Konterfei des Führers zu Hause. Das schwarz-weiß gehaltene Target-Zeichen wurde zum Symbol des serbischen Widerstands.

Die österreichischen KriegsgegnerInnen bevorzugten in der Mehrheit geschlossene Räume und Säle, um über etwaige Aktionen gegen den Krieg zu diskutieren. Verwirrung über den internationalen Charakter der Aggressionsallianz und den nationalen Charakter des serbischen Widerstands führte zur klammheimlichen NATO-Komplizenschaft oder bestimmte zumindest über weite Strecken die Debatten. Das verständliche Argument, keine gemeinsame Sache mit dem serbischen Repressionsapparat im Kosovo machen zu wollen, verstellte den Blick auf zweierlei – einerseits darauf, daß die Opfer der NATO-Agression nicht mit den (Para-)Militärs im Kosovo gleichgesetzt werden konnten, und andererseits auf die Tatsache, daß die Bomben der NATO die systematischen Vertreibungen erst provoziert hatten.

Hie und da stieß den Bauchwehkriegern der Heimatfront auch ein historisch tief verwurzelter Serbenhaß auf. „Eine atomare Bombe auf die ewige Kriegsgeburtsgrotte Balkan, daß davon nichts als ein Riesenkrater bleibt." Diesen zeitlosen Satz läßt Peter Handke den Dritten Internationalen in seinem Theaterstück „Die Fahrt im Einbaum" sagen, das während des NATO-Bombardements im Wiener Burgtheater uraufgeführt wurde. Die „Drei Internationalen" aus dem Bosnienkrieg, sportiv und überheblich, sind darin in gepanzerter Montur auf Mountainbikes quer über die Bühne unterwegs. Medienvertreter mit richterlichem Gehabe, fremden Besatzern gleich, verhehlen sie nicht ihren Haß auf das Objekt der Begierde: die örtliche Bevölkerung. Der Abscheu vor den Serben, den Muslimen, den Kroaten steht ihnen ins Gesicht geschrieben. „Mein Haß auf Land und Völker hier kam folgend ..."

Handke hat recht. Es waren die „Internationalen", die den verheerenden Krieg gegen Jugoslawien geführt haben: die internationalen Medien, die internationale Streitmacht, die internationale Wertegemeinschaft. Vom italienischen Aviano aus, vom ungarischen Tászar, vom türkischen Incirlik, vom deutschen Kalkar und Ramstein, von englischen und US-amerikanischen, von französischen und holländischen Luftwaffenbasen aus, über Slowenien, Kroatien, Tschechien, die Slowakei, Bulgarien, Rumänien, Makedonien, Albanien. Wahrhaft international. Als Kriegsgewinner dürfen sich internationale Konzerne schätzen.

Und der Widerstand gegen den Krieg? Er blieb im Nationalen verhaftet. Bei den täglich durch die NATO-Bomben betroffenen Serben sowieso. Zwischen links und liberal diskutierte man über das verhinderte Selbstbestimmungsrecht der albanischen Kosovaren, ohne überhaupt zu bemerken, daß diese Selbstbestimmung ausschließlich national definiert ist. Kosovo den Albanern, hieß die Losung der Selbstbestimmer aus dem Kosovo seit Titos Tod. Kosovo ist serbisch, lautete die ähnlich gestrickte Antwort aus Belgrad. Der durchschnittliche Kritiker an der Heimatfront nahm die albanische Position als sympathisch, die serbische als rassistisch. Mit den schwarzbehemdeten Albanern, Opfer der serbischen Repressions- und Vertreibungspolitik, wollten in Wien dennoch keine ÖsterreicherInnen mitmarschieren. Die Aufschrift auf ihren T-Shirts, „NATO-air – just do it!", hatte keinen massenmobilisierenden Effekt an der Heimatfront.

Die Strategie Belgrads: Isolation durchbrechen

Während überall auf der Welt serbische und montenegrinische MigrantInnen, manchmal mit und manchmal neben deutschen, italienischen, griechischen, russischen, australischen und kanadischen NATO-GegnerInnen ihre Wut und ihre Trauer auf die Straße trugen, kämpfte die jugoslawische Regierung gegen die zunehmende Isolation. In mehreren Etappen suchte Milošević verzweifelt Verbündete gegen die stärkste Militärmacht der Welt. Sein erster diesbezüglicher Coup war zwar für sich genommen sensationell, die Rezeption der west-dominierten Medien vereitelte jedoch jeden Erfolg. Am 1. April 1999, eine Woche nach Kriegsbeginn, traf Slobodan Milošević Ibrahim Rugova. Vor den Kameras des serbischen Fernsehens schüttelten die beiden einander die Hände, lachten etwas gezwungen in die Linse und unterschrieben ein gemeinsames Papier, das das sofortige Ende der Bombardements einforderte.

Ungläubig saßen die medialen Multiplikatoren der nordatlantischen Allianz vor dieser Wirklichkeit und beschlossen kurzerhand, sie als Fälschung auszugeben bzw. sie nicht zur Kenntnis zu nehmen. Die Meldung als solche konnte allerdings nicht wegretuschiert werden, das Satellitenprogramm des serbischen RTS war zu diesem Zeitpunkt noch weltweit auf Sendung. Zuerst kursierten Interpretationen, das Band sei gefälscht, eine alte Aufnahme, nun im Krieg propagandistisch eingespielt. Dann hieß es, Rugova sei gezwungen worden, vor der Tür warteten mutmaßlich serbische Killer mit familiären Geiseln des Albanerführers. Als auch diese Version unglaubwürdig wirkte, einigten sich die Medien der bombenden Welt auf den Kommentar, Rugova stünde unter starkem Druck. Das schien einleuchtend. Nur: Wer steht im Krieg nicht unter starkem Druck? Rugovas Appell an die Welt war vernünftig. Er, der in Prishtinë/Priština wohnte, wußte wohl, daß die NATO-Luftschläge seine Landsleute zu Tausenden, zu Hunderttausenden in die Flucht schlugen. Er sah das Debakel. Und ihm war auch klar, daß es vor dem 24. März 1999 keine systematische Vertreibung seiner Landsleute gegeben hatte. Als „Präsident" des Kosovo schien es ihm wichtig, die Befreiung nicht soweit voranzutreiben, daß das Land von seinen Menschen befreit wurde. Deshalb traf er sich gleich zu Kriegsbeginn mit Slobodan Milošević, und er wiederholte das Treffen am 20. April in Anwesenheit des Patriarchen der russisch-orthodoxen Kirche, Aleksej II. Der Papst des Dritten Rom/Moskau mußte eine Reihe von Hindernissen überwinden, um an jenem Dienstag gemeinsam mit dem serbisch-orthodoxen Kirchenfürsten Pavle II. eine Solidaritätsmesse für die Opfer des NATO-Wahns zu lesen. Die rumänische Regierung hatte dem Oberhaupt über Millionen von slawischen Seelen den Überflug verboten. Bezeichnenderweise empfing die konservative Regierung Constantinescu wenige Tage später den Papst des Ersten Rom, Karol Wojtyła, zur Feldmesse in Bukarest.

Die slawisch- und griechisch-orthodoxe Welt stand weitgehend hinter Serbien. So flog beispielsweise am ersten Kriegssonntag die international bekannte Fußballmannschaft der ersten griechischen Liga, „AEK Athen", mitten in das beschossene Belgrad, um im großen Stadion vor 50.000 Zusehern ein Solidaritätsmatch gegen „Roter Stern Belgrad" auszutragen. Alle Versuche der serbischen Behörden, auf politischer, religiöser oder sportlicher Ebene die Isolation zu durchbrechen, schlugen allerdings langfristig fehl. Auch einzelne Fahrten deutscher Gewerkschafter oder österreichischer Linker konnten darüber nicht hinwegtäuschen.

Die Strategie der NATO: Bomben bis zur Kapitulation

Demgegenüber schöpfte die NATO aus dem vollen. 19 Allianzmitglieder, davon drei neue osteuropäische, Rußland an der kurzen Leine – auch auf dem politischen Parkett schlugen die Strategen aus Washington zu.

Militärisch wurde vorerst als 20. Mitglied – vorübergehend – die UÇK aufgenommen. Schon im Februar/März 1999, zwischen den Verhandlungsrunden in Rambouillet und in der Avenue Kléber, zimmerte US-Außenministerin Madeleine Albright an einem strategischen Bündnis mit der Terror- bzw. Befreiungsgruppe der Kosovo-Albaner. Sie tat das auf die für die Großmacht USA einfachste Art und Weise, indem sie die UÇK als kosovo-albanische Führungskraft anerkannte, Ibrahim Rugovas LDK links liegen ließ und innerhalb der UÇK dem US-hörigen Thaçi den Weg ebnete.

Bei Kriegsbeginn stand es bereits fest: Die UÇK wurde zur Bodentruppe der NATO. Schlecht ausgebildet, fungierte sie eher als Kundschafter denn als kämpfende Einheit. Zu diesem Zweck hinterließ ihr die OSZE Dutzende Satellitentelefone, wie der britische Vizemissionschef, Karol Drewenkiewicz, in einem Hearing zugegeben hat. Elektronische und optische Aufklärungsgeräte aus alten DDR-Beständen des Ministeriums für Staatssicherheit (MfS), bereits 1991 von Bonn an Tirana verschenkt bzw. billig verkauft, ergänzten die Aufklärungsausrüstung der UÇK. Via Satellitentelefon übermittelten örtliche UÇK-Kommandos dann Zielvorgaben für die NATO-Kampfjets. „Die NATO und die UÇK-Befreiungsarmee arbeiten Hand in Hand", schrieb auch der Balkan-Korrespondent der französischen Tageszeitung „Le Figaro". Er zitierte einen Hauptmann der UÇK: „Vorgestern habe ich die NATO über eine Brücke und eine Straße informiert, die von den Serben benutzt werden und die unbedingt zerstört werden müßten. Am nächsten Morgen hatten NATO-Bomben die Brücke vernichtet." Vereinzelt bestätigten NATO-Offiziere die gute Zusammenarbeit zwischen alliierter Luftwaffe und kosovarischer Bodentruppe. In der französischen „Libération" kam am 9. April 1999 ein NATO-Verbindungsmann in Makedonien zum selben heiklen Thema zu Wort: „Die regelmäßige Kommunikation mit den westlichen Offizieren ist eine der letzten Verbindungen des Generalstabs der UÇK zur Außenwelt. Auf ihre Berichte kann man sich verlassen. Wenn unsere Länder noch nicht bereit sind, Bodentruppen dorthin zu schicken, ist es zumindest nützlich, die UÇK vor Ort einen Teil der Arbeit machen zu lassen." Und weiter über die Gefahren, denen die Bodentruppe ausgesetzt war: „Die größte Gefahr für die UÇK ist gegenwärtig, daß schon ein Großteil der

140

Bevölkerung vertrieben wurde. Die Serben lassen gewissermaßen das Wasser aus dem Teich ab, um die Fische zu fangen. In den Dörfern haben die UÇK-Kämpfer zuvor stets Unterkunft, Verpflegung und wertvolle Informationen bekommen." Der offizielle NATO-Sprecher, Shea, leugnete bis zum Schluß jede Zusammenarbeit mit den Kosovaren.

Über die wahrhafte militärische Schlagkraft der UÇK-Kämpfer gehen die Meinungen auseinander. Fest steht, daß eine Gruppe von 3.000 bis 5.000 Mann eine gute Ausbildung genossen hat; so viele Albaner waren bereits – von US-Special Forces gedrillt – im Bosnienkrieg auf seiten der muslimischen Armee tätig. Dieser heimischen „Elitetruppe" stand, glaubt man Meldungen der englischen Presse, eine Spezialeinheit der britischen SAS zur Seite. Am 11. April 1999 war im Londoner „Daily Telegraph" zu lesen, daß Männer dieser im Zweiten Weltkrieg gegründeten Special Force tief im Kosovo operierten, um mit speziellen Ortungsgeräten elektronische Zielmarkierungen vorzunehmen und fallweise gefangene UÇK-Kämpfer zu befreien. Über 250 solcher Geräte waren der UÇK von abziehenden OSZE-Beobachtern schon vor dem 24. März 1999 übergeben worden. Während des Krieges sickerten also britische – und mutmaßlich auch polnische – Soldaten ins Feindesland ein, um die Schmutzarbeit des Luftkrieges zu erledigen.

Diesen Luftkrieg wollte die NATO bis zur Kapitulation führen. Ein Einmarsch auf dem Boden wurde zwar mit Fortdauer der Aggression zunehmend ventiliert – ein Invasionsplan unter der Bezeichnung „B-Minus" für 170.000 NATO-Soldaten lag bereits in der Schublade –, die Intensivierung der Luftangriffe war allerdings politisch einfacher durchzusetzen. US-amerikanische, britische und deutsche Leichen wollte die Heimatfront nicht sehen. Die NATO-Ziele schienen indes mit Bomben allein nicht erreichbar. Anfang Mai 1999 stand die antiserbische Allianz kurz vor dem Auseinanderbrechen: Im Kosovo spielte sich eine Tragödie ungeahnten Ausmaßes ab, Jugoslawien war bereits weitgehend zerstört, die Wirtschaft entindustrialisiert, die Bevölkerung erschöpft – und innerhalb der Allianz begannen heftige Diskussionen, wie das kriegerische Schlamassel wohl zu beenden sei. Die NATO wiederholte ihre Forderungen als Bedingung für eine Beendigung der Bombardements: Ende der Vertreibungen, Rückzug der jugoslawischen Armee und Polizei aus dem Kosovo, Rückkehr der Vertriebenen, Einmarsch der NATO. Rußland, das seit dem Diktat von Rambouillet und der anschließenden selbstherrlichen Aggression des Westens fast alle Kontakte zu Washington abgebrochen hatte, trat nun verstärkt ins diplomatische Rampenlicht. Und Slobodan Milošević ging auf die – teilweise mit Bonn akkordierten – Friedensvorschläge aus Moskau ein. Am 2. Mai 1999 übermittelte Belgrad einen Sechs-Punkte-Plan zur Beendigung des Krieges. Einem Stop der NATO-Bombardements sollte umgehend der Rückzug aller jugoslawischen Sicherheitskräfte aus dem Kosovo folgen. Außerdem war Milošević bereit, der Stationierung einer „leicht bewaffneten internationalen Friedenstruppe" unter UN-Kommando in der umkämpften Provinz zuzustimmen. Noch bevor alliierte Partner zu dem durchaus diskussionswerten Vorschlag Stellung nehmen konnten, lehnte Clinton umgehend ab. Hinter der Fassade bröckelte die NATO-Front.

Nach der Ernennung Viktor Tschernomyrdins zum russischen Sondergesandten in Sachen Jugoslawien-Frieden erhöhte die unter den militärischen Vorgaben der USA stehende NATO ihre Schlagzahl. Jedem Besuch Tschernomyrdins in Belgrad folgte ein schwereres Bombardement. Es war direkt spürbar: Washington wollte keinen Friedensvertrag, es wollte die Kapitulation Serbiens. Alle Versuche, zwischen Bonn/Berlin, Rom und Moskau eine Achse für die Beendigung des Tötens zu formen, wurden mittels noch höherer Explosivkraft zunichte gemacht. Fischer-Plan, D'Alema-Plan ... William Clinton war für einen Frieden nicht zu haben. Besonders sichtbar wurde diese fatale Einstellung zwischen dem 6. Mai, als auf deutsche Initiative endlich eine Koordination der G7-Forderungen mit den russischen Friedensbemühungen zustande gekommen war, und dem 8. Mai, dem Tag der Bombardierung der chinesischen Botschaft.

Am 6. Mai 1999 einigten sich Vertreter der Gruppe der sieben reichsten Industrieländer und Rußlands auf einen Friedensplan: Waffenstillstand, serbischer Rückzug aus dem Kosovo, Einmarsch internationaler Truppen. Obwohl die USA beim G8-Treffen ihre Zustimmung gegeben hatten, ließen sie ihre Cruise Missiles zwei Tage später den möglichen Friedensschluß torpedieren. Mit der Bombardierung der chinesischen Botschaft provozierte Washington das fünfte ständige Mitglied des UN-Sicherheitsrates, dessen Zustimmung zu dem Plan Voraussetzung für einen Frieden gewesen wäre. Vier zielgenaue Marschflugkörper auf ein riesiges Botschaftsgebäude, das erst vor kurzem errichtet worden war, sorgten für einen weiteren langen, verheerenden Kriegsmonat. Die Entschuldigung, es habe sich dabei um einen Fehlschuß gehandelt, verhöhnte Peking und auch sonst jeden, den die weiter oben beschriebenen Umstände der Attacke interessierten.

Es sollte bis zum 10. Juni 1999 dauern, daß die Bevölkerung Jugoslawiens ihren ersten Tag und ihre erste Nacht seit langen Kriegsmonaten ohne Luftangriffe erleben durfte. Dazwischen lagen Wochen schwerer Angriffe, die in den serbischen Städten die Wasser- und Stromversorgung lahmlegten. Am 2. Juni 1999 flog der finnische Präsident Martti Ahtisaari – den deutschen EU-Ratsvorsitzenden getraute sich Brüssel nicht nach Serbien zu schicken – zusammen mit Viktor Tschernomyrdin nach Belgrad, um den Friedensplan der G8-Gruppe vorzulegen. Die NATO-Jets hatten ihre Kampfhandlungen nicht eingestellt, als tags darauf das serbische Parlament – gegen die Stimmen der Radikalen Partei von Vojislav Šešelj – dem Papier zustimmte. Dieses sah eine „rasche Abfolge" von UN-Beschluß, NATO-Waffenruhe und jugoslawischem Truppenrückzug aus dem Kosovo vor. In der Frage des Zeitpunkts der Einstellung der Bombardements weigerten sich die USA bis zuletzt, diese als Vorgabe für einen Friedensschluß zu akzeptieren. Der Rhythmus von UNO-Generalversammlung, Grenzgesprächen zwischen serbischen und NATO-Generälen, beginnendem Rückzug der Serben und Kriegsstop der NATO suggerierte eine Gleichzeitigkeit, die es für alle Seiten möglich machte, den Krieg zu beenden. Einzig die USA hatten am 8. Juni ein letztes Mal versucht, den Friedensschluß zu torpedieren. Ein B 52-Langstreckenbomber legte einen Bombenteppich über die Abhänge des Berges Pastrik, auf denen sich zu diesem Zeitpunkt angeblich 600 bis 800 jugoslawische Soldaten befanden, die sich möglicherweise bereits zum Rückzug sammelten. „Was sich uns am Berg Pastrik bot, kann man ein sehr großes Ziel nennen", verlautete aus dem NATO-Hauptquartier. Von Belgrad existiert bis heute keine Stellungnahme zu diesem Angriff; die NATO glaubt interne Kommunikation zwischen serbischen Kommandanten abgehört zu haben, die von „schweren Verlusten am Berg Pastrik" sprachen, wie die „International Herald Tribune" vom 29. Juni 1999 mitteilte. War dieser letzte Angriff wirklich so verheerend, steckte dahinter das US-Kalkül, durch einen solch massiven militärischen Schlag Belgrad nochmals vom Friedenskurs abzubringen?

Erst zwei Wochen später, nach dem völligen Abzug aller jugoslawischen Militär- und Polizeikräfte aus dem Kosovo, verkündete die NATO offiziell das Ende der Bombardements. William Clinton trat vor die Kameras und teilte mit, daß nun die Menschen im Kosovo endlich wieder Albanisch sprechen könnten. So ahistorisch seine Kriegsargumentation am 24. März gewesen war, als er den Serben indirekt die Verantwortung für den Holocaust in die Schuhe geschoben hatte, so wirklichkeitsfremd äußerte sich der mächtigste Politiker der Welt am Ende des Waffenganges. Die albanischstämmige Bevölkerung war freilich noch nie daran gehindert worden, ihre Muttersprache zu verwenden.

Geopolitik ist US-amerikanisch

„Ich kann dem amerikanischen Volk mitteilen, daß wir einen Sieg für eine sicherere Welt, für unsere demokratischen Werte und für ein stärkeres Amerika errungen haben", vermeldete US-Präsident Clinton zu Kriegsende in derselben Rede, in der er auch den Albanern zur Wiedererringung ihrer Muttersprache gratulierte. Nun, eines daran stimmt sicher: Nach der Zerschlagung Jugoslawiens hat es die Welt mit einem „stärkeren Amerika" zu tun. Darin lag – man kann es drehen und wenden, wie man will – letztlich für Washington der Sinn der ganzen Angelegenheit. Die Neuordnung Europas – und mit ihr die Neuordnung des Balkans –, so die Botschaft aus Übersee, ist ohne die Berücksichtigung US-amerikanischer Interessen nicht durchführbar. Das Herauslösen Sloweniens und Kroatiens aus dem alten jugoslawischen Staatsverband fand anfangs noch gegen den Willen der USA statt. Bei der militärischen Aufrüstung Kroatiens und ihrem „Meisterstück", der ethnischen Säuberung der Krajina, waren US-Logistik und US-Helfer schon dabei. Die bosnische Sezession geriet dann zunehmend in die Hände des State Departments, der Teilungsplan für Bosnien-Herzegowina war eine rein US-amerikanische Erfindung; die Protektoratsverwaltung des Landes koordinieren Weltbank und Währungsfonds in Washington. EU-Europa beteiligt sich daran über UN-und OSZE-Gremien. Der Krieg gegen die verkleinerte jugoslawische Föderation trieb weitere Spaltungen in die Neuordnung des Balkans. Im Kosovo ist dies offensichtlich. 35.000 Soldaten der westlichen Wertegemeinschaft stehen seit Juni 1999 in der Provinz, um – neben Bosnien – ein zweites Protektorat auf (ehemals) jugoslawischem Boden zu errichten. EU-Europa und die USA einigten sich auf ein gemeinsames Vorgehen im – in fünf Besatzungszonen aufgeteilten – Kosovo. Die UNO-Resolution zur „Beseitigung der humanitären Notlage (im Kosovo)" spricht zudem von einer „internationalen Zivilpräsenz", die Mitte Juli 1999 „zur Aufrechterhaltung der öffentlichen Ordnung und Sicherheit" eingerichtet wurde. Explizit verweist das Papier auch auf das „Abkommen von Rambouillet" und die Notwendigkeit, es zu berücksichtigen. Dort war – neben vielem anderen – die Durchsetzung der Marktwirtschaft als Ziel genannt. In Artikel 1, Absatz 4a hieß es: „Die Ökonomie des Kosovo soll in Übereinstimmung mit den Prinzipien des freien Marktes funktionieren." Der bosnische Weg dient als Vorbild für die Kolonisierung Kosovas.

Die Teilungspläne für Rumpf-Jugoslawien sind mit der Herauslösung Kosovas noch nicht beendet. Montenegro und die Vojvodina harren ihrer vom Westen mit vorbereiteten Selbstbestimmung. In welcher Form diese umgesetzt wird, ob als staatliche Unabhängigkeit oder als ökonomische Umorientierung, ist zwar von einer gewissen Relevanz für die Politik auf dem Balkan, die entscheidenden Weichen für eine weitere Schwächung des früheren südslawischen Integrationsraums sind so oder so jedoch längst gestellt. Im UN-Plan für die zukünftige Autonomie Kosovas liegt der Keim zur möglichen Abspaltung Montenegros. Kosova, so steht es geschrieben, soll nicht mehr, wie in Rambouillet noch vorgesehen, formal als Teil Serbiens gelten, sondern seine Selbstbestimmung innerhalb Jugoslawiens verwirklichen. Diese Vorgabe stellt das Selbstverständnis der Bundesrepublik Jugoslawien, die aus Serbien und Montenegro besteht, in Frage. Wenn Kosova als (dritte) Republik ausgerufen wird, muß das kleine Montenegro an Einfluß auf die gemeinsamen Staatsorgane verlieren, in denen es die längste Zeit überrepräsentiert war. So sitzen beispielsweise in der Föderalkammer Jugoslawiens ebensoviele Delegierte für die 600.000 MontenegrinerInnen wie für die 10 Millionen SerbInnen. Eine Verschiebung im Kräfteverhältnis könnte Podgorica dazu veranlassen, es Makedonien oder Bosnien gleichzutun und seine Unabhängigkeit zu deklarieren. Dazu kam eine beharrliche Weigerung der NATO/EU/OSZE-Koalition, dem zerbombten Serbien Aufbauhilfe zu leisten, solang Präsident Milošević in Amt und Würden war. Ihr vordergründiges Argument: Milošević sei ein Kriegsverbrecher, einem Volk mit einem solchen Präsidenten konnte bzw. durfte nicht geholfen werden. Diese Politik des Teilens und Herrschens konnte nur als direkte Aufforderung an Podgorica verstanden werden, sich von Belgrad zu lösen. Am 2. Juli 1999 bekräftigte NATO-General Clark die Interventionspolitik, indem er Podgorica ostentativ den militärischen Schutzschirm der NATO anbot, sollte ihn Montenegro wünschen. Milo Djukanović, der in ganz Jugoslawien als „Schmuggelkönig" bekannte ehemalige Milošević-Schützling, diente der USA/EU auf dem Balkan als nützliches Subjekt. Oder, wie in der „Neuen Zürcher Zeitung" vom 6. Juli 1999 zu lesen war: „Die westliche Diplomatie will ihn [Djukanović, d.A.] benützen, um die autoritäre Regierung in Belgrad zu stören und zu stürzen."

Der Abtrennung der Vojvodina von Serbien wiederum wurde bereits durch die NATO-Angriffe infrastrukturell Vorschub geleistet. Die die reichste Provinz mit dem serbischen Kernland verbindenden Brücken liegen im Sommer 2001 noch immer zerschmettert in der Donau. Ohne substantielle Aufbauhilfe und vor allem ohne materielle Wiedergutmachung kann es noch Jahre dauern, bis die entstandenen Schäden behoben sind. Für die Vojvodina mit ihren 300.000 ungarischstämmigen BewohnerInnen könnte dies die Zeit der Besinnung sein, sich von Belgrad schrittweise zu entfernen. Ein Anschluß an Budapest – wie unter dem Horthy-Regime – steht zwar nicht unmittelbar bevor, die Errichtung einer „Euroregion Subotica/Szabadka" mit EU-Fördergeldern hätte jedoch mittelfristig einen ähnlich destabilisierenden Effekt auf Serbien. Eine Garantie dafür, daß sich die Geschichte vom April 1941, als ungarische Truppen noch vor den Deutschen in Serbien einfielen, nicht wiederholt, kann es allerdings nicht geben. Damals nahm sich übrigens aus Gram über diesen von Reichsverweser Miklós Horthy angezettelten Überfall der ungarische Ministerpräsident Pál Teleki das Leben. 2000/01sitzen wieder rechte Radikale im Budapester Parlament und träumen von der Revision der Pariser Trianon-Verträge des Jahres 1919, die Großungarn nach dem Ersten Weltkrieg beträchtlich verkleinerten. István Csurka, Vorsitzender der Rechtspartei MIEP und vaterländischer Dichter, hielt Ende April 1999 – unmittelbar nach der Zerstörung der Donaubrücken in Novi Sad – eine vielbeachtete Rede, in der er die Hoffnung zum Ausdruck brachte, die NATO-Schläge gegen Jugoslawien würden die ungarische Schande des Jahres 1919, die nur kurzzeitig zwischen 1941 und 1944/47 behoben werden konnte, tilgen helfen. Interessant an dieser Position ist vor allem, daß Csurkas MIEP sich als einzige ungarische Parlamentspartei gegen den Beitritt des Magyarenlandes zur NATO aussprach. Angesichts der geopolitischen Möglichkeit, die die NATO mit ihrer Destabilisierungspolitik bot, revidierten die Rechten schnurstracks ihre Meinung.

Auch auf serbischer Seite trommeln mittlerweile mehr und mehr Intellektuelle und Politiker für eine Eigenständigkeit der Vojvodina. Ihr Tenor: Wir haben es satt, die politischen Abenteuer von Milošević zu finanzieren, und, nach dessen Sturz, wir wollen mit den wirtschaftlichen Problemen des Kernlandes nichts zu tun haben. Es geht um die ungleichen ökonomischen Voraussetzungen. Der reichere Norden will die günstige Gelegenheit nützen, dem ärmeren Süden zu entfleuchen. Dejan Jenca, Völkerrechtler und Mitglied des regionalen Oppositionsbündnisses „Reformistische Koalition Vojvodina", redete sich bereits in der „Neuen Zürcher Zeitung" vom 14. Juli 1999 seine Autonomiegelüste von der Seele: „Die Regionalisierung ist die Schlüsselfrage für die Opposition." Und dies stellt er sich umfassend vor. Die Republik Serbien soll in fünf autonome Gebiete geteilt werden: in die Vojvodina, den Sandžak, Südostserbien, Nordwestserbien und Groß-Belgrad. Bei soviel peripherer Teilungswut lacht jedem EU-Integrationisten das Herz. Serbien muß in solchen Plänen nicht mehr sterbien, es ist bereits gestorben. Doch der Westen hält noch weitergehende Neuordnungspläne für den Balkan wie für ganz Osteuropa bereit. Der Terminus dafür heißt – entlarvend genug – Osterweiterung. Politischer Druck und wirtschaftlicher Zugriff gehören zu den Eckpfeilern dieses seit 1989 mit allen Mitteln betriebenen Projektes. In Form von Beitrittsangeboten an elf osteuropäische Länder hat sich die „Osterweiterung" im politisch-ökonomischen Sinn institutionalisiert. Die militärische Übernahme verlief parallel dazu. So stehen heute NATO-Soldaten in Albanien, Makedonien, Bosnien-Herzegowina, Ungarn, Polen und Tschechien als gewaltbereite Geleittruppe des US-amerikanischen und EU-europäischen Einflußbereichs, sprich: Marktgebiets. Das Szenario war nach dem Sieg im Kalten Krieg vorprogrammiert. Die Erweiterung der Einflußsphäre, die im Zeitalter der Bipolarität auf dem europäischen Kontinent ein Tabu dargestellt hatte, wurde nach 1989 flugs zur westlichen Doktrin. Daß das Projekt der Osterweiterung erst am 24. März 1999 zum direkten heißen NATO-Krieg geworden ist, liegt in der Schwäche des peripherisierten Ostens begründet, dessen politische Führungen den Aufbau eigener ökonomischer Kreisläufe oder militärischer Integrationen nicht betreiben wollten oder konnten. Und es ist wohl kein Zufall, daß sich ausgerechnet Jugoslawien der Niederlage im Kalten Krieg nicht gebeugt hat – als blockfreies Land hatte es an ihm gar nicht teilgenommen. Und: Anders als die Staaten des zerfallenen Warschauer Paktes besaß es 1991 noch immer eine relativ schlagkräftige Armee.

Die Osterweiterung der westlichen Einflußsphäre kann weder integrierte wirtschaftliche Räume außerhalb des Euro- oder Dollarraums noch eine militärische Kraft brauchen, die notfalls gegen kolonisierende Maßnahmen aus dem Westen vorgehen könnte. Deshalb unterstützen die politischen Administratoren der großen Weltkonzerne regionale Autonomien und politische Sezessionen im ehemaligen RGW-Raum, deshalb wurde Jugoslawien systematisch zerstört, wobei die national vorhandenen Begehrlichkeiten geschickt für geopolitische Neuordnungspläne instrumentalisiert wurden. Kleine politische Einheiten, schwache, auf die west-dominierten Weltmärkte ausgerichtete ökonomische Grundlagen und eine von der NATO kontrollierte Armee sind die Zielvorgaben des Projektes Osterweiterung. Im Krieg gegen Jugoslawien ging es letztlich um die Glaubwürdigkeit dieser imperialen Politik. „Wenn es der NATO nicht gelingt, ihre Minimalforderungen gegenüber Serbien durchzusetzen, welche Schlußfolgerungen werden dann Typen wie Milošević in anderen Ländern ziehen?" warnte Richard Cohen, ein zum innersten Kreis der amerikanischen Think Tanks zählender Kommentator, in der „Washington Post" vom 14. Mai 1999 vor einem zu frühen Kriegsende. „Typen wie Milošević" gibt es genug. Sie sind politischer Ausdruck einer in die ökonomische Verzweiflung getriebenen Peripherie, schlechte Alternativen zu Kolonialverwaltern in einer Zeit, die bessere nicht duldet. Ion Iliescu (in seiner ersten Präsidentschaft), Vladimir Mečiar, Alexander Lukaschenko, Igor Smirnov, Milo Djukanović (bis vor kurzem), Alexander Lebed (eventuell ab demnächst) ... sie alle wurden und werden von den medialen Stichwortgebern der westlichen Wertegemeinschaft dämonisiert, weil sie nicht bereit sind, ihre Länder dem Diktat von Weltbank und Währungsfonds gänzlich auszuliefern. Sie versuchen sich am Aufbau nationaler wirtschaftlicher Kreisläufe oder ausgeglichener ökonomischer Beziehungen zwischen West und Ost, Weltmarkt und Rußland. Familiäre Bereicherung und Klientelwirtschaft gehören zu ihrem Tagesgeschäft, ja sind oft sogar die Triebfedern ihres Handelns, was sie für Kritiker der westlichen Kolonisierungspolitik als Subjekte der Solidarität unmöglich macht. Mit Demokratiedefiziten im Sinn einer Mißachtung des Volkswillens haben die westlichen Zuweisungen für östliche Bösewichte indes wenig bis gar nichts zu tun.

Der NATO-Krieg hat den Führern der peripheren osteuropäischen Staaten eines drastisch vor Augen geführt: Unbotmäßigkeit kann mit völliger Vernichtung bestraft werden. Wer nicht B 52-Bombern, F 16-Kampfjets und Cruise Missiles-Angriffen ausgesetzt sein will, hat sich den Regeln der westlichen Wertegemeinschaft zu fügen. Die da sind: Investitionsfreiheit, ungehinderter Kapital- und Warentransfer, Marktöffnung und politische Willfährigkeit. Der Einfachheit halber nennt sich das im neoliberalen Diskurs „Demokratisierung". Erst nach diesem Selbstverständnis der ökonomischen Zentralräume über das Schicksal der Peripherien tauchen Widersprüche innerhalb der imperialen Strategie auf. Über die Kosten der unterschiedlichen Arten von Transformation und über die Verteilung von Profiten nach erfolgreicher wirtschaftlicher Zurichtung scheiden sich die Geister dies- und jenseits des Atlantiks. Im NATO-Krieg gegen Jugoslawien war dieser US-amerikanisch-europäische Zwist immer wieder spürbar. Washington nahm Brüssel bereits mit der „activation order" vom 12. Oktober 1998 in militärische Geiselhaft. Über die unmittelbaren Kosten des Krieges wird noch viel gestritten werden, die politischen und ökonomischen Folgekosten muß die EU bezahlen. Denn hier in Europa sind die Auswirkungen der balkanischen Destabilisierung virulent, werden ökologische Langzeitschäden, zerstörte Transportwege (über die Donau oder die Europastraßen durch den Balkan) sowie gesellschaftliche Entwurzelungen in der Folge von Flucht und Vertreibung tiefe und langanhaltende Spuren hinterlassen.

Den USA scheint damit zweierlei gelungen zu sein: ihre strategischen und ökonomischen Interessen – wie Marktöffnung, willfährige Regimes, Investitionssicherheit etc. – durchsetzen und den einzigen ernsthaften Konkurrenten um internationale Hegemonie, die Europäische Union, mit Kosten belasten zu können. Insofern hatten jene warnenden Stimmen recht, die die NATO-Bombardierungen als einen Krieg bezeichneten, der sich nicht nur gegen Serbien, sondern auch gegen Europa als ganzes richtete.

Insbesondere auch gegen Rußland. Washington hat bereits seit längerem seinen strategischen Fokus auf die rohstoffreichen Gebiete rund um das Kaspische Meer gerichtet, wo die Multis Chevron und Exxon bereits eifrig am Werken sind. Die Köpfe der US-amerikanischen Außenpolitik machen kein Hehl aus diesem Begehren. Davis Tucker, stellvertretender Direktor im US-State Department, schrieb in der Sommernummer 1998 der Strategiezeitschrift „Parameters", daß es für die USA nur mehr eine Region in der Welt gäbe, wo die eigenen „Sicherheitsinteressen mit der Barbarei zusammenstoßen" könnten: „Das Gebiet um den Persischen Golf, nördlich bis zum Kaspischen Meer und östlich bis nach Zentralasien. ... Dies ist eine äußerst wertvolle Region, die zirka 75 Prozent der Erdölreserven und 33 Prozent der Erdgasreserven dieser Welt beherbergt." Die russische (wie auch die iranische) Kontrolle über dieses Rohstoff-Eldorado und seine Transportwege Richtung Westen steht Washington potentiell im Weg. Die Demonstration der militärischen Entschlossenheit und der Einsatz neuester technologischer Errungenschaften im NATO-Krieg gegen Belgrad waren auch als Warnung an Moskau gedacht, den US-amerikanischen bzw. US-amerikanisch-türkischen Annäherungen an Kasachstan, Turkmenistan und Aserbaidschan nicht in die Quere zu kommen.

Die Generäle der ehemaligen Roten Armee verstanden dies nur zu gut und handelten entsprechend. Am 11. Juni 1999 erhöhten sie putschartig den unter Jelzin seit Jahren systematisch eingeengten politischen Handlungsspielraum Rußlands. 500 russische Fallschirmjäger der SFOR-Truppe aus Bosnien fuhren, von der Bevölkerung umjubelt, durch das kriegszerstörte Serbien in den Kosovo und besetzten dort in der Nacht darauf, um 0 Uhr 15, den Flughafen von Priština. Die politische Klasse Moskaus, die gerade wieder einmal für einen dreistelligen Dollarmillionenkredit der Zoneneinteilung Kosovas zugestimmt hatte, mußte diesem Schlag der Generalität post factum zustimmen. Bei der Umsetzung der dadurch entstandenen Möglichkeiten geriet Moskau freilich wieder in die Defensive, wiewohl die schlußendlich durchgesetzte russische Präsenz auf dem Balkan den geostrategischen Gewinn der NATO beträchtlich schmälert. Das implizite Ziel der NATO, den latenten Konflikt mit Rußland, der jederzeit heiß werden kann, auf asiatisches Territorium bzw. rund um das Kaspische Meer zu verlegen, wurde nicht erreicht.

Anfang August 1999 tickerten die Presseagenturen Berichte aus dem Innenleben der NATO-Befehlsstrukturen, die erklären sollten, warum der in Kosova so erfolgreiche General Wesley Clark seinen Posten räumen mußte. Der Oberbefehlshaber über die NATO-Truppen im Jugoslawien-Luftkrieg, Clark, hatte noch am 11. Juni 1999, dem Tag des russischen Einmarsches in Serbien, Befehl gegeben, britische und französische Fallschirmjäger gegen den russischen Vorstoß nach Priština einzusetzen. Der von der NATO über einen Beschluß des UN-Sicherheitsrates ins Amt gesetzte General Michael Jackson, der mittlerweile für den Einmarsch der Allianz nach Kosova zuständig war, verweigerte die Ausführung mit dem Hinweis: „Für Sie, General Clark, riskiere ich nicht den 3. Weltkrieg." Washington war also durchaus bereit gewesen, die militärische Generalprobe gegen Moskau – den Krieg in Jugoslawien – direkt in eine große Konfrontation mit der russischen Atommacht münden zu lassen. Der kleine Unterschied zwischen einem NATO-General unter NATO-Befehl und einem NATO-General, der den Vereinten Nationen zugeordnet ist, rettete die Welt möglicherweise vor einem noch größeren Waffengang.

Heute stehen an zwei geostrategisch wichtigen Punkten Europas russische Soldaten: in Kosova und in Transnistrien bzw. der Republik Moldawien. Beide Stationierungen gingen übrigens nicht vom politischen (Un-)Willen Moskaus, sondern von den Generälen der früheren Roten Armee aus, die vollendete Tatsachen schufen.

Protektorat Kosova: ein vielfach geteiltes Land

Fünf militärische Besatzungszonen, in die halb Europa und ganz Nordamerika seine Soldaten geschickt hat, eine dazwischen vagierende russische Armee, von der NATO mit Argusaugen beobachtet, vier politische Verwaltungen mit Regierungsanspruch – so stellt sich die Lage Kosovas im Spätsommer 1999 dar. Formal gilt die Provinz nach wie vor als Teil Jugoslawiens, doch die Besatzungsmächte denken nicht daran, dies zur Kenntnis zu nehmen. Wieder einmal war es der deutsche Kanzler, der als erster zur diplomatischen Provokation auf höchster Ebene schritt. Mitte Juli 1999 besuchte Schröder unter Umgehung Belgrads Kosova. Er schuf damit einen politischen Präzedenzfall. De facto war Kosova seit dem Abzug der jugoslawischen Armee in der Hand der fünf Besatzungsmächte USA, Großbritannien, Frankreich, Deutschland und Italien. Westliche Journalisten, Politiker und Abenteurer bevölkern seither die zerstörte Provinz, ohne dafür im jugoslawischen Außenministerium um ein Visum vorstellig zu werden. Der Sozialdemokrat Schröder war allerdings der erste Staatschef, der demonstrativ die staatliche Souveränität Jugoslawiens im Kosovo brüskierte.

Am 15. Juli 1999 traf der internationale Protektor Bernard Kouchner in Priština – albanisch: Prishtinë – ein. Der frühere französische Staatssekretär übernahm als Sondergesandter des UN-Generalsekretärs Kofi Annan die Führung der UNO-Mission in Kosova (UNMIK). Die Rolle eines Generalgouverneurs kommt der eines Kolonialverwalters im 19. Jahrhundert gleich, der mit den Truppen der Besatzungsmächte ein gutes Einvernehmen herstellen muß – wie natürlich auch mit der einheimischen Bevölkerung. Auf die Führung der Regierungsgeschäfte im Kosovo/Kosova erhoben im Sommer 1999 drei Regierungen ihren Anspruch: zwei albanische und eine jugoslawische. Als mächtigster Mann für die zukünftige Administration gilt der von den USA aufgebaute UÇK-Führer Hashim Thaçi, dessen „provisorische Regierung" in Prishtina residiert. Ebenfalls in der kosovarischen Hauptstadt hat Thaçis schärfster Konkurrent, Bujar Bukoshi, seinen „Regierungssitz" eingenommen. Bukoshi betrieb als „Ministerpräsident" jahrelang die Geschäfte von Ibrahim Rugova in Bonn. Als dritte „Regierung" waltet dann noch der Vertreter Belgrads, Zoran Andjelković, seines Amtes. Der jugoslawische Statthalter leitet den sogenannten „temporären Exekutivrat von Kosovo und Metohija". Die tatsächliche Macht liegt im Sommer 1999 in den Händen des britischen Generals Michael Jackson, der die höheren Weihen der UNO trägt. Blutige Machtkämpfe zwischen den rivalisierenden albanischstämmigen Gruppen könnten bald zum gewohnten Bild in der Provinz werden. Rückkehrwillige Kosovaren, die als Parteigänger von Rugova und Bukoshi gegolten haben, sind in albanischen Lagern von der UÇK verhaftet worden, die ihnen „Spionage für Serbien" vorwirft. Uneinig sind sich die Exponenten der unterschiedlichen politischen albanischen Kräfte über vielerlei. Die Position Kosovas in der internationalen Staatengemeinschaft ist für sie vollkommen ungeklärt, drei Varianten stehen zur Debatte: jahrelanges NATO/EU/UN-Protektorat, staatliche Unabhängigkeit, Anschluß an Albanien. Die Rückkehr unter die Fittiche Belgrads wird in diesen Kreisen nicht diskutiert und ist wohl auch unrealistisch. Eine solche Ausgangsposition bietet ideale Voraussetzungen für Großmachtpolitik, die für jede der politisch genehmen Varianten problemlos kosovarische Parteien und Führer finden wird. Der koloniale Status Kosovas ist damit auf lange Jahre gesichert.

Die albanischstämmigen Flüchtlinge aus Makedonien und Albanien sind wieder in ihre Heimat zurückgekehrt. Ihre Situation ist mehr als trist. Die Häuser großteils zerstört, die Äcker unbebaut, in den Städten kein Wasser, auf dem Land serbische Minen und NATO-Streubomben; die ökologischen Langzeitfolgen für Gesundheit und Landwirtschaft sind noch nicht abschätzbar. Auf der anderen ethnischen Seite hat die Hälfte der 250.000 Serbinnen und Serben den Kosovo noch vor dem Herbst 1999 verlassen, vertrieben von den anrückenden UÇK-Männern oder aus Angst vor Übergriffen der Albaner. Den ganzen Sommer 1999 über fielen fast täglich serbische Einwohner unter den Augen der NATO-Patrouillen albanischen

Kommandos zum Opfer. Ihre Häuser gingen in Flammen auf, ihre orthodoxen Kirchen wurden zerstört. Am 28. Juli 1999 verübten Angehörige der UÇK ein Massaker im Dorf Staro Gracko, dem 14 serbische Bauern, die gerade beim Einbringen der Ernte waren, zum Opfer fielen. Wenige Tage später wurde die in Bau befindliche orthodoxe Kathedrale von Priština ein Raub der Flammen. SerbInnen, die sich nicht in einen der halbwegs sichereren Bezirke der größeren Städte retten konnten, hatten wenig Überlebenschancen. In den größeren Orten entstehen „Klein-Berlins" mit albanischen und serbischen Sektoren, an deren Übergängen NATO-Soldaten die Kontrolle ausüben. Sie sprechen in aller Regel weder ein Wort Albanisch noch Serbisch und beschäftigen ausschließlich albanische Dolmetscher, deren überwiegende Mehrheit antiserbisch eingestellt ist. Die Stadt Kosovska Mitrovica beherbergt im Spätsommer 1999 mit 10.000 SerbInnen die größte slawische Gemeinde im Kosovo.

Der NATO-Einmarsch bedeutete nicht nur den Exodus für die noch im Land verbliebenen SerbInnen, sondern auch höchste Lebensgefahr für die seit Generationen im Kosovo ansässigen Roma. An ihnen kühlte der albanische Chauvinismus sein Mütchen. Die Vertreibung der Zigeuner am Beginn der neuen – westorientierten – Ära stellt dem Protektoratsprojekt Kosova das denkbar schlechteste Zeugnis aus. Ihre angebliche oder tatsächliche Loyalität gegenüber Jugoslawien als Grund der antizigeunerischen Hetze darzustellen, entlarvt sowohl den antiserbischen wie auch den rassistischen Grundkonsens nicht nur der Albanerorganisationen, sondern auch der westlichen Wertegemeinschaft. Diese hat übrigens nicht umsonst fast überall in ihrem Einflußbereich die Roma und Sinti vernichtet oder vertrieben, sei es auf die „deutsche Art" während des Zweiten Weltkrieges oder auf Basis administrativer Schikanen in ganz Westeuropa. Es ist kein Zufall, daß die Zigeuner überall in Osteuropa, von Rumänien über die Tschechoslowakei bis Jugoslawien, die kommunistische Epoche relativ unbeschadet überlebt haben, während sie nach 1989 unter die Räder des Reformprozesses gekommen sind. Von ihrer administrativen Diskriminierung in Tschechien bis zur militärischen Austreibung im Kosovo zieht sich dabei die Spur der – vom Westen unterstützten – jeweiligen Nationalisten.

Die Kolonisierung des Balkans (ab 1999)

Unter dem Schutz der NATO:
Aus Kosovo wird Kosova

„Aus unserem Viertel wurden alle vertrieben", meint Čedomir Prlinčević, der Vorsitzende der jüdischen Gemeinde in Priština, im Frühwinter 1999. Wir treffen ihn in Belgrad, wo sich der 60jährige mit den Resten seiner Familie auf die Übersiedlung nach Israel vorbereitet. Die jüdische Gemeinde in Priština gibt es nach dem Einmarsch der NATO nicht mehr.

Während des NATO-Krieges haben die etwa 60 Juden aus Priština genauso wie die anderen Menschen der kosovarischen Hauptstadt in Angst und Schrecken gelebt. Die allermeisten sind geflohen: die Albaner Richtung Makedonien und Nordalbanien, die Serben Richtung Belgrad. Schätzungen, daß zwischen März und Juni 1999 70% der Bevölkerung ihre Stadt verlassen hatten, korrespondieren mit den Flüchtlingszahlen für den gesamten Kosovo. Priština war fast menschenleer. Während unter den NATO-Bomben serbische Paramilitärs und Sonderpolizei die albanische Bevölkerung terrorisierten, wendete sich das Blatt mit dem Einmarsch der US-Amerikaner, Deutschen und Italiener Mitte Juni 1999. Die Kosovo-Force (KFOR) erlaubte es den bewaffneten albanischen Banden, „Rache" zu üben. Und weil serbische Armee und Polizei auf der Basis des am 9. Juni 1999 in Kumanovo geschlossenen Abkommens unbehelligt abziehen konnten, kühlten Hashim Thaçis UÇK und sonstige bewaffnete Albanermilizen ihr Mütchen an der Zivilbevölkerung. Dem Terror waren prinzipiell alle Nicht-Albaner, insbesondere Serben, Roma, Juden, Goraner (slawische Muslime) und Türken ausgesetzt sowie jeder Albaner, der sich zu den Methoden der UÇK kritisch geäußert oder auch nur das Pech hatte, größere Besitzungen aus der „serbischen Zeit" nicht in die mafiösen Strukturen der „demokratischen Epoche" eingebracht zu haben, sprich: sich gegen die Schutzgeld-Ökonomie der UÇK-Führer zur Wehr setzte. Kosova ist unter dem KFOR-Kommando der gefährlichste Platz Europas geworden.

Die Familie Prlinčević hat alles verloren. Einen Monat lang hielt sie dem albanischen Terror in der Hauptstadt des Kosovo stand. Ihre Wohnung in einem modernen elfstöckigen Hochhaus hat sie während dieser Zeit kaum verlassen können. Čedomir Prlinčević erzählt, wie die serbische Nachbarfamilie im Stockwerk oberhalb ausgerottet wurde. Ein Trupp Albaner schnitt ihnen einfach die Kehlen durch. Die Mutter von Čedomir Prlinčević, über 80 Jahre alt, erlitt einen Herzanfall, als plötzlich zehn Bewaffnete in der Wohnung standen und sie aufforderten zu gehen. Zuvor hatte einer der Eindringlinge einen albanischen Namen an die Tür geschrieben und bemerkt, dies sei nun seine Wohnung. „Meine Frau, die gut Albanisch spricht, ist zu ihm hin", erzählt Čedomir Prlinčević, „und hat versucht, ihm klarzumachen, daß dies unsere Wohnung ist. 'Ab heute nicht mehr', hat er geantwortet und dabei seine Maschinenpistole kurz angehoben."

An eine von oben gesteuerte Systematik bei der Vertreibung der Juden glaubt Čedomir Prlinčević nicht. „Das waren auch keine Uniformierten, die uns das Appartement weggenommen haben. Und nicht einmal welche, die aus dem Kosovo waren. Wir kannten keinen von denen. So, wie sie gesprochen haben, kamen sie aus Albanien."

Wochenlang zogen nach dem Ende des NATO-Bombardements Banden durch Priština und raubten, vertrieben, mordeten. Das Telefonbuch nutzten sie als Zielbestimmer. Wo serbische Namen eingetragen waren, tauchten sie vor der Wohnungstür auf, MPs im Anschlag, und vertrieben die Leute. Je nach Bandenphilosophie geschah dies entweder durch direkten Mord oder durch eine Aufforderung zum Gehen, der die Bewohner binnen einer kurzen Frist nachkommen mußten. Čedomir Prlinčević hat in dieser Frist mit Hilfe eines Nachbarn die in der Nähe stationierten britischen KFOR-Soldaten alarmiert. „Die kamen auch, sogar in meine Wohnung. Und ich habe dem britischen Major ein Dokument gezeigt, das mich als Vorsitzenden der jüdischen Gemeinde auswies. Das hat ihn aber gar nicht interessiert. Er hat nur gesagt: 'Vergessen Sie das. Ein anderes Mal vielleicht.' Die KFOR machte keine Anstalten, gegen die Vertreibungen einzuschreiten."

Das Desinteresse des britischen Majors bzw. sein Unvermögen zu handeln besiegelte das Ende der kleinen jüdischen Gemeinschaft in Priština. Im 16. Jahrhundert war ein Vorfahre von Prlinčević, aus Spanien kommend, in die karge Gegend gezogen, um im Osmanischen Reich Fuß zu fassen. 1943 fiel die SS über die Juden im Kosovo her, brachte die Mutter von Čedomir Prlinčević in ein Auffanglager und von dort in das Konzentrationslager Bergen-Belsen. Sie überlebte und erlitt 1999 einen Herzanfall, als Albaner im Schutz der NATO ihre Wohnung stürmten. Was Čedomir Prlinčević überhaupt nicht verstehen kann: Warum US-Soldaten Bomben auf seine Stadt geworfen haben, in der Folge der Vertreibung seiner Familie tatenlos zusahen und gleichzeitig eine US-amerikanische Organisation, „Joint", ihnen dabei hilft, nach Israel auszuwandern. Wie gut, denke ich, daß den Juden aus Priština zumindest erspart geblieben ist, während des NATO-Bombardements die Rechtfertigungen dafür in den westlichen Medien lesen zu müssen. So erfuhren sie erst später, warum – angeblich – der ganze Wahnsinn stattgefunden hat: zur Erhaltung der Multikulturalität auf dem Balkan.

Der AFP-Reporter Jean-Luc Porte bekam einen ethnischen Säuberer vor das Mikrophon, der über die Methoden der albanischen Banden bereitwillig Auskunft gab. In den „Salzburger Nachrichten" vom 23. September 1999 ist darüber zu lesen: Er nennt sich „der Lehrer", war vor dem Krieg Schulleiter und hat sich – wie er selbst sagte – zur Aufgabe gemacht, „alle Serben zu töten", die ihm über den Weg liefen. Mit einer siebenköpfigen Gang, offiziell der UÇK zugehörig, hat er drei Monate lang – von Mitte Juni bis Mitte September 1999 – einen Teil Prištinas terrorisiert, das von oberster UÇK-Führung zwecks Vertreibung der Serben und Roma in vier Zonen eingeteilt worden war. „Wir gingen von Haus zu Haus und gaben den Serben 15 bis 30 Minuten Zeit zu verschwinden", danach kam das Exe-kutionskommando. Nach ein paar Wochen sei es schwieriger geworden, „weil die KFOR-Soldaten auf die Serben aufgepaßt" hätten. Zum Schluß erzählte „der Leh-rer" noch, daß er mit dem Morden mittlerweile aufgehört hat. 79 Serben hat er auf dem Gewissen, meint er nicht ohne Stolz. „Der Lehrer" lebt nun mit seiner Frau und acht Kindern in einer Wohnung, die früher Serben gehörte. Er habe diese er-schießen wollen; sein Vorgesetzter sei allerdings dagegen gewesen, weil das zuviel Lärm gemacht hätte, und habe ihm empfohlen, den Ungläubigen die Kehle durch-zuschneiden. „Das kann ich aber nicht so gut. Ich habe sie gehen lassen."

Zum Umgang mit radikalen albanischen Nationalisten, wie „der Lehrer" zwei-fellos einer war, schrieb man den deutschen KFOR-Soldaten geradezu Ungeheu-erliches ins Stammbuch. Im „Leitfaden für Bundeswehrkontingente im Kosovo", im Juni 1999 vom „Amt für Nachrichtenwesen der Bundeswehr, Abteilung II" herausgegeben, wird auf Seite 8 darauf verwiesen, daß es der deutsche Soldat mit dem Antifaschismus im fernen Ausland nicht so ernst zu nehmen braucht: „Es ist nicht auszuschließen, daß Sie von Verwandten oder Freunden ehemaliger Angehö-riger der SS-Division 'Skanderbeg' [einer 1943/44 unter den Nazis in Großalbani-en dienenden Einheit, d.A.] oder albanischer Partisanenbataillone ... auf geschicht-liche Bezüge angesprochen werden. Die Motive hierfür müssen nicht unbedingt in der Heroisierung der deutschen Vergangenheit liegen. Es ist denkbar ..., daß der Betreffende in seiner Sympathie für Deutschland oder Deutsche einen Anknüp-fungspunkt sucht, um eben diese Begeisterung bei unzureichenden Sprach- und nur punktuellen Geschichtskenntnissen zum Ausdruck zu bringen. Er könnte ge-nauso gut ... einen deutschen Fußballer nennen ..." Im Klartext: Bei Sprachschwie-rigkeiten zählt eben die gemeinsame Vergangenheit doppelt schwer, und: Ein Lob für Hitler ist bei jenen, für die der deutsche Soldat ins Feld zieht, nichts Besonde-res, sondern vergleichbar mit einer guten Fußballleistung. Dermaßen ideologisch gestählt, konnten tüchtige deutsche Krieger wohl auch davon ausgehen, daß die Ermordung und Vertreibung der Serben so schlimm nicht gemeint sein konnte.

Serbenfreies Kosova

Die Bilanz ist erschreckend. Zwei Jahre nach dem Einmarsch der KFOR in den Kosovo, im Juni 2001, leben fast nur mehr Albaner im Lande. Außerhalb des nördlichen, jenseits des Flusses Ibar gelegenen Teils der Stadt Kosovska Mitrovica sind serbische Menschen auf das Leben in Exklaven beschränkt, meist gefangen in Klosteranlagen oder einzelnen Wohnblocks, die sie nur unter speziellem Schutz verlassen können. 150.000 Serben – nach anderen Quellen bis zu 280.000 – sowie 70.000 Roma, Türken und Juden haben ihre Heimat unter dem Druck der UÇK verlassen müssen. In der Kosovo-Hauptstadt Priština, die einst 40.000 Serben (von insgesamt 120.000 Einwohnern) beherbergte, hört man heute kein slawisches Wort mehr.

Die im Jahr 1986 von der Serbischen Akademie der Wissenschaften in ihrem berühmt gewordenen „Memorandum" geäußerte Furcht eines Genozids an den Serben im Kosovo, von Politikern und Kommentatoren im Westen als düstere Verschwörungstheorie lächerlich gemacht, hat sich 15 Jahre später erfüllt. Gänzlich konträr zur veröffentlichten Meinung zwischen Wien und Washington, wonach ausschließlich serbische Nationalisten systematisch ethnische Vertreibungen im alten Jugoslawien durchgeführt hätten – was freilich auch und in nicht geringem Ausmaß passiert ist –, muß am Ende der balkanischen Tragödie festgehalten werden: Die ethnische Landkarte dieses Raumes hat zwischen 1991 und 2001 zwei grundlegende Änderungen erfahren, beide auf Kosten der serbischen orthodoxen Bevölkerung: Sowohl die ehemalige „Militärgrenze" – Knin und Slawonien – als auch der Kosovo sind von Serben gesäubert worden. Weder in Kroatien noch im Kosovo gibt es zur Zeit – anders als in Bosnien, wo alle drei Volksgruppen, vor allem jedoch die Muslime, Vertreibungen ausgesetzt waren – ernstzunehmende Rückführungsprogramme, was auf eine dauerhafte ethnische Bereinigung hindeutet.

Große Empörung über die 500.000 bis 750.000 wohl endgültig aus Kroatien und dem Kosovo vertriebenen Serben vermißt man im Westen allerdings. Zwar hat die OSZE dienstbeflissen zwei korrekte Bilanzen über den Exodus aller Nicht-Albaner aus dem Kosovo vorgelegt – einen knapp 350seitigen Bericht Anfang Dezember 1999 und einen weiteren, gemeinsam mit dem UNHCR, dem UN-Flüchtlingsreferat, im April 2001 –, doch wurden beide von den neuen Machthabern der KFOR-UNMIK-NATO-Verwaltung bloß zur Kenntnis genommen. Reaktionen blieben aus, zumindest solche, die zu einer praktischen Rückführungspolitik geführt hätten. „Nichtalbaner sind im Kosovo aus ethnischen Gründen dem Risiko persönlicher Diskriminierung und Verfolgung ausgesetzt", resümiert die „Neue Zürcher Zeitung" den zweiten OSZE-Bericht am 18. April 2001. „Die Gewalt gegen Minderheiten hat nach den Lokalwahlen im letzten Oktober wieder zugenommen und im Februar einen traurigen Höhepunkt erreicht, als insgesamt 15 Personen wegen ihrer ethnischen Herkunft umgebracht wurden." Selbst die politisch heikle Frage, inwieweit der albanische Rassismus von oben gelenkt wird, scheut der OSZE-Bericht nicht und kommt zu dem Schluß, daß die Anschläge gegen Serben in „zunehmendem Maße orchestriert sind und keinesfalls als individuelle Abrechnung" bezeichnet werden können.

Ethnisch motiviertes Morden setzte sich also nach dem Eintreffen der KFOR im Kosovo fort. Hatten in den Jahren 1997 und 1998 fast ausschließlich Albaner darunter zu leiden, die durch den Terror serbischer Sonderpolizei Familienangehörige verloren, sind die Opfer seit Mitte Juni 1999 hauptsächlich Serben und Roma. Über 1.000 zählt die Statistik; das sind nicht wesentlich weniger als in den zwei Jahren vor der NATO-Aggression unter jugoslawischer Fahne. Die sogenannte „internationale Gemeinschaft" hat also weder Vertreibung noch Morde stoppen können und damit ihr vorgegebenes Ziel in keinem Fall erreicht.

Seit Anfang 2001 überwiegen übrigens die albanischen Todesopfer. Von den in den ersten vier Monaten 100 Ermordeten waren 61 Albaner, meist angebliche Milošević-Kollaborateure oder Menschen, die internen Machtkämpfen albanischer Clans zum Opfer fielen.

Extrem hoch ist die Zahl der verschwundenen Serben und Roma. So hat das politisch gewendete serbische Parlament am 4. Mai 2001 die UNMIK-Verwaltung in Priština aufgefordert, über das Verbleiben von 1.300 Verschleppten Auskunft zu geben. Das Schicksal der in den vergangenen zwei Jahren gekidnappten Serben und Roma bleibt indes ungewiß. Nur selten werden die Leichen einzelner Verschwundener entdeckt.

Seitenlang ist die von den Belgrader Behörden zusammengestellte Liste, genannt „overview of terrorist and other acts of violence and of certain violations of Security Council resolution 1244". Laut UN-Resolution verbleibt der Kosovo ein von der internationalen Gemeinschaft garantierter integraler Bestandteil Jugoslawiens. Dieser „overview", ein Auszug aus den zwei Weißbüchern, die das jugoslawische Außenministerium zu den Verbrechen der UÇK im Kosovo im Jahr 2000 herausgegeben hat (www.mfa.gov.yu), stellt KFOR und UNMIK (UN-Mission in Kosova) freilich kein gutes Zeugnis aus. Unter den Augen ihrer Verwaltung sind zehntausende Häuser von Serben und Roma sowie an die 80 orthodoxe Kirchen zerstört worden, es gab tausende physische Attacken gegen alles Slawische, Zigeunerische und Nicht-Albanische. Auch UNO-Vertreter gehörten zu den Opfern rassistischer Gewalt. So z.B. Valentin Krumov, ein bulgarischer Mitarbeiter, der am 11. Oktober 1999 auf offener Straße erschossen wurde. Krumov war erst am selben Tag vom New Yorker UN-Hauptquartier nach Priština gekommen und gemeinsam mit Kollegen in der mittlerweile in „Mutter-Theresa"-Straße umbenannten Hauptflaniermeile unterwegs, als ihn jemand nach der Uhrzeit fragte. Er antwortete auf serbokroatisch und war deswegen sofort von einer wütenden Menge umringt, die ihn wegzerrte. Kurz darauf fielen Schüsse, der Mob half vor den Augen anderer UN-Mitarbeiter dem Attentäter beim Untertauchen. Polnische und bulgarische UNMIK-Beamte wurden in der Folge dieser Tat angewiesen, ihre Muttersprachen nicht mehr in der Öffentlichkeit zu verwenden. Dem Anspruch, Völkerverbindendes zustande zu bringen, wie er in jeder Zeile der Rechtfertigung des NATO-Krieges zu lesen war, spricht diese Anweisung Hohn. Wie meinte doch US-Präsident William Clinton am Tag nach dem Einlenken von Slobodan Milošević: Er könne nun stolz verkünden, daß im Kosovo wieder Albanisch gesprochen werden dürfe. Was er hinzuzufügen vergaß: nur mehr Albanisch.

Ein einziges Mal schreckte die „internationale Wertegemeinschaft" auf, als ein albanisches Kommando am 16. Februar 2000 einen ganzen Bus-Konvoi in die Luft sprengte. Sieben Serben waren auf der Stelle tot, 40 erlitten zum Teil schwere Verletzungen. Der Vorfall ereignete sich nordöstlich von Priština bei der Ortschaft Podujevo. Es handelte sich um einen von der UNMIK-Verwaltung organisierten Ausflug von Serben aus Niš, die ihre im Kosovo verbliebenen Verwandten besuchen wollten. Fünf Busse mit insgesamt 200 Passagieren, begleitet von KFOR-Militärfahrzeugen, fuhren in eine Sprengfalle, die einen 75 Kilogramm schweren Sprengsatz zündete. Die Anzahl der Verwundeten und Toten empörte für kurze Zeit auch die westliche Öffentlichkeit. Daß am selben Tag ein Bus mit serbischen Passagieren im Süden des Kosovo – bei Štrpce – ein gleiches Schicksal erlitt, wobei vier Menschen getötet wurden, nahm hierzulande schon niemand mehr wahr. Auch die ungezählten Attacken und Attentate auf serbische BewohnerInnen im Kosovo – von albanischen Nationalisten, aber auch von westlichen Militärs durchgeführt – waren außerhalb Serbiens keine Meldung wert. So nahm beispielsweise niemand im Westen Notiz davon, als am 2. April 2000 im Dorf Dobrotin die KFOR Hunde auf Serben hetzte, die sich versammelt hatten, um auf ihre mißliche ghettoisierte Lage aufmerksam zu machen. Die Verletzten von Dobrotin kommen in keiner Statistik vor. Auch als am 24. April 2000 mutmaßliche UÇK-Kämpfer im Dorf Siga bei Peć eine serbische Grundschule anzündeten, schwiegen die westlichen Medien, desgleichen bei den Morden am vierjährigen Milorad Petrović aus Gnjilane, an Siniša Dimić und Vlastimir Milić in Ugljare usw. usf. Über 5.000 physische Attacken an Nicht-Albanern listet ein Belgrader Bericht allein im Jahr eins der KFOR-Besatzung auf. Tote, Verletzte, Vertriebene bleiben namenlos ... sie alle waren der „Rache" militanter Albaner schutzlos ausgeliefert. Und mit ihnen die Arbeitsstätten, in denen die Menschen vor dem Krieg gearbeitet hatten. Die Plünderung und Zerstörung von Betrieben in Arbeiterselbstverwaltung hatte System. Allein in Kosovska Mitrovica wurden auf diese Art die Firmen „Kosovo-Sirovina", „Betonjereka", „Lux", „Kosmet-Prevoz", „Trans-Kosovo", „Minel", eine landwirtschaftliche Kooperative, die Tabakfabrik, das Wasserwerk „Vodovod", die Druckerei „Progres", „Ibar-Rožaje" sowie eine Reihe von Gewerbebetrieben „enteignet". Was allen gehört, gehört niemandem, hörte man früher einen unter Antikommunisten populären Slogan. Dieser hat sich jetzt erübrigt. Die ethnisch-kollektive Schuldzuweisung, ein das 20. Jahrhundert prägendes Phänomen, das sich über die Politik der KFOR im Kosovo auch ins 21. Jahrhundert herübergerettet hat, zielt nicht bloß auf das Leben und das Eigentum des nationalen Feindes, sondern auch auf dessen Kultur. So war das bei der Ermordung und Vertreibung der Armenier aus der Türkei 1915/16, bei der Eliminierung der Juden aus allen deutsch besetzten Gebieten 1933-1945, bei der Zwangsaussiedlung der Deutschen aus Böhmen, Mähren und Schlesien 1945/46, und so ist es auch bei dem Exodus der Serben aus dem Kosovo. Serbische Kultur ist mit der Geschichte ihrer Kirche eng verwoben. Es ist in erster Linie die orthodoxe Religion, die Serben von Kroaten und Bosniern unterscheidet. Anti-serbischer Terror richtet sich deshalb logischerweise immer auch gegen die serbisch-orthodoxe Nationalkirche. Das historische Zentrum dieser Kirche stellt seit dem 13. Jahrhundert Peć dar, ein im westlichen Kosovo gelegenes Kloster. Hier bestand zwischen 1346 und 1766 das serbisch-orthodoxe Patriarchat, bevor es nach Sremski Karlovci und – ab 1922 – nach Belgrad übersiedelte. Im Selbstverständnis der serbisch-orthodoxen Kultur nimmt Peć – historisch gesehen – eine vergleichbare Rolle ein, wie sie Rom für Katholiken innehat.

Wer immer also vom serbischen Mythos hört, der sich um die historischen religiösen Stätten im Kosovo rankt, der sollte dem – als laizistischer Mensch – durchaus skeptisch gegenüberstehen, aber auch daran denken, daß selbst in unserer wenig religiös geprägten westlichen Kultur es bis heute undenkbar ist, den Sitz des Patriarchen von Rom einfach Italien einzuverleiben. Für das römische Patriziat besteht bis Redaktionsschluß dieses Buches ein eigener Staat: der Vatikan.

Die Menschen im Kosovo wissen um die Sensibilität der Religionsfrage, die – nicht nur auf dem Balkan – kulturbildend ist. Umso tragischer muß der Kampf um Moscheen, Kirchen und Klöster eingeschätzt werden. 87 orthodoxe Kirchen und Klöster sind in den Monaten nach dem KFOR-Einmarsch von fanatisierten albanischen Muslimen zerstört worden, darunter die Kathedrale von Djakovica im italienischen Sektor. Mehrmals hatte Pater Sava aus dem Kloster Dečani, gleichzeitig Interessenvertreter der Serben im Kosovo, italienische Offiziere um Schutz für das religiöse Denkmal ersucht. Vergebens. Unmittelbar, nachdem die Kirche von aufgebrachten Albanern verwüstet worden war, wurde sie am 25. Juli 1999 gesprengt. Ähnlich erging es der Kirche der Heiligen Jungfrau in Mušutište bei Suva Reka, einem Baujuwel aus dem Jahr 1315. Heute türmt sich dort ein Steinhaufen, wo sich über 650 Jahre lang mittelalterliche Fresken gehalten hatten. „Mit dieser systematischen Kampagne gegen Christentum, Zivilisation und Weltkultur zeigen die kosovo-albanischen Extremisten, daß ihr Ziel ein ethnisch gesäuberter Kosovo bleibt, ohne Serben und ihre christlichen Denkmäler", drückt der oberste serbische

Seelenhirte, Patriarch Pavle, seine Enttäuschung über die UNMIK-Administration aus, die Kulturgut offensichtlich nicht schützen kann oder will.

Schon zuvor, in den letzten Monaten der serbisch-jugoslawischen Herrschaft, kam es zu Zerstörungen von Moscheen, beispielsweise in Peć, wo ein altes Minarett in Schutt und Asche gelegt wurde. In einem Interview mit der Zeitung „Junge Welt" vom 16./17. Oktober 1999 bedauerte dies Pater Sava ausdrücklich und meinte: „Die Zerstörung religiöser Einrichtungen ist falsch und barbarisch, sie hat nichts mit Kultur zu tun und ist ein krimineller Akt. Wir dürfen aber nicht vergessen, daß die Moscheen in einer Zeit zerstört wurden, als die NATO dieses Land bombardierte und die jugoslawische Armee und die Polizei mit der UÇK zu kämpfen hatten. Es gab keine 'Friedenstruppen', keine ausländischen Beobachter, keine internationalen Hilfsorganisationen." Tatsächlich wurden die christlichen Klöster und Kirchen zerstört, nachdem die KFOR in den Kosovo gekommen war, unter den Augen der UNMIK-Verwaltung. „Die Angriffe auf die Kirchen sind gut organisiert", fährt Pater Sava fort, „sie haben nichts mit Rache zu tun, wie immer gesagt wird. Mit der kompletten Zerstörung kultureller serbischer Einrichtungen soll einer Rückkehr der Serben für immer vorgebeugt werden." Fast zwei Jahre nach diesem Interview scheint sich der Pessimismus des Popen zu bestätigen. An einen Wiederaufbau der zerstörten Kirchen im Kosovo denkt niemand, während die Moscheen längst wieder instandgesetzt sind. Die Serben haben die Botschaft verstanden und das Land verlassen.

Kosovska Mitrovica, die verbliebene serbische Exklave

Nur an einem einzigen Ort ist es der serbischen Bevölkerung gelungen, in namhafter Zahl zu überleben: in Kosovska Mitrovica. Diese im Norden des Amselfeldes, an der Mündung der Sitnica in den Ibar-Fluß gelegene Stadt zählte vor dem Krieg etwas über 50.000 EinwohnerInnen, zwei Drittel davon AlbanerInnen. Doch anders als in Priština, wo der UÇK-Terror die gesamte serbische und Roma-Bevölkerung zum Verlassen der Stadt gezwungen hat, gelang dies albanischen Nationalisten nur im südlich des Flusses Ibar gelegenen Teil. Im Nordteil der Stadt konnten sich ca. 16.000 Serben halten; manche von ihnen wurden aus anderen Regionen des Kosovo hier aufgenommen. Daß hier die Vertreibung der Serben gescheitert ist, kann zu einem Gutteil den lokalen KFOR-Truppen, französischen Soldaten, zugeschrieben werden. Denn anders als im Süden des Kosovo, wo um Prizren deutsche Besatzer die UÇK ungehindert wüten ließen, vermieden die Franzosen weitgehend Verbrüderungen mit der albanischen Guerilla. Mehrmals warfen sich Soldaten der Trikolore auch einem geifernden albanischen Mob entgegen, der versuchte, über die Ibar-Brücke in der Stadtmitte in den nördlichen, serbisch bewohnten Teil von Kosovska Mitrovica vorzudringen. So beispielsweise am 5. Februar 2000, als hunderte Albaner mit Molotov-Cocktails, Stangen und Steinen gegen die französische Patrouille auf der Brücke vorgingen und erst im letzten Moment am Eindringen in den serbischen Stadtteil gehindert werden konnten. Die französischen KFOR-Soldaten warfen über 50 Schockbomben und belegten die wütenden Albaner mit Tränengasteppichen. Verletzte auf beiden Seiten zeigen, daß es den Franzosen ernst war mit der Verteidigung der Demarkationslinie in Kosovska Mitrovica.

Eine Woche später, am 13. Februar 2000, als Heckenschützen eine französische Patrouille beschossen und dabei zwei KFOR-Soldaten schwer verwundeten, gelang es den Franzosen, die Urheber dieser Tat dingfest zu machen. Das Feuer war aus einem serbischen Wohnblock gekommen; für US-amerikanische oder deutsche Beobachter wäre dies Beweis genug für eine serbische Täterschaft gewesen – der Bosnien-Krieg war für derlei überhastet schnelle Schuldzuweisungen in negativer Weise vorbildhaft. An diesem 13. Februar 2000 reagierten die französischen Besatzer allerdings anders. Ihre Scharfschützen erwiderten das Feuer und töteten einen der Angreifer, den UÇK-Mann Avni Haradinaj. Wenig später stellte sich heraus, daß sich ein UÇK-Trupp in einen serbischen Wohnblock geschlichen und dort die Bewohner vertrieben hatte, um einen serbischen Angriff auf die KFOR zu fingieren. Für diesmal verfehlte die Terroraktion ihr strategisches Ziel, die serbische Seite als Angreifer auf eine KFOR-Einheit zu diskreditieren. Bemerkenswert an dieser gescheiterten Provokation war noch, daß der getötete Albaner nicht irgendein kleiner Schütze Arsch war, sondern der Bruder des einst engsten Verbündeten und späteren politischen Widersachers von Hashim Thaçi. Daß die UÇK-Führung Provokationen gegen ihren Kriegs„partner", die als KFOR getarnte NATO, befehligte, verwundert nicht, wenn man die Biographie ihres obersten Militärs, UÇK-Stabschef Agim Ceku, kennt. Als ex-jugoslawischer General hatte er sich bereits im kroatischen und bosnischen Bürgerkrieg auf anti-serbischer Seite verdient gemacht und dort gelernt, wie mit provokativen Counter-Aktionen Kriegspolitik gemacht werden kann. Möglicherweise ist es einem Zufall zu verdanken, nämlich dem französischen Scharfschützen und seinem UÇK-Opfer, daß in Kosovska Mitrovica nicht dieselbe Propaganda- und in der Folge Kriegsmaschinerie des Westens in Gang gesetzt worden ist wie in der Vase Miskina-Straße (1992) oder auf dem Marktplatz von Sarajevo (1994 und 1995) sowie in Račak (1999). Die französische KFOR hat jedenfalls den Anlaß zur Stigmatisierung der Serben in Kosovska Mitrovica nicht wahrgenommen.

Kosovas Wirtschaft:
Mädchenhandel, Raub und „Internationale Gemeinschaft"

„Die Verbrecher und nicht die UNO haben die Autorität im Kosovo", schrieb Baton Haxhiu, seines Zeichens Chefredakteur der vergleichsweise renommierten albanischsprachigen Zeitung „Koha Ditore", im Dezember 1999, ein halbes Jahr nach dem Einmarsch der KFOR. An dieser Situation hat sich auch nach den Regionalwahlen im Oktober 2000, die dem mafiös strukturierten Clan um Hashim Thaçi politisch einen Dämpfer versetzten, nichts geändert, vor allem nicht im wirtschaftlichen Alltag.

Kriegszerstörungen durch die NATO, Vertreibungen und Verwüstungen durch serbische Paramilitärs sowie später die Plünderung fast sämtlicher noch bestehen gebliebener Betriebe durch UÇK-geführte Albaner haben Kosova ökonomisch ins vorindustrielle Zeitalter zurückgeworfen. Die Leitsektoren des Wiederaufbaus heißen Schmuggel, Mädchenhandel und räuberische Erpressung. Daneben existieren eine gewerblich strukturierte Bauwirtschaft und kleinlaute Versuche von Handelsunternehmen, neben der Gewaltökonomie der UÇK-Kommandanten legale Strukturen aufzubauen. Über all dem schwebt das Wirtschaftsunternehmen „Internationale Gemeinschaft" in Form von ziviler UNMIK- und militärischer KFOR-Verwaltung, deren Zigtausende Militärs und Beamte lokale MitarbeiterInnen brauchen: Chauffeure, Übersetzer, Huren, Hausangestellte. Dazu kommen Horden von NGO-Menschen aus der westeuropäischen und US-amerikanischen Menschenrechts-, Öko- und Frauenszene, die ihr Helfersyndrom in der Heimat nicht ausleben konnten. Die Eigendynamik dieses ganzen kolonialen Sektors speist sich ausschließlich aus ausländischen Geldquellen und hat somit etwas Provisorisches, Unsicheres. Denn wer weiß – vielleicht muß demnächst der Militär-, Verwaltungs- und Helferapparat in die Ukraine ziehen, wenn dort Menschenrechte zu schützen sind. Ob dann der Posten Priština noch aufrechterhalten wird, kann heute niemand sagen.

Hausgemachte kosovarische Ökonomie nützt die Nachkriegswirren zu allerlei illegalen Geschäften. Zuoberst steht der Schmuggel insbesondere von Zigaretten, Drogen und Mädchen. Kosova bietet sich dafür bestens an, weil die Grenzen des Landes in Richtung Süden und Osten von keiner staatlichen Macht kontrolliert werden. Die UN-Resolution 1244 hat diese Aufgabe zwar eindeutig der jugoslawischen Seite zugeordnet, NATO und KFOR verhinderten dies allerdings bislang; bis zum Sturz von Slobodan Milošević mit der Behauptung, ein „Diktator" hätte keine Rechte, auch nicht jene, die man kurz zuvor mit ihm ausverhandelt hat; seit dem Umsturz in Serbien im Oktober 2000 mit unbestimmten Vorbehalten, jedenfalls unter Bruch der UN-Resolution 1244. Die großen Transitrouten vom Schwarzen Meer über Bulgarien bzw. von der Ukraine und Moldawien über Rumänien nach Makedonien und weiter nach Kosova sowie die Nähe zu Albanien und zum Mittelmeer haben die von der KFOR besetzte Region zu einer Drehscheibe internationaler Kriminalität gemacht. Dies umsomehr, als die Grenzen zu Makedonien und Albanien nicht kontrolliert werden – übrigens mit ein Grund für die Infiltration von UÇK-Kämpfern in das nördliche Makedonien im ersten Halbjahr 2001. Innerhalb Kosovas herrscht weitgehend das Faustrecht. Da sich die UNMIK-Administration aus politischen Gründen geweigert hat, albanischstämmige Polizisten anzustellen, die in der jugoslawischen Epoche ihren Dienst taten, mußte sie auf die einzig sonst noch vorhandene Gewaltstruktur zurückgreifen: die der UÇK. Deren Umwandlung in das sogenannte Kosovo-Schutzkorps im September 1999 hat freilich weder die Rechts- noch die persönliche Sicherheit im Lande erhöht. Der Bock als Gärtner kann den Garten nicht pflegen. Und so verwundert es nicht, daß Schutzkorps und Schmugglerringe Hand in Hand arbeiten und sich auch jene Albaner bedroht fühlen, die neben den UÇK-Clans Geschäfte machen wollen.

Auch der Mädchenhandel hat seine Grundlage im NATO-Vorstoß. Über 45.000 in Kosova stationierte Soldaten stellen allein schon ein wirtschaftliches Hoffnungsgebiet für Zuhälter dar. Es liegt also nahe, daß die zu Tausenden aus der Ukraine, aus Moldawien und Rumänien importierten Frauen nicht bloß in den Bordellen der kosovarischen Städte tätig sind, sondern auch in arabische Länder, nach Griechenland oder Richtung westliches EU-Europa weiterverkauft werden. Eine junge Osteuropäerin ist in Priština für 1.500 bis 2.000 Euro zu haben; für diesen Preis wird sie noch in entsprechende Bordelle im Rest von Europa zugestellt.

Die Zuhälter- und Mädchenhändlerorganisationen schrecken nicht einmal vor der Zwangsrekrutierung von Frauen in Kosova selbst zurück. In der „Neuen Zürcher Zeitung" vom 15./16. Januar 2000 berichtete eine junge Kosovo-Albanerin, wie sie ihren bereits zweiten Entführungsversuch glücklich abwehren konnte. Eines Abends um 19 Uhr – sie befand sich gerade auf dem Weg nach Hause, und die öffentliche Beleuchtung war wieder einmal wegen Strommangels ausgefallen – hielt neben ihr auf offener Straße ein Pkw, ein Mann packte sie am Arm, ein zweiter versuchte sie durch die offene Tür ins Wageninnere zu ziehen. Zum Glück kam in diesem Moment ein Auto einer internationalen Organisation die Straße entlang, konnte wegen des quer zur Fahrbahn stehenden Kidnapper-Pkw nicht vorbeifahren und hupte beständig, was die Menschenräuber zur Flucht veranlaßte. Die geschockte Frau meldete diesen Vorfall bei der lokalen Polizei, die sich aus früheren UÇK-Aktivisten zusammensetzt; sie ist sich aber sicher, daß von dieser Seite kaum etwas unternommen wird, um die Täter zu fangen.

Eine besondere Form der Aneignung fremden Eigentums stellt der in Kosova zur Hochblüte gelangte erpresserische Kauf dar, eine kriminelle Variation der holländischen Versteigerungsart mit dem für den unfreiwilligen Verkäufer nachteiligen Spezifikum, daß nur ein einziger Interessent auftritt. Immobilien, vor allem

Geschäftslokale in günstigen Lagen, wechseln auf diese Weise ihren Besitzer. Und diese „Versteigerung" vom höchsten zum niedrigsten Preis funktioniert folgendermaßen: Eines Tages besucht ein adrett gekleideter Herr den Eigentümer der betreffenden Immobilie und bietet einen – den Umständen entsprechenden – halbwegs fairen Preis für das Lokal, das Lager oder das Haus. Lehnt der Eigentümer dankend ab, weil er nicht daran denkt, sein Geschäft oder sein Haus verkaufen zu wollen, wird er wenige Tage später von Unbekannten bedroht, oder seine Frau erhält unangenehmen Besuch. Kurz darauf taucht derselbe adrett gekleidete und nobel auftretende Herr wieder auf und unterbreitet abermals ein Angebot, diesmal allerdings bereits ein wesentlich schlechteres. Angebote und Einschüchterung wechseln so lange ab, bis der Besitzer fast nichts mehr für seine Immobilie erhält oder einem Anschlag zum Opfer fällt. Die Profiteure dieses kruden Kapitalismus finden sich im Umfeld der einstigen UÇK-Kommandanten. Jeder im Kosovo weiß das, doch niemand getraut sich, dagegen anzugehen. Der Kapitalismus, so mögen es sich die Menschen denken, ist eben eine krude Angelegenheit.

Kosova wird Kolonie

Am 19. April 2001 gingen NATO-Soldaten gewaltsam gegen serbische Demonstranten vor, die an mehreren Stellen nordwestlich von Priština Straßensperren errichtet hatten. Mit diesen Blockaden versuchten die aufgebrachten Serben gegen eine kurz zuvor von der UNMIK-Verwaltung eingeführte Importsteuer zu protestieren, die ab April 2001 auf jugoslawische Waren eingehoben wird. Diese Maßnahme verstößt klar gegen die UNO-Resolution 1244, die Kosovo als Bestandteil Jugoslawiens anerkennt. Einfuhrzölle auf Lieferungen aus Serbien sind wohl kaum dazu angetan, regional integrierend zu wirken. Das ist ohnedies nicht vorgesehen. Im Gegenteil. Die Absicht von UNMIK-Chef und Bernard Kouchner-Nachfolger Hans Haekkerup liegt auf der Hand: Er wollte mit diesem wirtschaftspolitischen Affront auch der neuen, vom Westen demokratisch genannten Regierung in Belgrad signalisieren, daß in Priština NATO und UNMIK das Sagen haben. Kosova ist – nach weniger als zwei Jahren Besatzung – eine Kolonie geworden, von Westeuropäern politisch sowie von Nordamerikanern und Westeuropäern gemeinsam militärisch verwaltet.

Bereits im Dezember 1999 erklärte der serbische Nationalrat im Kosovo nach einer Sitzung im Kloster Gračanica bei Priština, sich nicht an der UNO-Übergangsregierung unter dem französischen Administrator Bernard Kouchner, einem NGO-geprüften Kulturarbeiter mit starker albanophiler Ausrichtung, beteiligen zu wollen. Die im Anschluß an den Vertrag von Kumanovo im UNO-Hauptquartier in New York beschlossene Resolution 1244 war zu Kriegsende davon ausgegangen, daß der Kosovo ein Teil Jugoslawiens – nicht Serbiens – bleibt, daß die exekutive und politische Kontrolle in einer Übergangsphase von KFOR und UNO-Beamten unter Berücksichtigung jugoslawischer Interessen durchgeführt wird, daß der jugoslawischen Seite exekutive Funktionen eingeräumt werden und daß Albaner wie Serben im Übergangsrat vertreten sind.

Die Ablehnung der serbischen Seite, sich an der Verwaltung im Kosovo zu beteiligen, kam indes nicht überraschend. Denn seit seinem ersten Amtstag tat Bernard Kouchner alles, um den Kosovo von Belgrad zu trennen und damit die UNO-Resolution zu mißachten. Mit seiner ersten Verordnung (1999/1) am 25. Juli 1999 beschlagnahmte die UN-Mission (UNMIK) sämtliche beweglichen und unbeweglichen Eigentumstitel der Bundesrepublik Jugoslawien, die sich im Kosovo befanden, einschließlich Bankkonten, Häuser, Autos etc. Am 2. September 1999 führte der Franzose dann mit Unterstützung der Deutschen Notenbank per Verordnung 1999/4 die Deutsche Mark als offizielles Zahlungsmittel in diesem Teil Jugoslawiens ein. Über diesen desintegrativen Akt wurde die jugoslawische Nationalbank nicht einmal vorinformiert, geschweige denn, daß darüber Konsultationen geführt worden wären. Der Dinar ist damit in Kosova zur Fremdwährung geworden. Die selbe Strategie wählten Frankfurt/Main und Brüssel übrigens auch in Montenegro, wo sie unter Mithilfe von Präsident Milo Djukanović im November 1999 ebenfalls die DM zum offiziellen Zahlungsmittel erklärten – und gleichzeitig so taten, als würden sie die Integrität der Bundesrepublik Jugoslawien anerkennen. In Wahrheit arbeiteten sie, mit wechselnden Bündnispartnern, spätestens seit 1991 an der Zerschlagung des südslawischen Raumes.

Wessen Geistes Kind der erste UNMIK-Chef in Kosova, Bernard Kouchner, ist, mag ein scheinbar unauffälliges Ereignis aus dem Zentrum von Paris erläutern. Dort wurde am 26. März 2000 der französische Gendarmerie-Colonel Jean-Michel Méchain unter dem Verdacht inhaftiert, Insider-Material über Kouchners antiserbische Ausfälle an das Satireblatt „Le Canard enchaîné" weitergegeben zu haben. Méchain war einige Monate lang als Berater des in Priština stationierten KFOR-Generals Le Mière tätig gewesen, der sich offensichtlich des öfteren bei seinem obersten Vorgesetzten, dem französischen Verteidigungsminister Alain Richard, wegen Kouchners anti-serbischer Einstellung beschwert hatte. Durch eine Indiskretion flog die Geschichte auf und kam im Februar 2000 in der Satirezeitung „Le Canard enchaîné" zur Sprache. Gendarmerie-Offizier Méchain gilt der französischen militärischen Abwehr als „undichte Stelle" für diese Indiskretion. Vor seiner Festnahme kam es in der französischen Hauptstadt zu einer filmreifen Szene. Als sich Jean-Michel Méchain plötzlich von sechs Angreifern umstellt sah, die ihn attackierten, schrie er um Hilfe und erweckte die Aufmerksamkeit einer Polizeipatrouille. Nach kurzem Kampf stellte sich heraus, daß die sechs Angreifer Agenten des französischen militärischen Abwehrdienstes waren, die den Colonel bereits seit Tagen beschattet hatten. Die Ausläufer jeder kolonialen Politik schlagen sich also immer auch im Zentrum der Kolonialmächte nieder; dies ist auch im neuen Jahrhundert nicht anders.

Die verfassungsmäßige Abkehr von Jugoslawien hat Kouchners Nachfolger Hans Haekkerup eingeleitet. Für die Ende 2001 geplanten Parlamentswahlen, die ohne die vertriebene serbische Bevölkerung stattfinden, setzte Haekkerup Mitte Mai 2001 de facto eine kosovarische Verfassung ein, die er – welcher Vorsicht auch immer geschuldet – „Statut" nennt. Das gewählte Parlament wird demnach eine Regierung bestimmen, die formal für Gesundheitswesen, Bildung, Umweltfragen und dergleichen zuständig ist. Militärische Verteidigung, Außenpolitik, Justiz und Wirtschaft bleiben in der Hand der UNMIK. Hans Haekkerup bleibt es nach dieser Verfassung, die den Zielen der UN-Resolution diametral entgegensteht, vorbehalten, jederzeit das Parlament aufzulösen bzw. einzelne Gesetze aufzuheben. Nach dem Motto „Auch Albaner können irren" behält sich der weiße Mann mit seinen militärischen Helfern die letzte Entscheidung vor. Kolonialverwaltung pur. Die serbische Minderheit kommt in dieser Verfassung als konstitutives Staatsvolk nicht mehr vor. Ähnlich wie in Kroatien muß sie sich mit einer festgelegten Anzahl von 10 (von insgesamt 120) Parlamentssitzen begnügen. Nur Belgrader Zeitungen ist übrigens aufgefallen, daß im ganzen neuen „Statut" für Kosova die offiziell immer noch bestehende staatliche Souveränität Jugoslawiens mit keinem Wort erwähnt wird.

Kuriosa aus Kolonialzeiten hat Kosova eine ganze Reihe zu bieten. So z.B. die „philatelistische Sensation", wie sie der Briefmarkenkatalog der Hermann E. Sieger GmbH im württembergischen Lorch anbietet. Im NATO-Protektorat Kosova „gibt es unter der administrativen Verwaltung der Vereinten Nationen die ersten eigenen Briefmarken". Sie tragen – ganz multi-kulti – in drei Sprachen die Aufschrift „peace – paqe – mir". Und die Sensation: Die Währung der Briefmarken lautet auf DM! Im Sieger-Katalog liest sich das folgendermaßen: „Unserer Meinung nach ist eine Deutschland-Sammlung ohne die neuen Briefmarken des Kosovo, die in DM-Währung herausgegeben werden, nicht ganz vollständig." Im Klartext: Nur wer alle deutschen Marken, von Wilhelm I. über Weimar, Hitler und Adenauer besitzt, aber auch Deutsch-Südost und Deutsch-Kosovo, kann seine deutsche Markensammlung als komplett wähnen. Neben den DM-Briefmarken kursieren Zigaretten, auf deren Banderolen eine „Kosovo-Republik" eingetragen ist, Kaugummi für die Jugend mit Tauschbildchen ermordeter serbischer Polizisten und vieles andere mehr, das den albanischen Rassismus mit der deutsch-europäischen Herrenmentalität kombiniert.

Mit der politischen Machtübernahme durch die UNMIK geht die ökonomische durch große westeuropäische Konzerne einher. Staats- oder Gemeinschaftseigentum wurde, wenn nicht in Form direkten Raubes, auf Anordnung der kolonialen

Administration kassiert. In einem Fall gestaltete sich die Beschlagnahme eines jugoslawischen Staatsbetriebes als schwierig. Es war der wichtigste Arbeitgeber des Kosovo, der Minenkomplex Trepca bei Kosovska Mitrovica, der einzigen Gegend, in der sich serbische Bevölkerung auch zwei Jahre nach dem Krieg halten konnte. Über 40 Bergwerke, aus denen Blei, Gold, Silber, Kadmium sowie Zink gefördert werden, gehören zum Betrieb „RMHK Trepca". Mitte August 2000 stürmten Hundertschaften britischer, französischer und dänischer KFOR-Truppen um drei Uhr früh die Zentrale des Bergwerkkombinats in Mitrovica. Die Dienst tuenden Schichtarbeiter verbarrikadierten sich im Betrieb, gaben aber aufgrund der Übermacht der NATO-Soldaten nach wenigen Stunden auf. Vier KFOR-Soldaten wurden bei dem Überfall leicht verletzt, über verletzte serbische Arbeiter liegen keine Informationen vor. Nach der Besetzung der Minen durch die KFOR wurde Trepca gesperrt, offiziell mit der Begründung, ein ökologisches Risiko dargestellt zu haben. Beim Einsatz von DU-Munition und der Bombardierung petrochemischer Anlagen ein Jahr zuvor kamen der westlichen Soldateska keine Umweltbedenken, die Bleischmelzen der „RMHK Trepca" sind ihnen jedoch unzumutbar. Freilich nicht wegen der ökologischen Mängel, die man sicherlich finden kann, sondern wegen der ökonomischen Kraft, die ein solcher Betrieb in einer von Serben bewohnten Region des Kosovo darstellt. Und wenn sich eines Tages die Minen wieder als umweltsicher herausstellen, können sie einem französischen oder britischen Konzern zum billigen Kauf angeboten werden; schließlich haben Soldaten der Grande Nation und Soldiers of Her Majesty dafür gekämpft. Albanische Arbeiter, die eventuelle Umweltschäden nicht so genau nehmen, werden sich schon finden.

Daß der Status der ehemals serbischen Provinz Kosovo ein kolonialer werden wird, zeigt sich nicht nur im Umgang von UNMIK, NATO und KFOR mit der serbischen Seite, für deren Niederschlagung ja ein ganzer Krieg notwendig gewesen ist, sondern zunehmend auch im Verhältnis der westlichen Verwaltungs- und Militärorgane zu den Albanern. Die von Haekkerup entworfene „Verfassung" der Region überträgt den sich selbst gerne als „internationale Gemeinschaft" sehenden Neokolonialisten alle Entscheidungskompetenzen. Wenn es der UNMIK-Administration nicht paßt, was in Regierung oder Parlament beschlossen wird, ist sie befugt, Gesetze zu sistieren, Beschlüsse aufzuheben oder auch das Parlament einfach aufzulösen. Ein möglicher Zerfall der nach den Sezessionen der frühen 90er Jahre übriggebliebenen Bundesrepublik Jugoslawien, wie er sich bei Redaktionsschluß dieses Buches – nicht zuletzt wegen des Kampfes um die Auslieferung von Slobodan Milošević nach Den Haag – abzeichnete, könnte den Kolonialstatus Kosovas offiziell machen. Die in der UNO-Resolution 1244 als Teil Jugoslawiens garantierte Region würde nach einer Auflösung Jugoslawiens zum Territorium der „internationalen Gemeinschaft" – ein Präzedenzfall für die Wirren, die im Zuge der EU-Osterweiterung in den nächsten Jahren zu erwarten sind.

Widerstand gegen die Kolonialisierung ist vorhersehbar. In Zukunft wird dieser mutmaßlich weniger aus Belgrad kommen, das im Angesicht der internationalen Kreditinstitute um seine Musterknabenrolle bemüht ist, als von albanischer Seite. Erster Unmut war bereits spürbar, als im Sommer 2000 UNMIK-Chef Bernard Kouchner dem früheren albanischen Staatspräsidenten Sali Berisha die Einreise nach Kosova verweigerte. Damals protestierten die Anhänger Berishas. „KFOR – raus aus Kosova!" hallte es in den Straßen von Priština. Noch ein Jahr zuvor hatte der entsprechende Slogan umgekehrt gelautet: „NATO – rein in den Kosovo!"

Kouchner hatte allen Grund, sich vor Jubelkundgebungen für Sali Berisha zu fürchten. Immerhin war es zu einem guten Teil dieser gewesen, der die Strukturen der UÇK mit aufgebaut und unterstützt hatte. Berisha floh nach dem Zusammenbruch Albaniens 1997 in den von Stammesstrukturen geprägten Norden des Landes. Dieser Landstrich, der für Jahre von keiner Zentralregierung kontrolliert werden konnte, beherbergte in den Jahren 1998/99 jene Ausbildungslager, in denen sich Terror- bzw. Guerillagruppen auf den anti-serbischen Kampf vorbereiteten. Berisha ist mithin für viele zum Inbegriff des nationalen Albaners geworden – eine fragile Konstruktion, die Familien- und Stammesbande auf der einen sowie Mafiastrukturen auf der anderen Seite in das moderne albanische Menschenbild einbeziehen muß.

NATO und UNMIK sind definitiv nicht an einem albanischen Nationalismus interessiert. Sie benötigten den Nationalismus zwar, um Jugoslawien und Serbien tranchieren zu können. Auch für die Etablierung einer Kolonialverwaltung war die ethnische Säuberung der Serben hilfreich, konnte man daran anschließend doch mit guten Argumenten auf die mangelhaften Strukturen in Justiz, Polizei, Bildung etc. hinweisen, zu deren Überwindung eben eine ausländische Verwaltung unumgänglich sei. Mit der Etablierung einer solchen im Interesse Brüssels und Washingtons werden national-albanische Reminiszenzen jedoch hinderlich. Langsam dämmert dies auch den Albanern in Kosova. Ein im Land zirkulierender Witz nimmt die völlige Fehleinschätzung der „Westhilfe" ins Visier, wie sie vor und während des NATO-Krieges gängig war: „'Wenn zwei loslaufen, dann staubt es', meinte die albanische Maus zum NATO-Elefanten." Nun wird dem Elefanten das bißchen Staub lästig, den die Maus nach wie vor aufwirbelt. Deshalb flogen in den Jahren 2000 und 2001 Dutzende UÇK-Waffenlager auf, weil KFOR und UNMIK in ihrem Reich – anders als der Kosovo unter Slobodan Milošević – keine Parallelstrukturen dulden.

Als Anfang Januar 2000 in der Ortschaft Vitina KFOR-Soldaten des 504. US-Regiments gegen eine UÇK-Gruppe vorgingen, die sich der verordneten Entwaffnung nicht beugen wollte und sich an die Spitze eines Aufruhrs in besagter Ortschaft stellte, bekam das Pentagon für ein Mal jene mediale Macht zu spüren, die zwischen Information und Desinformation liegt und üblicherweise von westlichen

Agenturen – mit entsprechender Rückendeckung aus Washington – ausgeübt wird. Eifrige Journalisten hatten – wieder einmal – kosovo-albanische Angaben ohne großes Nachrecherchieren übernommen und per E-Mail in das globale Glasfaserkabel geschickt. Junge Mädchen, so klagten die albanischen BewohnerInnen von Vitina, seien belästigt und Zivilisten gequält worden. Die Sensation der Nachricht: Als Täter standen Soldaten des 504. US-Regiments vor dem höchsten Richter, der „öffentlichen Meinung". Die Anschuldigungen klangen durchaus glaubhaft – das 504. US-Regiment gilt als besonders brutal, Vergewaltigungen und Mißhandlungen kennen Soldaten im Kriegszustand üblicherweise aus eigener Erfahrung. Was an der „Eilt"-Meldung Anfang Januar 2000 allerdings aufhorchen ließ, war der Ablauf der Ereignisse. Bewaffnete UÇK-Kämpfer hatten am 9. und 10. Januar damit begonnen, die am Stadtrand von Vitina verbliebene serbische Minderheit zu terrorisieren und zu vertreiben. Aus irgendeinem Grund war diesmal eine KFOR-Einheit, jene Truppe des 504. US-Regiments, zur Stelle und verhinderte die ethnische Säuberung. Dabei kam es zu Schußwechseln, albanische Extremisten wurden festgenommen. Ein CNN-Bericht über die ganze Aktion deutete an, es könnte sich bei den Anzeigen der Albaner gegen die angebliche Mißhandlung junger Mädchen durch US-Soldaten um eine Rache-Aktion gehandelt haben. Was auch immer genau in Vitina geschehen ist – das Verhältnis von NATO/KFOR und albanischen Nationalisten ist seither zunehmend gespannter; radikale Albaner spüren, daß UNMIK-Verwaltung und KFOR ihrer nicht mehr bedürfen, um ein Protektorat Kosova zu errichten.

Ohne die NATO geht gar nichts. Und die NATO ist ihrer militärischen Struktur nach eine US-amerikanische Einrichtung, der die west- und neuerdings auch die osteuropäischen Partner untergeordnet sind. Dies zeigte sich auch im 78-Tage-Krieg gegen Jugoslawien, in dem – folgt man der Aussage des deutschen Generals Neumann, die dieser in der „Frankfurter Allgemeinen Zeitung" am 13. November 1999 zu Papier brachte – 85% der Schlagkraft auf das militärische Konto der USA gingen. Bei der Besetzung Kosovas wiederholte sich die Dominanz der USA. Ihre Soldaten waren es in der Folge, die die Provinz zu einer militärischen Festung ausbauten – übrigens im vollkommenen Widerspruch zur UN-Resolution 1244.

In der Gegend von Uroševac, 30 Kilometer südlich von Priština, wird seit August 1999 an einem riesigen Militärlager für die US-Army gebaut. 5.000 Soldaten finden hier ein Leben in der Fremde, ein, wie Oberst Robert McClure von der 1. Infanteriedivision gegenüber der „Seattle Times" am 26. August 1999 meinte, so weit wie möglich „erträgliches Leben": „Wir müssen unsere Jungs Gewichte stemmen und Eiscreme schlecken lassen und ihnen bieten, was sie sonst noch wollen." Im Sommer 2001 stehen den US-amerikanischen Truppen ein Spital, ein Hubschrauberlandeplatz, mehrere Schulen, zwei kleine Kirchen, Supermärkte, ein Leisure Park sowie Wohnbaracken zur Verfügung, die im Jargon der Weltkrieger „SEA-

Hut" genannt werden – nach ihren Vorbildern in South-East-Asia. Geplant ist zudem eine Landepiste für Großraumflugzeuge, um von dem durch die KFOR kontrollierten Flughafen in Priština, zu dem auch russische, deutsche, französische und Militärs von einem Dutzend anderer Staaten Zugang haben, mittelfristig unabhängig zu werden. Tausende albanische Arbeiter tummeln sich in der „Soldier City" und finden hier Arbeit, schlecht bezahlte Arbeit freilich. Für einen Dollar die Stunde läßt der US-Bauriese Brown & Root-Services lokale Hilfsarbeiter schuften. Wieviel er für die Arbeitsstunde dem Pentagon verrechnet, konnte nicht erhoben werden. Doch wofür hat man seine Jungs in den Kosovo geschickt, wenn im Anschluß daran nicht für den tüchtigen Investor ein fetter Gewinn herauskommt? Apropos: Auch das Unternehmen „Halliburton Energy", an dem US-Vizepräsident Dick Cheney beteiligt ist, mischt bei der Errichtung der US-Basis „Camp Bondsteel" in Kosova kräftig mit.

„Camp Bondsteel" wurde – nach unbestätigten Berichten – im April 2001 auf eine neue juristische Grundlage gestellt. Die britische Zeitung „Independent" berichtete am 29. April 2001 von einem Pachtvertrag für das Militärlager, den die US-Behörden mit Zustimmung der UN und der jugoslawischen Regierung abschließen wollen. Die Pacht für die 3,6 km² große Basis soll 75 Jahre lang bestehen. Karen Talbot bezeichnet sie in ihrer Analyse „Former Yugoslavia: The Name of the Game is Oil", erschienen im Mai 2001 in „People's Weekly World", als die „größte US-Militärbasis, die seit Vietnam errichtet worden ist". Washington denkt in langen Zeiträumen und plant den Aufenthalt seiner Truppen in Südosteuropa für mehrere Generationen. Von „Camp Bondsteel" bei Uroševac aus sind sowohl der Südosten Serbiens als auch Albanien und Makedonien in weniger als einer Autostunde erreichbar, eine geographisch perfekt gelegene Basis für den gesamten Raum.

Mit der Entscheidung, auf Jahrzehnte hinaus in Kosova militärische Präsenz zu zeigen, ist der vorläufige Schlußstrich unter eine von langer Hand vorbereitete geopolitische Strategie gezogen worden, nämlich die Korrektur der Anfang 1945 in Jalta besprochenen Einflußsphären in Europa. Damals hatten US-Präsident Eisenhower, der britische Premier Churchill und Generalissimus Stalin eine Aufteilung des Kontinents beschlossen, wie sie dem Ausgang des Zweiten Weltkrieges – ihrer Meinung nach – entsprochen hatte. Nun, nach dem Zerfall der Sowjetunion, stellt sich allmählich heraus, daß Rußland nicht, wie 1945 angenommen, zu den Siegern und Deutschland nicht zu den Verlierern des großen Waffenganges gehört, sondern daß umgekehrt Deutschland den Krieg gewonnen und Rußland ihn verloren hat. Der für Rußland und Südosteuropa zuständige US-Diplomat Stobe Talbott sowie hochrangige Vertreter des State Department haben diese in ihren Augen notwendige Revision der europäischen Geschichte mehrmals thematisiert; zuletzt auf einer Konferenz im slowakischen Bratislava Ende April 2000. Dort war – freilich im engsten Kreis – offen davon die Rede, mit dem Einmarsch der NATO in den Kosovo endlich die „Korrektur eines Eisenhower-Fehlers" bewerkstelligt zu haben. Die Stationierung von US-Truppen auf dem Balkan, hieß es, hätte historisch „nachgeholt" werden müssen. Einer der Teilnehmer an diesem Treffen in Bratislava, CDU-Abgeordneter Willy Wimmer, machte die Gedanken der US-Think Tanks öffentlich: „Der Krieg gegen die Bundesrepublik Jugoslawien ist geführt worden, um eine strategische Fehlentscheidung von General Eisenhower zu revidieren", meinte der konservative Kriegsgegner in einem TV-Interview.

Welche „Fehlentscheidung" war gemeint? Das „Neue Deutschland" bemühte sich ein Jahr später, dieser Frage nachzugehen und deren Hintergründe aufzudecken. Rainer Rupp, der wohl prominenteste Spion aus der Werkstatt des Markus Wolf und dafür im wiedervereinten Deutschland zu mehrjähriger Haftstrafe verurteilt, verfolgte die Spur dieser mittels NATO-Krieg 1999 korrigierten Fehlentscheidung zurück in das Jahr 1945. Er fand heraus, daß bereits im Juni 1997 in einem veröffentlichten Bericht des britischen Geheimdienstes ein lange gehegter Verdacht bestätigt schien: Demzufolge setzte Churchill im Februar 1945 zu unrecht auf Tito, weil er von einem seiner wichtigsten Männer, James Klugmann, falsche Informationen erhalten hatte. Erst später sollte sich herausstellen, daß Klugmann nicht nur für den britischen, sondern auch für den sowjetischen Geheimdienst gearbeitet hatte. Und in dessen Auftrag machte er aus Četnik-Führer Dragoljub „Draža" Mihajlović einen Nazi-Kollaborateur. Diese Desinformation habe eine Zusammenarbeit zwischen den Westalliierten und den Četnici verhindert. Nach heutiger Einschätzung hätte eine solche allerdings die geopolitische Landkarte des Balkans nach 1945 wesentlich anders gezeichnet, denn mit einem rechten Nationalisten, wie Mihajlović zweifellos einer war, wäre es Großbritannien und den USA schon bald nach Kriegsende möglich gewesen, Jugoslawien als militärischen Stützpunkt zu verwenden. Der damalige Einschätzungsfehler konnte erst nach dem Ende des Kalten Krieges korrigiert werden. Im April 2000 getraute man sich in US-Kreisen um Stobe Talbott bereits, den Triumph öffentlich zu machen.

Kosova: Aufmarschgebiet für Großalbanien?

Die UN-Resolution 1244 zur zukünftigen Stellung Kosovas ließ keinen Zweifel offen: Die irregulären albanischen Einheiten der UÇK sind aufzulösen. Im Originaltext liest sich das folgendermaßen: „Der Sicherheitsrat (Ziffer 9) beschließt, daß die im Kosovo zu dislozierende und tätige internationale Sicherheitspräsenz unter anderem folgende Aufgaben haben wird: ... b) Demilitarisierung der Kosovo-Befreiungsarmee (UÇK) und anderer bewaffneter kosovo-albanischer Gruppen ..." Diese Demilitarisierung sollte – vertraglich geregelt – bis 19. September 1999 erfolgt sein. Bis dahin ließen NATO und KFOR die Warlords der Kosovo-

Albaner wüten und einen Großteil der serbischen Bevölkerung vertreiben. Weil jedoch zu diesem Zeitpunkt, drei Monate nach dem Ende der NATO-Bombardements, Slobodan Milošević' SPS nach wie vor politisch fest im Sattel saß, dachten UNMIK-Chef Bernard Kouchner und seine militärischen Berater über weitere Möglichkeiten nach, das ohnedies Embargo-geplagte Jugoslawien zusätzlich zu destabilisieren, es mittels nationaler Aufstände in Atem zu halten. Es lag nahe, zu diesem Zweck Teile der UÇK zu verwenden.

Pünktlich am 20. September 1999 unterzeichnete UÇK-Führer Hashim Thaçi im Beisein örtlicher NATO- und UN-Prominenz einen Vertrag, der die Transformation der irregulären UÇK in eine reguläre, angeblich „zivile" Einheit regelte. Fortan nannten sich die UÇK-Offiziere Kommandanten des neu gegründeten Kosovo-Schutzkorps (TMK). Ihr militärisches Emblem ähnelt jenem der UÇK, schwere Waffen mußten der KFOR übergeben werden. Offiziell verlautete aus dem Büro Bernard Kouchners, die UÇK sei in eine 5.000 Mann starke Einheit, das Kosovo-Schutzkorps eben, umgewandelt worden, das für zivile Einsätze zur Verfügung stünde. Der serbische Vertreter im Rat, Momčilo Trajković, protestierte ebenso wie der Bischof der verbliebenen orthodoxen Gemeinde, Artemije. Das Hilfskorps, so ihre Auffassung, stelle den Keim einer künftigen kosovarischen Armee dar. Hashim Thaçi und sein UÇK-Stabsschef, Agim Ceku, nun Kommandant des Kosovo-Schutzkorps, bestätigten die Befürchtungen der serbischen Seite, indem sie bei jeder sich bietenden Gelegenheit ihren Verhandlungserfolg gegenüber der UNMIK als Kern einer künftigen Nationalgarde Kosovas darstellten. Moskaus Warnung vor einem solchen Schritt, „einen Teil der bewaffneten Verbände der Kosovo-Kämpfer zu legalisieren" – wie es aus dem russischen Außenministerium hieß –, wurde wie üblich im Westen in den Wind geschlagen.

Mit der Überführung der UÇK in eine legale, leicht bewaffnete Streitkraft legte die UNMIK-Verwaltung den Grundstein für eine albanische Armee im Kosovo. Die Anforderungen der UNMIK an die seit mehreren Jahren im Untergrund tätige Guerilla, nun rein zivile Aufgaben zu erfüllen, waren freilich unrealistisch. Umsomehr, als es im angrenzenden Südserbien und in Nordmakedonien eine autochthone albanische Bevölkerung gibt. Diese regionale Mehrheitsbevölkerung litt, ebenso wie die Kosovo-Albaner, unter der politischen und kulturellen Dominanz der slawischen Nachbarn. In Südserbien hatte sie sich bereits 1992, während des von Ibrahim Rugova im Kosovo abgehaltenen Referendums, für die Unabhängigkeit von Belgrad ausgesprochen.

Mit dem Einmarsch der NATO in Priština verschärfte sich die Situation. Die Albaner Südserbiens und Makedoniens konnten mit klammheimlicher Freude beobachten, wie in Kosova unter westlichem Schutz an den Serben „Rache" genommen wurde; zudem verwehrte der Vertrag von Kumanovo dem serbischen Militär den Zutritt zu einer fünf Kilometer breiten Sicherheitszone an der Grenze zum

Kosovo, genau in einen Teil jener Region also, in der unzufriedene Albaner auf serbischem Territorium lebten. Während KFOR/NATO den Grenzstreifen zu Südserbien unbewacht ließen, durfte sich die serbische Armee der Grenze nicht nähern. Ein idealer Zustand für eine Guerilla, die – aus Kosova kommend – die albanisch bewohnten Orte im serbischen Grenzgebiet einnehmen konnte. Im Kosovo-Schutzkorps, der vormaligen UÇK, saßen die entsprechend motivierten Leute, wie z.b. Sacir Saciri, Sprecher jener in der Folge berühmt gewordenen Truppe UÇPMB (Befreiungsarmee für Preševo, Medvedja und Bujanovac), gleichzeitig stellvertretender Kommandant der 6. Zone des Schutzkorps. Dieser im südserbischen Bujanovac geborene Kämpfer rechtfertigte auf Pressekonferenzen die bald regelmäßig stattfindenden Überfälle auf serbische Polizisten, die in Reichweite der Guerilla- bzw. Terrorgruppen auf Streife unterwegs waren.

Erstmals traten bewaffnete Männer in Kampfanzügen der UÇPMB Anfang 2000 während eines Begräbnisses auf, an dem über 500 Menschen eines albanischen Brüderpaars gedachten, das in einem Feuergefecht mit der serbischen Polizei erschossen worden war. Viel ist in den Organen der deutschen Außenpolitik über die Herkunft dieser „Rebellen" spekuliert worden. Stephan Lipsius mutmaßt in der Zeitschrift „Südosteuropa" (Nr. 3/4-2000), daß in der Region Ost-Kosovo und Nord-Makedonien mehrere – teilweise rivalisierende – Kampfverbände existieren, die dem Einfluß der unterschiedlichen kosovo-albanischen Parteien unterstehen. Von einer – angeblich – marxistisch geprägten „Albanischen Nationalen Armee" (AKSH) ist da die Schreibe und von einer „Nationalen Befreiungsarmee" (UÇK), nicht zu verwechseln mit der bewaffneten Gruppe desselben Kürzels „Befreiungsarmee Kosovas" (UÇK). Alle diese Militärbanden haben eines gemeinsam: Sie sind clanmäßig organisiert, ihre Familien stammen aus dem nördlichen, eher archaischen Teil des albanischen Siedlungsgebietes, und sie können ohne Unterstützung von außen keine nennenswerte militärische bzw. gar politische Kraft entwickeln. Ihre Existenz ist somit ohne das internationale Kräftespiel um die Neuaufteilung von wirtschaftlichem und geopolitischem Einfluß auf dem Balkan nur von beschränktem Interesse.

Solange Slobodan Milošević jugoslawischer Präsident war, berichteten westliche Presseagenturen kaum von Überfällen der UÇPMB, und wenn doch, dann mit einer gewissen Sympathie. Bereits im Juni 2000 eskalierte – von der westeuropäischen Öffentlichkeit unbemerkt – die Situation im Süden Serbiens. Nahe dem Dorf Dobrosin, im Weiler Konculj, überfielen Mitglieder der UÇPMB, im Zivilberuf mutmaßlich Schutzkorpsangehörige, eine Polizeistreife. In zwei Autos der Marke „Yugo" blieben fünf serbische Polizisten schwer verletzt liegen, einer von ihnen starb in der Folge an den Schußwunden. Schon zuvor, im Januar 2000, meldeten die jugoslawischen Agenturen Anschläge auf kommunale Einrichtungen wie das Heizkraftwerk in Bujanovac, die Ermordung eines Jugoslawien freundlich gesinnten albanischen Schuldirektors etc. Erst gegen Ende des Jahres 2000 – Milošević war zwischenzeitlich abgewählt worden – begannen auch die westlichen Medien Notiz von den albanischen Überfällen zu nehmen. Zaghaft näherten sie sich einem Teil der Wirklichkeit. „400 bewaffnete Albaner nach Südserbien vorgedrungen", titelte beispielsweise der Wiener „Standard" am 24. November 2000 und zitierte den neuen jugoslawischen Innenminister Zoran Živković, der in diesem Zusammenhang von „Terroristen" sprach. Daß selbige in einem Spezialcamp bei Gnjilane, im US-amerikanischen Sektor Kosovas, ausgebildet worden waren, konnte man allerdings nur in serbischen Zeitungen nachlesen. Denn mit dem Machtwechsel in Belgrad, der für westliche Investoren und Militärs handhabbare, willfährige Kräfte an die Spitzen der Ministerien gebracht hatte, war die von der UNMIK betriebene Option, Serbien mittels regionalem, ethnisch motivierten Terror zu destabilisieren, obsolet geworden. Gleichwohl: Den albanischen Kräften der UÇPMB war die geänderte politische Großwetterlage nicht so einfach beizubringen. Deshalb blickte die Welt mehrere Monate lang fassungslos auf einen unerbittlichen Kampf albanischer Nationalisten im Süden Serbiens. Die nationale Frage war für KFOR, NATO und UNMIK längst keine mehr, die sie in Serbien zu instrumentalisieren gedachten, doch das Morden ging weiter. Noch Mitte Mai 2001 feuerten UÇPMB-Terroristen, nun allseitig als solche bezeichnet, Granaten auf Stellungen serbischer Regierungstruppen, die auf Geheiß der NATO gerade dabei waren, in die vormals gesperrte Sicherheitszone einzurücken.

Nach zwölf Toten und etwa 20.000 aus den Bezirken Preševo und Bujanovac geflohenen Menschen schmiedeten Serben und Albaner im Süden Serbiens unter den wachsamen Augen der KFOR einen Friedensplan. Der Belgrader Sonderbeauftragte und Vizepremier Nebojša Čović, sein albanisches Gegenüber, der Bürgermeister von Preševo, Riza Halimi, sowie Vertreter der UÇPMB vereinbarten vorerst eine Waffenruhe. Čović versprach die Integration der Albaner in die lokale Polizei, wirtschaftlichen Fortschritt – das kostet nichts – und die Anerkennung von Diplomen der albanischen Universität Priština. Innerhalb der UÇPMB setzte sich, auf Druck der USA, der gemäßigte Flügel um den Kommandanten „Lieshi" durch und erklärte das Ende des bewaffneten Kampfes. „Lieshi" selbst fiel am 24. Mai 2001 unter ungeklärten Umständen einer verirrten Kugel zum Opfer, genau an jenem Tag, an dem das Übereinkommen durchgesetzt wurde. „Er war wohl zur falschen Zeit am falschen Ort", kommentierte NATO-Mann Shawn Sullivan lapidar den Tod des albanischen Kommandanten.

Das Einrücken der serbischen Armee in die Sicherheitszone an der Grenze zum Kosovo fand dann erstmals mit logistischer Unterstützung der KFOR/NATO statt. Im südserbischen Vranje war dafür Anfang Mai 2001 ein eigenes NATO-Büro eröffnet worden. Serbische Soldaten, die noch zwei Jahre zuvor im Fadenkreuz der Cruise Missiles gelegen waren, entwaffneten nun mit Einwilligung der KFOR

albanische Rebellen. Die Operation trug den Namen „Bravo", und manch ein serbischer Infanterist ärgerte sich darüber, für die westliche Militärmacht die Schmutzarbeit machen zu müssen. „Es ist natürlich hart, jetzt mit denjenigen zusammenzu-
arbeiten, die uns vor zwei Jahren bombardiert haben", meinte Hauptmann Milošević zu Rüdiger Göbel von der „Jungen Welt", einem der wenigen westlichen Reporter, die die Aktion „Bravo" zur Beseitigung der Rebellenstellungen in Südserbien begleiteten.

Die Option der militärischen Destabilisierung Serbiens im Süden war nach der
Etablierung einer kooperationswilligen Verwaltung in Belgrad geopolitisch nicht
mehr notwendig. Die Trümmer dieser Politik mußte die serbische Armee selbst
wegräumen, und sie wird auch auf Jahre hinaus noch mit der von KFOR und Kosovo-Schutzkorps angeheizten albanisch-nationalistischen Stimmung im betreffenden Gebiet zu kämpfen haben. Die Aktion „Bravo" zur Befriedung von Preševo und Bujanovac war mithin der erste Schritt einer Zusammenarbeit zwischen
NATO und serbischen Militärs, wobei letztere indirekt zu spüren bekamen, wer in
dieser Kooperation das Kommando führt; denn ohne den entsprechenden Druck
aus dem US-Hauptquartier in Priština wäre die UÇPMB wohl kaum zu raschem
Einlenken bewegt worden.

Das Aktionsfeld der albanischen Terrorkommandos, in der westlichen Presse
mehrheitlich „Rebellen" genannt, verlagerte sich in der Folge mehr und mehr in
den Norden Makedoniens. Albanische Kämpfer konnten auch dort auf die – frei-
willige oder erzwungene – Mithilfe der Mehrheitsbevölkerung rechnen. Die Unzufriedenheit der albanischstämmigen Bevölkerung im Krisenland Makedonien
half bei der Etablierung von Stützpunkten rund um Kumanovo und Tetovo. Mit
der stärker werdenden Kontrolle der Schmuggelwege im südserbischen Preševo-
Tal mußten zudem auch alternative Pfade für den Handel mit Frauen und Drogen
aufgetan werden. Zu ersten Toten kam es im Januar 2001, als die bis dahin nicht in
Erscheinung getretene albanisch-makedonische UÇK eine Polizeistation in Tearca
überfiel. Daß der militärische „Befreiungskampf", wie die UÇK ihre Überfälle
üblicherweise nennt, in Makedonien erst nach der Etablierung des Schutzkorps in
Kosova begann, zeigt die Verflechtung dieser KFOR-geschützten Truppe mit den
„Rebellen" im Norden Makedoniens. Die Grenzen des mehrheitlich albanisch besiedelten Raumes Kosova-Südserbien-Nordmakedonien werden von der Bevölkerung als künstlich wahrgenommen und sind es wohl auch.

Großalbanien oder Großkosova?

Von albanischer Seite aus betrachtet kann die Beantwortung der nationalen Frage nicht mehr lange auf sich warten lassen. Alle Siedlungsgebiete, in denen mehrheitlich AlbanerInnen wohnen, sollen dereinst unter derselben Flagge stehen. Uneinigkeit zwischen den einzelnen politischen und/oder familiären Richtungen wird allerdings dort spürbar, wo es um die konkrete staatliche Form zur Lösung der albanischen Frage geht. Großkosova oder Großalbanien? – so lautet die in unzähligen Kaffeehausgesprächen gestellte Alternative.

Anders die westlichen Interventionsmächte. Diese, militärisch geführt von den USA, neigen seit dem Sturz von Slobodan Milošević und der Zerschlagung der stärksten regionalen Militärmacht, der Jugoslawischen Volksarmee, dazu, nationale Begehren zwar weiterhin als Instrumente westlicher Machtpolitik zu benützen, sie jedoch sukzessive aus dem politischen Leben zurückzudrängen. Die nationalen Wünsche auf dem Balkan waren in den Jahren nach 1989-1991 für die deutsche Außenpolitik von großer Wichtigkeit. Mit dem Schlagwort vom „Selbstbestimmungsrecht der Völker" konnten Hans-Dietrich Genscher und Alois Mock die Sezessionen der nördlichen jugoslawischen Teilrepubliken pseudo-moralisch rechtfertigen. Auch in Bosnien schlug den nationalen Selbstbestimmern – so sie wie die Muslime und Kroaten für eine territoriale Desintegration des Raumes zu verwenden waren – westliche Sympathie entgegen. Und gar erst den albanischen Nationalen, mit denen sich trefflich das verhaßte Milošević-Regime unter Druck setzen ließ. Nun jedoch, nach vollbrachter Zersplitterung, von innen gewollt, von außen benützt, beginnt der Zweifel zu nagen.

Die Kleinstaaterei kann nicht der Weisheit letzter Schluß sein, wußten Nationalökonomen und Staatsmänner bereits unmittelbar nach 1918 zu vermelden. Auf das Hier und Jetzt transferiert, bedeutet diese Erkenntnis, daß den Händlern und Investoren der großen westeuropäischen und US-amerikanischen Kapitalgruppen Grenzen im Wege sind. Für die Öffnung eines Marktes mußte selbiger in Teile filetiert werden, für seine Bedienung sind die vielen Grenzbalken hinderlich. Wie rasch sich der einmal geweckte Nationalismus eindämmen läßt, wer die geöffnete Büchse der Pandora zu schließen vermag, bleibt indes eine offene Frage. Und – noch wichtiger – für wessen Interessen die einmal geschürten Nationalismen auch in Zukunft dienstbar sein werden. Für jene politischen Kräfte vor Ort, die daraus Parteien und kleinere, mafiotisch funktionierende Wirtschaftsimperien errichtet haben, ohnedies. Doch auch zwischen westeuropäischen/deutschen und US-amerikanischen Vorstellungen zur Kolonisierung des Balkans scheinen sich Widersprüche aufzutun, die entlang der nationalen Frage balancieren. Im deutschsprachigen Diskurs finden sich allerlei Stimmen für die Zurichtung des Raumes nach nationalen Kriterien; in der englischsprachigen Debatte bleiben Grenzrevisionen auf dem südlichen Balkan – bislang – ein Tabu. Doch schon einmal, zwischen 1991 (Ausrufung der Unabhängigkeit Kroatiens und Sloweniens mit deutscher Rückendeckung) und 1994 (Etablierung einer moslemisch-kroatischen Föderation in Bosnien unter US-Druck), übernahmen die USA deutsche Gestaltungspläne, nachdem sie sie kurz zuvor abgelehnt hatten. Eine endgültige Antwort auf die nationale Frage und ihre Verwendung im Kampf der Großmächte um politischen Einfluß und wirtschaftlichen Vorteil kann somit nicht gegeben werden.

Weit vorgewagt mit dem Vorschlag, neue Staatsgrenzen entlang ethnisch-nationaler Siedlungsräume zu ziehen, hat sich Erich Reiter, der Beauftragte für strategische Studien im österreichischen Verteidigungsministerium. Reiter, der sich schon in Studentenzeiten sein deutsch-nationales Bekenntnis in die Wange eingravieren ließ, verfolgt das Prinzip der „nationalen Selbstbestimmung" bis zum bitteren Ende. Im Heft 9/10-2000 der Zeitschrift „Südosteuropa" nimmt er offen gegen die „moralisierende Politik" der EU Stellung. Zu unrecht baut seiner Meinung nach auch der Stabilitätspakt für Südosteuropa „auf der Erhaltung der bestehenden multiethnischen Staaten auf. ... Moralisch unterfüttert, anstatt sicherheitspolitisch analysiert, wird das Ganze durch die Prinzipien der Nichtakzeptanz ethnischer Trennung ..." Für Kosovas Zukunft hat Reiter bereits im Herbst 2000 jenen Status vorgesehen, der nach der verfassungswidrigen Überstellung von Slobodan Milošević nach Den Haag und der damit verbundenen Delegitimierung von Jugoslawien allgemein diskutiert worden ist: „Im Sinn langfristiger und dauerhafter Stabilität wird man deshalb um die Unabhängigkeit Kosovos nicht mehr herumkommen." Logisch richtig schlägt diese nationale Grundhaltung im Wiener Verteidigungsministerium auch für Bosnien eine alternative Zukunft vor. „Man sollte", fordert Reiter in seinem Beitrag, „zumindest der Serbischen Republik innerhalb BiH [Bosnien-Herzegowinas, d.A.] das Selbstbestimmungsrecht geben, sich Serbien anzuschließen – wenn es die Menschen dort wollen." Lange aufrechterhaltene Tabus, wonach mit Grenzverschiebungen den kriegstreibenden nationalistischen Kräften auf dem Balkan im nachhinein recht gegeben würde, wenn Westeuropa oder Nordamerika das Dogma multiethnischer Staaten aufgäben, werden hier hinterfragt und aufgebrochen, das Nationale wird zum Prinzip erhoben.

In dieselbe Kerbe schlägt auch die „Deutsche Gesellschaft für Auswärtige Politik" (DGAP), einer der wichtigsten Meinungsbildner für außenpolitische Strategien. Dort wurde unmittelbar nach dem Ende des NATO-Einsatzes in Jugoslawien, im September 1999, eine Studie in Auftrag gegeben, die unter dem Titel „Regulierung ethnischer Konflikte in Südosteuropa" ethnische Grundlagen für zukünftige Staatenbildungen durchleuchten sollte. Der Autor, Ulrich Schreckener, träumt darin einen großalbanischen Traum und stellt fest, daß „Kosovo-Albaner, mazedonische Albaner und Albanien gemeinsame Gremien gründen, die unter Duldung der jeweiligen Wohnstaaten ... gesamtalbanische Aufgaben übernehmen" könnten.

Wie das Verhältnis zwischen „Wohnstaat" und Großalbanien aussehen soll, darüber schweigt die Expertise. Ähnlich diskutiert Viktor Meier, langjähriger Redakteur der „Frankfurter Allgemeinen Zeitung", im März-Heft (2001) des DGAP-Organs „Internationale Politik" den zukünftigen Status Kosovas: „Letzten Endes wird man Kosovo die Unabhängigkeit oder etwas Gleichartiges nicht verwehren können, möglicherweise um den Preis einer Abtrennung von Mitrovica." Im intellektuellen Diskurs der deutsch geführten EU sind die Pläne zur Durchsetzung ethnischer Grenzen also bereits relativ fest verankert. Der deutsche Außenminister Joseph Fischer attestiert fallweise diplomatisch verbrämt und betont bei entsprechender Gelegenheit, daß er die albanische Frage als „offen" betrachte, also ungelöst, einer Antwort harrend. Die albanische Akademie der Wissenschaften in Tirana hat dazu 1998 eine Plattform mit beigefügter Landkarte publiziert, die auf Basis albanischer Siedlungsgebiete in Makedonien, Montenegro, Südserbien und Albanien den staatlichen Zusammenschluß fordert.

Zuletzt war die großalbanische Idee unter der Ägide der deutschen Wehrmacht ventiliert worden, die nach dem Rückzug der Italiener am 9. September 1943 in Tirana einmarschierte. Für ein Kriegsjahr versuchten die Deutschen gemeinsam mit der antikommunistischen „Nationalen Befreiungsfront" (Balli Kombëtar), ein Großalbanien zu installieren, bis die Volksbefreiungsarmee des Enver Hodscha diesem (Alp-)Traum Mitte November 1944 ein Ende setzte. Erst 58 Jahre später, mit dem Sieg der NATO über Jugoslawien und der Delegitimierung dieses „Rest-Staates" im Zuge des Streits um die Auslieferung seines früheren Präsidenten an das Kriegsverbrechertribunal in Den Haag, gewinnen nationale Alternativen gegenüber multiethnischen Projekten schleichend wieder die Oberhand. Wie die Antwort auf die albanische Frage auch immer ausfallen wird, die militärische Kontrolle sowie die Durchsetzung wirtschaftlicher Interessen durch den Westen werden die Region auf Generationen hinaus prägen. Das hat auch – positiv konnotiert – das moralische Gewissen der Kosovo-Albaner, Ibrahim Rugova, im „Spiegel"-Interview Mitte Dezember 2000 festgehalten: „Die NATO muss ewig im Kosovo bleiben."

Die makedonische Frage

Offizielle Vertreter Makedoniens, eines der jüngsten Staaten des europäischen Kontinents, müssen hinter der seltsamen Buchstabenkonfiguration „FYROM" Platz nehmen, wenn sie ihr Land in internationalen Organisationen vertreten. „Former Yugoslav Republic of Makedonia", unter dieser Bezeichnung firmiert die südöstlichste der früheren jugoslawischen Teilrepubliken bei UNO und OSZE. Der Name ist Programm, er drückt das ganze tragische Schicksal einer Nation aus, die mit ihrer eigenen Legitimität zu kämpfen hat. Der Staat Makedonien muß sich über seine Vergangenheit in der sozialistischen Föderation Jugoslawien definieren. Es war Josip Broz, genannt Tito, dem Makedonien seine Staatlichkeit verdankt. Der Partisan und Sozialist müßte eigentlich als größter Erfinder von Nationen in die Geschichte des Balkans eingehen. Mit den Muslimen in Bosnien nationalisierte er eine Glaubensgemeinschaft von Slawen, die sich unter der osmanischen Herrschaft zum Islam bekehrt hatten. Im Süden Jugoslawiens schuf er eine Republik für ein Volk, das bis 1945 keine Territorialität kannte: die Makedonier, auch Mazedonier genannt. Daß die BewohnerInnen dieses Landstriches sowohl von Jugoslawien als auch von Bulgarien als Nation anerkannt wurden, hat mit der spezifischen historischen Situation nach der Zurückschlagung der Wehrmacht im Jahr 1944 zu tun. Deren Aufarbeitung kann hier nicht geleistet werden, nur soviel: Die Achse Sofia-Belgrad mit ihren Proponenten Georgi Dimitroff und Tito bastelte an einer Balkanföderation, deren Idee in der „Komintern" entstanden war. Tito spekulierte mit der Einbeziehung Bulgariens in die südslawische sozialistische Föderation, während Dimitroff eher an einen Zusammenschluß von Bulgarien und Jugoslawien dachte, ersterer Idee aber nicht gänzlich abgeneigt war. Zwischen den beiden Kernvölkern, den Bulgaren und den Serben, lag ein historisch dreigeteiltes Land mit einer mehrheitlich slawischsprechenden Bevölkerung. „Vardar-Makedonien" bildet sein geographisches Zentrum, „Pirin-Makedonien" liegt östlich davon in Bulgarien und „Ägäis-Makedonien" im Süden, es gehört zu Griechenland. Eines hatten die drei Landstriche auch politisch gemeinsam: eine starke antifaschistische Partisanenbewegung. Die Verständigung zwischen Dimitroff und Tito über ein einheitliches Makedonien in einem wie auch immer geformten südslawischen sozialistischen Staatenbund entbehrte somit nicht einer gewissen Logik. Doch von Moskau aus betrachtet sah der Balkan anders aus. Stalin machte Anfang 1948 den Spekulationen über eine Balkanföderation ein Ende, indem er Dimitroffs Bulgarien an die kurze Leine nahm und Griechenlands Revolution den Briten opferte. Was blieb, war das geographische „Vardar-Makedonien", benannt nach der durch den Fluß Vardar geprägten Landschaft. Tito verlieh diesem Land im Rahmen Jugoslawiens den Status einer eigenen Republik.

1989 lebten in der jugoslawischen Teilrepublik Makedonien etwas über 2 Millionen Menschen, wovon sich zwei Drittel als Makedonier, 20% als Albaner und knapp 5% als Türken bezeichneten. Das von Tito geförderte Makedonisch gilt national orientierten Bulgaren als westbulgarischer Dialekt, die Makedonier werden im postkommunistischen Bulgarien fallweise verächtlich als „Komintern-Bulgaren" bezeichnet. Tatsächlich ist die sprachliche Nähe frappant, eine eigene kodifizierte Schriftsprache existiert erst seit dem Ende des Zweiten Weltkrieges. Und selbst der religiösen makedonischen Identität half das titoistische Jugoslawien kräftig nach: 1958 gründeten orthodoxe Bischöfe im kirchenhistorisch bedeutenden Ohrid eine makedonische Nationalkirche; mit staatlicher Hilfe vollzogen die Popen dann 1967 einen zweiten Schritt und erklärten die Autokephalie der makedonischen Orthodoxie. Damit war der skurrile Fall eingetreten, daß das atheistische Jugoslawien eine Kirchengründung forciert hatte, um dem nationalen Ausgleich auch kulturell Gewicht zu verleihen. Weder die serbisch-orthodoxe Kirche noch der Patriarch von Konstantinopel anerkannten die Unabhängigkeit der makedonischen Kirche, die bis dahin unter dem serbischen Patriarchat gestanden war.

Die unter dem Eindruck der allgemeinen antikommunistischen Wende stehenden Wahlen im November 1990 sahen die nationalistische „Innere makedonische revolutionäre Organisation – Demokratische Partei für die nationale Einheit" (VMRO-DPMNE) als knappen Wahlsieger vor den nicht mehr bekennenden Ex-Kommunisten, die sich nun „Sozialdemokratische Union von Makedonien" nannten. Monatelange Verhandlungen zur Regierungsbildung sowie das baldige Ausscheiden der VMRO aus den Ministerämtern machten aus dem zwischenzeitlich zum Präsidenten gewählten Kiro Gligorov den einzigen politisch stabilen Faktor in der neuen Republik. Der bereits 73jährige Gligorov garantierte dem Land sowohl eine gewisse historische Kontinuität, bekleidete er doch bereits unter den Kommunisten höchste politische Ämter, als auch den gewünschten neo-nationalen Touch, indem er als in Bulgarien geborener Makedonier den nationalen Mythos verkörperte. Sein späteres Ausscheiden aus der Politik, nachdem ihm ein politischer Gegner im Oktober 1995 in den Kopf geschossen hatte, leistete einer schärferen nationalistischen Gangart Vorschub.

Am 8. September 1991 votierten mehr als 70% der Makedonier für eine nicht näher definierte Unabhängigkeit, die dann sogleich als staatliche ausgelegt wurde. Zwei Monate später war bereits eine neue Verfassung in Kraft, die nun Makedonien als „Staat der Makedonier" und nicht mehr, wie noch innerhalb Jugoslawiens, als „Republik der Makedonier und der ethnischen Minderheiten" auswies. Der Keim für eine nationale Konfrontation mit den Albanern war gelegt.

Vorerst jedoch legte die Europäische Gemeinschaft (EG) der Staatsgründung schwere Brocken in den Weg. Ende Juni 1992 beschlossen die zwölf EG-Regierungschefs auf ihrem Gipfeltreffen in Lissabon, Makedonien nicht anerkennen zu wollen, solange es diesen Namen tragen würde. Griechenland hatte sich mit seiner Position durchgesetzt, wonach Makedonien ein uralter hellenischer geographischer Begriff sei und eine „Republik Makedonien" die griechische Territorialität bedrohe. Ein Handelsembargo gegen Skopje unterstrich die harte Haltung Athens. Als dann im Februar 1992 große griechische Firmen dazu übergingen, auch Produkte aus jenen Ländern zu boykottieren, die für eine Anerkennung Makedoniens eintraten, entfesselte sich ein wahrer Wirtschaftskrieg gegen das kleine Land. Die größte griechische Supermarktkette beklebte z.B. holländische Waren mit einem Warnhinweis, wonach diese aus einem Land kämen, „das eine anti-griechische Haltung

eingenommen hat". Im Februar 1994 ging Athen zu einer vollständigen Handels-
blockade gegen Skopje über. Ein bereits 1992 von der UNO auf Druck der USA
beschlossenes Embargo gegen Jugoslawien nahm dem kleinen Land im Südosten
jede Möglichkeit, sich wirtschaftlich auf eigene Beine zu stellen. Mitte 1995 schätzte
das Außenministerium in Skopje die Verluste, die durch das Jugoslawien-Embar-
go entstanden waren, auf über 3 Mrd. US-Dollar und jene, die den Blockaden
durch Athen zuzuschreiben waren, auf weitere 1 Mrd. US-Dollar. „Makedonien"
war am Ende, bevor es sich staatlich konstituieren konnte. Skopje gab schließlich
klein bei und verzichtete auf den eigenen Namen bzw. verwendet ihn offiziell nur
mit dem Hinweis auf die frühere jugoslawische Republik; auch das ein wohl ein-
maliger Vorgang in der Geschichte der Staatswerdungen.

Bei den Parlamentswahlen 1998 siegte die rechte nationalistische VRMO, die
als bulgarienfreundlich gilt. Gemeinsam mit der radikaleren der beiden albanischen Parteien, der „Demokratischen Partei der Albaner" (PDSH) von Arben Xhaferi, bildete sie eine seltsame Allianz der nationalen Unvernunft. Im Jahr darauf
wiederholte sich der Rechtsruck auf der Ebene der Präsidentenwahlen: Boris Trajkovski schlug seinen Herausforderer von den ex-kommunistischen Sozialdemokraten, Tito Petkovski, wobei starke Unregelmäßigkeiten diese Wahlen begleiteten. Im Westen Makedoniens, an der bulgarischen Grenze, sollen 200.000 gefälschte
Stimmzettel den Sieg Trajkovskis möglich gemacht haben. Anwesende EU-Beob-
achter und NATO-Offiziere wollen von einer Irregularität nichts bemerkt haben.
Ihr gleichzeitig stattfindendes militärisches Engagement gegen Jugoslawien läßt
allerdings Zweifel an einer unvoreingenommenen Zeugenschaft zu.

Die westlichen Krieger hatten sich bereits seit 1992 in Skopje und Umgebung
festgesetzt. Im 78-Tage-Krieg gegen Belgrad benützte die NATO Makedonien einerseits als Aufmarschgebiet und andererseits als größtes Flüchtlingslager für Albaner aus dem Kosovo. Nach dem Krieg im Kosovo mit seiner anschließenden
ethnischen Säuberung verlagerte sich die internationale Aufmerksamkeit gegenüber der „albanischen Frage" nach Makedonien. Hier war bereits Anfang der 90er
Jahre von radikalen Albanerführern ein Referendum zur Ausrufung einer eigenen
albanischen Staatlichkeit abgehalten worden – mit mäßigem Erfolg. Die seit Anfang 2000 mit Unterstützung der Albaner aus Kosova operierende „Nationale Befreiungsarmee" (UÇK) trat mit einer großalbanischen Vision auf: „Das gestiegene
internationale Interesse besonders der amerikanischen und der französisch-deut-
schen Diplomatie begrüßend, erklären wir, daß die Lösung der albanischen Frage
nicht allein in den gegenwärtigen Grenzen Kosovos festgelegt werden kann, sondern als ganzes gelöst werden muß, indem die Albaner und ihre von 'Makedonien'
und Montenegro besetzten Gebiete einbezogen werden müssen." Diese großalbanische Stellungnahme stammt aus dem Jahr 1998, sie trägt die Nr. 42 und die
Unterschrift des UÇK-Generalstabs.

Neben der nationalen Frage waren für die UÇK auch wirtschaftliche Gründe für die Ausweitung der Kriegshandlungen auf makedonisches Gebiet von Bedeutung. Im Kosovo geriet sie unter Druck der Besatzungsmächte, die ihr nicht nur die politische Führerschaft zunehmend streitig machten, sondern auch ihre ökonomischen Grundlagen, vor allem den Schmuggel, nach und nach beschnitten. Es geht um viel Geld. Deutsche Drogenfahnder schätzen, daß zwischen 70 und 80% des skandinavischen und des schweizerischen Drogenmarktes über UÇK-Schmuggelwege nach Westeuropa kommen. Der österreichische Fernseh-Journalist Malte Olschewski geht in seinem Buch „Von den Karawanken bis zum Kosovo" von einer totalen Kontrolle der Balkanroute durch albanische Terroristen aus: „Die Kosovo-Albaner haben die türkische Mafia aus der südlichen (Drogen-)Route verdrängt", schreibt er im Jahr 2000. Heroinlabors will Olschewski am Stadtrand von Kumanovo und im ebenfalls makedonischen Krivolak geortet haben. Das staatlich kaum kontrollierte Bergland im Dreiländereck Jugoslawien-Bulgarien-Makedonien bietet tatsächlich beste politische und geographische Voraussetzungen für Schmuggelbarone vom Schlag einiger UÇK-Führer. Daß Hashim Thaçi direkt in diese Geschäfte verwickelt ist, kann nicht bewiesen werden. Solange US-Geheimdienste schützend ihre Hand über ihn oder seinen Rivalen Ramush Haradinaj halten, wird darüber nur spekuliert werden können.

Der Krieg kommt nach Makedonien

„Gestern hat in Tearca eine Sondereinheit der Ushtria Çlirimitare Kombëtare [UÇK, d.A.] mit automatischen Waffen und Granatwerfern eine makedonische Polizeistation angegriffen. Die gegnerischen Kräfte wurden sogleich paralysiert." Mit dieser als „Warnung an die makedonischen Besatzer und ihre albanischen Kollaborateure" gedachten Aktion begann die UÇK am 23. Januar 2001 ihre Offensive in Makedonien. Das Bekennerschreiben trug die Zahl „Kommunique Nr. 4". Das Kürzel UÇK für „Nationale Befreiungsarmee" entspricht jenem der kosovo-albanischen UÇK, das für „Kosovo-Befreiungsarmee" steht. Ein makedonischer Polizist wurde bei dem Anschlag in Tearca im Nordwesten des Landes getötet.

Die albanischstämmige Guerilla war gut auf Überfälle vorbereitet (worden). Mit der in ein „Kosovo-Schutzkorps" umgewandelten UÇK besaß sie großteils von US-Spezialisten ausgebildete Kader; die offenen Grenzen zu Kosova bildeten – wie für die UÇK der ersten Stunde Nordalbanien – ein ideales Rückzugsgebiet, und während des NATO-Bombardements waren in Makedonien überall Waffenlager und Munitionsdepots angelegt worden. Letzteres behauptet zumindest der frühere makedonische Innenminister Pavle Trajanov. Auch der österreichische EU-Abgeordnete, der sozialdemokratische Fraktionsführer Hannes Svoboda, äußerte sich am 25. Juli 2001 in einem Radiointerview besorgt über die waffenstarrende UÇK, die ihr Gerät aus „amerikanischen und auch europäischen Quellen" beziehen würde. Die „Sunday Times" vom 18. März 2001 zitiert einen NATO-Offizier, der während des 78-Tage-Krieges Kontaktmann zur UÇK gewesen war. Er berichtete von zwei albanischen Kommandanten, Adem Bajrami und einem Mann mit dem Kriegsnamen „Bilal", die von der britischen Spezialeinheit SAS in einem geheimen Camp in Nordalbanien trainiert worden waren. „Bilal" organisierte monatelang Waffenlieferungen nach Makedonien und soll auch die Infiltration von UÇK-Kämpfern in die Gegend um Tetovo koordiniert haben.

Am 12. Februar 2001 rückten dann 150 Angehörige der UÇK, die je nach Sichtweise als Freiheitskämpfer, Rebellen oder Terroristen bezeichnet werden, in das mehrheitlich albanisch bewohnte makedonische Dorf Tanusevci ein, das an der Grenze zu Südserbien und dem Kosovo liegt. Erst drei Wochen später vertrieben KFOR-Soldaten die Eindringlinge, ohne jedoch einen direkten militärischen Kontakt zu provozieren. Noch während des von der KFOR behutsam durchgeführten Zurückdrängens des albanischen Kommandos überfiel am 8. März ein UÇK-Trupp in der Nähe von Brest eine makedonische Polizeipatrouille und tötete drei Beamte. Damit war der Krieg gegen die staatliche Autorität in Skopje endgültig eröffnet. Daß dies mit indirekter Hilfe der KFOR/NATO geschah, die einem aus dem Kosovo heraus organisierten Überfall auf das Grenzdörfchen Tanusevci regungslos zugesehen hatte, beunruhigte die örtliche slawische, aber auch die albanische Bevölkerung. Sie floh zu Tausenden. Auch das 60.000 Einwohner zählende Tetovo glich Anfang März 2001 einer Geisterstadt.

Seit damals wiederholt sich in Makedonien jene Tragödie, die Jugoslawien bereits seit zehn Jahren heimsucht: die gewaltsame Ethnisierung der gesellschaftlichen Verhältnisse. Grundlage dafür ist eine extreme wirtschaftliche Krise, die den Menschen die Luft zum sozialen Überleben raubt ... und sie in nationale Abenteuer stürzen läßt. Westeuropa und die USA haben wesentlichen Anteil am Zustandekommen dieser Misere. Sie waren es, die 1992 in der UNO ein Wirtschaftsembargo gegen Jugoslawien verhängten, gegen ein Land, mit dem das kleine Makedonien 60% seines Handels trieb. Die in Washington und Brüssel als politisches Instrument zur Disziplinierung Belgrads gedachte Isolierung bewirkte in Makedonien ein wirtschaftliches Desaster. Die jahrelangen Sanktionen Griechenlands gegen seinen neuen Nachbarn taten ein übriges. Nach zehn verheerenden Jahren nicht enden wollender Blockaden gehört Makedonien im Jahr 2001 zu den ärmsten Ländern Europas. 40% der arbeitsfähigen Bevölkerung stehen ohne Einkommen da, die industrielle Fertigung ist fast völlig zusammengebrochen. Der Ökonom Vladimir Gligorov vom „Wiener Institut für Internationale Wirtschaftsvergleiche" (WIIW) spricht von der Möglichkeit eines gänzlichen Zusammenbruchs, der auch vor dem von EU-Europa und IWF eingerichteten „Currency Board", das die lokale Währung Denar an die DM bindet, nicht haltmachen würde. „Die Welt hat bisher noch keine Erfahrungen mit zusammenbrechenden Currency-Board-Regelungen", sorgte sich die „Neue Zürcher Zeitung" am 4. April 2001. „Wenn es in Makedonien so weit käme, müsste vermutlich mit einem Vertrauenseinbruch am Markt, mit Kapitalflucht, einer schweren Währungskrise, Hochinflation, mit noch mehr Armut und noch mehr sozialen und ethnischen Spannungen gerechnet werden." Im Namen der von Brüssel und Washington ökonomisch heraufbeschworenen Krise nimmt die ethnische Katastrophe ihren Lauf.

Diese weist dasselbe Muster auf, das wir bereits aus anderen Teilen Jugoslawiens kennen. Sozial zu kurz Gekommene, wirtschaftlich unbrauchbar Gewordene setzen auf die nationale Frage. Bei dieser pervertierten Form des Verteilungskampfes ist der Nachbar im Weg, und man hofft, mit ausländischer Hilfe dessen Begehrlichkeiten Herr werden zu können. Auf der einen Seite steht die kampferprobte UÇK, auf der anderen die schlecht ausgerüstete, jedoch national ebenfalls motivierte makedonische Polizei und Armee. Deren Übergriffe legitimieren in den Augen der albanischen Bevölkerung im nachhinein die Terroranschläge ihrer Guerilla.

Z.B. im Dorf Poroj knapp außerhalb von Tetovo. Dort steht auf dem Hauptplatz eine große Bronzestatue, die an einen im Kosovo gefallenen UÇK-Kämpfer erinnert. Poroj gilt als Hochburg albanischer Rebellen. Als Anfang April 2001 drei Dutzend Schützenpanzer der makedonischen Armee das kleine Dorf umstellten, um Jagd auf Terroristen zu machen, wurden sicherheitshalber alle männlichen Bewohner des Ortes mitgenommen. Keiner der Albaner kam ohne Prügel davon, viele mußten anschließend ins örtliche Krankenhaus eingeliefert werden. Fazit dieser Geschichte: Wer sich bis dahin im Dorf Poroj der Staatsmacht gegenüber neutral verhalten hatte, der wird wohl zukünftig den UÇK-Aktionen zumindest sympathisierend gegenüberstehen. Die Aktion der makedonischen Sicherheitskräfte in Poroj war kontraproduktiv.

Anfang Juni 2001 hatte sich der Krieg in Makedonien bis zur Hauptstadt ausgedehnt. Mehrere hundert UÇK-Kämpfer drangen nach Aračinovo, einem Vorort von Skopje, vor. Gleichzeitig legte ein anderes albanisches Kommando die Wasserversorgung von Kumanovo lahm, 100.000 Einwohner litten unter diesem Terror. Die UÇK forderte die makedonischen Behörden auf, den Beschuß albanisch besiedelter Dörfer im Norden des Landes einzustellen, widrigenfalls von Aračinovo aus der internationale Flughafen und eine Erdölraffinerie angegriffen würden. Die makedonische Regierung erklärte daraufhin einen Waffenstillstand, was den Forderungen der UÇK entsprach. Der Erpressung durch die UÇK konnte Skopje aus zwei Gründen nichts entgegensetzen. Zum einen existiert in dem kleinen Balkanstaat kaum eine bewaffnete Einheit, die als Armee bezeichnet werden könnte. Nach der Unabhängigkeitserklärung rückte die Jugoslawische Volksarmee ab, zurück blieben 10.000 leicht bewaffnete lokale Kräfte; für den Einsatz von Kampfhelikoptern etwa müssen ukrainische Piloten in das Cockpit, weil makedonische Soldaten dafür nicht ausgebildet sind. Zum anderen besteht aber auch ein politischer Grund für die Erpreßbarkeit der makedonischen Konzentrationsregierung. Auf Drängen der NATO und der EU gehörten dieser Mitte 2001 beide albanischen Parteien an, die zunehmend der UÇK den Rücken stärken. Sie taten dies jedoch nicht, ohne sich dafür bei den westlichen Handlungsträgern das Placet geholt zu haben.

Als dann am 25. Juni 2001 Staatspräsident Boris Trajkovski mit Vertretern der NATO vereinbarte, das Überfallskommando der UÇK aus Aračinovo unbehelligt abziehen zu lassen, kochte die slawisch-makedonische Volksseele über. 10.000 Demonstranten versammelten sich noch am selben Abend vor dem Parlamentsgebäude, durchbrachen mit Hilfe von Reservisten der Armee den schwachen Polizeikordon und schlugen die Inneneinrichtung kurz und klein. Präsident Trajkovski, dessen Rücktritt die Menge vehement forderte, und mehrere Minister konnten das Parlament in letzter Minute durch einen Hintereingang verlassen. „Gebt uns Waffen", skandierten die aufgebrachten Demonstranten, die nicht verstehen konnten, warum die UÇK-Terroristen freies Geleit aus Aračinovo erhielten. 80 US-Soldaten in KFOR-Uniformen hatten an die 400 UÇK-Männer mit zwölf Bussen aus Aračinovo abgeholt und sie Richtung Nikuštak, einer Hochburg der albanischen Separatisten, geführt. Trajkovski, der diesen Deal eingefädelt hatte, gilt seither den makedonischen Nationalisten als Verräter. Auch hat ein Großteil der slawischen Bevölkerung des Landes jedes Vertrauen in die Politik der EU, in ihre beiden Kommissare Javier Solana und Chris Patten sowie in die OSZE verloren. Beide Organisationen hatten darauf gedrängt, einen nationalen Ausgleich mit der albanischen Minderheit zu finden, gleichzeitig die Terroranschläge der UÇK verurteilt und dennoch dabei mitgewirkt, daß die Besetzung eines ganzen Stadtteils für die Mitglieder des albanischen Überfallkommandos ohne Auswirkungen blieb.

Erste Ausschreitungen gegen albanische Geschäfte hatte es bereits Anfang Mai 2001 im südmakedonischen Bitola gegeben, als in der Nacht zuvor vier makedonische Soldaten von einem UÇK-Kommando erschossen worden waren. Die Szenen wiederholten sich am 7. Juni, als erneut eine Polizeipatrouille angegriffen und drei Polizisten ermordet wurden. Der Mob zündete daraufhin die Moschee von Bitola an. Mit dem von der NATO geschützten Abzug der UÇK-Truppe aus Aračinovo wendete sich der Protest gegen die eigene Regierung, die NATO und die EU.

Die OSZE gießt Öl ins nationale Feuer

Anfang Mai 2001 verlangte die „internationale Wertegemeinschaft", allen voran der frühere NATO-Sekretär und spätere EU-Kommissar Javier Solana, die Bildung einer Regierung der nationalen Einheit. Die makedonische Opposition gehorchte brav und nahm zusammen mit der Rechten und den beiden Albanerparteien auf den hierfür vorgesehenen Bänken Platz. Diese ganz große Koalition konnte freilich nicht verhindern, daß unterschiedliche nationale Interessen die Einheit bald sprengten. Wer immer in EU-Europa die Idee dieser „nationalen Einheit" gehabt hatte, mußte offensichtlich vergessen haben, daß es gerade die ungelöste nationale Frage ist, die Makedonien in den Krieg gerissen hat. Das Land ist national gespalten, nicht geeint. Einen diesen Tatbestand akzeptierenden Teilungsplan, der Ende Mai 2001 vom Präsidenten der Makedonischen Akademie der Wissenschaften, Gjorgji Efremov, vorgelegt wurde, verwarfen sowohl Skopje als auch Brüssel, wohl deshalb, weil er den westeuropäischen multikulturellen Vorstellungen nicht entsprach. Und auch deshalb, weil dann der nationale Konflikt innerhalb Makedoniens für „global players" nicht mehr instrumentalisierbar wäre. Efremov hatte einen Bevölkerungsaustausch vorgeschlagen und den Nordwesten des Landes, die Gegend um Tetovo und Gostivar, als Teil Kosovas projektiert. Ein solches Vorhaben wäre mit den national inspirierten Vorstellungen deutscher und österreichischer Denkschulen durchaus kompatibel. Ein historisches Vorbild für eine solche – im Angesicht eines jahrelangen Bürgerkrieges möglicherweise vernünftige – Maßnahme kennt die Region übrigens aus dem Jahr 1923. Damals, nach dem Zusammenbruch des Osmanischen Reiches, verließen 1,5 Millionen Griechen Kleinasien; fast die Hälfte von ihnen siedelte sich im „ägäischen Makedonien" an, was dort den slawischen Bevölkerungsanteil zurückdrängte. Umgekehrt wanderten eine halbe Million Türken über den Bosporus nach Asien. Der Efremov-Plan erregte zwar in der makedonischen Innenpolitik großes Aufsehen, seiner Umsetzung stehen jedoch nicht nur innenpolitisches Machtkalkül, sondern auch die Interessen der Großmächte EU und noch mehr der USA gegenüber, die eine unbeantwortete nationale Frage bestens zu benützen wissen.

Dies wurde überdeutlich, als die Öffentlichkeit Ende Mai 2001 von einem geheimen Treffen der beiden albanischen Parteiführer Arben Xhaferi und Imer Imeri mit UÇK-Kommandanten erfuhr. Ministerpräsident Ljubčo Georgievski sprach in diesem Zusammenhang von einer „Kriegserklärung der Albaner gegen das makedonische Volk", die größte Tageszeitung des Landes, „Nova Makedonija", von einem „Dokument des Verrats". Die militante und die politische Elite der Albaner hatten sich getroffen, um ihre nationalen Forderungen zu akkordieren. Eingefädelt hatte das Treffen der OSZE-Sondergesandte Robert Frowick, der die makedonischen Albanerführer symbolträchtig ins kosovarische Prizren eingeladen hatte, jene Stadt, die 1878 der „Liga von Prizren" ihren Namen gab. Damals wurden erste großalbanische Visionen diskutiert. Am 22. Mai 2001 haben sich die Albanerführer in Prizren auf eine Verfassungsänderung in Makedonien verständigt: Die Albaner sollen demnach Staatsnation und das Albanische als Staatssprache anerkannt werden. Weiters forderte die „Plattform von Prizren" ein garantiertes Vetorecht der albanischen Parlamentarier gegen Beschlüsse der makedonischen Mehrheit im Parlament sowie die Aufstellung albanischer Polizisten in den Gebieten mit hohem albanischen Bevölkerungsanteil. UÇK-Sprecher Ali Achmeti konnte zufrieden sein. In wenigen Wochen hatten Terror und Überfälle dazu geführt, daß nicht nur die albanischen Parteien in Makedonien, sondern auch die OSZE und mit ihr die „internationale Wertegemeinschaft" ihre Forderungen ernstnahmen. Die Vermittler der EU und der USA, François Léotard und James Pardew, machten sich flugs zu Fürsprechern der „Plattform von Prizren", ohne vorher mit den makedonischen Politikern darüber verhandelt zu haben.

Die Sprachenfrage ist zu einem der wichtigsten Konfliktpunkte des kleinen Landes geworden. Von den knapp mehr als 2 Millionen Einwohnern Makedoniens spricht schätzungsweise ein Viertel albanisch, national-albanische Quellen nennen bis zu 40%. War noch unter jugoslawischen Verhältnissen die albanische Sprache sowohl im Bildungssystem als auch in den staatlichen Medien relativ gefördert worden, verstand sich das neue unabhängige Makedonien von Anfang an als makedonisch-national, als slawischer Staat. In einer Situation, in der sich das Makedonische sowohl sprachlich als auch ethnisch gegenüber dem Bulgarischen behaupten muß, war für die Mehrheit der Bevölkerung nur eine ethnisch-nationale Eigendefinition denkbar. Die Wahlsiegerin, die VRMO, stand für dieses Programm, bis NATO, EU und OSZE soviel Druck entwickelten, daß Trajkovski selbst begann, über eine Verfassungsänderung hin zu einer bi-nationalen Gesellschaft nachzudenken. Doch eine solche würde den gesamten Gründungsmythos Makedoniens ad absurdum führen, der auf der Staatswerdung des makedonischen Volkes beruht. Diesen substantiellen Widerspruch per Ukas aus Brüssel oder Washington lösen zu wollen, bedürfte einer sozial befriedeten Gesellschaft. Eine solche ist jedoch angesichts der ökonomischen Krise nicht in Sicht. ·

Der Streit um Sprache und Ethnie spitzt sich Mitte 2001 zu. Immer wieder hat er sich in den vergangenen Jahren an der Bildungsfrage entzündet. So war es den Albanern aus Makedonien nach dem Zerfall Jugoslawiens nicht mehr möglich, an der albanischen Universität in Priština/Prishtinë zu studieren. Im November 1994 begannen deshalb Studenten aus Skopje einen Streik mit dem Ziel, ihr pädagogisches Studium – wie ihre älteren Kollegen früher – in albanischer Sprache absolvieren zu können. Ihr Argument war einleuchtend: Wenn wir später in albanischsprachigen Pflichtschulen unterrichten sollen, müssen wir den Lehrstoff auch auf Albanisch beherrschen. In dem mehrheitlich von Albanern bewohnten Tetovo richteten die Protestierenden ohne staatliche Genehmigung eine „albanische Universität" ein. Eine Aktion der makedonischen Polizei beendete dieses Vorhaben fürs erste, konfiszierte albanisches Unterrichtsmaterial und verhaftete den „Rektor" der illegalen Universität, Fadil Sulejmani. Am 15. Februar 1995 erfolgte der zweite Versuch einer albanischen Universitätsgründung. Sulejmani warnte die makedonischen Behörden davor, erneut einzugreifen, und drohte unverhohlen mit nationalistischem Terror: „Das Volk wird mich verteidigen", meinte er nach einem Bericht der Nachrichtenagentur Reuters vom 16. Februar 1995. Und weiter: „Wenn die Polizei versuchen sollte, uns an der Arbeit zu hindern, werden 200.000 Albaner uns zu Hilfe kommen, und sie haben Gewehre und Granaten." Die Sprachen- und Bildungspolitik ist in Makedonien also aufs engste mit militärischer Gewalt verbunden. Drei Jahre später, 1998, erwirkte die OSZE eine Amnestie für Sulejmani und zwang die makedonischen Behörden, die albanische Universität in Tetovo de facto anzuerkennen.

Am 23. Juli 2001 rückten erstmals UÇK-Kämpfer ins Zentrum von Tetovo vor. Der von den EU- und US-Vermittlern Léotard und Pardew vorgelegte Friedensplan, der die Forderungen der albanischen Seite nach Verfassungsänderung und zweiter Amtssprache inkorporiert hatte, war wenige Tage vorher von Staatspräsident Trajkovski und Ministerpräsident Georgievski zurückgewiesen worden. Die UÇK antwortete mit dem Überfall auf Tetovo, der „Balkankoordinator" Bodo Hombach ließ keinen Zweifel daran, daß Brüssel auf der Einführung des Albanischen als zweiter Amtssprache beharren werde: „Das ist internationaler Standard", verkündete Hombach in bester Kolonialmanier.

In der Nacht auf den 25. Juli 2001 gingen rabiate makedonische Demonstranten dazu über, OSZE-, NATO- und EU-Einrichtungen zu demolieren. Die „internationale Wertegemeinschaft" reagierte verständnislos, empört. Daß aus dem leicht instrumentalisierbaren nationalen Kampf ein antikolonialer werden könnte, daran hatte in Westeuropa und Nordamerika niemand glauben mögen. Daß eine solche Gefahr seit Beginn der schleichenden Intervention bestanden hat, damit rechneten die zuständigen Militärs allerdings schon während des Einmarsches in den Kosovo. Im „Leitfaden für Bundeswehrkontingente" vom Juni 1999 liest man über die „Risikolage in Mazedonien": „Die durch den Kosovo-Konflikt verursachten volkswirtschaftlichen Schäden und die durch die Aufnahme von knapp 330.000 vertriebenen Kosovo-Albanern sichtbare Verschlechterung der ethnischen Balance zwischen den Albanern und den Slawo-Mazedoniern haben Ängste ausgelöst, die teilweise in Aggressivität umschlagen. Als vermeintliche Ursache werden die Soldaten der NATO-Streitkräfte identifiziert, deren Umfang den der mazedonischen Streitkräfte mittlerweile übersteigt. Ausdruck hierfür waren Demonstrationen gegen die NATO-Präsenz." In der Folge gab dann das „Amt für Nachrichtenwesen der Bundeswehr, Abteilung II" die Empfehlung, sich vor Anschlägen insbesondere auf und unter Brücken in Acht zu nehmen. Der „Slawo-Mazedonier" wird als potentieller Feind der Eingreiftruppe beschrieben ... zwei Jahre, bevor OSZE-Emissär, EU- und US-Vermittler sich die albanischen Forderungen zu eigen machten.

Ahnungsloser Westen führt Regie

„Einer Bande bewaffneter Schläger sollte nicht erlaubt werden, eine multi-ethnische Demokratie zu zerstören", äußerte sich NATO-Sekretär George Robertson zu Beginn des militärischen Konflikts in Makedonien. Mehr Ignoranz gegenüber einer Region, in der das einzig verbliebene Militärbündnis der Welt seit bald zehn Jahren interveniert, und ihren BewohnerInnen ist undenkbar, mehr Unwissen kaum möglich. Die UÇK als eine „Bande bewaffneter Schläger" zu sehen, ohne sie in Zusammenhang mit den Anliegen der albanischen Bevölkerung vis-à-vis der slawischen Mehrheit zu bringen, liegt ähnlich weit von der Wirklichkeit in der südöstlichsten ehemaligen jugoslawischen Teilrepublik entfernt, wie das junge Makedonien als eine „multi-ethnische Demokratie" zu beschreiben. Dieser Satz von George Robertson drückt die ganze Selbstherrlichkeit einer im kolonialen Bewußtsein agierenden Macht aus.

Der Westen herrscht in Makedonien scheinbar unumschränkt. Zuordnungen und Einschätzungen der Konflikt- und Kampfparteien ändern sich monatlich. Die ganze Politik der USA und der EU dient einerseits der Beruhigung des heimatlichen Publikums und ist andererseits von wirtschaftlichen und geopolitischen Interessen geprägt, deren Konturen sich erst während der gemeinsam durchgeführten Landnahme – um nichts anderes handelt es sich auf dem gesamten Balkan – herausbilden.

Lehrstücke in Sachen koloniale Selbstherrlichkeit werden genug gegeben. Der Haß auf die balkanische Unordnung scheint manch fliegendem Positionswechsel Pate zu stehen. Wolfgang Petritsch z.B., der aus dem slowenischen Kärnten stammende Sozialdemokrat und oberste Kolonialverwalter Bosniens, warnte in einem Interview mit dem Wiener „Kurier" zu Beginn des Makedonien-Krieges die Albaner in der Region von Tetovo davor, Unterstützung von „Leuten wie Hashim Thaçi" anzunehmen. Ihre internationale Reputation stünde auf dem Spiel. In Rambouillet hatte Petritsch Thaçi noch freudig die Hand geschüttelt. Mehr noch: Für die Präsentation seines Buches „Kosovo-Kosova" wurde Hashim Thaçi noch am 5. November 1999 nach Wien eingeflogen, um vor einem ausgewählten Publikum ein wenig terroristisches Flair in den Festsaal der „Bank Austria" zu bringen. Eineinhalb Jahre später warnt Petritsch die Albaner in Makedonien, an jenem Mann anzustreifen. Wer soll an die Redlichkeit einer solchen Politik noch glauben können?

Petritschs Kollege, der EU-Sonderbeauftragte für Makedonien, François Léotard, wiederum setzte Ende Juni 2001 die Regierung in Skopje unter Druck, mit der UÇK Verhandlungen aufzunehmen, obwohl oder weil deren Unterstützung durch Thaçis Kämpfer offensichtlich war. US- und EU-Offizielle wechselten mehrmals ihre politischen Positionen, unterstützten einmal die makedonische Regierung, ein anderes Mal die albanischen Separatisten; nur eines blieb konstant: der Wille zur Kolonisierung des Landes.

Am Anfang der makedonischen Krise lehnte die EU in Person von Javier Solana jede Verhandlung mit den albanischen Kämpfern ab, während in den USA bereits gewichtige Stimmen wie jene von William Walker, als Leiter der OSZE-Mission im Kosovo für die rasche Verurteilung der serbischen Seite im „Fall Račak" zuständig, für eine Einbeziehung der UÇK in politische Gespräche eintraten. OSZE-Sondergesandter Frowick, ein US-Diplomat, schuf diesbezüglich am 22. Mai 2001 vollendete Tatsachen. Spätestens zu diesem Zeitpunkt verloren die EU-europäischen gegenüber den US-amerikanischen „Krisenmanagern" an Terrain. Wie schon in Bosnien und im Kosovo übernahm die US-Diplomatie erst spät die Initiative, konnte sie aber durch die heimliche bzw. offene Unterstützung der radikalsten Kräfte der jeweiligen ethnischen Minderheit (Muslime bzw. Albaner) schnell ausbauen.

Der von den USA ausgeübte Druck auf die makedonische Regierung hat seit Mitte 2001 beständig zugenommen, die Europäische Union verfiel bald von einer eigenständig agierenden Kraft in die Rolle des Juniorpartners, wobei die NATO den Transmissionsriemen für die Unterordnung von Brüssel, Berlin und Paris unter Washington darstellt; London ist ohnedies seit jeher atlantisch orientiert. Ab Mitte Juni 2001 drängten NATO, USA und EU auf die Paraphierung eines Friedensabkommens zwischen der makedonischen Regierung und den albanischen Rebellen bzw. Terroristen. Die Mittel dazu setzten sich aus Drohungen und Erpressungen zusammen. So wurde z.B. die makedonische Außenministerin Ilinka Mitreva bei einer EU-Tagung in Luxemburg am 25. Juni 2001 in Anwesenheit ihrer EU-Ministerkollegen von Schwedens Außenministerin Anna Lindh angefaucht: „Wir haben eigentlich erwartet, einen Friedensplan präsentiert zu bekommen. Statt dessen hat sich die Situation verschlimmert." Wenige Tage zuvor hatte die NATO 400 UÇK-Kämpfer aus Skopje herauseskortiert, nachdem diese den Vorort Aračinovo überfallen hatten. Wenn Skopje nicht bald mit der UÇK zu einer Einigung komme, so die EU-Minister weiter, würde die längst ausverhandelte Finanzhilfe von mageren 80 Mio. US-Dollar gestrichen.

Sind erst einmal die staatlichen Autoritäten in die Defensive gedrängt, steht der „Hilfe" genannten Intervention nichts mehr im Wege. Genau in dieser Position befindet sich Makedonien. Ein der Regierung aufgezwungener Friedensvertrag würde die Glaubwürdigkeit der makedonischen Parteien im eigenen Publikum erschüttern und rechte, radikalere Kräfte stärken, deren Menschenrechtsverletzungen und undemokratische Vorgangsweisen – so die verquere Argumentation der westlichen Beobachter – dann nur mehr per militärischer Intervention von außen gestoppt werden könnten. Bereits am 6. Juni 2001 erklärte der NATO-Rat, demnächst 3.000 Soldaten in Richtung Skopje in Marsch setzen zu wollen. Am 22. August 2001 beschloß die NATO, ihre militärische Aktion mit dem vielsagenden, entlarvenden Namen „Wesentliche Ernte" in die Tat umzusetzen, nachdem zuvor

Gespräche mit makedonischen und albanischen Parteien sowie mit Teilen der UÇK geführt worden waren.

So unterschiedlich die Motive für die Interventionspolitik der USA und der EU auch sein mögen – den Flickenteppich an Protektoraten knüpft man gemeinsam. Washington, so ist der kanadische Ökonom Michel Chossudovsky in seinem Beitrag „America at War in Macedonia" (erschienen bei: www.indymedia.org) überzeugt, geht es um die Kontrolle einer zukünftigen transeuropäischen Ölleitung, die vom Schwarzen Meer zur Adria führen soll. Makedonien stellt in dieser Planung eine der Drehscheiben dar. Die US-amerikanischen bzw. britischen Firmen BP-Amoco, Chevron und Texaco sind laut Chossudovsky die Triebkräfte der US-amerikanischen Politik. Ihre Investitionen rund um das Kaspische Meer, wo angeblich die weltgrößten ungeförderten Erdölmengen liegen, sollen sich lohnen. Um nicht von Rußland als Transitland abhängig zu werden, braucht man kooperationswillige Staaten zwischen dem Kaspischen Meer und der Adria. Die Türkei, de facto eine Militärdiktatur unter politischer Kontrolle Washingtons, soll die Route der Pipeline in Asien sichern helfen, für Südosteuropa bedarf es politisch kontrollierter Regionen, durch die der Öl-Korridor gelegt werden kann. Für die Sicherheit dieser Investments, so Chossudovsky, ist Washington bereit, mit dem Teufel zu paktieren; in Form der UÇK wurde jene Kraft gefunden, die den Staatsbildungsprozeß in Makedonien im US-amerikanischen Interesse formen soll. Doch auch Frankreichs Öl-Gigant Total-Fina-Elf ist gemeinsam mit Italiens ENI am Kaspischen Meer tätig. Wirtschaftlicher Konkurrenz um die Märkte steht Kooperation bei der Schaffung einer Infrastruktur gegenüber – ob das eine gemeinsame Pipeline sein wird, darüber läßt sich nur spekulieren.

Fest steht hingegen der Verlierer dieses ökonomischen Wettrennens um neue Ölförderungen und neue Profite. Es werden Regionen wie Makedonien sein, die zwar möglicherweise als Transitland für Pipelines Verwendung finden, wirtschaftlich jedoch daraus keinen großen Gewinn ziehen werden können.

Montenegro: Weiße Berge und blaues Meer

So viele Widersprüche auf so kleinem Raum sind selten. Montenegro ist ein vielfach geteiltes Land. Schon die Geographie scheidet das Bergland vom Küstenland, die Bergler von den Küstenbewohnern. Politisch-administrativ gehörte die Küste bis 1918 zur Habsburgermonarchie, während das Bergland nach der Abschüttelung der osmanischen Oberherrschaft 1878 den unabhängigen Staat Montenegro bildete. 1918 wurde beides Bestandteil des jugoslawischen Königreichs. Im karstigen, heute unbewaldeten Gebirge haben sich bis in die vergangenen Jahrzehnte clanartige Strukturen und eine kämpferische Männergesellschaft erhalten, während an der dalmatischen Küste die Bauten venezianisch und die Menschen mediterran geprägt sind. Das verbindende Element sind die serbisch-orthodoxe Kirche und die serbokroatische Sprache; immerhin 20% der Montenegriner bekennen sich zum Islam.

Im Jahr 2001 leben 600.000 Menschen auf knapp 14.000 km². Durch die kleinste Republik des früheren Jugoslawien läuft nun eine schwer bestimm- und lokalisierbare ethnisch-nationale Trennlinie. Historisch hat es eine solche zwischen Serben und Montenegrinern nie gegeben. Der heutige Nationalitätengegensatz stellt das Produkt westlicher Einmischung dar. Gleichzeitig mit dem Bombardement der NATO gegen Jugoslawien war der kleineren Republik Montenegro von Washington und Brüssel im Fall einer Sezessionspolitik Wohlstand und Glück versprochen worden. Nach dem Sturz der Regierung Milošević in Belgrad kehrte sich die Unterstützung der Unabhängigkeitsbestrebungen durch die NATO-Staaten in ihr Gegenteil. Zurück blieb eine ethnisch-national gespaltene Gesellschaft.

Historisch gelten die Montenegriner als Avantgarde des serbischen Befreiungskampfes. Die Nationalbewegung des 19. Jahrhunderts hatte nichts Montenegrinisches im ethnischen Sinn an sich, sondern betrachtete sich als eine serbische, die in den „schwarzen Bergen" eben bessere Bedingungen für den Widerstand gegen die Osmanen vorfand als ihre Glaubensbrüder nördlich davon. Dieses einheitliche serbisch-montenegrinische Nationalgefühl kommt am besten im Epos „Der Bergkranz" von Petar II. Petrović Njegos zum Ausdruck, dem legendären Dichter und letzten Fürstbischof, wohl unumstrittenste Symbolfigur Montenegros. Der Name Crna Gora/Montenegro bezieht sich übrigens auf längst vergangene Zeiten, als die nördlich der Adria gelegene Bergkette – bis ins Mittelalter – dicht bewaldet war.

Republiksstatus erhielt das schwach besiedelte Bergland nach 1945. Tito legte bei der Schaffung der jugoslawischen Volksrepublik darauf Wert, das serbische Element nicht zu dominant werden zu lassen. Die Gründung einer montenegrinischen Nation verlief parallel zu den Nationsgründungen der Muslime und der Makedonier, in der Volkszählung 1991 machten dennoch nur 61% der BewohnerInnen ihr Kreuz bei der Nationalität „Montenegriner". Nach dem Zerfall des alten sozialistischen Jugoslawien schloß sich Titograd, nun wieder in Podgorica umbenannt, im Jahr 1992 gemeinsam mit Belgrad zur „Bundesrepublik Jugoslawien" zusammen.

Dem Bruch mit Belgrad ging ein Machtkampf zwischen den beiden Spitzenpolitikern innerhalb der postkommunistischen „Demokratischen Partei der Sozialisten" (DPS) voraus. Montenegros Präsident Momir Bulatović überwarf sich mit seinem Ministerpräsidenten Milo Djukanović. Zu den Präsidentschaftswahlen im Oktober 1997 traten sie getrennt an, Djukanović gewann, Bulatović nahm ein halbes Jahr später den Posten eines jugoslawischen Ministerpräsidenten an. Dies war nur mit Hilfe der SPS von Slobodan Milošević möglich. Im August 1998 brach

Milo Djukanović daraufhin die Beziehungen zu Belgrad ab und entwickelte sich vor und während des NATO-Krieges zum Günstling des Westens, dem er Montenegro einerseits ökonomisch unterstellte und andererseits politisch näherbrachte. Der im Lauf des Jahres 1999 immer wieder geäußerte Sezessionswunsch wurde von Washington und Brüssel gefördert, um Belgrad auch innenpolitisch unter Druck setzen zu können; andererseits festigte Djukanović damit innerhalb der montenegrinischen Parteienlandschaft seine Position, allerdings um den Preis einer Teilung der Gesellschaft in etwa die Hälfte, die sich für, und die andere Hälfte, die sich gegen ein unabhängiges Montenegro ausspricht. Ein Referendum zu dieser Frage wurde mehrmals geplant, jedoch immer wieder verschoben. Für den November 2001 ist es wieder einmal vorgesehen.

Mittlerweile hatte sich im Herbst 2000 die politische Landschaft in Serbien, das formal immer noch gemeinsam mit Montenegro die Bundesrepublik Jugoslawien formte, total verändert. Die Wahl von Vojislav Koštunica zum jugoslawischen Präsidenten erkannte Djukanović allerdings nicht an, er hatte den Wahlgang am 24. September boykottiert: „Koštunica kann unser Gesprächspartner nicht als jugoslawischer Präsident, sondern nur als ein Vertreter der neuen demokratischen Strukturen in Serbien sein", sagte Djukanović dem Belgrader TV-Sender B 92 unmittelbar nach der Amtsübernahme von Koštunica. Die auf die Zusammenarbeit mit Belgrad bedachte montenegrinische Opposition, die von Momir Bulatović gegründete „Sozialistische Volkspartei", heimste übrigens für die gleichzeitig abgehaltenen jugoslawischen Parlamentswahlen die montenegrinischen Sitze ein und ging später eine Koalition mit Zoran Djindjić' DOS-Allianz ein, die sie allerdings wegen der illegalen Machenschaften im Zusammenhang mit der Auslieferung von Slobodan Milošević im Juni 2001 wieder verließ.

Die montenegrinischen Wahlen vom 22. April 2001 bestätigten den gesellschaftlichen Bruch im Land. Was für Milo Djukanović der Auftakt zur endgültigen Unabhängigkeit hätte werden sollen, endete unentschieden: Die sezessionswilligen Kräfte siegten knapp vor jener Partei, die für die Beibehaltung der Bundesrepublik Jugoslawien eingetreten war. Die Koalition „Sieg für Montenegro", der auch die DPS von Milo Djukanović angehörte, errang 42% der Stimmen und 35 Mandate; „Gemeinsam für Jugoslawien" mit der SNP von Predrag Bulatović konnte 41% der Stimmen und 33 Mandate auf sich vereinen. Die sechs Mandatare des ultranationalistischen „Liberalen Bundes" entschieden sich nach langen Gesprächen zur Regierungsbildung für eine Unterstützung von Djukanović.

Ökonomisch liegt das kleine Montenegro darnieder. Jahrelang pumpte Belgrad Geld in die marode montenegrinische Wirtschaft, die innerhalb des alten Jugoslawien als eines der unterentwickeltsten Gebiete galt. Ackerbau ist nur in wenigen Karsttälern möglich, die Industrie beschränkt sich im wesentlichen auf die Orte Nikšić und Podgorica, die Marine verlor durch das Embargo gegen Jugoslawien ihre Schiffe. Die Hoffnungen auf den westeuropäischen Touristenmarkt zerschlugen sich jäh, als im Jahr 1979 eines der heftigsten Erdbeben der jüngeren Geschichte die architekturhistorischen Perlen der südlichen Adria, Kotor und Budva, fast völlig zerstörte. Der Wiederaufbau verschlang Riesensummen, alle ehemaligen jugoslawischen Republiken beteiligten sich finanziell daran.

Die Ökonomie der Jahrhundertwende ist ein Konglomerat aus Schmuggel und Mafia, das ohne westliche Hilfe nicht denkbar wäre. Die montenegrinische Jugend sieht sich ihrer Zukunft auf ähnliche Weise beraubt wie ihre AlterskollegInnen in Serbien, Kosova oder Bosnien. Die Polizei bietet eine der wenigen Arbeitsmöglichkeiten; mit 20.000 Exekutivbeamten auf 600.000 Einwohner ist Montenegro mutmaßlich jenes Land, das in Relation zur Bevölkerung weltweit die meisten Polizisten und Geheimpolizisten aufweist. Dementsprechend unsicher gestaltet sich das Leben für einfache Menschen. Uniformierte oder nicht uniformierte „Ordnungshüter" gebärden sich in einer Weise, als ob Land und Menschen ihnen zu Diensten wären. Straßenkontrollen finden an jeder Ecke statt, eine kleine Unregelmäßigkeit am Auto ist jedesmal gefunden, die 50 bis 100 DM Buße wandern sicher nicht in den Staatssäckel. Piraten auf dem Meer haben ebenso wie Landräuber eine lange Tradition in dieser Weltgegend. Jede Überlandfahrt zehrt an den Nerven; irgendwo hinter einer der unzähligen Kurven können drei kahlgeschorene Männer stehen, im montenegrinischen Format 1,90 Meter groß, Repräsentanten der Ordnung, die Angst machen. Ein EU-Paß beruhigt.

Einen der einträglichsten Wirtschaftszweige hat das UN- und EU-Embargo gegen Jugoslawien ruiniert – die montenegrinische Handelsmarine gibt es fast nicht mehr. Im Jahr 1991 existierten zwei große staatliche Firmen, die ihre Schiffe über die Weltmeere fahren ließen. In der Kotorska Boka, der Bucht von Cattaro, hatten 67 große Handelsschiffe ihre Heimathäfen. Nach zehn Jahren Embargo und einem NATO-Krieg blieben davon elf Schiffe übrig. Ein mittlerweile pensionierter Kapitän schätzt, daß mehr als 30 Schiffe irgendwo in den Häfen westlicher Staaten verrostet sind. Sie alle wurden 1992, zu Beginn des Embargos gegen Belgrad, in Boston, Liverpool, Rotterdam, Hamburg oder sonstwo festgesetzt und durften nicht mehr auslaufen. Während des NATO-Krieges kamen weitere 20 bis 25 Containerschiffe abhanden; die meisten von ihnen flohen vor den Bomben und wurden irgendwo auf der Welt „privatisiert". Die montenegrinischen Behörden müßten wissen, unter welchen neuen Namen diese Schiffe für wen Geschäfte machen, sind aber nicht besonders an der Aufklärung dieses Diebstahls interessiert. Manch ein Politiker oder Bürokrat dürfte selbst von dieser Art der Privatisierung profitiert haben.

Die Deutsche Mark an der Adria

Seit dem 2. November 1999 hat sich das offizielle Zahlungsgebiet der DM vergrö-
ßert. An diesem Dienstag führte Montenegro die Deutsche Mark als Zahlungsmittel ein, vorerst noch parallel zum jugoslawischen Dinar, kurz darauf als einzigen
von Podgorica anerkannten Geldtitel.

Sofort nach dem Ende des NATO-Bombardements, das auch Teile Montenegros ins Visier genommen hatte, was wiederum Djukanović nicht davon abhielt,
freundlich lächelnd durch die westeuropäischen Hauptstädte zu tingeln, verstärkten Brüssel, Washington und Berlin den wirtschaftlichen und politischen Druck
auf Jugoslawien. Der Wunsch nach Unabhängigkeit Montenegros wurde kräftig
unterstützt. Währungs- und finanzpolitisch litt das ganze Land unter der Nach-
kriegsinflation. Milošević ließ Dinar drucken, um seine Militärs und Beamten bezahlen zu können, und diese Dinar wurden mangels reeller Deckung logischerweise immer weniger wert. Podgorica fühlte sich als Opfer dieser Politik der jugoslawischen Zentralbank, auf die es keinen Einfluß besaß. Also sann man über eine
wirtschaftliche Abkopplung nach. Steve Hanke von der US-amerikanischen John
Hopkins University tauchte im Kreis von Milo Djukanović auf, um für Podgorica
eine Alternative zur Belgrader Inflationspolitik auszuarbeiten. Dies war notwendigerweise zugleich ein separatistischer Akt, befand sich doch Montenegro im Bun-
desstaat mit Serbien. Zuerst dachten IWF und Weltbank an die Einrichtung eines
Currency Boards, wie es für Bulgarien, Bosnien, Makedonien und Argentinien
ausgedacht worden war. Steve Hanke wollte eine an die DM gebundene „Monte-
negrin-Marka" einführen und die gesamte Budget-, Wirtschafts- und Sozialpolitik
dem Currency Board überantworten, einem unter dem Einfluß von IWF und Weltbank stehenden Ausschuß. Solche Currency Boards, die mit Lehnwährungen wie
der DM bzw. dem Euro oder dem Dollar funktionieren, nehmen der jeweiligen
Zentralbank jede finanzpolitische Interventionsmöglichkeit; außerdem beenden sie
mit einem Schlag die staatliche Wirtschaftspolitik, indem sie der auswärtigen
Währung (DM oder Dollar) die volle Souveränität über das Landesbudget einräu-
men. Staatliche Subventionen sind damit ebenso automatisch außer Kraft gesetzt
wie finanzielle Garantien für Sozialversicherungen, Inlands- oder Auslandsinve-
stitionen, Banken etc. Eine nationale Politik ist mit einem Currency Board nicht
mehr möglich.

Für Montenegro schien den internationalen Interventen diese Anbindung nicht
ausreichend genug. Gleichzeitig deutete die deutsche Bundesbank in Frankfurt/
Main ihre Bereitschaft an, für die monetäre Kolonisierung des kleinen Landstriches direkt DM zur Verfügung stellen zu wollen. IWF-Experte Željko Bogetić,
Mitglied der Reformgruppe „G-17" und zwischen 1994 und 1996 drei Jahre lang
für den Internationalen Währungsfonds in Bulgarien tätig, beriet die montenegri-

nische Regierung. Die Idee, ein Currency Board zu installieren, wurde zugunsten der direkten Übernahme der DM verworfen, was das Einverständnis von Berlin voraussetzte. Damit war die „Panamaisierung" Montenegros eine beschlossene Sache. In Panama kursiert der US-Dollar als offizielles Zahlungsmittel. Nun war die Ausweitung der DM-Zone – nach Kosova – auch an der Adria soweit. 35 Tonnen DM-Scheine und DM-Münzen wurden am 30. Oktober 1999 über das kroatische Dubrovnik per Flugzeug nach Montenegro verbracht, wie die Zeitung „Vercernji" berichtete. Vor allem die in Deutschland kaum mehr gängigen 5-DM-Scheine beherrschen den kleinen montenegrinischen Zahlungsverkehr, wovon sich der Autor auf einer Reise nach Tivat und Kotor vergewissern konnte. Demgegenüber wird die 5-DM-Münze von keinem Händler akzeptiert, angeblich deshalb, weil Tonnen von gefälschten Münzen in Bosnien aufgetaucht seien.

Die Einführung der DM als offizielles Zahlungsmittel in Montenegro stellte einen separatistischen Akt der besonderen Art dar. Dies führte zu der absonderlichen Situation, daß die Bundesbank in Frankfurt monatelang erklärte, nichts mit der Umstellung der montenegrinischen Währung auf DM zu tun zu haben – als könnten 600.000 Menschen ohne das Zutun der deutschen Bundesbank von einem Tag auf den anderen genug DM in ihren Geldbörsen haben, um zumindest das Nötigste zu kaufen. Die wirtschaftliche Abtrennung Montenegros von Belgrad war mit der DM-Einführung Anfang November 1999 vollzogen. Mit den daraus sich ergebenden politischen Schäden wird die Region noch lange kämpfen.

Serbien: Vom Schurkenstaat zum Musterknaben

Wie rasend schnell die Verwandlung der serbischen Politik um die Wende vom 20. zum 21. Jahrhundert vonstatten gegangen ist, mögen zwei kurze Episoden aus dem Belgrader Staatsapparat erhellen. Die eine spielt Anfang Oktober 2000. Damals lehnte es das jugoslawische Außenministerium – zum wiederholten Male – ab, der vorsitzenden Richterin des UN-Kriegsverbrechertribunals in Den Haag, Carla del Ponte, ein Einreisevisum auszustellen. Das Den Haager Tribunal wurde in Belgrad als Justizinstrument der NATO gesehen und nicht als unabhängige Instanz – aus begreiflichen Gründen, schließlich war fast die gesamte Staatsspitze vor ebendiesem Tribunal angeklagt. Ganz anders Ende Juni 2001. Nun verweigerte das jugoslawische Außenministerium dem früheren US-Justizminister Ramsey Clark die Einreise. Dieser wollte als Rechtsexperte das Prozedere der Auslieferung von Slobodan Milošević kritisch unter die Lupe nehmen. Genau das war den neuen Machthabern um Zoran Djindjić unrecht. Am 28. Juni 2001, exakt zum Jahrestag des Sankt-Veit-Tags/Vidovdan, lieferten serbische Polizisten im Auftrag der Regierung, unter Bruch der jugoslawischen Verfassung und der kurz zuvor erfolgten Rechtsprechung des Höchstgerichts, den früheren Präsidenten über Bosnien nach Den Haag aus. Ramsey Clark wurde von Belgrad daran gehindert, den Verfassungsbruch zu untersuchen. Die Delegitimierung Jugoslawiens hatte zur Legitimierung des unter dem Druck der USA eingesetzten Gerichtshofs in Den Haag geführt. Das neue Serbien trat der „internationalen Wertegemeinschaft" als Musterknabe bei, indem es seine eigenen Gesetze brach.

Exkurs: NATO-Verluste im Jugoslawien-Krieg

„37.000 Feindeinsätze in einem Luftraum zu fliegen, der von einem leistungsfähigen, flexiblen und widerstandsfähigen Luftabwehrsystem verteidigt wird, und dabei keinen einzigen Gefallenen beklagen zu müssen und nur zwei Flugzeuge zu verlieren, bezeugt den Erfolg der Operation." Dem deutschen NATO-General Klaus Naumann schwillt die stolze Kriegerbrust auch nach seiner Pensionierung. Von Heldentaten träumt offensichtlich jeder Berufssoldat, Berichte über einen Krieg ohne „Feindberührung", wie ihn die 19er Allianz der NATO gegen Jugoslawien geführt hat, beschränken sich auf die Unverwundbarkeit der eigenen Truppe, im 78-Tage-Krieg fast ausschließlich Fluggeräte und Piloten.

Tatsächlich dürfte die Bilanz der NATO wesentlich weniger glorreich ausgefallen sein, als es die Heldenmythen der Generäle suggerieren. So wie der berüchtigte NATO-Sprecher Shea jede peinliche und für die nordatlantische Allianz ungünstige Wahrheit immer erst eingestand, als die jugoslawische Seite oder westliche Journalisten unumstößliche Beweise für die Untaten der NATO-Piloten vorlegten, so verhält es sich auch mit der abschließenden Verlustrechnung. Auch hier sind von mehreren Seiten glaubhafte Argumente, unterstützt von Bildmaterial, vorgelegt worden, die den Krieg ohne Verluste, wie ihn Naumann und Clark gerne gehabt hätten, zur Mär erklären. Die NATO hatte relativ hohe Verluste; Informationen darüber stoßen in der westlichen Öffentlichkeit freilich auf beschränktes Interesse und sind nun, nach der Wende in Belgrad, auch beim ehemaligen Feind kein Thema mehr ... oder sollen keines sein.

Die von Jugoslawien vorgelegte Bilanz weist 128 abgeschossene NATO-Flugzeuge, 14 Hubschrauber, 60 unbemannte Aufklärungsdrohnen sowie 230 vernichtete Marschflugkörper aus. Generalstabschef Dragoljub Ojdanić sprach zudem bei Kriegsende von einer „nicht unbedeutenden Anzahl von Menschenleben", die die NATO einbüßte. Die „International Strategic Studies Association" (ISSA) hat eine ähnlich hohe Zahl an Abschüssen und Verlusten errechnet. In der griechischen Zeitung „Athinaiki" war bereits am 18. April 1999, mitten im Krieg, von 88 toten NATO-Militärs die Rede. Demzufolge kamen in den ersten drei Wochen des NATO-Angriffs auf Jugoslawien 44 US-amerikanische, elf deutsche, sieben britische und

19 Soldaten aus anderen NATO-Staaten ums Leben. Der folgenschwerste Verlust ereignete sich am 2. April 1999, als die jugoslawische Luftabwehr 200 Kilometer südlich von Belgrad zwei Helikopter abschoß, die insgesamt 58 NATO-Soldaten eines speziellen „Rescue-Teams" transportierten. Diese Meldung ging unter anderem via Radio Moskau um die Welt, wurde jedoch innerhalb der NATO-Allianz – außer in Griechenland – nirgendwo publiziert.

Wieviele Flugzeuge und Soldaten genau es auch immer waren, die die Angriffsallianz verloren hat – eines ist nicht aufrechtzuerhalten: die Geschichte vom Krieg ohne Verluste. Allein die von jugoslawischen Militärs zusammengestellte Webpage (http://member.xoom.com/_xmcm/082499/aviation/natodown) zeigt insgesamt elf „Galleries" mit Bildern abgeschossener Drohnen, Hunters, Apache-Hubschrauber, Harriers, F 15, F 16, Tornados usw. Unterschiedliche Quellen russischer, griechischer, slowenischer und jugoslawischer Provenienz listen auf, wann und wo welche NATO-Verluste eingetreten sind. Z.B. bereits am 26. März 1999, als zwei deutsche F 4-Maschinen abgeschossen wurden, wobei eine Pilotencrew abstürzte und die andere von jugoslawischem Militär gefangengenommen wurde. Oder am 2. Mai, als nahe Kozluk ein F 16-Fighter von jugoslawischer Flugabwehr attackiert wurde und sich kurz darauf in die Erde bohrte. Der Pilot konnte von einem US-Rettungsteam gefunden und aus Serbien evakuiert werden. Ein besonderes Wettrennen um den abgeschossenen Piloten fand im Fall der am 27. März getroffenen F 117, dem angeblich unsichtbaren Tarnkappenbomber, statt. Nachdem die F 117 von jugoslawischen MiGs in eine Radarfalle getrieben worden war, konnte sich Captain Dale Zelco per Schleudersitz retten. Weil beide Seiten, sowohl das US-Rescue-Team als auch eine jugoslawische Militäreinheit, die Standortmeldung des US-Piloten auffangen konnten, kam es zu einem Wettlauf um den abgestürzten Amerikaner. Angeblich war das „Rescue-Team" nur um wenige Minuten schneller, Captain Dale Zelco konnte evakuiert werden. Am 15. September 1999 erhielt der Chef der US-Rettungseinheit, Hubschrauberpilot James Cardoso, für diese Tat die zweithöchste Auszeichnung der US-Army, den „Silver Star".

26. März, 17 Uhr 20: in der Republika Srpska fällt eine USAF F 15E vom Himmel; 28. Mai, 13 Uhr 45: in Zentralmakedonien schlägt eine USAF F 16 ein; erstere war von einer MiG 29 über Westserbien, zweitere von einem nicht näher benannten jugoslawischen Flugzeug über dem Kosovo getroffen worden. Manch abgeschossenes Flugzeug der NATO konnte über die Grenzen Jugoslawiens aufs freie Meer oder nach Bosnien entfliehen, bevor es meist auf dem Wasser oder in den Bergen aufschlug. So erfuhr der Autor in Montenegro, daß allein in der Bucht von Kotor drei NATO-Flugzeuge ins Meer gestürzt seien. Ein aus Perast stammender Feuerwehrmann konnte, wie hunderte andere, diese dramatischen Schauspiele beobachten. „Wirklich gefährlich für uns auf dem Boden", meinte er, „war aber eher das eigene Sperrfeuer der Fliegerabwehr. Oft genug kam es vor, daß nicht

explodierte Munition auf die Straßen und Häuser von Kotor, Perast oder Herceg Novi fiel."

Nicht nur Piloten und Einheiten der „Rescue-Teams" kamen auf seiten der NATO ums Leben; am 31. März gelang es jugoslawischen Infanteristen offenbar, eine im Kosovo operierende Spezialeinheit der NATO aufzuspüren und zu zerschlagen. Der 20 Mann starken NATO-Truppe gehörten nach Angaben von Gregory Copley zwölf US-amerikanische Green Berets und acht britische Soldaten der gefürchteten (Anti-)Terroreinheit SAS an. Alle 20 fanden bei dem Gefecht den Tod.

In der griechischen Stadt Thessaloniki war von der NATO ein eigenes militärisches Notfallhospital (242 American Hospital) eingerichtet worden, um verletzte Soldaten schnell behandeln zu können. Gefallene NATO-Soldaten gehörten zum Unbeliebtesten, was der Krieg für Washington und Brüssel zu bieten hatte. Deshalb machte und macht man um sie auch kein Aufheben. Im Gegenteil – kaum jemand im Westen nahm den Transport der ersten von Jugoslawien überstellten Leichen US-amerikanischer Soldaten wahr. Am 2. April 1999 übergaben jugoslawische Behörden die sterblichen Überreste von 19 US-Amerikanern dem makedonischen Zoll. Außer in der griechischen Zeitung „Athinaiki" war darüber wenig bis gar nichts zu lesen. Ihre Überstellung nach Amerika ging als geheimer Staatsakt über die Bühne. Die NATO verschweigt bis heute die Verluste im Jugoslawien-Krieg. Auch deshalb, um beim nächsten Interventionsabenteuer mit der Naumannschen Mär prahlen zu können.

Selbst die Angehörigen der Opfer dürften meist die Wahrheit nicht erfahren haben. In der Belgrader Zeitschrift „Ekspres politika" wurden am 28. April 1999 summarisch jene Todesmeldungen aus NATO-Kreisen aufgelistet, die eine bewußte Fälschung der Wirklichkeit durch das Pentagon nahelegen. Da ist von einem US-Hubschrauber die Rede, der mit 22 Fallschirmspringern an Bord in Israel verunglückte, von einem weiteren Helikopterabsturz in Japan, von einer F 15, die über Puerto Rico aus ungeklärten Gründen explodierte, von Hubschraubertunglücken mit je einem Dutzend toter Soldaten in Kentucky und in Arizona. Folgt man den Todesmeldungen aus dem Pentagon, dann sind zwar in der Zeit zwischen 24. März und Mitte Juni 1999 überdurchschnittlich viele GIs gestorben, jedoch an den unterschiedlichsten Orten der Welt, nur nicht in Jugoslawien. Mit der Versetzung der Toten in andere Weltgegenden hat es sich das Pentagon relativ leicht gemacht. Als einziger Nachteil mußte in Kauf genommen werden, daß es im Krieg gegen Jugoslawien keine Helden gegeben hat. Wo – angeblich – keine Verluste, dort auch keine Heldenehrungen. Manch eine Angehörige wird niemals erfahren, wo ihr Mann oder Sohn gestorben ist.

Golfkriegssyndrom in Bosnien und im Kosovo

Anfang Januar 2001 überboten sich deutsche, holländische, portugiesische und italienische Presse mit Berichten über junge NATO-Soldaten aus dem Jugoslawien-Krieg, die an mysteriösen Krankheiten leiden bzw. an Leukämie oder anderen Krebsarten sterben würden. Mit einem Schlag beherrschte ein Thema die westeuropäischen Medien, das in Jugoslawien, besonders in Bosnien, seit Jahren bekannt ist und dessen erstes Auftauchen nach dem Golfkrieg der anti-irakischen Allianz bereits ein Jahrzehnt zurücklag.

In Italien starb beispielsweise Anfang Januar 2001 Salvatore Carbonaro aus Catania, der als Waffenmeister in Bosnien und im Kosovo im Einsatz gestanden war, einen qualvollen Krebstod. „Ich will die Wahrheit wissen, ich will wissen, warum ich sterben muß", lautete die letzte verzweifelte Eintragung, die der 24jährige in sein Tagebuch gemacht hatte. Carbonaro war der sechste italienische Soldat, für dessen schnellen Tod in der Presse ein Zusammenhang mit dem Einsatz von abgereichertem Uran hergestellt wurde. Zur selben Zeit erkrankte der portugiesische Krieger Rui Miguel Alpalhao, der zu den ersten NATO-Soldaten gehört hatte, die im Kosovo einmarschierten. Ein Jahr nach seiner Rückkehr sei Blutkrebs diagnostiziert worden. In Deutschland löste die Erkrankung eines 26jährigen Soldaten namens Christian Büthe nationales Mitleid aus. Sein Einsatzgebiet hieß Mostar, wohin er sich 1997 gemeldet hatte. Krankheitsbild: Golfkriegssyndrom. Muskelschwund, Haarausfall, Gliederschmerzen, Zeugungsunfähigkeit und Krebs ... so lauten die recht uneinheitlichen Befunde von hunderten Soldaten, die für die „internationale Wertegemeinschaft" in Bosnien-Herzegowina und im Kosovo unterwegs waren. Ärzte, die von einer Kontaminierung mit abgereichertem Uran ausgehen, rechnen mit einer Latenzzeit von zwei bis fünf Jahren, bis die Krankheit zum Ausbruch kommt.

In den USA existieren seit Mitte der 90er Jahre Veteranenvereine mit zehntausenden Mitgliedern, die um Anerkennung des „Golfkriegssyndroms" als kriegsbedingte Krankheit kämpfen – vergeblich. Weder das Pentagon noch die Hardthöhe akzeptieren einen Zusammenhang zwischen dem Einsatz von DU-Munition (depleted uranium) und den Erkrankungen von Soldaten.

Die gesundheitlichen Folgen für die vor Ort lebende Zivilbevölkerung, die für den Irak von Autoren wie Siegwart-Horst Günther bestens dokumentiert sind, werden in deutschen Medien ohnedies ignoriert; aufgeschreckt zeigte sich die Journaille erst, als es um eigene Soldaten ging, die mit den radioaktiven Geschoßen in Kontakt gekommen waren. Geschätzte 35.000 Todesfälle im Irak gehen auf den Einsatz von DU-Munition durch Briten und US-Amerikaner zurück, die 1991 weit mehr solche Geschoße ins Zweistromland feuerten, als sie später über Bosnien und dem Kosovo abluden.

Für den Kosovo und einige Gegenden Bosniens, die besonders betroffen sind, rechnen Experten wie Catherine Euler in den kommenden Jahren mit 3.000 bis 21.000 Krebsfällen auf 100.000 Bewohner. In ihrer Stellungnahme vor der UN-Unterkommission für den Schutz der Menschenrechte (51. Sitzung) warnte Euler, daß der sorglose Umgang mit dieser Munition im Kosovo bis zu 10.000 Todesfälle verursachen könnte.

Die in Bagdad – und wohl auch Washington – bekannten verheerenden Auswirkungen des Einsatzes von abgereichertem Uran haben indes in den NATO-Stäben keinen Gesinnungswandel verursacht. Das aus der zivilen Atomindustrie anfallende schwach radioaktive abgereicherte Uran 238 wird zur Härtung von Geschoßen verwendet, die Panzerplatten oder Ähnliches durchschlagen sollen. Es ist schwerer als Blei, weist eine extrem hohe Dichte auf und zerstäubt beim Aufprall, während das angegriffene Objekt Feuer fängt. Wenn dabei oder danach auch nur kleinste Teilchen dieses harten Geschoßmantels eingeatmet werden, kann es – nach entsprechender Latenzzeit – zu den oben genannten Gesundheitsschäden kommen.

In Bosnien setzte die westliche Militärallianz DU-Munition gegen die jugoslawisch/serbische Armee ein. Während der Militäroperation „Deliberate Force" flogen speziell dafür ausgerüstete A 10-Thunderbolt-Flugzeuge, sogenannte „Warzenschweine", 19 Angriffe auf serbische Stellungen und Orte, wobei sie über 10.000 Geschoße mit abgereichertem Uran verschossen. Die italienische Tageszeitung „La Repubblica" veröffentlichte am 17. Januar 2001 ein Faksimile von NATO-Listen, die genaue Zeitpunkte und Ortsangaben sowie die Anzahl der verwendeten DU-Munition enthielten. Demnach wurden in Bosnien hauptsächlich die Ortschaft Hadžići und die Gegend um Sarajevo radioaktiv verseucht. In Hadžići soll – einem Bericht der „Neuen Zürcher Zeitung" vom 8. Januar 2001 zufolge – zwischen dem DU-Angriff im September 1995 und 2001 jeder 10. der damals 4.500 Einwohner, die in der Zwischenzeit vertrieben wurden, Krebsleiden oder Herzanfällen erlegen sein.

Besonders fatal wirkte sich der Einfall eines bosnisch-serbischen Offiziers aus der Gegend um Hadžići aus. Er ließ angeblich aus den 10 bis 12 cm langen DU-Geschoßen kugelsichere Westen für seine besten Soldaten anfertigen und setzte sie damit der sicheren Bestrahlung durch freiwerdendes abgereichertes Uran 238 aus. Zoran Stanković, Pathologe aus dem Belgrader Militärspital, der jahrelang die Situation rund um Hadžići und die von dort geflohene serbische Bevölkerung untersuchte, mußte beobachten, wie jene bosnisch-serbischen Elitesoldaten nach und nach an Leukämie erkrankten: Es macht nicht alles stark, was schwerer als Blei ist.

Für den Kosovo bestätigte NATO-Generalsekretär Lord Robertson gegenüber UN-Generalsekretär Kofi Annan am 7. Februar 2000 in einem Brief den Einsatz von DU-Munition: „I can confirm that DU was used during the Kosovo conflict." Robertson gab weiter zu, daß die von jugoslawischer Seite geschätzte Anzahl an

Geschoßen, nämlich 31.000, auch seinen Berechnungen entspräche. Was die NATO allerdings rundweg abstreitet, sind die negativen Folgen der radioaktiven Verstrahlung. Eine solche, so heißt es in Brüssel, würde in dermaßen kleinen Dosen vorliegen, daß sie nicht ins Gewicht fiele. Der selbe beruhigende Ton ist aus den Reihen des EU-Ministerrates zu hören. Eine Untersuchung habe ergeben, so der deutsche Verteidigungsminister Rudolf Scharping, daß für eine Gefährdung der Soldaten die Dosis des abgereicherten Urans zu gering sei. Eine Warnung von Flottenadmiral Elmar Schmähling, der seinen Verteidigungsminister bereits am 14. Juli 1999 vor den Gefahren der DU-Munition auch für die eigenen Soldaten gewarnt hatte, schlug Scharping in den Wind.

Mit der Wende in Serbien ist für die NATO auch der angenehme Nebeneffekt verbunden, an die gesundheitlichen Folgewirkungen der uranhaltigen Munition, die laut US-Energieministerium auch Spuren von Plutonium enthält, nicht ständig erinnert zu werden. Als eine der ersten administrativen Reformen schloß die DOS-Allianz das Umweltministerium. Damit wurde sichergestellt, daß in jenem Land, das die mutmaßlich schlimmsten Umweltschäden in Folge der westlichen Expansionsbestrebungen hinnehmen mußte, keine Mittel für eine diesbezügliche Forschung vorhanden sein werden. Mehr noch: Zoran Djindjić fehlt auch der politische Wille, die NATO an ihren mörderischen Krieg zu erinnern.

Donau, so blau

Nur wenige Arbeitstage nach der „Bulldozerrevolution", die Voijslav Koštunica an die Macht gebracht hatte, am 19. Oktober 2000, noch vor der Bildung einer neuen jugoslawischen Regierung, gab Belgrad dem Druck aus Deutschland, Österreich und Ungarn nach. Der Leiter der internationalen Donaukommission, Danail Nedialkov, konnte den Franzosen Bernard Chevenez damit beauftragen, einen Plan zur Beseitigung der Brückentrümmer auszuarbeiten, die seit dem NATO-Bombardement den Schiffsverkehr behinderten. Slobodan Milošević hatte sich bis zuletzt geweigert, den Wiederaufbau der zerstörten Donaubrücken in die Hand ausländischer Berater und Investoren zu geben. Er bestand auf einer serbischen Leitung im Rahmen der internationalen Donaukommission, auf eine Aufhebung des EU-Embargos gegen Belgrad und auf Entschädigungszahlungen von seiten der NATO.

Anläßlich der Wiedereröffnung der Eisenbahnbrücke in Novi Sad, die noch unter der SPS-Regierung instandgesetzt worden war, kritisierte Milošević am 29. Mai 2000 den Druck, der insbesondere von der EU auch nach dem Ende der Bombardements auf Serbien ausgeübt wurde: „Hinter der Klassifizierung der europäischen Länder in solche, die zu Europa gehören, und solche, die darauf warten, beitreten zu dürfen, steckt eine zynische Aufteilung in höherstehende und minderwertige

Länder und Völker." Fünf Monate später reihte sich Serbien in die Unterstufe der Aufnahmeklasse für die Teilnahme an EU-Europa ein. An der Frage, unter welchen politischen Bedingungen die zerbombten Donaubrücken wiederaufgebaut werden sollten, kann die unterschiedliche Logik der Belgrader Innen- und Außenpolitik vor und nach der Wende nachgezeichnet werden.

Sämtliche Donaubrücken bis auf eine sind während des NATO-Angriffs gegen Jugoslawien zerstört worden. Ihre Trümmer blockieren teilweise bis Redaktionsschluß dieses Buches die längste internationale Wasserroute Europas, die vom bayrischen Regensburg bis zum Schwarzen Meer schiffbar ist. Noch mitten im Krieg der 19 NATO-Staaten gegen Belgrad, als bereits mehrere Donaubrücken zerstört waren, hatte vom 12. bis 23. April 1999 in Budapest die 57. Sitzung der internationalen Donaukommission getagt. Diese überwacht seit 1948 die „Konvention über die Schiffahrt auf der Donau". Als internationaler Wasserweg besitzt der Fluß einen exterritorialen Status. Die Anrainerstaaten haben laut Konvention die Pflicht, die ungehinderte Schiffahrt zu gewährleisten, indem sie das Flußbett freihalten und keine Hindernisse errichten. Durch den Ausbau des Rhein-Main-Donau-Kanals und seine Fertigstellung im September 1992 wurde das Schwarze Meer mit der Nordsee verbunden. Kurz davor war über Jugoslawien wegen des Bürgerkrieges in Bosnien ein UN-Embargo verhängt worden. Auf die Donau-Schiffahrt hatte das vorerst keine negativen Auswirkungen. Erst am 1. April 1999, nach einer Woche Luftangriffe, sackte die erste – und wichtigste – Donaubrücke unter dem NATO-Bombenhagel in die Donau. Novi Sad war mit einem Schlag eine geteilte Stadt. Seither ist der Wasserweg bei Kilometer 1.255 zwischen Belgrad und Budapest unterbrochen.

80 Millionen Tonnen unterschiedlichster Waren wurden bis zur Unterbrechung des Transportweges jährlich auf der Donau befördert. Die wirtschaftlichen Schäden für Reedereien, Speditionen und Häfen sind beträchtlich, Schätzungen sprechen von hunderten Millionen DM. Die Schiffe der einzelnen Reedereien begannen vor sich hinzurosten. Allein von der österreichischen „Donaudampfschiffahrtsgesellschaft" dümpeln auch zwei Jahre nach dem Krieg 30 schwere Kähne unterhalb von Novi Sad vor sich hin; deutsche Reeder sind ebenfalls von Dutzenden ihrer Schiffe abgeschnitten. Umgekehrt vergammeln rumänische, serbische, bulgarische und ukrainische Kähne oberhalb der zerstörten Brücken.

Im November 1999 legte die jugoslawische Seite ein Memorandum über die „Schiffbarmachung der Donau auf jugoslawischem Gebiet" vor. Darin forderte Belgrad von der Donaukommission Hilfe, um den in der Fachsprache „Couloir 7" genannten europäischen Transitweg zu deblockieren, freizumachen. Es ging dabei um einen finanziellen Aufwand von ca. 200 Millionen DM. In einer ersten Phase sollten die von den Bomben zerstörten Brückenteile geborgen und entfernt werden, weiters Minen und nicht explodierte Bomben entschärft sowie provisorische

Brücken errichtet werden, die in den kommenden drei Jahren durch feste Brücken ersetzt werden sollten. Doch damit wollte sich Belgrad, das sich in Sachen Donaublockierung als Opfer sah, nicht zufriedengeben. Gleichzeitig, so der Text des Memorandums, wäre es notwendig, daß der Bundesrepublik Jugoslawien der Zugang zu internationalen Finanzorganisationen ermöglicht sowie eine Aufhebung des Embargos der Europäischen Union in Angriff genommen werde.

Als Milošević den Wiederaufbau der Brücken bezahlt haben wollte, fiel bei den Teilnehmerstaaten der Donaukommission in Zusammenhang mit den Forderungen Jugoslawiens häufig das Wort Erpressung. Außerdem, so der Tenor bei den Anrainerstaaten, schreibe die Schiffahrtskonvention Belgrad ohnedies vor, den Fluß freizumachen. „Freizuhalten", konterte die jugoslawische Seite und verwies auf die Opferrolle des Landes im NATO-Krieg.

Die jugoslawische Binnenschiffahrt hatte derweil einen alten, unter dem Habsburger Kaiser Franz Joseph errichteten Kanal, der die Donau ober- und unterhalb von Novi Sad verbindet, reaktiviert und eine Fahrrinne für kleinere Schiffe ausgehoben. Da dieser Kanal kein internationaler Wasserweg ist, wurde für seine Benutzung bis Oktober 2000 kräftig zur Kasse gebeten. Die Schiffe der großen Donauflotten können allerdings schon aus technischen Gründen diesen Binnenweg nicht befahren.

Die Proteste aus den Anrainerstaaten gegen die jugoslawische Haltung wurden derweil immer lauter. Die Empörung über die Blockierung der Donau richtete sich freilich an den falschen Adressaten. Außer Österreich, das am NATO-Krieg zumindest formal nicht beteiligt war, hatten sich sämtliche anderen Donauanrainer in den Dienst der nordatlantischen Luftwaffe gestellt. Und diese war es schließlich gewesen, die die Donaubrücken versenkt hatte. Weder die Donaukommission in Budapest noch eine einzige Regierung zwischen Schwarzem Meer und Regensburg fanden es der Mühe wert, dagegen zu protestieren. Die politische Wende in Belgrad kam auch in puncto Zerstörung der Donaubrücken einer möglichen Selbstkritik des Westens zuvor.

Mit der Machtübernahme von DOS trat an die Stelle einer Entschädigungsforderung das Betteln um Kredite der Weltbank, die gnädigerweise, unter bestimmten Umständen, gegeben werden sollten, um den Fluß wieder schiffbar zu machen.

EU-Sanktionspolitik gegen Belgrad nach dem Krieg

Mit dem am 9. Juni 1999 zwischen NATO und Jugoslawien abgeschlossenen Vertrag von Kumanovo wurden zwar die direkten Kriegshandlungen eingestellt, politisch, ökonomisch und medial erhöhte der Westen indes seinen Druck. Die Europäische Union stellte mit einer eigenen Verordnung („KOM/1999, 266 end.") wirtschaftliche Hilfsleistungen zur Reparatur von Kriegsschäden unter Strafe. Der von der Schweiz – als einzigem Nicht-EU-Land Westeuropas – initiierten Aufhebung des Flugembargos folgte Brüssel im Frühjahr 2000 nur zögerlich, intensivierte aber gleichzeitig die Strategie des wirtschaftlichen Aushungerns gegen den Kriegsfeind.

Seit 1992 litt Belgrad unter verschiedenen von der UNO, der EU und der OSZE betriebenen Sanktionen. Das Wirtschaftsembargo ging auch nach dem NATO-Krieg fast unvermindert weiter. Immer noch waren die Konten von Belgrader Firmen im Ausland gesperrt, rosteten die Schiffe der jugoslawischen Handelsmarine in den Häfen Westeuropas und Nordamerikas, in denen sie sich 1992 zufällig befunden hatten, vor sich hin.

Ein Kuriosum der besonderen Art widerfuhr einer MiG 21 der Jugoslawischen Volksarmee. Sie war im Juni 1991 während des Einsatzes gegen slowenische Grenzstationen, die kurz zuvor von Ljubljana im Handstreich übernommen worden waren, von einem fahnenflüchtigen kroatischen Offizier ins österreichische Klagenfurt geflogen worden. Der Deserteur, ein gewisser Rudolf Peresin, wurde geheimdienstlich behandelt, das Flugzeug blieb im Hangar stehen. Trotz mehrfacher Aufforderung aus Belgrad, die MiG 21 den jugoslawischen Behörden zu übergeben, passierte nichts. Der außenpolitische Sprecher der ÖVP, Andreas Khol, seines Zeichens Mentor des damals bereits schwer erkrankten Außenministers Alois Mock, drohte damit, sich im Fall einer Überstellung des Flugzeugs nach Belgrad mit gleichgesinnten Familien vor die MiG 21 zu legen, um ihren möglichen Abflug zu verhindern. Es kam nicht dazu, womit der internationalen Presse herzzerreißende Bilder von der Widerstandskraft der christlichen ÖVP entgangen sind.

Auf Ebene der Wirtschafts- und Handelssanktionen liefen die entsprechenden Organe der Europäischen Union im Sommer 2000 teilweise Amok. Schwarze und weiße Listen wurden erstellt, Handelsverbote ausgesprochen und jeder ökonomische Kontakt zum (ehemaligen) Kriegsfeind mit Argusaugen beobachtet. Einem generellen Finanzierungs- und Investitionsembargo folgten, nach der Aufhebung des Flugverbots, verschärfte Visabestimmungen, die zum Ziel hatten, hunderte auf Listen erfaßte Manager jugoslawischer Betriebe nicht nach EU-Europa einreisen zu lassen. Finanzsanktionen verunmöglichten für Belgrad de facto die Bezahlung von im westlichen Ausland georderten Waren. Zudem klagte die jugoslawische Botschaft in Wien in jenen Monaten, daß es auch trotz Bezahlung und Unbedenklichkeitszertifikaten zu Lieferstops seitens westeuropäischer Firmen gekommen sei. Dann nämlich, wenn es zwischen dem Datum der ohnedies im voraus zahlbaren Rechnung und der Lieferung zu einer Änderung der Embargobestimmungen gekommen war. Und dies geschah recht häufig.

Nachdem das System der „schwarzen Listen", die politische und wirtschaftliche „Bösewichte" enthielten, in Brüssel als gescheitert angesehen wurde, weil es mit Hilfe von Strohmännern leicht umgangen werden konnte, führten die überzeugten Wirtschaftsliberalen aus EU-Europa „weiße Listen" ein. Auf diesen wiederum waren jene Personen und Firmen verzeichnet, denen kein Kontakt zur staatlichen oder staatsnahen Wirtschaft nachgesagt wurde. Die Folge dieser Maßnahme: Nur wenige Firmen fanden Eingang in die „Liste der Braven". Und die, die darauf standen, wollten schleunigst wieder davon herunter. Denn ihnen war bald klar, daß die Nennung auf der „weißen Liste" in Belgrad gehörige Schwierigkeiten verursachen konnte. Somit war auch dieses Embargomodell gescheitert.

Im Juli 2000 forderten Deutschland und Frankreich deshalb im Vorfeld der EU-Ratssitzung, zu einer altbekannten Embargomaßnahme zurückzukehren. Die Aufteilung der Wirtschaftswelt in strategische und nicht-strategische Sektoren war bereits 1948, zeitgleich mit dem Marshall-Plan, durchgesetzt worden. Ein eigenes Komitee, das COCOM (Coordinating Committee), wachte zwischen 1948 und 1991 – und wacht unter anderem Namen bis heute – darüber, daß als strategisch eingeschätzte Waren nicht in mißliebige Länder, allen voran Osteuropa und die Sowjetunion, geliefert wurden. Ende der 40er Jahre war die Einhaltung der COCOM-Bestimmungen an die Kreditvergabe durch den Marshall-Plan gebunden. Die Zeiten haben sich also nicht stark verändert. Im Juni 2000 diskutierten die Außen- und Wirtschaftsminister der EU über den Unterschied zwischen strategischer und nicht-strategischer Ware. Sie konnten – logischerweise – keine Übereinstimmung finden und einigten sich darauf, alle jugoslawischen Firmen, deren Handelsvolumen mit EU-Europa 100.000 US-Dollar im Monat überstieg, als „strategisch" einzustufen. Praktiker des Wirtschaftslebens zweifelten von Anbeginn an der Durchführbarkeit dieser Maßnahme; immerhin war man, was die statistischen Angaben über Eigentümerstrukturen, Geschäftsfelder und Firmenverschachtelungen betraf, auf jugoslawische Auskünfte angewiesen. Das Embargo gegen Belgrad blieb freilich als Bekenntnis bestehen.

Politische Attacken gegen die Bundesrepublik Jugoslawien kamen mehrheitlich aus Washington. An der Jahreswende 1999/2000 behandelte die UNO-Vollversammlung einen Antrag auf formellen Ausschluß Jugoslawiens aus dem einzigen Weltorgan dieses Planeten, der UNO. Einen solchen Fall hatte es noch nie gegeben. Der Antrag war von früheren jugoslawischen Teilrepubliken sowie von einigen US-hörigen arabischen Ölländern wie Kuwait, Katar und Saudi-Arabien eingebracht worden und wurde mehrheitlich – knapp, aber immerhin doch – abgelehnt. Vehement gegen den Ausschluß des einstigen UNO-Gründungsmitglieds und Mitglieds der Blockfreien Bewegung stellten sich der Irak, Indien, Libyen und Uganda. Die USA wollten diese Niederlage allerdings nicht auf sich beruhen lassen. Ihr mittlerweile zum UN-Botschafter avancierter ehemaliger Bosnien-Beauftragter Richard Holbrooke kündigte im Juli 2000 eine weitere Initiative seines Landes an, Belgrad vom Sitz der UNO, an dem es ohnedies nur mehr beschränkte

Rechte innehatte, zu entfernen. Völlig lächerlich und wohl auch empörend fand es Holbrooke, daß noch immer die alte jugoslawische Fahne mit rotem Stern in der slawischen Trikolore in New York zu sehen war. Der Nationalist Vojislav Koštunica kam Holbrooke dann zuvor, oder eher wohl: die US-Strategie, Koštunica zum Oppositionschef zu machen.

Der Umsturz

„Gotov je!" – „Er ist fertig! Er ist am Ende!" stand auf dem wohl meistplakatierten Papierstreifen in den Straßen von Belgrad zu lesen, noch bevor die Resultate des Urnengangs Ende September 2000 um die jugoslawische Präsidentschaft vorgelegen waren. Auf dem selben Plakat war eine weiße, knöcherne Faust vor schwarzem Hintergrund zu sehen. „Otpor" – „Widerstand", so hieß in diesen Tagen die Oppositionsgruppe, deren Name im Westen unter kritischen Menschen politisch einen guten Klang hat.

Die Wende in Serbien ist eine gekaufte, eine billig gekaufte. Mit dem Übergang von einer Diktatur zu einer Demokratie hat sie nichts gemein, was spätestens in jenem Moment deutlich wurde, als unter Mißachtung aller Grundsätze der serbischen Verfassung Slobodan Milošević, der im September 2000 tatsächlich am Ende war, im Juni 2001 nach Den Haag ausgeliefert wurde. Unmittelbar nach dem ersten Wahlgang gebärdete er sich noch machtbesessen, der westlichen Propaganda unabsichtlich recht gebend. Er ignorierte seine Niederlage, rief nach einer Stichwahl zwischen ihm und Koštunica und drohte damit, den ganzen demokratischen Exkurs für null und nichtig zu erklären. In gewisser Hinsicht war er es tatsächlich. Die Wahl des jugoslawischen Präsidenten am 24. September 2000 fand unter merkwürdigen Umständen statt. Zum einen wurde sie mutwillig vom Zaun gebrochen. Milošević war bis 2002 gewählt; er glaubte, mit vorgezogenen Neuwahlen die Anti-NATO-Stimmung in der Bevölkerung für seine Bestätigung im Amt nutzen zu können. Zum anderen fand die Wahl in einem Staat statt, der keiner war: Der föderale Partner, Montenegro, wandte sich unter Milo Djukanović dem Schmuggel, der DM und – als Liebkind – dem Westen zu. Die montenegrinische Regierung rief zum Wahlboykott auf. Gleich nebenan, im Kosovo, herrschte die NATO, die Albaner waren an einem Wahlgang für Belgrad nicht interessiert, die Kosovo-Serben großteils vertrieben. Offensichtlich erwartete sich Milošević gerade von dieser Konstellation einen leichten Sieg, konnten doch 200.000 Serben in Montenegro und wenige zehntausend Serben im Kosovo bei den gleichzeitig stattfindenden jugoslawischen Parlamentswahlen „billige" Mandate für seine SPS wählen.

Als wesentlich für die Irregularität der Septemberwahlen entpuppte sich bald die Einmischung von außen. Die USA und EU-Europa präsentierten die ganze

Palette ihres Demokratieverständnisses: Kriegsschiffe vor der montenegrinischen Küste, Aufbau und Finanzierung der Opposition, Erhöhung des militärischen, politischen und wirtschaftlichen Drucks in den Wochen vor dem Wahlgang. Wer unter solchen Verhältnissen Wahlen abhält, muß verrückt oder gekauft sein. Milošević war wohl ersteres, Koštunica letzteres.

Der offene Stimmenkauf hat ja in den USA nicht nur eine lange Tradition, sondern stellt geradezu den konstitutiven Charakter von US-amerikanisch verstandener Demokratie dar. Warum sollte selbiges nicht auch auf dem Balkan funktionieren? Es funktionierte.

Schätzungsweise 120 Mio. US-Dollar flossen von außen in die Wahlkampfkassen der serbischen Opposition. Bereits unmittelbar nach dem NATO-Bombardement wurden von der in Ungarn exilierten jugoslawischen US-Botschaft Dollarmillionen in den Aufbau einer, wie es hieß, „demokratischen Opposition" gesteckt. Später beschloß der US-Kongreß sogar ein eigenes Gesetz zur Finanzierung von Kräften, die Milošević stürzen sollten: den „Serbia Democratization Act of 2000" unter dem verwaltungstechnischen Kürzel HR 1.064. Insgesamt wurden damit – offiziell – 105 Mio. US-Dollar nach Jugoslawien gepumpt, 55 Mio. für den montenegrinischen Hoffnungsträger Djukanović und 50 Mio. für ein serbisches Oppositionsbündnis, das sich später „Demokratische Opposition Serbiens" (DOS) nennen sollte, skurrilerweise auch dann noch, als es längst Regierungsposten eingenommen hatte.

Der „Serbia Democratization Act 2000" ist übrigens das erste westliche Gesetzeswerk, in dem indirekt über eine mögliche Trennung der Vojvodina vom serbischen Kernland spekuliert wird. Da die finanziellen Interventionen allesamt über die US-Botschaft in Budapest liefen und die Kofferträger höchstwahrscheinlich via Subotica nach Belgrad fuhren, wird wohl der eine oder andere Barbetrag in der Vojvodina hängengeblieben sein. Der US-Kongreß bat jedenfalls den US-Präsidenten, das State Department die „Situation der ungarischen Minderheit in der Vojvodina prüfen zu lassen". Donald Presley von der US-Agency for International Development nannte zudem mehrere parastaatliche bzw. Partei-Organisationen, die der jugoslawischen Opposition hilfreich zur Seite standen: „Freedom House", „German Marshall Fund", „National Democratic Institute" und „International Republican Institute". Die in ganz Osteuropa umtriebige Soros-Stiftung des ungarischen Multimilliardärs stand ebenfalls nicht abseits und spendete eine nicht näher bekannte Summe.

„Freedom House" vereint führende Repräsentanten der beiden großen US-Parteien, Industrielle und Gewerkschaftsbosse. Gegründet wurde diese finanzstarke Organisation Mitte der 1940er Jahre von der Frau des damaligen US-amerikanischen Präsidenten, Eleanor Roosevelt. An die 20 große Fonds, darunter die „Ford Foundation", die Soros-Stiftung und die Unilever-Stiftung, speisen diese pro-kapitalistische Bürgerbewegung. Das Jahr 2000 über galt die finanzielle Aufmerksamkeit von „Freedom House" Jugoslawien, genauer: dem Sturz von Slobodan Milošević. Wer die Homepage des Jahres 2001 betrachtet, stellt fest, daß sich „Freedom House" gleich nach dem vollbrachten Umsturz in Belgrad voll und ganz einer neuen Aufgabe widmete: der Unterstützung der Falun Gong-Sekte in China.

Deutsche Mark flossen vor allem über Städtepartnerschaften an jene jugoslawischen Bürgermeister, die sich dem Oppositionsbündnis anschlossen. Die Verwaltung von Čačak etwa wurde mit deutschem Geld aufgepäppelt; beim Sturm auf das Parlament am 5. Oktober 2000 spielte diese Stadt dann eine besondere Rolle.

Daß die serbische Opposition vom Westen bezahlt wurde, wurde nach dem Wahlsieg von Vojislav Koštunica gar nicht mehr verheimlicht. Große Zeitungen wie die „New York Times" oder die „Frankfurter Allgemeine Zeitung" machten kein Hehl aus der „gekauften Demokratie". Der „Spiegel" mutmaßte etwas von 21 Mio. DM, die hauptsächlich über deutsche Städtepartnerschaften an das oppositionelle Serbien gingen.

Dreh- und Angelpunkt für den ausländischen Einfluß in Jugoslawien war, neben dem deutschen „Balkankoordinator" Bodo Hombach, das „US-Office for Yugoslavia" in Budapest, de facto eine ausgelagerte Botschaft Washingtons, das sich ja nach dem Bombardement in Belgrad nicht blicken lassen konnte. Der diplomatische Kopf des Unternehmens zum Sturz von Slobodan Milošević hieß William Montgomery. Er war am 15. August 2000 von Madeleine Albright ernannt worden, das spezielle Jugoslawien-Büro in Budapest zu leiten. Der von der London Stock Exchange kommende Karrierediplomat stand zwischen 1997 und 1999 der US-Botschaft in Zagreb vor, schon zwischen 1988 und 1991 hatte er beim Sturz von Todor Schiwkoff in der US-Botschaft in Sofia seine Hände im Spiel gehabt – der ideale Mann für grobe Aufgaben auf dem Balkan. Knapp vor dem Zusammenbruch der Sowjetunion war er zwei Jahre lang am „National War Collège" ausgebildet worden. In Budapest arbeitete Montgomery mit 30 Mitarbeitern.

Als sein heimliches Büro in Jugoslawien entpuppte sich unmittelbar nach dem ersten Wahlgang vom 24. September 2000 die „ICN-Galenica", eine pharmazeutische Fabrik des US-Serben Milan Panić, der Jahre zuvor als politischer Gegenspieler von Slobodan Milošević gescheitert war. Die Ironie der Geschichte will es, daß sich dieses klandestine Hauptquartier der US-Botschaft in Zemun/Semlin befand, jener am westlichen Save-Ufer gelegenen Stadt in unmittelbarer Nähe zu Belgrad und mittlerweile eingemeindet, die Österreich-Ungarn jahrhundertelang als Bollwerk gegen den Osten, gegen die Osmanen gedient hatte. Im westlich geprägten Zemun ist heute noch das mitteleuropäische Stadtbild vorherrschend und die katholische Kirche relativ stark.

Der seit 1992 durch allerlei Embargobestimmungen aufrechte ökonomische Druck auf das Land und die finanzielle Unterstützung der Opposition genügten der „westlichen Wertegemeinschaft" noch nicht, um ihrer Sache sicher zu sein. Die militärische Drohgebärde kam hinzu. Im September 2000 fanden große NATO-Manöver vor der Küste Montenegros statt. Offiziell hieß es, man wolle Milo Djukanović zu Hilfe kommen, sollte dieser in der Folge einer möglichen Abtrennung des 600.000-Seelen-Landes von Belgrad Schwierigkeiten mit den in Montenegro stationierten jugoslawischen Militärs bekommen. „Für den Fall, daß infolge der Sezession Montenegros offene Kriegshandlungen ausbrechen", warnte der Journalist und Militärfachmann Gregory Elich am 15. September 2000 in der „Jungen Welt", „planen die USA einen regelrechten Krieg zu führen." Hinter dem großen Seemanöver steckte jedoch auch die mit dem jugoslawischen Wahlgang verbundene direkte Drohgebärde an alle Serbinnen und Serben: Wenn ihr den Falschen (also Milošević) wählt, kommen wir wieder. Dutzende Kriegsschiffe der USA und Großbritanniens untermauerten das „demokratische" Verständnis der Marine. Serbien hatte verstanden ... und wählte den Richtigen (also Koštunica). „Mit vorgehaltener Pistole hatte die NATO die jugoslawische Bevölkerung zur Entscheidung gezwungen", schrieb Jürgen Elsässer im November-„Konkret".

Neben dem militärischen Drohpotential unterhielten die westlichen Staaten in Jugoslawien auch ein Netz an Geheimdienstagenten und speziell ausgebildeten Killern, die für Entführungen und Morde bereitstanden. Im Winter 1999/2000 wurden die jugoslawischen Städte von einer Mordserie erschüttert, die westliche Medien als Racheakte von Mafia-Gruppen darstellten. Bei näherer Betrachtung einer Reihe von Opfern stellt sich allerdings heraus, daß gezielt Personen aus dem innersten Kreis um Milošević getötet worden waren. Verteidigungsminister Pavle Bulatović wurde niedergeschossen, der Präsident des Exekutivrates der Vojvodina, Boško Persević, ein enger Berater von Slobodan Milošević, fiel einer Kugel zum Opfer. Und auch der Sicherheitsberater von Montenegros Milo Djukanović, Goran Zugić, wurde ermordet. Im letzten Fall legte Jugoslawiens Informationsminister Goran Matić der Presse Tonbandaufzeichnungen vor, die die CIA als Täter auswiesen. Militärexperte Gregory Elich berichtet in seinem schon erwähnten Beitrag in der „Jungen Welt" von Telefonaten, die zwischen Mitarbeitern des US-Außenministeriums und dem Leiter der US-Mission in Dubrovnik geführt worden waren. „Das war professionell", soll der Kommentar zum Mord an Zugić gelautet haben. Eine Funktion hatte diese Untat: Sie löste eine antiserbische Welle in Montenegro aus, machte Milošević für den Mord verantwortlich und half Koštunica im Vorfeld der Wahl.

Vojislav Koštunica war eine Erfindung aus dem Büro Montgomery. Auf einer Sitzung im südungarischen Szeged fiel sein Name zum ersten Mal. Seit Slobodan Milošević Mitte Juli 2000 verkündet hatte, im Herbst erstmals in einer Volkswahl den jugoslawischen Präsidenten wählen zu lassen, suchte die heillos zerstrittene Opposition nach einer Figur, die dem alten politischen Fuchs gewachsen war. Weder

Vuk Drašković noch Zoran Djindjić kamen in Frage. Beide hatten an gewissen Wendepunkten ihrer Karriere mit Milošević zusammengearbeitet, und Djindjić, der eigentliche Mann des Westens, war seit seinem mitten im Krieg bei einem Deutschland-Besuch geäußerten Wunsch, die NATO möge weiterbombardieren, bis Milošević am Ende sei, für allzu viele unwählbar geworden. Der neue Mann der Opposition mußte ein nationaler sein, der in den eineinhalb Jahrzehnten, seit Milošević die Macht in Partei und Republik übernommen hatte, an diesem Mann niemals angestreift war. Die Auswahl fiel nicht leicht. Schon waren zu Sommeranfang Stimmen aus dem Oppositionslager zu vernehmen, die es dem montenegrinischen Präsidenten gleichtun und ebenfalls zum Boykott der Wahlen aufrufen wollten. Das wäre die einfachste Lösung gewesen. Letztlich setzte sich jedoch die Meinung durch, den entscheidenden Schritt zu wagen; das Geld aus den USA und EU-Europa verunmöglichte wohl auch eine defensive Haltung.

„Zusammenkünfte [zwischen Opposition und US-Geldgebern, d.A.] wurden in Montenegro, in Dubrovnik und bald auch in Budapest organisiert, wo die USA eine spezielle Mission eingesetzt hatten, die sich mit Jugoslawien beschäftigte", schrieb „Le Monde" am 21. Oktober 2000 retrospektiv, um den Wahlsieg von Koštunica zu erklären. Und weiter: „In Szeged, einer ungarischen Grenzstadt, konnten sich die oppositionellen Serben ohne Probleme treffen." Dort fiel auch erstmals der Name Koštunica. „Es war in Szeged", zitierte „Le Monde" eine Persönlichkeit der Belgrader NGO-Szene, „wo ich das erste Mal von Koštunica als Kandidaten [für die Präsidentschaft, d.A.] hörte."

Koštunica hatte für seine Bestimmung, als Vorreiter des neoliberalen Djindjić zu fungieren, mehrere Vorteile. Erstens: Er war national bis ins Mark. Milošević kritisierte er von rechts. Er warf ihm den Verlust der Krajina, Slawoniens und des Kosovo vor. Ebenso beschuldigte Koštunica Milošević des Verrats an den bosnischen Serben, der Dayton-Plan galt ihm als anti-serbisches, Bosnien vom Westen aufgezwungenes Machwerk. „Milošević hat in den letzten zehn Jahren bestens mit Washington und der NATO kollaboriert. Er hat die Serben in der Krajina, in Bosnien und im Kosovo verraten", vermeldete Koštunica in einem Interview, das er knapp vor seiner Wahl der deutschen Zeitschrift „Konkret" gab.

Mit solchen politischen Ingredienzen stand Koštunica zwar ideologisch im diametralen Gegensatz zu den westlichen Interessen, die auf eine wirtschaftliche Liberalisierung setzten und Serbiens Markt ohne Hindernisse erobern wollten. Doch zwischen Ideologie, einer nationalen noch dazu, und sozialer und ökonomischer Wirklichkeit sind Widersprüche nicht selten, zumal Koštunicas nationales Bekenntnis keinerlei wirtschaftliche Vorstellungen umfaßte. Und Koštunica hatte noch einen wesentlichen Vorteil für Washington und Brüssel: Er war kaum jemandem verpflichtet. Seine Kleinstpartei, die „Demokratische Partei Serbiens" (DSS), war irgendwann aus dem Djindjić-Lager ausgeschert; ohne kräftige Unterstützung von außerhalb konnte der ehrgeizige 56jährige Universitätslehrer nicht reüssieren. Die Unterstützung holte er sich von Djindjić und Montgomery. Weil er jedoch in keiner nennenswerten (Partei-)Basis oder gesellschaftlichen Organisation, wie z.B. in einer Gewerkschaft, eingebunden war, blieb der neue Held Serbiens erpreßbar. Er war Djindjić' und Montgomerys Mann. Das mußte er wissen, als er, von einer westfinanzierten Wahlkampfmaschine in kürzester Zeit populär gemacht, zum ersten Wahlgang antrat.

Otpor – Widerstand

„Hey Chief, when are you going to Hague?" titelte die Homepage www.otpor.net eine Zeitlang und gab damit zu verstehen, daß sie Slobodan Milošević für einen Kriegsverbrecher hielt. In Serbien war diese Sichtweise, anders als im Westen, keine Selbstverständlichkeit. Im Gegenteil: Die meisten Serbinnen und Serben waren zwar davon überzeugt, daß sich der SPS-JUL-Clan rund um den Staatschef als korrupte Bande unter dem UN-Embargo bereichert hatte, und litten im täglichen Leben unter der staatlichen Korruption. Für die Sezessionen der Teilrepubliken oder gar für den NATO-Angriff auf Jugoslawien hingegen hatten sie kein Verständnis. Vor allem letzterer galt ihnen als Verbrechen.

Wenn nun eine serbische Gruppe wie „Otpor", deren Strukturen übrigens immer im Dunkeln geblieben sind, den mitten im NATO-Krieg vom Westen zum Kriegsverbrecher erklärten Präsidenten an das westlich dominierte Tribunal ausgeliefert wissen wollte, dann übernahm sie damit die Sichtweise der NATO, erklärte die 30.000 Fliegerangriffe zu den ihren, die Cruise Missiles zur unerläßlichen „demokratischen" Waffe. Denn Milošević wurde ja in Den Haag nicht wegen Korruption gesucht, auch nicht deshalb, weil er in Dayton gemeinsam mit dem Westen, ohne auf die Stimmen aus dem bosnisch-serbischen Pale zu hören, einen Friedensvertrag für Bosnien-Herzegowina ausgehandelt hatte. Das Den Haager Tribunal schrieb ihn zur Verhaftung aus, weil er im Kosovo Menschenrechtsverletzungen – Vertreibungen, Morde – organisiert haben soll. Es tat dies just zu jenem Zeitpunkt im Mai 1999, als aller Welt vor Augen geführt wurde, wie hunderttausende Kosovaren, Albaner und Serben sich vor den NATO-Bomben auf die Flucht machten; wie täglich von „Kollateralschäden" berichtet wurde, die das Leben von Reisenden in Zügen, Kunden auf Marktplätzen oder einfach Fliehenden mit einem Schlag auslöschten.

Die angebliche Studentengruppe „Otpor" nahm dies wohl zur Kenntnis – mußte diese Opfer des Krieges zur Kenntnis nehmen –, stellte sich aber auf die Seite der NATO. Zum ersten Jahrestag der NATO-Aggression gegen Jugoslawien konnte der Autor in den Straßen Belgrads einen aufschlußreichen Plakatkampf beobachten. Zwei gleich aufgemachte Sujets beherrschten jede freie Fläche, beide trugen die weiße Faust auf schwarzem Grund, das Emblem von „Otpor". Doch während auf dem einen Plakat „Widerstand gegen die NATO-Aggression" zu lesen war, hatten offensichtlich politische Gegner dieser Parole den Satz „Widerstand der Aggression" plakatiert. Wo noch am Morgen gegen die NATO-Aggression aufgerufen wurde, war zu Mittag alles mit dem Spruch überklebt, der eine andere Aggression meinte, gegen die sich die serbischen Bürger zur Wehr setzen sollten: die von der Regierung ausgehende Politik. Beide Seiten, SPS und „Otpor", ließen ihre Plakatierer mit der feinen Klinge kämpfen. „Otpor" nützte den Jahrestag der NATO-Aggression, der jedem Belgrader unauslöschlich im Gedächtnis sitzt, den ersten noch dazu, um gerade nicht an die NATO-Aggression zu erinnern. Ein Teil der Hauptstädter wird irritiert gewesen sein, warum ausgerechnet am Gedenktag keine Erinnerung an die NATO-Greuel stattfand, andere werden die Botschaft verstanden haben: Die wahre Aggression geht von Slobodan Milošević aus, die NATO kann uns dabei nur helfen. Ganz anders die Strategie der Regierungsseite. Sie versuchte, den in Oppositionskreisen guten Klang der „Otpor"-Gruppe zu nutzen, und verwendete deren Emblem für einen NATO-feindlichen Spruch. Das Kalkül dahinter mochte wohl gewesen sein, zumindest gegen die NATO-Bomben einen nationalen Schulterschluß zu simulieren. Es ging nicht auf. Die Sichtweise von „Otpor", wer immer hinter diesem „Widerstand" gesteckt haben mag, konnte sich langfristig bei einem nicht unbeträchtlichen Teil der serbischen Bevölkerung durchsetzen.

Die Präsidentschaftswahlen 2000

Am 6. Oktober 2000 gratulierte der geschlagene Slobodan Milošević seinem Kontrahenten Vojislav Koštunica zum Wahlsieg. Das war um 14 Tage zu spät. Dazwischen lagen nicht nur der Urnengang und die Mehrheitsentscheidung der Bürgerinnen und Bürger Jugoslawiens, sondern auch die „Bulldozerrevolution", die zur Durchsetzung des Votums stattgefunden hatte. Milošević, dem mehrere Wahlfälschungen in den 90er Jahren nachgesagt werden, war auch dieses letzte Mal ein schlechter Verlierer.

Nach dem Wahlsonntag vom 24. September kursierten zwei Ergebnislisten: die der offiziellen Wahlbehörde und die der Opposition. Beide stützten sich auf lokale Zählorgane. DOS-Wahlkampfleiter Zoran Djindjić war schneller gewesen. Ihm zufolge errang der oppositionelle Präsidentschaftskandidat mit 54% klar die erforderliche Mehrheit, Slobodan Milošević konnte nur eine 35%ige Zustimmung erreichen. Die Wahlbehörde veröffentlichte erst tags darauf, am 26. September, ihre Auszählungen und räumte den Sieg von Vojislav Koštunica zwar ein, sprach ihm aber nur 48% der Stimmen zu, während das amtierende Staatsoberhaupt angeblich 40% auf sich vereinigen konnte.

Die Ankündigung einer Stichwahl stieß bei der Opposition auf Empörung. Bereits am Montag nach der Wahl hatten sich in den Straßen von Belgrad, Niš und Novi Sad zehntausende DOS-Sympathisanten versammelt, um ihren Sieg zu feiern. Djindjić erklärte, das offiziell verkündete Resultat sei ein „Betrug am Volk und eine Wahlfälschung. Die Opposition wird den Willen des Volkes bis zum Ende verteidigen".

Möglich wurde der letztendlich auch von Milošević anerkannte Wahlsieg von Koštunica dadurch, daß offensichtlich die Anhänger der Serbischen Radikalen Partei (SRS) von Vojislav Šešelj und der Serbischen Erneuerungsbewegung (SPO) von Vuk Drašković in übergroßer Mehrheit für den Nationalisten Koštunica, in erster Linie jedoch gegen Milošević gestimmt hatten. Sowohl die Radikalen als auch die SPO verschwanden in diesen Tagen von der politischen Bildfläche, für Vuk Drašković wohl ein endgültiger Abschied. Daß sich in den gleichzeitig stattfindenden jugoslawischen Parlamentswahlen die Sozialistische Partei Serbiens (SPS) sowie ihr montenegrinischer Partner, die Sozialistische Volkpartei Montenegros (SNP), achtbar hielten, war von geringer Bedeutung. Der Mythos Milošević war gebrochen worden. Jetzt galt es, die Machtverhältnisse zu ändern.

Die Bulldozerrevolution

Am 5. Oktober 2000 machte Milošević seinem zweifelhaften Ruf als Diktator, der ihm im Westen gleichsam als Vorname gegeben worden ist, keine Ehre. Übereinstimmenden Berichten von Medienvertretern aus Serbien und Westeuropa zufolge widersetzten sich weder Polizei, Armee noch irgendwelche Sondereinheiten dem Massenaufstand, der schließlich zum Sturz der alten politischen Garde führte. In die Geschichtsbücher Serbiens wird der 5. Oktober als „Bulldozerrevolution" eingehen.

Bereits unmittelbar nach der Präsidentschaftswahl vom 24. September gingen Zigtausende Serben auf die Straße und forderten den Rücktritt von Slobodan Milošević; sie wehrten sich damit gegen einen versuchten Wahlbetrug. Ausgestattet mit modernsten Geräten der Telekommunikation, die der Opposition über die US-Botschaft in Budapest zugestellt worden waren, und einem eigenen überlokalen Radio, das über Rumänien und Bulgarien von starken Sendern aus betrieben wurde, klappte die Verständigung der Milošević-Gegner bestens. Zwei Wochen lang reklamierten Djindjić und Co. die Straße für sich, konnten sich jedoch nicht endgültig durchsetzen. Der möglicherweise entscheidende Funke, der den Umsturz befeuerte, passierte weitab der Städte, in Kolubara, dem südlich von Belgrad gelegenen Industrie- und Bergbaugebiet. Als Ende September die Kumpel von Kolubara die Arbeit niederlegten und sich der Forderung der Opposition nach einer Anerkennung des Sieges von Vojislav Koštunica anschlossen, wußte der geschulte

Marxist Milošević wohl, daß nun die soziale Basis seiner Macht endgültig ausgehöhlt war. Ob er – um seine Macht zu sichern – auf die Kräfte in Armee und Exekutive nicht zurückgreifen konnte oder wollte, darüber ist viel spekuliert worden. Als Sozialist, auch als einer, der ins Nationale gekippt ist, könnte man ihm allerdings zugestehen, die Niederlage erst in dem Moment erkannt zu haben, als ihm die Arbeiter ihre Unterstützung entzogen. Milošević ließ den 5. Oktober geschehen.

Von außen betrachtet, war die „Bulldozerrevolution" kein Ruhmesblatt für die jugoslawische Geschichte. Aufgebrachte Bürger, die sich um den Wahlsieg ihres Kandidaten betrogen fühlten, mischten sich mit einem geifernden Mob, der die Gunst der Stunde nutzte, um zu plündern.

Berichte über den Ablauf der Ereignisse an jenem 5. Oktober gibt es viele, unterschiedliche. Alle jedoch bestätigen, daß außer auf dem Weg nach Dedinje, dem Belgrader Vorort, in dem Milošević wohnte, exekutive Präsenz in der Stadt kaum zu sehen war. Und während zum Schutz von Konzernherren und Politikern in Westeuropa tausende als Roboter verkleidete Sonderpolizisten in Göteburg, Salzburg oder Genua Sperringe durch ganze Städte ziehen und bezirksweise Ausgehverbote durchgesetzt werden, blieben Parlament, TV-Station und alle anderen wichtigen symbolischen Einrichtungen der Ära Milošević an jenem 5. Oktober 2000 fast unbeschützt. Die „Revolutionäre" hatten leichtes Spiel. Aus Čačak waren 10.000 Mann gekommen, ein Gutteil davon geschultes Personal: Polizisten, Spezialeinheiten und die 63. Division der jugoslawischen Fallschirmjäger. Čačaks Bürgermeister, seit mehr als einem Jahr für seine Stadt Geldempfänger aus deutschen und US-amerikanischen Quellen, brachte nicht nur gewaltbereite Formationen, sondern auch das entsprechende Gerät mit in die Hauptstadt: Bulldozer und schwere Lkw, um etwaige Straßensperren zu knacken. Am Nachmittag fanden sie für die Eroberung der TV-Station des staatlichen Fernsehens RTS und für den Sturm auf das Parlament Verwendung. Die aus Čačak kommenden kampfbereiten Einheiten mit Bürgermeister Velimir Ilić an der Spitze waren für die technische Ausführung des Umsturzes von nicht geringer Bedeutung.

Beim Sturm auf das Parlament taten sich dann besonders die harten Kerne der Anhängerschaft von „Roter Stern" und „Partizan" hervor. „Grobari" – „Totengräber", so der Spitzname dieser berüchtigten Schläger, die üblicherweise dann in Aktion treten, wenn ihr Klub ein Fußballmatch verliert. Daß beide gemeinsam und nicht gegeneinander gegen die schwach vertretene Staatsmacht antraten, kann als Indiz dafür gewertet werden, wie unbeliebt die alte Führung bei Volk und Fußballvolk mittlerweile geworden war.

„Slobodan, Slobodan, rette Serbien und töte dich", skandierte die Masse, als sie auf das Parlament zuströmte und es in Brand setzte – ein verheerendes Bild für eine angeblich demokratische Bewegung, die gerade dabei ist, ihrem gewählten

Präsidenten an die Macht zu helfen. Warum das Parlament? Jene Menschen, die das neoklassizistische Gebäude im Zentrum der Stadt zerstören wollten und plündernd durch die Räume der einzelnen Fraktionen marodierten, gebärdeten sich tatsächlich wie „Totengräber", Totengräber der jungen demokratischen Bewegung. Das brennende jugoslawische Parlament stellt die Erbsünde der DOS-Regierung dar. Leute wie Koštunica verurteilten zwar diesen barbarischen Akt, weigerten sich aber in der Folge, die Anführer und Aufwiegler dieses Mobs zur Rechenschaft zu ziehen. Koštunica hätte bei seinen Freunden in der DOS beginnen müssen.

Durch die Ereignisse des 5. Oktober 2000 bleibt die Legalität der jugoslawischen Wende umstritten. Während Milošević den offensichtlichen Wahlsieg seines Kontrahenten Koštunica bis dahin nicht anerkennen wollte, wählten Djindjić und Co. die Gewalt der Straße, um – mit Rückendeckung durch die NATO – ihrem Sieg zum Durchbruch zu verhelfen. Es bleibt ein schaler Nachgeschmack. Und der erlaubt es politischen Abenteurern wie Vojislav Šešelj, im Zusammenhang mit der „Bulldozerrevolution" von einem Putsch zu sprechen. Ein Teil der Serben sieht das ebenso, was für eine zukünftige demokratische Entwicklung im Land mehr als eine Bürde darstellt. „Das ganze war gut geplant", so eine geläufige Meinung in der Belgrader Bevölkerung, die Verschwörungstheorien ohnedies nicht abgeneigt ist.

Djindjić am Ziel: Die serbischen Parlamentswahlen

Einen Tag vor dem weströmischen Weihnachtsfest, am 23. Dezember, wurden die serbischen WählerInnen erneut zu den Urnen gebeten. Daß zu dieser Wendewahl nicht einmal mehr 60% der Stimmberechtigten motivierbar waren, läßt die fehlende Euphorie vermuten, mit der Spitzenkandidat Zoran Djindjić ins höchste politische Amt dieses letzten Transformationslandes Osteuropas gehoben wurde. Die aus 18 Parteien und Grüppchen bestehende Allianz DOS (Demokratische Opposition Serbiens) erhielt 64,5% der Stimmen und 176 der 250 Mandate. Auf die SPS von Slobodan Milošević, der in den Parteigremien knapp zuvor erneut als Vorsitzender der Sozialisten bestätigt worden war, entfielen magere 13,5% und 37 Parlamentssitze. Die „Jugoslawische Linke" (JUL) von Mira Marković sowie die „Serbische Erneuerungsbewegung" (SPO) von Vuk Drašković erlebten ein Debakel, beide verfehlten die Fünf-Prozent-Hürde, während sich der Nationalist Vojislav Šešelj mit 23 Mandaten zumindest im Parlament halten konnte. Rechts von ihm, als eigentliche Überraschung des farblosen Wahlgangs, zog die Partei des ermordeten Paramilitärs Željko „Arkan" Ražnjatović, die „Serbische Einheit", in die Skupština ein. Milan Milutinović, einem engen Mitstreiter der SPS und weithin bekannten Korruptionisten, blieb vorerst der einflußlose Posten des serbischen Präsidenten, der am 23. Dezember 2000 nicht zur Wahl stand.

Mit Champagner der Marke „Moët & Chandon" stießen Djindjić und Gefährten bereits in der Wahlnacht auf ihren Triumph an. Erst der 5. Oktober hatte die
serbische politische Landschaft total umgedreht. Stolz präsentierte man nun seine
Partner aus Westeuropa und den USA, die sich bei jeder Gelegenheit auf interna-
tionalem Parkett mit DOS-Führern zeigten. Die Medienberichterstattung war von
einem Tag auf den anderen um 180 Grad gekippt. Vor den serbischen Parlamentswahlen existierte keine einzige Zeitung und keine einzige Fernsehstation im ganzen Lande mehr, die Milošević oder seiner SPS sympathisch gegenübergestanden
wäre. Die vom Westen während zehn Jahren vehement geforderte „Pressefreiheit"
hatte unter Koštunica in Windeseile dazu geführt, daß das medienpolitisch ehemals interessante Land eine völlige Gleichschaltung aller Medien erlebte. Alle
kannten nur ein Ziel: dem Westen zu gefallen und Milošević abzuwählen. Die
Hoffnung dabei: per Dollar- und DM-Hilfe aus der tiefen wirtschaftlichen Krise zu
kommen. Das jedenfalls versprachen neoliberale Wirtschaftsfachleute der Gruppe
„G-17", die sich gebildet hatte, um Serbien in die Rationalität des Weltmarktes zu
führen. Finanziell unterstützt wurde diese Expertengruppe vom „Center for International Private Enterprise" (CIPE), einer Art Schwester der US-Handelskammer,
wie der kanadische Ökonom Michel Chossudovsky im September 2000 auf der
Homepage von indymedia.org ausführte. Ihr führender Kopf hieß Miroljub Labuš,
der dem Autor bereits 1991 als Apologet des Neoliberalismus in der Zentrale der
„Demokratischen Partei" aufgefallen war. Eine weitere schillernde Reformfigur
stellte der relativ populäre Mladjan Dinkić dar, ebenfalls Mitglied der „G-17". Er
war von Koštunica nach dessen Wahlsieg als Zentralbankchef Jugoslawiens eingesetzt worden, nachdem er in seiner zweiten Karriere als Musiker bei der Gruppe
„Monetarni udar" – „Währungsschock" – auf sich aufmerksam gemacht hatte. Ein
wahrhaft zweideutiges Omen für die Wirtschaft Serbiens, der eine Roßkur bevorstand. In den USA machte sich vor allem der Weltbank-Manager Dušan Vuijović
einen Namen, als er zur Neupositionierung seines Landes auf dem Weltmarkt in
einem Fernsehinterview meinte: „Wir wollen ein offenes Land sein, eine offene
Kolonie."

Ein eigenes Konzept der „G-17" lag nicht vor. Das bemängelten auch wirt-
schaftsliberale Kreise in Westeuropa. „Beunruhigend ist, dass die Politiker der
Demokratischen Opposition kein Reformprogramm vorlegen ...", meinte etwa vor
den serbischen Wahlen die „Neue Zürcher Zeitung" in ihrer Ausgabe vom 16./17.
Dezember 2000. Ein eigener Plan war auch gar nicht nötig; Weltbank und Währungsfonds wußten ohnedies, wo es langzugehen hatte, und Zoran Djindjić wiederum war darüber informiert, daß bei den internationalen Finanzorganisationen
fertige Konzepte für sein Land in der Schublade lagen. Die Kolonisierung Serbiens konnte beginnen.

Winterhilfe für Serbien

Januar 2001. Wer in diesen Tagen am Wiener Westbahnhof um 23 Uhr 30 den Nachtzug in Richtung Beograd besteigt, der findet sich bereits mitten in der serbischen Krise. Es ist kalt, die zwei Couchette-Waggons sind unbeheizt, der Schlafwagen wärmt sich erst knapp vor der ungarischen Grenze langsam auf. Die Belgrader Kälte zieht bis nach Wien; und die wenigen Fahrgäste wissen, was sie am nächsten Morgen in der serbischen Hauptstadt erwartet: bis zu 16 Stunden Stromausfall pro Tag und kaum Gas, um zu kochen.

Zwei Bedienstete der jugoslawischen Staatsbahnen und fünf Fahrgäste begeben sich an diesem Wintertag auf ein nächtliches Abenteuer. Unmittelbar, nachdem die ungarischen Zöllner die Reisenden kontrolliert haben, folgt die Kettenausgabe. Jeder Fahrgast erhält für sein Abteil ein Schloß und eine starke Fahrradkette, womit die Schiebetür von innen festgezurrt werden soll. Der routinierte Liegewagenbegleiter zeigt, wie's gemacht wird. Schon ab Györ, so seine Prophezeiung, seien Überfälle zu erwarten. Einer der Mitreisenden berichtet vom Erlebnis seines Kollegen, der vergangene Woche von einer Gruppe Zigeuner ausgeraubt worden sei. Üblicherweise werden die Schlafenden mit einem Spray ins Reich der Alpträume befördert, dann geht alles ganz schnell, angeblich. Früher, in Zeiten des Embargos gegen Jugoslawien, als der bosnische Bürgerkrieg auf seinem Höhepunkt war, soll es manchmal vorgekommen sein, daß die Überfallkommandos sämtliche Frauen im Zug vergewaltigten. „Die ungarische Polizei greift prinzipiell nicht ein", erzählte ein Freund aus Belgrad, der 1994 einmal hilflos zusehen mußte, als sich eine Horde von Einbrechern über die serbischen Frauen hermachte.

Heute allerdings, versichert der Zugbegleiter, bestünde für Leib und Leben keine Gefahr mehr. Die Räuber hätten es ausschließlich auf Bargeld, Schmuck und elektronische Geräte abgesehen. Wie oft solche Überfälle vorkommen, will ich von ihm wissen. Er schaut mich erstaunt an: „Die kommen jede Nacht, aber nicht in jedes Abteil." Nur drei Abteile sind überhaupt besetzt. Uns wird ein wenig mulmig. Nachdem wir feststellen konnten, daß im gesamten Liegewagenbereich ausnahmslos alle Gummiverkleidungen an den Türrahmen der Schiebetüren weggeschnitten worden sind, um einen operablen Spalt für den Tiefschlaf-Spray offenzuhalten, wechseln wir in den Schlafwagen. Für 30 DM Aufzahlung steht eine glatte, feste Holzwand zwischen den Betten und dem Gang, dazu zwei unabhängige Schlösser sowie ein Eisenhaken, der den Knauf der Tür wie eine Art Pkw-Lenkradsperre von innen verriegelt. Die Instruktionen des Waggonbegleiters sind ausführlich, ein Einbruch wird probeweise fingiert, alles sitzt fest. Um 5 Uhr 30 pochen die ungarischen Zollbeamten an die Tür, Ungarn liegt hinter uns, wir befinden uns in Kebala, dem Grenzort zur Vojvodina. Ein Überfall hat nicht stattgefunden.

Nach der Trostlosigkeit, die den Zug während seiner Einfahrt durch den Vorort Novi Beograd in die serbische Hauptstadt begleitet, wo wachsende Slums aus Pappkartonhütten vom Elend der schätzungsweise 800.000 Flüchtlinge aus Bosnien, der Krajina und dem Kosovo zeugen, fährt der Orientexpress in den Hauptbahnhof ein. Am Geldwechselschalter lächelt ein freundlicher Bankbeamter. Seit der „Bulldozerrevolution" Anfang Oktober 2000 gilt der ehemalige Schwarzmarktkurs als offizieller Wechselkurs. Penibel notiert der Mann auf einem Stück Papier, wieviel Dinar für 100 DM und wieviel für 1.000 öS zu erwarten sind. Als ich ihm dann einen 100-DM-Schein auf das Pult lege, winkt er ab. Er habe keine Dinar, sorry. Die kommen erst gegen Mittag.

Die neue Zeit bricht an: Preisliberalisierung

Schon wenige Tage nach der Machtübernahme von Vojislav Koštunica schnellten die Preise für Güter des täglichen Bedarfs in die Höhe. Einer der ersten politischen Schritte, die die neue Führung setzte, um in Westeuropa gut anzukommen, war die Verordnung zur Liberalisierung der Preise. Das postkommunistische Regime von Slobodan Milošević hatte Öl, Zucker, Brot, Energie, Eisenbahn, Bus, Telefon etc. mit staatlich festgesetzten Preisen billig gehalten; das war deshalb möglich, weil für den Vertrieb dieser Produkte de jure oder de facto ein staatliches Monopol galt. Die Bauern in der Vojvodina können darüber ein Klagelied anstimmen. Ihre zwar privat angebauten, aber großteils gegen staatlich regulierte Preise verkauften Produkte haben sie seit dem Beginn des internationalen Embargos im Jahr 1992 zunehmend verarmen lassen. Die mühsam aufrechterhaltene serbische Wirtschaft – zumindest die zum Überleben unmittelbar notwendigen Bereiche – lastete letztlich auf den Schultern dieser Gunstlagenbauern. Wobei es sich das „System Milošević" angewöhnt hatte, von jedem staatlichen Monopol private Profite abzuzweigen, um die meist in der JUL-Partei organisierten Günstlinge politisch bei der Stange zu halten.

Im Oktober 2000 war es damit vorbei. Ein Preisschock erschütterte das Land. Durchschnittlich betrug er bis Jahresende zwischen 50 und 100%; Bustickets waren sogleich mehr als doppelt so teuer, Speiseöl verfünffachte seinen Preis, Zucker, Brot und Milch zogen kräftig an. Besonders das Telefonieren riß gewaltige Löcher in die Haushaltsbudgets, zumal die Abrechnung mit den ausländischen Telekomfirmen jahrelang auf Basis des offiziellen Wechselkurses erfolgt war. Mit der Übernahme des ehemaligen Schwarzmarktwerts als Grundlage der neuen Berechnungen für die internationalen Telefongespräche verfünffachten sich die Kosten auf einen Schlag. Für ein Volk, in dem es kaum eine Familie gibt, die nicht nahe Verwandte als „Gastarbeiter" im westlichen Ausland hat, war die sprunghafte Verteuerung der internationalen Telefongebühren besonders spürbar.

Was sich nicht geändert hat, ist die Demütigung der Rentnerinnen und Rentner an den Bankschaltern, vor denen sie einmal im Monat Schlage stehen, um ihre Durchschnittspension von umgerechnet 90 DM abzuholen. Bereits eine halbe Stunde vor Öffnung der Banken sind im Zentrum von Belgrad die Gehsteige vor den Bankgebäuden im Stadtteil Terazije mit alten Menschen überfüllt. Geduldig warten hunderte von ihnen bei fünf Grad unter Null auf die Auszahlung ihrer Rente. Jene, deren monatliche Pension unter dem Durchschnitt liegt, durften sich Ende Dezember 2000 ein zweites Mal anstellen: Die Schweiz hatte in einer karitativen Geste ein paar Millionen locker gemacht, um den Mindestrentnern eine einmalige Zahlung von 1.000 Dinar (33 DM) zukommen zu lassen. Um diesen Betrag erhält man in einem der vielen Restaurants im alten Künstlerviertel Skadarlija gerade einmal zwei Flaschen montenegrinischen Vranac.

Im Würgegriff des IWF

Gespräche mit Ökonomen – ganz gleich, ob sie die neoliberale oder die postsozialistische Ideenschule vertreten – drehten sich in den Tagen und Wochen nach der Wende um ein einziges Thema: die Energie, oder besser gesagt: die fehlende Energie. Pünktlich, nachdem das Stimmvolk in den vorweihnachtlichen Wahlen am 23. Dezember 2000 dem Oppositionsbündnis DOS zu einer Zweidrittelmehrheit im serbischen Parlament verholfen hatte, gingen in Belgrad die Lichter aus. Die USA und Norwegen hatten offensichtlich die Bezahlung der serbischen Stromrechnungen an Rumänien, Bulgarien und Griechenland, die sie in den Wochen vor dem Wahlgang aus durchsichtigen Gründen zu übernehmen gewillt gewesen waren, eingestellt. Nun herrschte Eiseskälte. In vielen Häusern fielen bei täglich mehrstündigen Stromausfällen auch die Pumpen aus, die das Wasser in die oberen Stockwerke bringen. Nicht einmal im ersten Nachkriegswinter 1999/2000 war die Situation dermaßen angespannt gewesen. Die von NATO-Graphitbomben zerstörte Energieversorgung konnte im Herbst 1999 notdürftig wieder aufgebaut werden. Doch die politische Wende im Zuge der „Bulldozerrevolution" hatte das fragile System von Improvisation und Korruption zerstört, das die Energiezufuhr zumindest halbwegs garantieren konnte. Der Milošević-Partei SPS angehörende Direktoren sind aus ihren Ämtern gejagt worden, mit ihnen auch so mancher fähige Ingenieur und letztlich die politisch Verantwortlichen, deren gute Kontakte zu Rußland auch in Notzeiten Gaslieferungen ermöglichten, selbst dann, wenn vorerst an Bezahlung nicht zu denken war.

Mile Jović vom Belgrader Institut für Ökonomie stellte Anfang Januar 2001 nüchtern fest, daß 30% des täglich notwendigen Strombedarfs fehlten. „Und Importe kann sich Jugoslawien zur Zeit nicht leisten, es sei denn, westliche Staaten übernehmen die Zahlungsgarantie." Dazu kommt, daß die Kilowattstunde im „sozialistischen" Serbien aufgrund der staatlich festgesetzten Preise achtmal weniger gekostet hat als in Deutschland. Um aus diesem Gefälle eine für die Marktwirtschaft brauchbare Balance herzustellen, bedarf es mehr als einer politischen Direktive, ist der liberal ausgerichtete Wirtschaftswissenschaftler Jović überzeugt. „Wir brauchen mindestens drei Jahre, um Marktpreise im Energiesektor einzuführen." Als ersten Schritt hat der neue serbische Ministerpräsident Zoran Djindjić angekündigt, darauf Wert legen zu wollen, daß jeder Haushalt seine Stromrechnung bezahlt. Dies war in den vergangenen Monaten durchaus keine Selbstverständlichkeit. Erst ein halbes Jahr später, am 9. Juni 2001, kam der stellvertretende serbische Ministerpräsident Nebojša Čović von einer fragwürdigen Betteltour aus Deutschland zurück, wo er magere 15 Mio. DM als nicht rückzahlbare Zuschüsse für dringend notwendige Reparaturarbeiten an den Heizwerken von Belgrad, Niš und Novi Sad requirieren hatte können.

Die meisten Ökonomen im Dunstkreis der neuen Machthaber waren sich im Januar 2001 darüber im klaren, was Serbien ökonomisch bevorstehen wird. Und viele von ihnen wollten eine unter IWF-Diktat durchgeführte Roßkur der serbischen Wirtschaft ehrlich vermeiden. Eine der Sprecherinnen der „G-17"-Gruppe, jener Wirtschaftsfachleute, die gemeinsam mit der DOS ein Reformprogramm ausgearbeitet haben, warnte vor überhasteten Reformen. „Wir sind gegen eine Schocktherapie", stellte Marjana Novaković fest und plädierte für eine langsame Öffnung Serbiens in Richtung Weltmarkt. Die verheerenden Folgen der Schockwellen, die über die Ökonomien Polens, Ungarns, Rumäniens und Bulgariens gezogen sind, wurden hier in Belgrad genau registriert. Und es fand sich am Beginn des sogenannten „Reformweges" kaum jemand, der einer schnellen Integration des Landes in die Spielregeln des Weltmarktes das Wort redete. „Hurry slowly", lautete die Devise. Daß dabei ebenso blauäugig vorgegangen wurde, wie es dazumal die postkommunistischen Eliten in den osteuropäischen „Transformationsländern" getan hatten, war von außen leichter wahrzunehmen als von innen. „Romano Prodi hat uns versprochen, den EU-Markt für nicht genmanipulierte landwirtschaftliche Produkte zu öffnen", meinte beispielsweise Marjana Novaković von der „G-17", die zu Milošević-Zeiten im Landwirtschaftsministerium arbeitete. „Wir könnten unsere Schlachtrate bei Rindern um das Doppelte erhöhen und hätten im von BSE zerstörten EU-Markt beste Chancen", träumte sie von einer Zukunft, die schon wenige Monate später viel realistischer aussah.

Doch im Januar 2001 glaubten die neuen Kräfte in Belgrad an die Versprechen eines Romano Prodi. Sie wollten daran glauben. Nach dem Abschalten des Mikrophons meinte allerdings manch einer: Wir müssen daran glauben. „Wir werden uns an die Regeln der EU anpassen", war der Ökonom Mile Jović schon damals überzeugt. Und diese Regeln stehen im Balkan-Stabilitätspakt und in jedem IWF-Stand-by-Abkommen: Marktöffnung für westliche Investoren, davor Budgetkonsolidierung, Währungskonvertibilität, völlige Preisliberalisierung und keine Subventionen, die nicht auch im Weltkreis Brüssels üblich sind.

Gordana Lazarević vom Finanzministerium schwebte zur Wendezeit allerdings noch auf Wolken der Hoffnung. „Wir verhandeln mit dem IWF nach unseren Vorstellungen. Unsere Berechnungen bilden die Grundlage für die Gespräche." Daß derlei Wunschvorstellungen seit Mitte der 1980er Jahre in einer Reihe von Wirtschaftsinstituten zwischen Moskau und Prag zirkulierten, wußte sie. Warum sie ausgerechnet in Belgrad umgesetzt werden sollten, darauf konnte auch sie keine zufriedenstellende Antwort geben – außer den Hinweis, daß in der serbischen Hauptstadt generell die Meinung vorherrsche, Jugoslawien wäre immer schon die ganz große Ausnahme im Weltgeschehen gewesen. Auf die Ökonomie bezogen heißt dies, das Land könne mehr marktwirtschaftliche Erfahrung aufweisen als die Mitglieder des Rats für gegenseitige Wirtschaftshilfe (RGW). Das mag stimmen. Ob es dazu reicht, dem Würgegriff des IWF zu entkommen, wie es zuletzt Milošević im Jahr 1991 mit dem Unterlaufen des von Jeffrey Sachs entworfenen monetaristischen, nach dem damaligen jugoslawischen Ministerpräsidenten benannten „Marković-Plans" versucht hat, diese Frage konnte schon wenige Monate später mit einem klaren Nein beantwortet werden.

Der Schweizer Bundespräsident Ogi hatte jedenfalls bereits Mitte Oktober 2000 dem eben frisch gekürten jugoslawischen Präsidenten Koštunica angeboten, sich der IWF- und Weltbankgruppe „Helvetistan" anzuschließen, einer von Bern geführten Stimmvereinigung, der Polen, Kirgisistan, Tadschikistan, Aserbeidschan, Usbekistan und Turkmenistan angehören und die insgesamt über einen Stimmenanteil von 2,7% in den Gremien der internationalen Finanzorganisationen verfügt. Am 9. Mai 2001 erfolgte die feierliche Wiederaufnahme Jugoslawiens in die Weltbank. Zwischen 1992, dem ersten Embargojahr, als auch die Mitgliedschaft in den internationalen Finanzorganisationen sistiert worden war, und dem Wiedereintritt hatte sich der Schuldenstand des verkleinerten Jugoslawien um 30% auf insgesamt 11,7 Mrd. US-Dollar Auslandsschulden erhöht. Das entsprach den angefallenen Zinszahlungen in den zehn Embargojahren. Kurz nach der „Bulldozerrevolution", im offensichtlich revolutionären Übermut, hatte der jugoslawische Zentralbankchef Mladjan Dinkić bei der Weltbank einen 80%igen Forderungsverzicht betreffend jene mehr als 4 Mrd. US-Dollar angeregt, die während des Embargos als Zinsen angefallen sind, und in diesem Zusammenhang sogar von Hilfs„ansprüchen" gesprochen, die wegen der Zerstörungen durch die Allianz der 19 NATO-Staaten wohl gegeben seien. Da irrte der Ex-Musiker gewaltig. Die Erwartungshaltung von Dinkić und Labuš – der sich in Washington ebenfalls um eine Schuldenreduktion bemüht hatte –, die Gläubiger würden auf die kapitalisierten Zinsen der Jahre 1992-2000 verzichten, zeigt die Naivität der Belgrader Neoreformer. Mitnichten waren Weltbank und IWF, freilich noch weniger der Pariser und der Londoner

Club der Gläubiger bereit, nur wegen eines politischen Umsturzes bares Geld abzuschreiben. Verhandelt wird seither um Umschuldungen, wobei bis Ende März 2001 die Verhaftung von Milošević und bis Ende Juni 2001 seine Überstellung nach Den Haag als zusätzliche Bedingungen ins Forderungspaket der Gläubiger aufgenommen wurden. Bei der großen „Geber"konferenz vom 29. Juni 2001 ging es letztendlich um diese Frage der Umstrukturierung von Auslandsschulden.

Wendephilosophie:
Markt öffnen, Schulden verschieben, Hilfe erhalten

In Wendezeiten ändert sich alles. Davon zeugt auch ein Witz, der kurz nach dem Umsturz in Belgrad kursierte: Ein Storch entschließt sich, rückwärts zu fliegen, um seine Bereitschaft zur gänzlichen Umorientierung sichtbar zu dokumentieren. Unter ihm hoppelt ein Hase über das Feld, sieht auf und wundert sich. Was das denn nun für einen Sinn hätte, den Retourgang einzulegen, will der Hase vom Storch wissen. Worauf ihm dieser antwortet, in Wendezeiten müsse man flexibel sein und vor allem alles anders machen als bisher. Probiert's der Hase auch und hoppelt zaghaft rückwärts. Wie es das Schicksal will, übersieht Meister Lampe dabei seinen Feind, den Fuchs, und läuft ihm ärschlings ins Maul. Dem vorüberfliegenden Storch macht der Hase, bereits halb im Maul des Fuchses steckend, bitterste Vorwürfe: Sieh an, was mir passiert ist, mich frißt der Fuchs, weil ich ihn durch das dumme Rückwärtslaufen nicht gesehen habe. Antwortet der Storch trokken: Niemand hat gesagt, daß die Wende für euch da unten gemacht ist.

Die Ahnung, die bevorstehende Wende könnte Schlimmes verheißen, kam im Sarkasmus dieses Witzes zum Ausdruck und bestätigte sich in der Folge. Denn die Wendeapologie der „Demokratischen Opposition" (DOS) ging von der Antithese zur SPS-Maxime aus, die da lautete: „Auf die eigenen Kräfte vertrauen." Dieser wirtschaftspolitische Spruch, der im antiimperialistischen Kampf afrikanischer und lateinamerikanischer Länder wurzelt und bereits in ähnlicher Form Modernisierungswünsche im Rumänien der späten 1920er Jahre artikuliert hatte, steht für das ökonomische Unabhängigkeitsstreben von Randgebieten gegenüber den diese zu vereinnahmen willigen Zentren. Noch in der letzten öffentlichen Rede von Slobodan Milošević kam diese Erkenntnis zum Ausdruck; sie hatte freilich in den Jahren zuvor viel von ihrer Glaubwürdigkeit eingebüßt. „Nationale Beleidigung, staatliche Zersplitterung und soziale Armut", meinte der SPS-Führer am 2. Oktober 2000 im Angesicht seiner drohenden Entmachtung und in Anspielung auf die drastischen Einschnitte, die nach einem Machtwechsel den Serben bevorstünden, „würden notwendigerweise zu einer Reihe von sozialpathologischen Formen führen, von denen das Verbrechen die erste wäre. Das ist keine Vermutung; der Beweis dafür ist nach all den Experimenten, die viele Länder in den letzten Jahren durchgeführt haben, erbracht. Wir versuchen, diese sozialen Kosten zu vermeiden." Die SPS hat es freilich nicht geschafft, die DOS versuchte es erst gar nicht.

Die im neuen Serbien unter DOS-Ökonomen formulierte Antithese zur SPS-Philosophie garantierte diesbezüglich einen völligen Kurswechsel: „Wir werden uns an die Regeln der Europäischen Union anpassen." Mit der völligen Aufgabe einer eigenständigen Wirtschaftspolitik werden die ökonomischen Grundzüge der serbischen Gesellschaft künftig anderswo, in Brüssel und Frankfurt, entworfen. Was dies für Randökonomien bedeutet, kann an einer Reihe von Beispielen in der Region überprüft werden. In Bulgarien lenkt die Weltbank gemeinsam mit der EU die Währungs- und Wirtschaftsgeschicke des Landes, das Durchschnittseinkommen liegt niedriger als im kriegsbeschädigten Serbien. In Rumänien versucht eine Dreiergruppe, bestehend aus EU, Weltbank und Regierungskommission, die Transformation zu planen, das Parlament ist weitgehend ausgeschaltet. Das Durchschnittseinkommen gleicht dem serbischen. In Bosnien-Herzegowina gibt es de facto keine selbständigen staatlichen Strukturen; EU und NGO-Gruppen sind die einzigen Arbeitgeber, die Löhne bezahlen, mit denen man überleben kann. Das Durchschnittseinkommen liegt mit 200 DM über dem Serbiens – solange die aufgeblähte Kolonialbürokratie dafür aufkommt.

Das Wirtschaftsprogramm der „G-17" kannte drei Säulen, auf denen die Transformation ruhen sollte: EU-Marktöffnung für serbische Produkte, Finanzhilfe für das notwendige energiemäßige Überwintern und Umschuldungen für die 11,7 Mrd. US-Dollar Auslandsschulden. Wie stark es in Wahrheit viel eher darum ging, Serbien als Marktplatz für EU-Überschußprodukte herzurichten, und weniger um die vielbesungene Einführung marktwirtschaftlicher Strukturen, ruft einem Oskar Kovač, Wirtschaftsprofessor an der Belgrader Universität und letzter Minister für Transformation im SPS-Übergangskabinett, in Erinnerung. „Jugoslawien befindet sich seit 1953 in Tranformation", dem Jahr der Einführung des Selbstverwaltungssozialismus, meinte er in einem Gespräch Ende Dezember 2000. „Seit Jahrzehnten bewegt sich hier ausländisches Kapital in Form von Aktiengesellschaften oder GesmbHs."

Eine Börse für ausländische Anleger besteht seit 1973. Kovač sah bereits unmittelbar nach dem Wahlsieg der DOS die Gefahr, daß im Zuge der politischen Wende wirtschaftliche Schaltstellen von Menschen eingenommen werden, die dafür nicht ausgebildet sind. „DOS hat schon viel Schaden angerichtet", spielt der SPS-Ökonom auf den plötzlichen Rückgang der Produktion nach dem Umsturz an. Im Oktober 2000 wurde tatsächlich der – zweifellos von niedrigstem Niveau ausgehende – Wirtschaftsaufschwung unterbrochen, der dem Krieg gefolgt war. Nach dem NATO-Bombardement war es mit der Produktion wieder aufwärts gegangen, das bestätigt auch Vladimir Gligorov vom „Wiener Institut für Internationale Wirtschaftsvergleiche" (WIIW). Bis zum Oktober 2000. „Im November konstatierten wir in Serbien erstmals ein negatives Wachstum."

Die Gründe dafür lagen allem Anschein nach im Politischen. Denn sofort nach der Inthronisierung Koštunicas als jugoslawischer Präsident hatte DOS unter Führung des neoliberalen Miroslav Labuš sogenannte „Krisenkomitees" gegründet. Diese auf lokaler Ebene operierenden Wendegruppen sind angetreten, die Belegschaften von Ämtern, Gerichten, Schulen, Spitälern, Fabriken, Banken und Medien politisch zu säubern. Dabei ist es in Einzelfällen auch zu Gewalttätigkeiten gekommen, wenn sich z.b. Direktoren mit Teilen der Belegschaft geweigert haben, ihre Posten zu räumen. „Spontan, anarchisch", bezeichnete Gligorov diese Krisenkomitees. „Die Leute haben sich selbst als Krisenmanager eingesetzt." Daß es dabei zu Fehlbesetzungen gekommen ist, verwundert nicht. Die Krisenkomitees gerierten sich als Speerspitzen der Wende und haben so manche politisch zweifelhafte Figur der alten Nomenklatura durch einen Wirrkopf ersetzt, den sein Posten überfordert. Auf diese Weise wurden vor allem in den Staatsbetrieben Mißwirtschaft und Chaos prolongiert. Ein Zustand, der den im Westen bereitstehenden Investoren durchaus gelegen kam, ist doch ein heruntergewirtschafteter Betrieb im allgemeinen zu günstigeren Konditionen zu erhalten.

Die Textilfirma „Nitex" aus Niš z.B. dürfte die Installierung des Krisenkomitees vermutlich nicht überleben. Der dortige Direktor, Mile Novaković, SPS-Mitglied und Parlamentsabgeordneter, war ein typischer Exponent der alten Nomenklatura. Seit 25 Jahren hatte er „Nitex" geleitet, in Embargozeiten sorgte er für offene Kanäle, serbische Textilien trotz Verbots in den EU-Raum zu exportieren. Wie die allermeisten seiner Direktorenkollegen hat er sich wohl Prozente vom Erfolg „seiner" Firma abgezweigt. Nach dem 5. Oktober kam ein selbst ernanntes Krisenkomitee ins Haus, entfernte den Direktor und ein Dutzend seiner engsten Mitarbeiter und installierte eine neue Fabriksführung. Binnen zwei Monaten war „Nitex" zahlungsunfähig. Die alten Handelskanäle konnten mangels entsprechender Beziehungen nicht mehr benutzt werden, neue waren auf die Schnelle nicht aufzutun. „Nitex" stand im Frühling 2001 vor dem Aus.

Vom „System Milošević" zur EU-Privatisierung

Seit 1990 der letzte gesamtjugoslawische Ministerpräsident Ante Marković die gesetzlichen Möglichkeiten dafür geschaffen hatte, sozialisiertes Eigentum in Aktienpakete für Arbeiter und Manager umzuwandeln, zogen mehrere Privatisierungswellen durch Serbien. 1994 und 1997 wurden in Belgrad Regeln für die Marktwirtschaft erlassen. Alle Privatisierungsvorhaben blieben jedoch auf halbem Wege stehen. Auch deshalb, weil das seit 1992 über die UNO verkündete Embargo Belgrad einen Sonderweg aufzwang. Die – wohlgemerkt – von außen aufoktroyierte

Isolation des Landes führte schließlich im Inneren zu einer waghalsigen Mischung aus mafiöser Marktwirtschaft und staatlicher Regulierung. Als politische Drehscheibe dafür diente die „Jugoslawische Linke" (JUL), ein Sammelbecken von wenigen linken Ideologen und vielen Privatisierungsprofiteuren, die sich dem politischen Primat der von der SPS geführten Koalition beugten.

Das „System Milošević" funktionierte nach einem einfachen Prinzip: Aus einem Staatsbetrieb oder einer großen Produktionseinheit in Arbeiterselbstverwaltung wurden die lukrativsten Teile, in der Regel das Import-Export-Geschäft, ausgegliedert und gelangten unter die direkte oder indirekte Kontrolle des Direktorenstabes, der sich um politische Funktionäre erweiterte, wenn Direktor und Politiker nicht in Personalunion zugegen waren. Diese Art der Privatisierung nahm sich die Entstaatlichungsprojekte in Großbritannien, Deutschland und Österreich zum Vorbild, wie sie seit dem Aufstieg des Thatcherismus überall funktionierten. Auch dort wurden Betriebe zuerst zerschlagen, um dann ihre profitablen Filetstücke zu veräußern. Dabei kamen allerdings die stärksten multinationalen Konzerne oder US-amerikanische Rentenfonds zum Zuge, während in Serbien sich auf diese Weise die politische Nomenklatura bereicherte. Die serbische Art der Transformation sollte einerseits gewährleisten, daß das Embargo relativ mühelos durchbrochen werden konnte, weil ja nun private Interessen am Import-Export-Geschäft hingen, andererseits versuchte Milošević mit seiner Frau Mira Marković, der Vorsitzenden der JUL, diese kleine Partei als Organisation für die Privatisierungs- und Embargogewinner zu nutzen – ironischerweise unter sozialistischer Fahne.

Die einfachen Menschen, vor allem die einfachen Parteimitglieder und Sympathisanten der SPS, empfanden das „System Milošević" jedoch bald als Diebstahl. Wenige bereicherten sich am Eigentum aller. Zum Beispiel der langjährige serbische Ministerpräsident Mirko Marjanović. Mit der Firma „Progres" sackte er offensichtlich Milliardengewinne im Handel mit Rußland ein. Geschäftspartner war sein ehemaliger russischer Kollege, Ministerpräsident Viktor Tschernomyrdin. Serbisches Getreide für Rußland, russisches Erdgas für Serbien. Als Tschernomyrdin im Sommer 1999, auf dem Höhepunkt der NATO-Bombardements, in seiner Rolle als Sonderemissär zu Gesprächen nach Belgrad reiste, war dies wohl gleichzeitig ein Gesellschaftertreffen der Firma „Progres".

Chemische Düngemittel, Saatgut, Früchte, Kupfer, Textilien ... das Wirtschaftsembargo gegen Belgrad kriminalisierte jeden ökonomischen Kontakt mit Serbien. Es war nur logisch, daß dies auch zu kriminellen Machenschaften innerhalb der in der Krise steckenden Volkswirtschaft führen würde.

Der im Dezember 2000 gewählte serbische Ministerpräsident Zoran Djindjić hat immer wieder angekündigt, die von der SPS durchgeführten Privatisierungen annullieren zu lassen. Einfach wird die Sache allerdings nicht. Vielleicht mag es der DOS gelingen, das Geflecht an Firmenbesitz der alten Nomenklatura zu durchleuchten und diese per politischem Dekret zu enteignen; was die Betriebe in Arbeiterselbstverwaltung betrifft, ist das Vorhaben komplizierter. Weit über die Hälfte aller Betriebe, laut Aussage von Ex-Transformationsminister Oskar Kovač über 6.000, befand sich zum Zeitpunkt der politischen Wende im Besitz ihrer Belegschaft. Für sie alle galt seit 1997 ein Gesetz, das es diesen Unternehmen erlaubte, sich in Aktiengesellschaften oder GesmbHs umzuwandeln. Bei der Hälfte der Betriebe war bereits eine Valorisierung erfolgt, die der Aktienausgabe vorausgehen sollte. Die SPS hatte bis zuletzt darauf bestanden, daß diese Art der Privatisierung eine Aktienmehrheit für Arbeiter und Angestellte des Unternehmens gewährleisten mußte. 60% der Aktien sollten in ihrer Hand verbleiben, die zeitliche Abstufung der Aktienausgabe eine schnelle Konzentration einer Mehrheit in betriebsfremden Händen, wie dies beispielsweise in Rußland passiert ist, verhindern. DOS stand von Anfang an dagegen. Der neue erste Wirtschaftsmann am Expertenhimmel, Miroslav Labuš, will an alle verkaufen, die das Geld dafür haben. Soll heißen: Profitables an kapitalkräftige ausländische Konkurrenz, Schwachbrüstiges an die Arbeiter, wenn der betreffende Betrieb nicht gleich geschlossen wird.

Der Haken bei der Sache: Die Betriebe in Arbeiterselbstverwaltung gehören nicht dem Staat. Die Regierung kann nicht verkaufen, was ihr nicht gehört. Also wird sie Rahmenbedingungen für den Ausverkauf der serbischen Betriebe schaffen. Vom Vorbild Kroatien werden manche abgeschreckt. Dort hatte Tudjman seinerzeit per Erlaß sämtliche Betriebe in Arbeiterselbstverwaltung kurzerhand verstaatlichen lassen, um sie dann an seine eigene Klientel, die sogenannte „Zagreber Mafia", billig abgeben zu können. Tudjmans Nachfolgeregierungen kämpfen nun im Auftrag der Europäischen Union darum, diese Privatisierung, die den deutschen, italienischen und französischen Firmen nichts gebracht hat, wieder rückgängig zu machen. Doch das Annullieren von Privatisierungen zerstört jedesmal das Vertrauen investitionsbereiter Anleger. Denn wer kann schon ganz genau wissen, ob nicht demnächst eine neu installierte Regierung wieder andere Privatisierungsideen hegt.

Erschwerend kommt bei den unausgegorenen und teilweise widersprüchlichen Konzepten des aus 18 Parteien bestehenden serbischen Regierungsbündnisses DOS hinzu, daß eine Reihe der im „System Milošević" privatisierten Betriebe als Joint Ventures mit ausländischem – russischem, französischem, deutschem – Kapital verflochten sind. Wie diesen Partnern erklärt werden soll, daß sie auf das falsche Privatisierungspferd gesetzt haben, bleibt abzuwarten. Eine Lösung des ökonomischen Chaos ist in weite Ferne gerückt, wenn sie überhaupt beabsichtigt ist. Derweil machen im Arbeiterselbstverwaltungssozialismus sozialisierte Fachleute mit neoliberalen Ideen den Resten der vom „System Milošević" übriggebliebenen Volkswirtschaft den Garaus. Noch gibt es einiges zu verscherbeln. So meinte beispielsweise der Ökonom Mile Jović vom Ökonomischen Institut in Belgrad, daß es eine blendende Idee wäre, die Textilfirma „Beko", die über 300 Geschäftslokale in Serbien führt, an den italienischen Multi „Benetton" zu verkaufen. „Wir liefern ihnen einen soliden Markt von 10 Millionen Menschen. Und Beko kann für Benetton Textilien produzieren." Voilà, wie sie funktioniert, die Wendephilosophie. Und flugs ist aus dem alten Slogan der SPS eine neue Weltmarkt-Rationalität geworden. Statt „Wir für uns" heißt es nun eben „Wir für die anderen".

Willige Verwalter Brüssels

„Von uns kann man viel mehr erwarten als von Kroatien und Bosnien. Serbien hat gründlich mit dem alten Kram aufgeräumt", pries Ministerpräsident Zoran Djindjić das Unterwerfungspotential seiner Regierung im Interview mit der Zeitung „Neues Deutschland" am 14. März 2001. Was EU-Europa von seinen Verwaltern „vor Ort" erwartet, darüber sind vor allem im deutschen Sprachraum viele Studien geschrieben worden. Eine davon soll hier kurz Erwähnung finden. „Eliten, Mobilisierungsmuster und Transitionspfade in Serbien" heißt der von Martin Brusis und Wim van Meurs gestaltete Ausblick auf eine wünschenswerte Kolonialstruktur in der serbischen Gesellschaft. Es ist eine Studie, die nach der „Bulldozerrevolution" in Kooperation der Bertelsmann Stiftung und der Bertelsmann Forschungsgruppe Politik am „Centrum für angewandte Politikforschung" der Universität München entstanden ist. An welchem Punkt Bertelsmann und Bertelsmann zusammengefunden haben und wo mögliche wissenschaftliche Divergenzen bestanden haben mögen, konnte nicht eruiert werden. In der dem Außenamt zuarbeitenden Zeitschrift „Südosteuropa" (Nr. 9/10-2000) kann man die Studie nachlesen. Nachdem der „Eroberung des Bundesparlaments, (das) den Machtwechsel in Serbien einleitete", Anerkennung zuteil wurde, beginnen die beiden Wissenschaftler ihre Soziologie der serbischen Gesellschaft. In der Folge werden drei Wege angeführt, die zum erstrebten Ziel der Transformation führen: 1. eine rasche nationaldemokratische Machtübernahme ohne Zwischenschritte; 2. ein nationalistisches Regime, das in einem zweiten Schritt von der national-demokratischen Opposition abgelöst wird; 3. Reformsozialisten, die später von national-demokratischen Kräften besiegt werden. Der Begriff „Nationaldemokraten" verschleiert nur unzulänglich seine politischen Träger. Diese sind zum einen bürgerliche Kräfte einer alten, aus der Zwischenkriegszeit stammenden Elite und zum anderen unter Tito zum intellektuellen Mittelstand ausgebildete urbane Schichten, deren Erwartungen im Sozialismus enttäuscht wurden. Gerade diese für die Betriebe der Arbeiterselbstverwaltung höher qualifizierten Menschen sahen sich im Zuge der Wirtschaftskrise, die Jugoslawien seit Mitte der 70er Jahre zu einem guten Teil von außen unter Druck setzte, wirtschaftlich überschüssig geworden. Viele wanderten nach

Deutschland oder in die USA aus und nutzten dort die Chance, die ihnen durch die gute Ausbildung zu Hause eröffnet worden war, jedoch, was ihre Karriere und ihr Berufsbild betrifft, nicht befriedigt werden konnte. Die Ironie der Geschichte will es, daß gerade sie als neue Machthaber in der Folge jenen Staat ökonomisch weiter schwächen und eigener Handlungsspielräume berauben, der ihnen überhaupt erst Aufstiegsmöglichkeiten geboten hatte.

Das alte Bürgertum und der (post)titoistische Mittelstand erhofften sich durch die Allianz mit den westeuropäischen Kapitaleignern jene gesellschaftliche Achtung, die ihnen von der Wirtschaftskrise der 1970er Jahre genommen worden ist, und damit Geld auf dem Konto. Brusis/van Moers wissen diese gesellschaftliche Basis für das Ziel ihres Forschungsprojektes zu schätzen: „Diese Gruppen unterstützen eine – für sie vorteilhafte – marktwirtschaftliche Umstrukturierung der Volkswirtschaft und eine Öffnung nach Europa, ihr zahlenmäßiger Anteil an der serbischen Bevölkerung ist jedoch gering und ist infolge von Verarmung und Emigration sogar zurückgegangen." Doch keine Sorge: EU-Europa ist bereit, ihnen zu helfen und ihr strukturelles Manko, also ihre mangelnde Verankerung in der Gesellschaft, auszugleichen. Mit Krediten sowieso, notfalls auch mit dem Einsatz von – „solidarischen" – Militärverbänden; wozu sonst baut Brüssel an einem Heer, der sogenannten „Schnellen Eingreiftruppe" zum Schutz von Demokratie und Marktwirtschaft, die bis 2003 stehen soll?

„Die Marginalität und gesellschaftliche Isolation der liberal-demokratischen Gegenelite", so Brusis/van Moers weiter, „kommt unter anderem darin zum Ausdruck, daß ihre Vertreter (Vesna Pesić, Zoran Djindjić) sich auf prinzipielle, fundamental-liberale Stellungnahmen konzentrieren, ohne in detaillierten Reformprogrammen konkrete, realistisch umsetzbare Lösungen ... der Wirtschaftstransformation ... zu formulieren. Eine breitere gesellschaftliche Basis kann diese Gegenelite nur nach einer längeren Phase von Demokratisierung und wirtschaftlicher Öffnung erreichen." Mit der Auslieferung der alten Elite an Den Haag ist die von der Bertelsmann-Studie geforderte „längere Phase von Demokratisierung" rasch und zur Zufriedenheit aller zur Zeit politisch relevanten westlichen Kräfte angegangen worden. Mit dem Ausverkauf der Reste von serbischer Ökonomie an ausländische Bieter sowie mit dem Kniefall vor der Nehmerkonferenz Ende Juni 2001, die durchgängig als „Geber"konferenz bezeichnet wird, übertrifft die „wirtschaftliche Öffnung" alle Erwartungen. Und bestätigt den eingangs zitierten Satz von Zoran Djindjić: „Von uns kann man viel mehr erwarten als von" ... den anderen.

Abschließend entwirft das Bertelsmann-Papier zur Neupositionierung Serbiens noch eine hübsche graphische Tabelle, in der die „strategischen Aufgaben" der neuen Elite, hier immer noch als „liberal-demokratische Opposition" bezeichnet, umrissen werden: Die künftige Staatsform benötigt eine „Reform der Föderationsstruktur", einen „Verzicht auf Grenzrevisionen" sowie eine „Akzeptanz des Verlustes von Kosovo". Unter der Rubrik „Wirtschaftstransformation und Privatisierung" steht nur ein Wort: „Radikalreformen". Die Zukunft des Landes, geht es nach den vom Westen gewünschten Plänen, ist also festgeschrieben: Abschied vom serbischen Mythos, d.h. Abschied vom Kosovo; Föderalisierung innerhalb Serbiens, also mehr Selbständigkeit für den Sandžak und die Vojvodina, was im Fall eines derzeit aufs äußerste geschwächten Zentralstaates automatisch Desintegration bedeutet. Und zuschlechterletzt: Weltmarktrationalität ohne Attribute, also ohne Rücksicht auf nationale oder soziale Begehren.

Vorläufig kann ein solcher politischer Kurs allerdings nicht ohne das Volk durchgeführt werden, das weiß auch Bertelsmann. Und deshalb empfehlen Brusis und van Moers ziemlich direkt eine Allianz zwischen Liberalen und Nationalen: „In diesem 'klassischen', in der DOS verkörperten Bündnis würden die Demokraten die westliche Unterstützung sichern und eine pro-westliche ökonomische Reformpolitik gewährleisten, während die Nationalisten die Massenbasis einbringen würden." Und wiederum: Die Brüchigkeit eines solchen Bündnisses könnte mit ausländischer Hilfe – Kredite und Soldaten – fallweise gekittet werden.

In Wien geben sich seit der Belgrader Wende die Reformpolitiker die Klinken altehrwürdiger Ministerien in die Hand. Ein besonderes Prachtexemplar des EU-Neokolonialismus auf dem Balkan, den serbischen Justizminister Vladan Batić, konnte der Autor anläßlich mehrerer Pressekonferenzen in Augenschein nehmen. Zum Beispiel am 18. Dezember 2000, fünf Tage vor dem Wahlgang zum serbischen Parlament. „Wenn DOS die Wahlen nicht gewinnt, wird es keine normale Wahl gewesen sein", tönte Batić damals sein ganzes Demokratieverständnis den wenigen Journalisten entgegen, die der Einladung zur Pressekonferenz der gesellschaftlich unbedeutenden christlich-demokratischen Partei ins Belgrader „Tanjug"-Zentrum gefolgt waren. Ein halbes Jahr später, Mitte Juni 2001, begleitete Vladan Batić, nun Justizminister unter Zoran Djindjić, ein Flugzeug voll Justizbeamter zur Schulung nach Wien. An der „Österreichischen Verwaltungsakademie" sind eigene Programme für die administrative Reform in Serbien ausgearbeitet worden. „Österreich hilft uns bei der Ausarbeitung von Gesetzesakten, die mit der EU harmonisiert werden", gab sich Batić auf der anschließenden Pressekonferenz dankbar und erinnerte daran, daß das alte serbische bürgerliche Gesetzbuch von 1844 ebenfalls mit österreichischer Hilfe eingeführt wurde. Er verhehlte auch nicht, daß am Rande des Besuchs ein Treffen mit Haider-Intimus und FPÖ-Justizminister Dieter Böhmdorfer stattfand, in dem es um Hilfestellung bei der Auslieferung von Slobodan Milošević nach Den Haag ging.

Die staatliche Fiktion: Bosnien-Herzegowina

Schon seine Entstehung verlief falsch. Jahrelangem Bürgerkrieg folgte ein US-Diktat zum Frieden. Als in der Nacht vom 21. auf den 22. November 1995 nach wochenlangen Verhandlungen Slobodan Milošević, Alija Izetbegović und Franjo Tudjman beim Zeichnen von Grenzlinien übereingekommen waren, aus zwei Entitäten – der moslemisch-kroatischen und der serbischen – einen Staat zu formen, taten dies zumindest Tudjman und Milošević gegen den Willen der kroatischen und serbischen Bevölkerungsmehrheit. Bosnische Serbenführer waren zu den Verhandlungen überhaupt nicht zugelassen worden.

Jener 22. November im US-amerikanischen Dayton war ein Sieg von William Clinton. Sein Chefunterhändler Richard Holbrooke hatte die NATO – in Verkleidung der SFOR – vertraglich für lange gesichert auf den Balkan gebracht. Und dem jungen Staat noch vor seiner ersten konstituierenden Sitzung einen Teil der jugoslawischen Auslandsschulden aufgebürdet. Bosnien-Herzegowina startete mit einem Minus von 4 Mrd. US-Dollar. In drei Jahren Bürgerkrieg hatte das Land 23 Prozent seiner Bevölkerung verloren.

Dem Abkommen von Dayton folgten Plünderungen und Brandschatzungen. In aller Regel verwüsteten jene, die sich plötzlich per „Friedensschluß" im falschen Teilstaat befanden, ihre Wohnungen und Häuser, bevor sie sich – vielleicht zum zweiten oder dritten Mal seit 1992 – auf die Flucht machten. In der Kleinstadt Mrkonjić Grad in den Bergen nahe Jajce luden die Kroaten ihren Hausrat auf Militärfahrzeuge und Lkw und steckten dann ihre Häuser in Brand. Sie wollten der „Republika Srpska" verbrannte Erde hinterlassen. Dasselbe Bild im serbischen Teil Sarajevos: Ruhig und bedächtig sammelten die Menschen alles ein, was sie transportieren konnten, luden es auf Traktoren und türmten Möbel auf ihre kleinen „Yugo"-Pkw; dann ging der Familienvorstand in die Mitte des Wohnzimmers, goß ein wenig Benzin auf den Fußboden und zündete das Appartement an; die neuen, mutmaßlich moslemischen Mieter sollten nur zerstörtes Inventar vorfinden.

Ab Ende 1995 rückten dann insgesamt 60.000 Soldaten in die kleine, geteilte Republik ein, mehr als die Hälfte davon englischsprachige Krieger aus den USA oder aus Großbritannien. Deutschland beteiligte sich von Beginn an mit 4.000 Mann friedensschaffender Truppe, die das Kapitel 7 der UN-Charta als Legitimation ihres Einsatzes benützte. Tuzla, Mostar und Gornji Vakuf wurden zu Zentralen der westlichen Militärmacht, während sich in Sarajevo IWF-, EU-, OSZE- und allerlei NGO-Büros breitmachten. Das Protektorat Bosnien-Herzegowina war flugs errichtet. Mitte 2001 befanden sich 20.000 SFOR-Soldaten und 30.000 zivile „Helfer" in dem völlig ausgebluteten Land. Von den hohen Gagen aus ihren Heimatländern fielen auch einige Krümel für örtliche Chauffeure, Übersetzer und Dienstpersonal ab. Die ausländische Verwaltung stellt den größten Wirtschaftssektor dar.

Das Bruttosozialprodukt (BSP) von Bosnien-Herzegowina fiel zwischen 1990 und 1995 um 80%, die industrielle Produktion um 90%. Anfang Juli 2001 zog das gesamtstaatliche Parlament eine ernüchternde ökonomische Bilanz. Derzufolge ist das Land durch „hohe Arbeitslosigkeit, enormes Außenhandelsdefizit, enorme Auslandsverschuldung und geringe Aussichten auf Auslandskredite" geprägt. Das BSP hat sich seit Dayton nur unwesentlich um 5% erhöht, die geschätzte Arbeitslosenquote steht bei 60%. Erwerbstätige müssen oft monatelang auf ihre „konvertible DM" warten, in der Republika Srpska liegt der Durchschnittslohn bei 200 DM, in der kroatisch-moslemischen Föderation wegen der vergleichsweise generösen Unterstützung aus Westeuropa und arabischen Ländern mehr als doppelt so hoch. „Ohne die direkten Investitionen der internationalen Staatengemeinschaft in zivile Wiederaufbauprojekte und ohne indirekte Nachfragesteigerung durch die Kaufkraft Tausender internationaler Bediensteter würde sich die wirtschaftliche Lage vieler Bosnier noch prekärer gestalten", schrieb OSZE-Missionsmitglied Maja Jurcic im Heft 11/12-2000 der Zeitschrift „Südosteuropa".

Die ethnisch und politisch geteilte Republik ist wirtschaftlich gesehen eine Kolonie des Westens. Schon die Verfassung des Landes weist es als Protektorat von OSZE/UNO und IWF aus. In Artikel VII ist beispielsweise festgelegt, daß der Präsident der Zentralbank kein Einheimischer sein darf. Damit liegen die entscheidenden Fäden in den Händen des IWF. Draguljub Stojanov, Professor für Ökonomie in Sarajevo, listet in einer Studie des „Wiener Instituts für Internationale Wirtschaftsvergleiche" (WIIW) am 1. Oktober 1996 auf, über welche wirtschaftlichen Felder der „Staat BiH" – also Bosnien-Herzegowina – nicht verfügungsberechtigt ist: Finanz- und Bugdetpolitik, Wechselkurse, Privatisierungen, Einkommens- und Sozialpolitik. Ein „Hoher Repräsentant" der internationalen Wertegemeinschaft, mit Rückendeckung der UNO von der Europäischen Union beschickt, macht die eigentliche Politik von BiH.

Mitte 2001 fand, zum x-ten Mal, eine Kehrtwendung in der Wirtschaftspolitik statt. Kolonialverwalter Wolfgang Petritsch, der sogenannte „Hohe Repräsentant", befand, daß die Privatisierungsbemühungen in einer Sackgasse steckten. Einige Jahre zuvor waren der amerikanischen Organisation US-AID die Agenden für die Privatisierung von Großbetrieben übergeben worden. Daß staatliche Betriebe veräußert gehören, gilt ohnedies als Dogma. Nur wie das passieren soll, darüber gehen die Meinungen auseinander. US-AID jedenfalls versuchte es mit einer Voucher-Methode, die sich an den Privatisierungswellen in der Tschechoslowakei vor deren Zerfall ein Vorbild nahm. Was nicht bedacht wurde: War schon in der ČSR einheimisches Kapital rar, so ist in Bosnien-Herzegowina schlicht und einfach kein Geld vorhanden, das investiert werden könnte. Offensichtlich hatte bei US-AID niemand daran gedacht, daß es zur Privatisierung auch des nötigen privaten Kapitals bedarf. Weil man es im Land nicht finden konnte, versuchten es die Dogmatiker der Privatisierung im Ausland, an sich keine unvernünftige Idee. Bloß: Nach drei Bürgerkriegsjahren mit größten Verheerungen sowie dem Zusammenbruch fast aller wirtschaftlichen Verbindungen zwischen den Republiksteilen und zu den anderen post-jugoslawischen Neostaaten fand sich kein westlicher Investor, der sein Kapital ausgerechnet nach Bosnien bringen wollte. Weil aber offensichtlich der Plan zur Privatisierung unumstößlich und von der Europäischen Union bereits finanziert war, verpulverte man einfach das dafür vorgesehene Geld für ganzseitige Anzeigen in europäischen Tageszeitungen. Am 3. Januar 2001 war beispielsweise eine solche im Wiener „Standard" zu lesen. „Sale of state-owned capital of retail and wholesale trade enterprise 'Robne Kuce' d.d.&p.o. Sarajevo, through tender sale in large-scale privatization" lautete die Überschrift, unter der diverse Department-Stores in Sarajevo mit genauer Beschreibung der Örtlichkeiten aufgelistet waren. Es ist anzunehmen, daß auch diese privatisierungstechnische Verzweiflungstat nicht den gewünschten Effekt hatte. Von den 151 zum Verkauf stehenden Betrieben fanden sich bislang erst für fünf die entsprechenden Käufer. Nach der Zurichtung Serbiens zu einem ausverkaufswilligen Markt dürfte das Interesse von ausländischen Investoren in Bosnien weiter gering bleiben. In der Zwischenzeit kämpft der „Hohe Repräsentant" mit neuem Anlauf um den Verkauf von Staatsbetrieben.

Was die EU-Verwaltung von Wolfgang Petritsch in wirtschaftlicher und sozialer Hinsicht nicht erreicht, kompensiert sie mit politischer Stärke. Hierbei gilt das Motto: Multikulturalität muß durchgesetzt werden, auch wenn es die Einheimischen weder wollen noch etwas davon haben. Selbstherrlichkeit gehört dabei zum Job. Das Sendungsbewußtsein katholischer und protestantischer Verwaltungshelfer wurzelt im karitativen Gefühl, armen Menschen, armen Bosniern zu helfen. Sie verstehen sich allesamt als Missionare in einer feindlichen Umwelt, die verbessert werden muß. Ihre Selbstherrlichkeit verführt sie zu dem Gedanken, daß solche Verbesserungen nur von ihnen, den „Helfern", vollbracht werden können. Vorbilder lebten einst als Missionare in fremden Kontinenten. Diesmal ist es nicht Afrika, das gerettet werden muß, und es sind nicht die Seelen der Schwarzen, die vor den Naturreligionen bewahrt werden müssen; es sind weiße Menschen mitten in Europa, die vor sich selbst beschützt werden müssen. Der moderne Missionar des 21. Jahrhunderts ist nicht mehr, wie sein Vorgänger im 19. Jahrhundert, für die Rettung der Seele vor der ewigen Verdammnis zuständig, sondern für die Rettung des multikulturellen Zusammenlebens vor nationalem Begehren.

Hinter der Helferideologie, die mittlerweile 30.000 Missionare in die Region verschlagen hat, steckt freilich – und auch das wissen wir von der Missionierung Afrikas im 19. Jahrhundert – ein koloniales Interesse. Denn das Geld für all die NGO-Projekte und OSZE-Missionen (die heißen ehrlicherweise nach ihren historischen Vorbildern) kommt im großen und ganzen aus dem EU-Budget bzw. aus

Fonds einzelner EU-Mitgliedsstaaten. Dort wird es als Zukunftsinvestition betrachtet: in ein Land, das irgendwann später als quotierter Arbeitskräftelieferant, verlängerte Werkbank für Billiglohnproduktion, aufnahmefähiger Markt für Überschußprodukte und als Militärstandort dienen soll.

Zusätzlich zur politischen Propaganda, Gutes zu tun, gelingt den Ländern Westeuropas mit der Kolonisierungsstrategie ein weiterer kluger Schachzug. Durch die Entsendung von 30.000 Helfern allein nach Bosnien-Herzegowina entledigen sie sich ihrer auf dem Arbeitsmarkt nicht vermittelbaren und daher potentiell unzufriedenen Intellektuellen bzw. Bildungs- und SozialarbeiterInnen. In den 70er und 80er Jahren produzierten sozialpartnerschaftlich geprägte Gesellschaften in Deutschland, Österreich, Holland etc. ein Zuviel an geistigen Fachkräften, eine Überproduktion im Erziehungswesen war die Folge. Nun erhalten viele, die es nach ihrer Ausbildung nicht geschafft haben, in der Heimat einen sicheren Posten zu ergattern, und auf „Projektbasis" gelebt haben, eine zweite Chance in den Kolonien. Und es scheint so, daß sie sich dafür besonders dankbar erweisen. Kritik an gesellschaftlicher Funktion oder Wirkung ihrer Arbeit wird jedenfalls nicht laut. Allenfalls mokiert man sich über Leerläufe und Kompetenzwirrwarr im Arbeitsablauf. „Manch internationale Stellen haben stark aufgeblähte Führungs- und Verwaltungsapparate. Weil Führungspositionen nach Nationenproporz besetzt werden, gibt es tendenziell zu viele Chefs", klagte etwa die „Neue Zürcher Zeitung" vom 16. November 1999. Je größer die multikulturelle Gemeinde der Hilfskräfte, desto mehr Nationenproporz, desto mehr Leitungsposten – wohl eines der Hauptkriterien, warum sich ein westlicher Helfer einer OSZE- oder NGO-Mission anschließt.

Multikulturalität im Land kann gleichwohl nicht auf Befehl durchgesetzt werden. Trotz jahrhundertelanger Bemühungen konnten ganze Landstriche in Afrika nicht christianisiert werden; die Entnationalisierung der bosnischen Gesellschaft erweist sich als ebenso schwierig. Da helfen auch Druck und Gewalt nichts, obwohl es dergleichen genug gibt. Doch beide gehen nicht vom Volk aus, sondern von den Institutionen der „westlichen Wertegemeinschaft", von EU, OSZE und NATO. Ihr ziviles oberstes Organ hieß bis 1999 Carlos Westendorp, ihm folgte der Österreicher Wolfgang Petritsch.

Der Westen läßt wählen

Im Annex 10 des Vertrages von Dayton aus dem Jahr 1995 wird für die Umsetzung der Beschlüsse ein „Hoher Repräsentant" eingesetzt, die, wie es dort geschrieben steht, „Letztautorität" in der Interpretation des Vertragswerkes. Er lenkt das Staatswesen im Dienst der internationalen Gemeinschaft, die – vertreten durch William Clinton – die Grundlage für die Existenz von Bosnien-Herzegowina geschaffen hat. In regelmäßig stattfindenden Wahlen erhalten – unter Aufsicht des Westens – Parteien und Personen die meiste Zustimmung, die dem „Geist von Dayton" nicht entsprechen, sprich: nationale Interessen über jene des ohnehin fiktiven und kolonial verwalteten Gesamtstaates stellen. Was ebenso regelmäßig zu deren Ablösung durch den „Hohen Repräsentanten" führt. Waren es bis 1999 hauptsächlich serbische Politiker, die per Diktat aus dem Büro Westendorp für abgesetzt erklärt wurden, so wütet der neue Verwalter Wolfgang Petritsch zunehmend auch in der kroatischen politischen Landschaft. Abgesetzte Mandatare gehen in aller Regel auch eines Teils ihrer bürgerlichen Rechte verloren, d.h., sie dürfen sich nicht mehr zur Wahl stellen.

Im November 2000 fanden nun die bisher letzten Parlamentswahlen in beiden Entitäten statt, 2002 soll das nächste Mal zu den Urnen gerufen werden. Der kurze Zeitraum dazwischen erklärt sich in erster Linie mit der Existenzberechtigung ganzer Abteilungen von OSZE-Büros, die Wahlen organisieren und beobachten müssen. Fänden Wahlen in großen Abständen – z.B. nur alle fünf Jahre – statt, wäre eine durchgängige Beschäftigung von westlichen Wahlhelfern nicht mehr möglich. Also mußte das vom Bürgerkrieg geschundene Volk, ob Kroaten, Muslime oder Serben, seit 1995 bereits mehrmals zur demokratischen Übung: zu den Gemeinderatswahlen 1997 und 2000, zu den Parlamentswahlen 1996, 1998 und 2000 sowie – zum „Nachsitzen" für besonders schlechtes Wählen – die BewohnerInnen der Republika Srpska ein weiteres Mal zum Urnengang 1997. Die OSZE waltete bei all diesen Wahlgängen nach Belieben – sie verbot nicht genehmen Bürgern das passive Wahlrecht, strich ihr unangenehme Kandidaten von den Wahllisten, verbot Parteien (zwei in der Republika Srpska), ließ Fernsehstationen und Zeitungen sperren, wenn diese nationalistische Wahlpropaganda veröffentlichten, und setzte ganze Gemeindeversammlungen ab, wenn sie ihr nicht ins gewünschte Bild paßten. Umgekehrt förderte sie das, was sie als „Multikulturalität" verstand, ließ Geld- und technische Hilfsmittel in sozialdemokratisch angehauchte Gruppierungen fließen und gründete eigene NGO-Gruppen als OSZE-Ableger. Dennoch: Alle bisherigen Wahlgänge konnten die Erwartungen der Kolonisatoren nicht erfüllen. Das Volk wählte, wen es wollte. Diese – in den Augen der internationalen Helfer – Bösartigkeit kommentierte der OSZE-Vorsitzende Flavio Cotti, schweizerischer Außenminister, anläßlich des ersten, enttäuschenden Urnengangs auf seine Art: Ohne entsprechende Voraussetzungen, so Cotti, seien Wahlen in Bosnien eben „eine scheindemokratische Legitimierung extrem nationalistischer Machtstrukturen und ethnischer Säuberungen". Punktum. Wer nicht das wählt, was die „internationale Wertegemeinschaft" für wählbar hält, ist eben nicht demokratisch. Per definitionem. Das haben in Osteuropa nach der Wende Milošević (mehrmals), Iliescu (anfangs), Mečiar (mehrmals), Lukaschenko (andauernd) und andere erfahren müssen. In Bosnien-Herzegowina ist es mit dieser „Scheindemokratie" besonders arg, auch im November 2000, als die Parlamente in beiden Entitäten und der Präsident der Republika Srpska gewählt wurden.

Als einzigen, allerdings schwach strahlenden Lichtblick dieses mittlerweile 7. Wahlganges konnte die OSZE den Wahlausgang im muslimischen Sektor der Gesellschaft verbuchen. Die Partei der Demokratischen Aktion (SDA) von Alija Izetbegovic verlor ein wenig, während die vom Westen stark geförderte Sozialdemokratie (SDP) zulegte. Eine regierungsfähige Mehrheit auf Föderal- und Bundesebene blieb ihr indes versagt. Sie blieb bei den Parlamentswahlen sogar wieder hinter der SDA zurück, die 27% der Stimmen der moslemisch-kroatischen Föderation auf sich vereinigen konnte.

In der Westherzegowina, dem Siedlungsgebiet der bosnischen Kroaten, feierte die „Kroatische Demokratische Union" (HDZ), Tudjmans Schwesterpartei in Bosnien, zum wiederholten Male einen beeindruckenden Wahlsieg. Mit der Forderung nach einer „dritten Entität" konnte sie im Vergleich zum vorhergehenden Wahlkampf ihr Potential nicht nur quantitativ halten, sondern sogar qualitativ zulegen, indem sie einen ideologisch geführten Wahlkampf klar gewinnen konnte. Die aus persönlichen Streitereien entstandene Abspaltung der HDZ, die „Neue kroatische Initiative" (NHI), die von westlichen Stellen sogleich mit Geld und Computern überhäuft worden war, konnte der HDZ ihre Vormachtstellung in der kroatischen Bevölkerung nicht streitig machen.

Im serbischen Teil Bosniens, der Republika Srpska, erlebten OSZE & Co. ein Debakel. Dort war im März 1999 der ein Jahr zuvor gewählte Präsident Nikola Poplašen auf Betreiben des „Hohen Repräsentanten" wegen nationaler Töne abgesetzt und durch Milorad Dodik, einen willigen westlichen Gefolgsmann, ersetzt worden. Dodiks „Unabhängige Sozialdemokraten", entgegen der Namensgebung die vom Westen abhängigste Partei, fuhren nur 11% der Wählergunst ein, in der Direktwahl zum Präsidenten blieb Dodik ebenfalls weit hinter dem Kandidaten der „Serbischen Demokratischen Partei" (SDS) zurück. SDS-Mann Mirko Sarović verwies die Konkurrenten auf ihre Plätze. Sensationell kann das Abschneiden der SDS auf Parlamentsebene gewertet werden. Immerhin hatte ab 1999 – per Dekret – eine vom Westen unterstützte Allianz viel Geld verpulvert, um die Wählergunst neu zu verteilen. Auch war wiederum, wie schon 1998, die „Serbische Radikale Partei" (SRS), ein Ableger jener von Vojislav Šešelj geführten SRS, von Petritsch verboten worden, um die nationalen Kräfte zu schwächen. Es nützte alles nichts. Dodik verlor das Präsidentenamt, die West-Koalition ihre Regierungsmehrheit. Richard Holbrooke machte dem „Hohen Repräsentanten" Petritsch nach der Wahl Vorwürfe. Er hatte nämlich angeregt, unterstützt von einer Studie der sogenannten „International Crisis Group", die SDS im Vorfeld der Wahlen ebenso zu verbieten wie die SRS. Petritsch kam diesem Wunsch vor der Wahl nicht nach, erhöhte jedoch den Druck auf die von Radovan Karadžić gegründete Partei gewaltig und forderte politische Säuberungen, denen der neue SDS-Chef Sarović weitgehend nachkam. Biljana Plavšić, kurzfristig westliche Hoffnungsträgerin und von Westendorp eingesetzte Präsidentin aus Banja Luka, mußte sich mit ihrer „Serbischen Volksunion" die Quittung für ihren Kniefall vor dem Westen abholen: 2,3% der Stimmen. Kurz darauf stellte sich Plavšić dem Den Haager Tribunal und wartet geduldig auf ihren Kriegsverbrecherprozeß.

Die Interventionen des „Hohen Repräsentanten"

Die Korrektur der Wahlergebnisse findet regelmäßig statt. Und auf allen Ebenen. Politik, Medien und Wirtschaftsleben unterliegen de facto der Willkür des „Hohen Repräsentanten", de jure dem unter Druck zustande gekommenen Abkommen von Dayton.

Knapp nach seiner Inthronisierung als oberster Verwalter Bosniens stellte sich Wolfgang Petritsch Ende November 1999 mit der Absetzung von 22 Kommunalpolitikern der westlichen Öffentlichkeit als glühender Menschenrechtsaktivist und Demokrat und den Bosniern als starker Mann vor. Petritsch begann seine politische Laufbahn in den 1970er Jahren als Sekretär Bruno Kreiskys. In Rambouillet/ Avenue Kléber zeigte er, wozu Machtinstinkt einen Diplomaten treiben kann; mit dem Kolonialverwalterposten in Bosnien-Herzegowina scheint der Gipfel seiner Karriere noch nicht erreicht. Die EU-Osterweiterung dürfte in den kommenden Jahren noch viele Einsätze für Menschen seines Schlages eröffnen.

Die Begründung für die in der Folge immer wieder vorgekommene Absetzung von Bürgermeistern, Richtern, Parteichefs oder Parlamentsabgeordneten ist im Kern für alle Fälle gleich: Widerstand gegen das Dayton-Abkommen. Nationalistische Äußerungen, Behinderungen bei der Rücksiedlung einstmals Vertriebener oder Obstruktionspolitik gegen die „internationale Wertegemeinschaft" – so oder ähnlich lauten die Vorwürfe, die das Eingreifen des „Hohen Repräsentanten" legitimieren. Nun wäre tatsächlich, von Wien oder sonst einem schönen Ort der Welt aus betrachtet, das friedliche Miteinander der unterschiedlichen Volksgruppen ein wünschenswerter Zustand – auch und gerade in Bosnien. Nach drei schrecklichen Bürgerkriegsjahren läuft die Aussöhnung allerdings nicht gerade auf Hochtouren. Aussöhnung kann man nicht von außen erzwingen, schon gar nicht dann, wenn der nicht unberechtigte Verdacht besteht, daß die Einmischung von außen letztlich mit zum Debakel auf dem Balkan beigetragen hat. Mit der Devise „Anerkennung oder Krieg" haben sich Landsleute von Petritsch wie Alois Mock bereits seit 1991 positiv zur Zerschlagung des alten Jugoslawien bekannt. Nun kommt die nächste Generation und verbietet alles, was sich nicht dem Dogma der Multikulturalität unterwirft.

Am 7. März 2001 entließ der „Hohe Repräsentant" den Chef der kroatischen HDZ, Ante Jelavić, aus dem dreiköpfigen Staatspräsidium. Damit war nach Nikola Poplašen der zweite mehrheitlich gewählte Führer einer Volksgruppe per Dekret aus allen Ämtern entfernt worden. Diesmal galt der Schlag der „westlichen Wertegemeinschaft" den Kroaten. Mit Jelavić waren noch eine Reihe weiterer Politiker der HDZ abgesetzt und ihrer Bürgerrechte für verlustig erklärt worden. Dem Gewaltakt von Petritsch gingen wochenlange Bemühungen der kroatischen Politiker voraus, ihre bereits im Wahlkampf versprochene dritte Entität, ein „Herceg-Bosna", zu gründen. Da eine solche in Dayton nicht vorgesehen ist, griff der „Hohe Repräsentant" zu diktatorischen Maßnahmen.

Die Lage der bosnischen Kroaten änderte sich mit dem Machtwechsel in Zagreb. Die neue sozialdemokratische Regierung unter Ivica Račan war der HDZ nicht wohlgesonnen. Deshalb versuchte man in Mostar, sich von Zagreb abzukoppeln und einen eigenen Kurs zu steuern, der zwangsläufig ein nationaler war. Bereits vor den bosnischen Parlamentswahlen 2000 war von höchsten westlichen Stellen davon die Rede, die HDZ verbieten zu wollen. Petritsch und seine „internationale Verwaltung" einigten sich darauf, drei Wochen vor dem Wahlgang Regeln aufzustellen, die „gezielt zuungunsten der kroatischen Nationalisten" erfunden worden waren, wie auch die „Neue Zürcher Zeitung" vom 9. März 2001 einräumte. Als dann nach monatelangen Vorbereitungen HDZ-Führer Ante Jelavić einen kroatischen Nationalkongreß in Mostar abhielt und eine Abtrennung von der moslemisch-kroatischen Föderation beschloß, griff Petritsch ein. Die Absetzung von Jelavić reiht sich in eine Unzahl ähnlicher Vorgänge, die – großteils an der Wirklichkeit vorbei – westliche Kraftmeierei symbolisieren. Denn in der von den Kroaten besiedelten Region der Herzegowina sind die Behörden ohnedies faktisch kroatisch und haben kaum etwas mit der Hauptstadt zu tun. Insbesondere Exekutive und Militär funktionieren nach ethnischen Kriterien. Erst im November 2000 war – gegen OSZE und Petritsch – eine Volksabstimmung abgehalten worden, in der sich die Kroaten mit großer Mehrheit für die Unabhängigkeit von Sarajevo aussprachen.

Mit der Absetzung der kroatischen politischen Führung war es nicht getan. Diesmal mußte Petritsch auch aus übergeordneter Kolonialräson in den Ablauf der freien Marktwirtschaft eingreifen, um den kroatischen Volkswillen zu brechen. In einem beispiellosen Akt überfiel eine Einheit SFOR-Soldaten am 6. April 2001 die Zentrale der „Herzegovačka Banka", um das finanzielle Herzstück der HDZ zu zerstören. Eine erste Attacke schlug weitgehend fehl, die Bevölkerung von Mostar bewarf die SFOR-Soldaten mit Steinen, es kam zu Schußwechseln, und zwölf Krieger der „Wertegemeinschaft" mußten nach ihrem Sturm auf die Bankzentrale verarztet werden. Wolfgang Petritsch rief zu einer zweiten Schlacht um die größte bosnisch-kroatische Bank. Knapp zwei Wochen später, am 18. April, rückten 500

NATO-Soldaten in SFOR-Kluft, 80 gepanzerte Fahrzeuge und 20 Hubschrauber aus, um der Hausbank der HDZ, der „Herzegovačka Banka", das finanzielle Rückgrat zu brechen. Vier Stunden lang sprengten die SFOR-Truppen Tresore und nahmen alles mit, was an Geld oder Wertpapiere erinnerte: DM, konvertible Mark, eineinhalb Lastwagen voll Münzen. „Diese Aktion konnten wir nicht mit Finesse machen", gestand der Einsatzleiter gegenüber „Newsweek" zerknirscht. „Sie brachen in die Stahlkammer ein, sprengten die Safes und fuhren in die Nacht hinaus – alles im Namen der NATO-Friedenssicherung", titelte „Newsweek" am 30. April 2001 zynisch.

Um eine erwartete Gegenwehr seitens kroatischer Einheiten zu unterbinden, überflog einer der SFOR-Helikopter die nächstgelegene Kaserne und warf einen Deckenüberzug über Bord. Inhalt: ca. 750.000 Dollar, die sich über die hungrigen Soldaten ergossen ... eine entwürdigende Sache, auch für die Kolonisatoren.

Die Sprengung der Bank führte zu ihrem Ruin. „Sie nehmen uns unsere Bank, unser Geld", klagte General Nedjeljko Obradović, nicht anerkannter Verteidigungsminister der kroatischen Selbstverwaltung, „das ist völlig falsch. Sie sprechen mit uns, als ob wir geistig unterbemittelt wären." Und der 65jährige Rentner Stjepan Bakula fragte in besagtem „Newsweek", wie er nun, nach der Zerstörung der Bank, zu seiner Rente kommen solle. Vielleicht findet sich ein Hilfsfonds irgendwo in einer deutschen evangelischen Kirchengemeinde, der mit Hinweis auf die miserable ökonomische Situation in Mostar und zur Erinnerung an einen der ersten Kolonialverwalter, den früheren Bremer Bürgermeister Hans Koschnick, ein paar Mark locker macht. Es tut allemal gut, Gutes zu tun.

Die Unzufriedenheit der serbischen und kroatischen Bevölkerung mit den Organen der „internationalen Gemeinschaft" ist in den vergangenen Jahren nicht geringer geworden. Aktionen wie jener Banküberfall in Mostar garantieren eine zumindest distanzierte Haltung der Menschen zu ihren selbsternannten Helfern. Immer wieder werden derlei Proteste gewalttätig. Besonderes Aufsehen erregten Krawalle, die Anfang Mai 2001 die serbische Stadt Banja Luka erschütterten. Mit einem Feingefühl der besonderen Art wollten sich westliche Politiker und Diplomaten daheim als Multikultifans feiern lassen, indem sie die Grundsteinlegung zum Wiederaufbau der Ferhad-Pascha-Moschee in Banja Luka dekretierten. Sie war während des Bürgerkrieges von serbischen Eiferern gesprengt worden. Daß zur selben Zeit albanische UÇPMB-Kämpfer gerade orthodoxe Kirchen in Südserbien attackierten, machte die festlich gestimmte internationale Community nicht skeptisch. Die Moschee als Zeichen der Multikulturalität mußte wiedererrichtet werden. Und zwar jetzt. Der nationalistische Widerhall auf diese Horuck-Aktion war vorhersehbar. Tausende Serben stürmten den Bauplatz und vertrieben die Festgemeinde, Autobusse mit muslimischen Gästen wurden mit Steinen beworfen. Außenminister Zlatko Lagumdija, die Botschafter der USA, Großbritanniens und

Österreichs sowie ein Dutzend weiterer internationaler Würdenträger mußten unruhige Minuten im Gebäude der islamischen Gemeinschaft verbringen, das vom serbisch-nationalen Mob zwar attackiert, aber nicht gestürmt wurde.

Wütenden nationalistischen Protesten von Serben und Kroaten steht auf der moslemischen Seite eine zunehmende religiöse Fanatisierung gegenüber. Nicht nur die Islamisierung der Sprache legt über diese Entwicklung ein Zeugnis ab, auch das Kopftuch, im jugoslawischen Sarajevo ein bäuerliches Relikt, feiert eine religiöse Renaissance. Das geistige Oberhaupt der islamischen Religionsgemeinschaft, Mustafa Čerić, sorgt seit 1993 für ein rigides Verständnis von Religion in der früher sehr laizistisch geprägten Gesellschaft. Die islamische Gemeinschaft, eine noch aus österreichischer Zeit stammende Einrichtung, machte in der Folge durch eine Reihe von Verordnungen von sich reden, die für das kommunistische Bosnien undenkbar gewesen wären. So erließ Mustafa Čerić bald nach seinem Amtsantritt eine „Fatwa" gegen den Verzehr von Schweinefleisch und den Genuß alkoholischer Getränke. Beides stieß bei vielen Moslems auf Widerwillen, waren sie es doch seit Generationen gewohnt, ihre Religion ohne die im arabischen Raum üblichen Tabus auszuüben. Belästigungen von Liebespaaren und unverschleierten Frauen sind zwar selten, kommen aber vor. Insbesondere die islamische Jugendorganisation AIO verbreitet fallweise Terror in moslemischen Gemeinden. So beispielsweise am 8. März 2000, dem internationalen Frauentag, als Aktivisten der AIO, die allesamt Vollbärte tragen und sich gerne wie ihre Taliban-Vorbilder kleiden, eine Solidaritätsveranstaltung von Frauen sprengten, die der Opfer des afghanischen Regimes gedenken wollten. Statt dessen riefen Mitglieder der AIO zum Jihad gegen die damalige US-amerikanische Außenministerin Madeleine Albright auf. Ihr Nationalismus ist panislamisch geprägt, womit sie sich in die Tradition der „Islamischen Deklaration" von Izetbegović stellen.

Restitutionsgesetz schafft neues Unrecht

Als eines der dringlichsten gesellschaftlichen Anliegen wird die Rückkehr von Vertriebenen in ihre angestammte Heimat angesehen. Wolfgang Petritsch hat im Frühjahr 2001 ein neues Restitutionsgesetz verordnet, das diesem Anliegen dienen soll. In der Praxis schafft es meist neues Unrecht. Den Kern des Gesetzes über die Rückgabe von Immobilien bildet jener Paragraph, der Haus- und Wohnungseigentum nur anerkennt, wenn es vor 1992 bestanden hat. Damit soll gesichert sein, daß Menschen, die im Bürgerkrieg vertrieben worden sind, auf jeden Fall in ihre Heimat zurückkehren dürfen – aber auch müssen. Dieser Zwang zeigt sich in Hunderten von Fällen, in denen Menschen, die sich nach Jahren in einer Gemeinde eingelebt haben, plötzlich mit dem neuen Gesetz und damit mit dem Vorbesitzer des

Hauses oder der Wohnung konfrontiert sind. Z.B. ein Fall aus Banja Luka. Dorthin übersiedelte ein Tierarzt aus Mrkonic Grad, als die Kleinstadt von kroatischen Truppen eingenommen wurde und er als Serbe keine Lebensperspektive mehr sah. Zufällig kannte er einen moslemischen Kollegen in Banja Luka, ebenfalls Tierarzt, der mit ihm die Wohnung tauschte. Was der serbische Tierarzt nicht wußte bzw. was ihn nicht interessierte: Sein moslemischer Bekannter hatte die Wohnung in Banja Luka erst 1992 bezogen. Aufgrund des neuen Gesetzes erhebt nun der Vorbesitzer berechtigte Ansprüche. Der serbische Tierarzt könnte zwar nach Mrkonic Grad zurück, hat sich aber in der Zwischenzeit eine Existenz in Banja Luka aufgebaut. Für den Kauf einer Wohnung reicht es freilich noch nicht. Jetzt steht er erst einmal auf der Straße und hält sich mit Zuschüssen einer in Österreich arbeitenden Verwandten über Wasser.

Noch schlimmer und systematischer trifft das neue Restitutionsgesetz die 1995 aus Kroatien vertriebenen Serben. Zigtausende von ihnen fanden in Bosnien eine Bleibe, oft in leeren Wohnungen oder Häusern, aus denen ihrerseits Muslime oder Kroaten vertrieben wurden. Nun restituiert das Petritsch-Dekret das Eigentum an die alten Besitzer, die es meist verkaufen, statt es zu nutzen, hat sich doch in aller Regel in der betreffenden Gemeinde die Zusammensetzung der Bevölkerung so geändert, daß sie als Muslime oder Kroaten hier nicht mehr leben wollen. Auch haben sich viele von ihnen anderswo notdürftig eingerichtet. Die Tragik der aus der Krajina oder aus Slawonien stammenden Serben besteht aber darin, daß sie ihr dortiges Eigentum vorerst nicht wiedererhalten bzw. nicht darüber verfügen können. Denn Kroatien hat genau das gegenteilige Gesetz für immobilen Besitz erlassen. Dort gilt Nutzung vor Eigentum. Wer immer also in einem von den serbischen Bewohnern zurückgelassenen Haus lebt, darf solange nicht vertrieben werden, als er nicht Gleichwertiges zur Verfügung erhält. Das kann lange dauern. Somit sind die aus Kroatien vertriebenen SerbInnen zwischen die kroatische und die bosnische Gesetzeslage geraten. In ihrer alten Heimat hilft das Nutzungsrecht den neuen kroatischen Bewohnern, ihre neue Heimat spricht das Eigentum jenen zu, die vor ihnen die Wohnung oder das Haus besessen haben. Die gesetzliche Intervention des „Hohen Repräsentanten" erwies sich auch diesmal als fatal. Um Fehler wie diese zu korrigieren, braucht es wiederum Kommissionen und Projekte der internationalen Trägerorganisationen. Sie sind längst zu einem Selbstzweck geworden, dessen Dynamik das Land nicht weiterbringt.

Kroatien: Versuch eines Paradigmenwechsels – liberal statt national

Ausgezehrt, verbissen, trotzig ... die alte Frau hat sich mit ihrem einfachen Klapptisch hinter dem Jelačić-Denkmal auf dem Hauptplatz von Zagreb aufgestellt. Die in Kroatien allgegenwärtige Schachbrettfahne ersetzt den zu dieser Jahreszeit noch nicht notwendigen Sonnenschirm. Ein junger Kriegsveteran hilft der Aktivistin beim Sammeln von Unterstützungserklärungen. Mit der auf dem Tisch aufliegenden Petition haben im März 2001 über 400.000 Kroatinnen und Kroaten – das sind immerhin 10% der Bevölkerung – eine Volksabstimmung zur Freilassung von Mirko Norac gefordert. General Norac war zu Jahresbeginn verhaftet worden, Den Haag forderte seine Auslieferung. Der „Volksheld" sei ein Kriegsverbrecher, so die Anklage. Die Veteranenvereinigungen liefen Sturm gegen diesen – wie sie es nennen – „nationalen Verrat". Am 11. Februar protestierten 150.000 in der Adriastadt Split gegen die Festnahme von Norac. Das Land ist gespalten.

Zur Diskussion steht letztlich die Identität des jungen Staates. Im „Heimatkrieg" mit kräftiger Unterstützung Westeuropas, insbesondere Deutschlands und Österreichs, aus der Taufe gehoben, fordert derselbe Westen nun, jene zu bestrafen, die dem nationalen Gedächtnis als Helden gelten. Auf dem Friedhof Mirogoj, im neoklassizistischen Ambiente der aus k.u.k.-Zeiten stammenden riesigen Gedenkanlage, war erst vor wenigen Jahren die Erde umgepflügt worden, um Tausenden jungen Helden eine letzte Ruhestatt zu bieten. 15.000 Tote hat die „kroatische Befreiung", wie sie hier unhinterfragt genannt wird, nach offiziellen Angaben gefordert; mehr als 30.000 junge Männer wurden zu Krüppeln geschossen. Nun soll die Geschichte umgeschrieben werden. „Es gibt den Versuch, den Heimatkrieg zu kriminalisieren", meint Joso Škara, Generalsekretär der seit Anfang 2000 oppositionellen „Kroatischen Demokratischen Union" (HDZ), der Partei des im Dezember 1999 verstorbenen Präsidenten Franjo Tudjman.

Der Anstoß für diese neue ideologische Wende kam vom Kriegsverbrechertribunal für Jugoslawien aus Den Haag. Die im Januar 2000 gewählte liberale, dem Westen im Grunde ergebene Regierung geriet damit freilich in Schwierigkeiten. Ihr stellvertretender Regierungschef Goran Granić sprach sich immer wieder gegen die Revision der Geschichtsschreibung aus. Die Den Haager Ermittlungen seien seiner Meinung nach eine „Beleidigung der Opfer". Anfang Juli 2001 trat Granić aus Protest gegen weitere Forderungen Den Haags zurück und löste damit eine Regierungskrise aus.

Auch Westeuropa, insbesondere die deutschsprachigen Medien und Politiker, gehen von einem grundsätzlich ungetrübten Kroatienbild aus. Der Sezessionismus des Jahres 1991 gilt als „Recht auf nationale Selbstbestimmung", die Vertreibung der serbischen Bevölkerung aus der Krajina und aus Slawonien wird nach wie vor eine „Rückeroberung" von kroatischem Territorium genannt. „Während des Krieges seien schliesslich keine kroatischen Panzer nach Serbien gerollt, sondern jugoslawische nach Kroatien", schrieb selbst die nicht besonders sezessionsfreudige „Neue Zürcher Zeitung" am 15. Dezember 2000; auch anläßlich der im Sommer 2001 von Den Haag geforderten Überstellung kroatischer Generäle an das Kriegsverbrechertribunal war in den bürgerlichen deutschsprachigen Medien durchgängig von der „Rückeroberung" der Krajina die Schreibe. Tatsächlich fuhren im Sommer und Herbst 1991 jugoslawische Panzer nach Kroatien, doch sie befanden sich im eigenen Land, Kroatien war zu diesem Zeitpunkt von keinem Staat der Welt anerkannt. Und die Vertreibung der autochthonen serbischen Bevölkerung aus der Krajina als „Rückeroberung" zu bezeichnen, ist mehr als gewagt – dies legitimiert die ethnische Säuberung ganzer Landstriche. Mit der offiziellen kroatischen Geschichtsschreibung, wonach es 1991 einen Verteidigungskrieg und 1995 einen Befreiungskrieg gegeben hätte, erklärte sich der Westen lange Jahre einverstanden.

Der Fall Norac

Noch knapp vor seiner Verhaftung lieferte der kroatische Kriegsheld ein Husarenstück. Angeblich soll Mirko Norac zur Zeit des Karnevals in Rijeka/Fiume mit einer jener typischen Masken der Comedia dell'arte durch die Hafenstadt gewandert sein, eine Tafel um den Hals gehängt, auf der zu lesen war: „Ich bin Norac". Norac, ein leicht verballhorntes Dialektwort für „Depp", bot ihm die beste Tarnung in ausgelassener Karnevalsstimmung. Als ruchbar wurde, daß sich der meistgesuchte Kriegsverbrecher unter seiner eigenen Maske unbehelligt in der Hafengegend vergnügte, rückte die Polizei aus, fand den General des „Heimatkrieges" jedoch nicht mehr vor. Wenige Tage später wurde Mirko Norac doch noch verhaftet. Eine spezielle Abmachung zwischen der Anklägerin in Den Haag, Carla del Ponte, und dem kroatischen Regierungschef Ivica Račan soll ihm die Auslieferung ersparen. Ein solcher Deal konnte nur unter dem Eindruck der massiven Proteste erfolgen, die im Februar 2001 das Land lahmgelegt hatten.

Die Militärkarriere von Mirko Norac ist die eines typischen Bürgerkriegers. Mit 22 Jahren wurde der ausgebildete Kellner zum General befördert, nachdem er sich in serbischen Dörfern als Schlächter einen Namen gemacht hatte. 1991 soll er im Dorf Gospić ein Erschießungskommando geleitet haben, das 27 Serben tötete. Ein Zeuge will gesehen haben, wie Norac während des Massakers seine Männer dazu anfeuerte, mit den serbischen Familien Schluß zu machen. In der Folge erntete der junge Haudegen Lorbeerkranz um Lorbeerkranz, drängte sich in die Herzen der kroatischen Nationalisten und führte das Leben eines Volkshelden. Gegen sein Auslieferungsbegehren aus Den Haag gingen sowohl in Zagreb wie in Split über 100.000 Menschen auf die Straße. Die Veteranenverbände drohen im Fall eines Schuldspruches oder einer Auslieferung mit einem Marsch zum Markov-Platz in der Zagreber Oberstadt, vor das Parlament der Republik.

Kollektive Identität und individuelle Schuld

„Wenn mir 1989 jemand erzählt hätte, ich müßte in den Krieg, dann hätte ich denjenigen für verrückt gehalten", erklärte Boris Blažeković, ein heute 45jähriger Restaurantbesitzer und Sprecher der kleinen liberalen Regierungspartei HNS (Kroatische Volkspartei). Er versichert, niemals in den Krieg gewollt zu haben. Bis zu dem Moment, in dem – wie Boris Blažeković meint – die Serben das Land überfallen hätten. „Plötzlich war da ein stärkeres Gefühl als die Friedensliebe. Schlußendlich drängte ich mich wie alle anderen auch, um für mein Land zu kämpfen." Eine ganze Generation von Männern ist an die Front geeilt, hat geschossen, gemordet, gekämpft, Krieg gemacht. Ihre Rechtfertigung steht auch im modernen Kroatien nicht zur Debatte. Der Feind war serbisch, ein Aggressor. Daß es die Truppen der eigenen, der jugoslawischen Armee waren, die gegen ein sezessionswilliges nationalistisches Abenteuer angetreten sind – für eine solche Überlegung ist in Zagreb zu Beginn des neuen Jahrhunderts kein Platz. Die Geschichtsschreibung sagt klar und deutlich: Der „Heimatkrieg" war ein vaterländischer, ein gerechter, ein notwendiger Krieg. Und die Befreiung vom serbischen Joch blieb als Lohn des Unternehmens.

Umso irritierender muß es für die Kroaten sein, daß knapp zehn Jahre nach dem Ende des Bürgerkrieges und fünf Jahre nach dem Ende der Vertreibung hunderttausender Serben aus ihren Wohngebieten die Schuldfrage neu gestellt wird. Die Identität des kroatischen Staates wird neu herausgefordert.

Unumstritten ist, daß mit den Angriffen der von US-Militärs geschulten kroatischen Truppen auf Knin und Slawonien eine ethnische Säuberung betrieben wurde. Sie stellte die perfekteste Vertreibung einer Volksgruppe im jugoslawischen Völkermorden der 1990er Jahre dar. Eine Vertreibung wie diese ist per definitionem völkerrechtswidrig. Um diese Logik abzuwehren, die unweigerlich die kroatische Staatlichkeit in Frage stellen würde und letztlich zur Revision der Grenzziehung führen müßte, wird nun krampfhaft versucht, kollektives Bewußtsein und individuelle Schuld voneinander zu trennen. Westliche Geschichtsschreibung hat es darin zur Meisterschaft gebracht.

Klar war immer auch, daß für die gewaltsame Lostrennung Kroatiens aus dem jugoslawischen Verband und für die unter NATO-Schutz durchgeführte Vertreibung der Serben aus der Krajina und aus Slawonien brutale nationalistische Haudegen gefragt waren; sechs Jahre nach erfolgter ethnischer Säuberung des Landes haben sie ihre Schuldigkeit getan. Individuelle Schuld an Kriegsverbrechen ist schnell gefunden. Für ein zukünftig sauberes Kroatienbild sollen ein paar politisch und militärisch Verantwortliche des „Heimatkrieges" geopfert werden.

Während gesellschaftliche Strukturen in aller Regel ausgeblendet bleiben, werden Einzelschicksale und Mikrostudien breitgetreten. Diese historische Methode soll nun, zuallererst vom Haager Tribunal, den kroatischen Debatten um nationale Identität übergestülpt werden. Ja, der „Heimatkrieg" mit seinen Vertreibungen war ein notwendiger Befreiungsschlag; nein, den spezifischen Akt zu dieser Befreiung, die Tötung von Zivilisten, können und werden wir nicht hinnehmen. In dieser Doppeldeutigkeit von kollektivem Heldentum und individueller Schuld droht die kroatische Identität zerrieben zu werden. Das spüren die nationalistischen Kräfte und wehren sich gegen ihren damit bereits eingeleiteten Bedeutungsverlust.

Die von Den Haag geforderte Auslieferung von mutmaßlichen Kriegsverbrechern wird von vielen Kroaten als Unterwerfungsritual empfunden; ein solches ist für sie nicht nachvollziehbar, war doch erst vor kurzem der Sezessionskrieg von außen angestachelt worden. Der Vorwurf des Verrats schwebt in der Luft.

EU-Europa und Den Haag wagen ein gefährliches Spiel. Denn mit der Trennung von kollektiver Verantwortung(slosigkeit) und individueller Schuld sanktionieren sie einerseits ideologisch den nationalistischen Wahn, den sie auf der konkreten Ebene gerichtlich verfolgt sehen wollen. Ein Autoritätsverlust dieser zentralen Organisationen ist vorhersehbar, weil eine so widersprüchliche Politik kaum jemandem zu erklären sein wird. In letzter Konsequenz dient sie der Schwächung des kroatischen Nationalgefühls, dessen man sich für die Zerschlagung Jugoslawiens zwar bestens zu bedienen wußte, das jedoch für den Ausverkauf sämtlicher wirtschaftlicher Kernstücke an westeuropäische und US-amerikanische Eigner hinderlich geworden ist.

Nach der von Belgrad gegen die eigene Verfassung und den Spruch der Verfassungsrichter in Gang gesetzten Auslieferung von Milošević und Co. an Den Haag erhöhte Carla del Ponte ihre Schlagzahl auch in den übrigen südslawischen Republiken. Bereits am Tag nach der Ankunft von Slobodan Milošević im Gefängnis von Scheveningen fuhr die eiserne Schweizerin nach Pale und Zagreb, um jeweils die Überstellung von Nationalhelden zu fordern. Ihr „Argument" war überall das selbe: politische Isolierung, ökonomischer Druck, Drohgebärde. Und die Logik des vom UN-Sicherheitsrat eigens für Jugoslawien eingerichteten Tribunals beruht darauf, mit Hilfe vom Konstrukt individueller Schuld im Bürgerkrieg die nationalen Identitäten der Nachfolgerepubliken in Frage zu stellen oder mindestens jederzeit einer neuen Prüfung unterziehen zu können. Diese vom Westen betriebene Politik zielt darauf ab, daß ein nationaler Mythos – sei er nun serbisch, kroatisch, bosnisch oder, später, kosovo-albanisch – unter dem Druck des Tribunals nicht zustande kommen kann. Würde man die Entstehungsgeschichte der USA, Frankreichs, Großbritanniens oder Deutschlands beizeiten einer ähnlichen historischen Prüfung unterzogen haben, hätte eine Nationsbildung wohl kaum stattfinden können. Genau darum geht es: Der Südosten Europas, eine Peripherie der eben entstehenden supranationalen „Europäischen Union", soll keine eigene Identität erhalten außer jener, am Rande zu „Europa" zu gehören. Soziale und nationale Begehren an der Peripherie sind vom Zentrum unerwünscht.

In diesem Auftrag, wenngleich vielleicht auch unbewußt und nur ihrem juristischen Eifer ergeben, reiste also Carla del Ponte durch die jugoslawischen Republiken, um nationale Identitätsträger zu sammeln, einzukassieren und zu verurteilen. Ginge es ihr um die kriegsverbrecherischen Taten, müßte sie diese in den historischen Kontext stellen, die Verantwortung für die Sezessions- bzw. Unabhängigkeitswünsche durchleuchten, ihre Förderer in Deutschland und Österreich vorladen und schließlich ebenso verurteilen wie die Marionetten der Weltpolitik in der Peripherie sowie ihre Generäle und Soldaten. Doch für die Findung dieser Wahrheit werden sie und ihr mehrhundertköpfiges Team nicht bezahlt. Deshalb hat sie, nachdem Belgrad für versprochene 1,25 Mrd. US-Dollar seinen früheren Präsidenten ausgeliefert hat, in Zagreb vorgesprochen und einen vergleichbaren Kniefall verlangt. Anfang Juli 2001 stellte Den Haag dem kroatischen Premierminister Ivica Račan eine Anklageschrift zu, zwei öffentlich nicht genannte kroatische Staatsbürger wegen des Verdachts auf Kriegsverbrechen usw. auszuliefern. Verdeckte Anklagen gehören zur Spezialität von Carla del Ponte; allein ihre Form drückt aus, daß das Tribunal und mit ihm die „westliche Wertegemeinschaft" den südslawischen Staaten, ihren Regierungskoalitionen, den Medien und der Exekutive nicht über den Weg traut. Westliche Verwalter wie Djindjić oder Račan werden ins Vertrauen gezogen und mit Schweigegeboten belegt; damit wird demonstriert, daß ihre Regierungspartner nicht vertrauenswürdig seien und eventuell sogar zu den nächsten gehören könnten, die ausgeliefert werden müssen. Deshalb erfuhr der jugoslawische Präsident Vojislav Koštunica erst aus den Zeitungen, wie del Ponte und Djindjić bei der Auslieferung von Milošević kooperierten, und deshalb trat auch Anfang Juli 2001 ein Teil der kroatischen Regierung aus Protest zurück, weil sie vom Deal ihres Premierministers mit Den Haag erst erfahren hatte, als dieser bereits abgeschlossen war.

Bei den gesuchten kroatischen Generälen handelte es sich um Ante Gotovina und Rahim Ademi – letzterer ein Kosovo-Albaner in Zagrebs Diensten –, die sich zwischen 1993 und 1995 um die Vertreibung der Serben verdient gemacht hatten. „Wir haben uns in einem Dilemma befunden", meinte Premier Račan nach der Zusicherung, die beiden auszuliefern, „wenn wir uns vom Balkan davonmachen wollen, müssen wir mit Den Haag zusammenarbeiten." Eine Regierungskrise war die Folge. Vier Minister der Sozialliberalen Partei (HSLS), der zweitstärksten Kraft in der Koalitionsregierung, traten spontan zurück. Parteichef Dražen Budiša erklärte, vehement gegen die Auslieferung der zwei Generäle eintreten zu wollen, die im „Heimatkrieg" ihre Pflicht erfüllt hätten. Und die mitgliederstarken Veteranenverbände drohten, wie schon im Februar im Fall Norac, mit Straßenblockaden. Zwischen äußerem Druck und inneren Unruhen lavierte dann Ivica Račan seine Regierung in die politische Krise. Am 25. Juli 2001 stellte sich General Rahim Ademi übrigens freiwillig den Den Haager Richtern; er war der erste kroatische Staatsbürger, der vom Tribunal befragt wurde.

Von Tudjmans Tod bis zur kroatischen Identitätskrise

In der Nacht vom 10. auf den 11. Dezember 1999 verstarb Franjo Tudjman, Ex-General der jugoslawischen Volksarmee und kroatischer Staatsgründer, in einer Zagreber Klinik, nachdem er sechs Wochen im Koma gelegen war. Zehntausende Kroaten betrauerten seinen Tod, in Westeuropa hingegen hatte sich bereits unmittelbar nach dem NATO-Krieg gegen Jugoslawien die Ansicht durchgesetzt, Tudjmans Kroatien sei auf Dauer inakzeptabel. Sein bereits 1989 erschienenes und 1993 ins Deutsche übersetzte Buch „Irrwege der Geschichtswirklichkeit" wurde erst jetzt im Westen entdeckt. Darin unterzieht der gelernte Historiker die Verbrechen des Pavelić-Regimes einer Revision, schreibt die Zahl der im Konzentrationslager Jasenovac ermordeten Serben und Juden klein und bekennt sich zum katholischen Mentor des Ustaša-Regimes, Kardinal Alojzije Stepinac, dessen Konterfei nach dem Heiligen Jahr 2000 als riesiges Transparent die Fassade des Zagreber Doms ziert.

Die Entdeckung eines „antisemitischen", „pro-faschistischen" Tudjman durch westliche Intellektuelle erfolgte just zu jenem Zeitpunkt, als der Nationalismus seiner Partei, der „Kroatischen Demokratischen Union" (HDZ), nicht mehr brauchbar war. Für die Zerschlagung Jugoslawiens deckten Brüssel und Washington und mit ihnen die entsprechenden Medien seinen Rechtsradikalismus, indem sie ihn negierten und nicht darüber sprachen. Freilich war selbiger innenpolitisch von entscheidender Bedeutung. Tudjmans Serbenhaß, seine immer wieder ausgesprochene politische Nähe zu Ante Pavelić und sein verquer-nationales Bild vom mittelalterlichen kroatischen Staat waren konstitutiv für den kroatischen Mythos, sie formten das Gegenbild zum Jugoslawismus, den es zu zerstören galt. Noch 1995, auf dem Höhepunkt der Vertreibung der Serben aus Kroatien, kommentierte US-Sonderbeauftragter Richard Holbrooke in seinem Buch „Meine Mission" die Säuberung mit den Worten, jetzt sei „nicht die Zeit für Überempfindlichkeiten". Wenige Jahre später fordert del Ponte die Köpfe jener, die Holbrooke hat wüten lassen.

247

Als einer „unserer Kettenhunde", wie Holbrooke die kroatischen Generäle und wohl auch Tudjman an anderer Stelle bezeichnet, hat Tudjman seine Pflicht getan, sein Tod war für die westlichen „Hundeführer" eine Erlösung. Auch und vor allem deshalb, weil die militärische Schlagkraft der jungen kroatischen Armee und ihr Sieg über die serbische Zivilbevölkerung begannen, sich auch ökonomisch für den Westen negativ zu Buche zu schlagen. Tudjman dankte seinen kroatischen Helden mittels wirtschaftlicher Privilegien und leichtem Zugang zu den Privatisierungs-gewinnen, er besaß das Selbstbewußtsein, auf ausländische Investoren keine Rück-sicht zu nehmen. Es blieb nicht viel übrig für das gierige Auslandskapital. Auch aus diesem Grund war Tudjman bald vom umschwärmten westlichen Liebling zum verabscheuungswürdigen balkanischen Korruptionisten und Diktator mutiert.

Nach Tudjmans Tod ging alles ganz schnell. Bereits am 3. Januar 2000 wurde die HDZ-Koalition abgewählt und eine dem Westen dienstbare liberal-sozialde-mokratische Allianz in die Ministersessel gehoben. Ein Monat später, am 7. Febru-ar, wurde der letzte jugoslawische Präsident, Stjepan Mesić, ins höchste Repräsen-tationsamt Kroatiens gewählt. Die Regierung Ivica Račan hatte alle Hände voll zu tun, um den Erfordernissen des Westens nachzukommen, endlich den kroatischen Markt zu öffnen. „Verstärkt wurde die dramatische Situation durch die Politik der alten Regierung [Tudjman, d.A.], die neben versäumten wirtschaftspolitischen Maßnahmen das Land in die Isolation trieb und dadurch von dringend benötigtem Auslandskapital abschnitt", schrieb beispielsweise das Autorenteam Kovač/Ku-šić/Radić in der Zeitschrift „Südosteuropa" (Nr. 9/10-2000), dem halboffiziellen Organ der deutschen Balkanpolitik. Harte soziale Einschnitte standen bevor, um das Land „eurofit" zu machen.

Kroatiens wirtschaftliche Lage

Der Zug nach Zagreb hält in Dobova gleich hinter dem Atomkraftwerk Krško. Grenzstation. Für die knapp 350 Kilometer von Wien bis hierher an das neu errich-tete slowenisch-kroatische Zollgebäude hat die Fahrt über sieben Stunden gedau-ert. Es ist Sonntag, der 18. März 2001. In dieser Ecke Europas driftet der Konti-nent auseinander. Lokwechsel. Im nur wenige Kilometer entfernten Zagreber Haupt-bahnhof muß eine kroatische E-Lok einfahren. Am gegenüberliegenden Bahnsteig des slowenisch-kroatischen Grenzdörfchens wartet der Personenzug Beograd–Ve-nezia auf seine Abfertigung. Noch getraut sich offensichtlich fast kein Serbe, die Wegstrecke durch Kroatien zu nehmen, die Schengener Visabestimmungen für Jugoslawien tun ein übriges. Der aus Belgrad kommende Zug ist fast leer. Der einst rege Personen- und Güterverkehr zwischen den jugoslawischen Republiken ist weit davon entfernt, sich zu erholen. Erst vor kurzem konnte der erste Güterzug vom kroatischen Split aus in die eigene Hauptstadt fahren, die dafür notwendige Durchquerung Bosniens war nach den Kriegszerstörungen fast zehn Jahre lang nicht möglich gewesen.

Anfang 2001 machte sich – erstmals nach zehn Jahren – eine kroatische Wirtschaftsdelegation in Richtung Belgrad auf, um Kontakte zu knüpfen. Am 19. März 2001 erwiderten 80 serbische Unternehmer diesen Besuch in Zagreb. Ein Abkommen zwischen dem kroatischen Energieriesen „Ina" und seinem serbischen Pendant „Jugopetrol" wurde geschlossen; das Begehren der serbischen Wirtschaftsleute, künftig visafrei nach Kroatien reisen zu dürfen, wurde von der Zagreber Regierung in Übereinstimmung mit Brüssel abgeschmettert.

Kredit für Kündigungen

Am selben Tag, an dem die serbischen Unternehmer Zagreb in der Gewißheit verließen, für ihre zukünftigen Geschäfte weiterhin Einreisevisa beantragen zu müssen, billigten Vertreter des Internationalen Währungsfonds (IWF) eine Kredittranche von 250 Mio. US-Dollar für die liberale, westorientierte Koalition des Ivica Račan. Das Kuriose daran: Kroatien brauchte das Geld nicht. Seine Währung, der Kuna, ist hart, die Handelsbilanz freilich negativ, doch das Tourismusjahr 2001 läßt auf fette Deviseneinnahmen hoffen. Die 250 Mio. geliehenen US-Dollar dienten dem „rating" bei Kreditgeschäften und waren für eine direkte Verwendung gar nicht gedacht. Gerade der harte Kuna hat die großen kroatischen Banken, die bereits zu 90% in ausländischem – großteils italienischem – Besitz sind, veranlaßt, in einer ökonomisch und politisch unsicheren Umgebung eine restriktive, teure Zinspolitik zu betreiben. Geld liegt in beträchtlichem Umfang auf der Bank, wird jedoch nicht oder kaum kreditiert. Die Zinsen für Einlagen sind zwar gering, jedoch angesichts der harten Währung sicher. Demgegenüber gelten Investitionen in einem Land, in dem sich die reale Ökonomie seit zehn Jahren im Rückwärtsgang bewegt, als zu riskant. Der Dollarkredit des IWF fungiert somit wie ein Kalkei im Hühnerstall: Er soll die Hennen zum Legen animieren. Ein günstiges „rating" für Kreditzinsen, so das Kalkül, müßte Investitionen ankurbeln. Folgerichtig bleibt das Kalkei im Stall, also auf der Nationalbank. Ob sich die Hennen allerdings davon beeindrucken lassen, ist mehr als fraglich; denn nationale und internationale Investoren sind im Durchschnitt kühle Rechner – und keine Hühner.

Wie üblich, ließ sich der IWF den Stand-by-Kredit etwas kosten. Die Liste der von der Washingtoner Finanzorganisation geforderten Strukturmaßnahmen ist lang und zwischen Mexico, Kiew und Jakarta bekannt. Für Kroatien haben sich die Manager des IWF allerdings etwas Besonderes ausgedacht: Sie stellen die Identität des jungen Nationalstaates als solche auf die Probe. Die aus sechs bzw. fünf Parteien bestehende Koalition unter dem sozialdemokratischen Ministerpräsidenten Ivica Račan ist aufgefordert, binnen kurzer Frist jeden zehnten Soldaten und Polizisten und dazu noch 10% aller übrigen Beamten zu entlassen, den restlichen Staatsdienern 10% ihres Lohnes zu kürzen sowie die von Franjo Tudjman für die Helden des „Heimatkrieges" eingeführten Vergünstigungen zu streichen. Die soziale Basis der jungen Republik wurde damit frontal angegriffen. Weil die IWF-Forderungen ins Herz der nationalen Identität des jungen Staates zielten, waren sozial-nationale Proteste vorprogrammiert. Die nun in Opposition befindliche „Kroatische Demokratische Union" (HDZ), Tudjmans parlamentarischer Arm, verstand diese unter dem Kürzel „Sparpaket" eingebrachte Kreditbedingung – zu recht – als politischen Angriff auf die nationalen Kräfte.

300.000 von insgesamt 1,3 Mio. Beschäftigten waren zu Beginn des Jahres 2001 im öffentlichen Dienst tätig, 60.000 davon als Soldaten. Tudjmans etatistische, autoritäre Politik hat ihnen einen großen Stellenwert eingeräumt. Die Löhne kroatischer Beamten lagen noch in den Jahren 2000/01 im Durchschnitt deutlich über jenen in der Privatwirtschaft. Nirgends in den sogenannten Transformationsländern gab es einen vergleichbar hohen Staatsanteil an den Beschäftigten. Dies zu ändern, sind die obersten Wärter des Neoliberalismus – Weltbank und Währungsfonds – angetreten. Während ihnen Tudjman für ihre Pläne, das Staatspersonal stark zu kürzen, im Jahr 1997 noch die kalte Schulter zeigte und den bereits ausverhandelten Kredit nicht in Anspruch nahm, öffnete die im Januar 2000 ins Amt gewählte westorientierte Koalition dem IWF Tür und Tor. 10.000 Beamte des Innen- und Verteidigungsministeriums sollten in naher Zukunft entlassen werden, vor allem die Polizei wird ihren Apparat kräftig verkleinern müssen. Die Arbeitslosenrate betrug bereits vor der Erfüllung dieser IWF-Bedingungen 23%. Üblicherweise führen derart massive Einsparungen beim Beamtenapparat geradewegs in den rechten Populismus – wohin sonst sollen sich die in ihrer eigenen Wahrnehmung von der nationalen Revolution „Verratenen" auch hinwenden als in die Arme rechter Demagogen?

In dieselbe Kerbe schlägt die Forderung des Internationalen Währungsfonds, die Privilegien der Kriegsveteranen zu beschneiden. Ein erster Schritt ist bereits getan: Stark zollbegünstigtes Importieren ausländischer Pkw, wie es bislang für Veteranen des „Heimatkrieges" erlaubt war, wurde im März 2001 gestrichen. 500 Mio. Kuna (umgerechnet 130 Mio. DM) an Zolleinnahmen sind dem Land in den letzten Jahren durch dieses Privilegium entgangen, meinte Boris Blažeković, Sprecher der „Kroatischen Volkspartei" (HNS), einer der kleineren Partner in der Koalitionsregierung. Die Veteranenorganisationen sind jedenfalls aufgebracht. Seit die Regierung angekündigt hat, im Auftrag des IWF auch diverse Kriegsopferfonds finanziell ausdünnen zu wollen, regt sich Widerstand. Zehntausende Kriegskrüppel, die oft schon mit 30 Jahren in die Rente geschickt wurden und sich vom Staat versorgt sahen, bekommen es nun mit der Angst zu tun. Daß heute, nach vollbrachter Unabhängigkeit und Vertreibung der Serben aus der Krajina und aus Slawonien, ihr Schicksal neuerlich diskutiert wird, empört sie. Die Veteranen fühlen sich verraten. Soziale Opfer eines nationalen Krieges zu werden ... so hatte man ihnen ihre Zukunft nicht versprochen.

Kaufen statt investieren

Im Jahr 1990 gingen 40% aller kroatischen Produkte nach Serbien, 30% in andere jugoslawische Teilrepubliken. Dann kam der Bürgerkrieg, der hier in Zagreb als „serbischer Angriffskrieg" interpretiert wird; der politischen Zerstörung des alten Jugoslawien folgte die Zersplitterung des einst gemeinsamen Marktes. Kroatiens Wirtschaft hat darunter schwer gelitten, die ökonomische Talfahrt hält seither an. Heute ist das Land weitgehend deindustrialisiert, neue Investitionen finden kaum statt. Der internationale Transitverkehr durch das Land, früher ein Devisenbringer, ist erlahmt. Da der Westen die kroatischen Produkte wegen seiner eigenen Überschußkapazitäten nicht braucht und teilweise sogar protektionistische Maßnahmen gegen deren Import setzt, steht die lokale Industrie vor dem Aus. Sie verlor zwischen 1990 und 2000 geschätzte 50% ihres Wertes, heute macht sie gerade noch 15% des Bruttoinlandsproduktes aus (1990: 36%).

Zu den strukturellen Problemen eines peripherisierten Landes gesellen sich noch Miß- und Clanwirtschaft sowie eine verfehlte Privatisierung, die den Betrieben in Arbeiterselbstverwaltung alles weggenommen hat, um es an die Getreuen von Franjo Tudjman billig abgeben zu können. Wie überall in Osteuropa mündet die postkommunistische „ursprüngliche Akkumulation" in eine Mafiotisierung des Wirtschaftslebens, deren Ergebnisse nur schwer zu beseitigen sind, umso weniger bei anhaltender Wirtschaftskrise. (

Die größte wirtschaftliche Katastrophe besteht im fehlenden Investment. Laut neoliberaler Schule hätte die Beseitigung von kommunistischen und etatistischen Restriktionen einen Kapitalboom auslösen müssen. Doch produktives Geld kam nicht ins Land. Zwar gehören mittlerweile eine Reihe von wirtschaftlichen Schlüsselbereichen wie der Bankensektor ausländischen Unternehmen, sogenanntes „green-field-investment" fand allerdings nicht statt. Hermine Vidovic, für Kroatien zuständige Referentin des renommierten „Wiener Instituts für Internationale Wirtschaftsvergleiche" (WIIW), sprach im Frühjahr 2001 davon, daß „Investitionsaktivitäten nicht in Sicht" sind. Und Ex-Außenminister Maté Granić stellte fest, daß unter der liberalen Regierung im Jahr 2000 noch weniger investiert wurde als 1999. Westgeld kommt nur, um risikolos Staatsbetriebe zu kaufen. Im Bankensektor ist dieser Prozeß bereits weitgehend abgeschlossen. Nun kommt weiteres Familiensilber unter den Hammer. Die deutsche „Telekom" hat sich mit 35% ins sichere Monopol eingekauft, weitere 16% der Aktien sollen demnächst deutsche Eigner erhalten. Für die Jahre 2001 und 2002 sind die Privatisierungen der Wirtschaftsgiganten „Ina" (Erdöl) und „Hep" (Elektrizität) vorgesehen. Deutsche, italienische und US-amerikanische Bieter werden sich diese Filetstücke der kroatischen Wirtschaft nicht entgehen lassen. Im Wirtschaftsdeutsch handelt es sich bei all diesen Übernahmen um sogenannte Portfolio-Investitionen; frisches Geld für neue Produktionen bleibt indessen aus. „Wenn frisches Kapital nicht investiert wird, wird wirtschaftliches Wachstum in Zukunft unmöglich", gab sich der bekannteste kroatische Ökonom, Branko Horvat, im Frühjahr 2001 gegenüber dem Autor pessimistisch.

Der Rückschlag, den Kroatien während der vergangenen zehn Jahre hinnehmen hat müssen, scheint tatsächlich nicht mehr aufholbar. Denn Westkapital ist nach 1989 besonders in Länder wie Tschechien und Ungarn gegangen, hat sich dort beste Bedingungen für „verlängerte Werkbank-Produktionen" geschaffen und Kapazitäten aufgebaut, die für den gesamten ost- und südosteuropäischen Markt ausreichen. Warum sollten z.B. Autohersteller wie „Volkswagen" oder „Suzuki" in Kroatien eine Fabrik aufbauen, wenn große Produktionsstätten in Tschechien, der Slowakei und Ungarn den ganzen Raum beliefern können?

Tatsächlich sperren die einstigen kroatischen Vorzeigefabriken ihre Tore, wenn sie nicht bereits im Bürgerkrieg zu produzieren aufgehört haben. Die Schiffbauindustrie ist mit schlechtem Beispiel vorangegangen. Einst weltweit an dritter Stelle gelegen, haben die Werften einen Großteil ihrer Arbeiter gekündigt. Und von der aus gesamtjugoslawischen Zeiten übernommenen Handelsflotte ist nach den Privatisierungswirren kaum mehr etwas übriggeblieben.

Kroatien ist deindustrialisiert. Ehemalige Großunternehmen wie die Turbinen- und Generatorenfabrik „Končar", die auch Haushaltsgegenstände hergestellt hatte, existieren nicht mehr. Die an „Končar" angeschlossene Ingenieursschule, die beste in ganz Südosteuropa, mußte folgerichtig schließen. Auch „Prvo Majska", Produzentin von Agrarmaschinen, schickte 5.000 Arbeiter nach Hause und sperrte zu. „Nikola Tesla" wiederum, Hersteller für Telefonprodukte, wurde vom Weltkonzern „Ericsson" gekauft, der die Forschungsabteilung sogleich aus Kroatien abzog und nun von gut qualifizierten Arbeitern Komponenten für den Weltmarkt produzieren läßt. Was an kroatischen Unternehmungen bestehen und konkurrenzfähig blieb, kommt in den meisten Fällen aus der agrarischen Produktion, z.B. „Vegeta", deren Produkte nach wie vor in die ganze Welt gehen.

Kapital fließt aus dem Land

Der Oktober 1993 markierte die monetaristische Wende im Lande Tudjmans. Der spätere Finanzminister Borislav Škegro gilt als Hirn dieser vom IWF geforderten Währungsstabilisierung, die zu einem harten, konvertiblen Kuna geführt hat. Kurz vor der Einführung des neuen, stabilen Kuna waren, wie in einer solchen Phase üblich, die Sparguthaben der kleinen Leute vernichtet worden. Die Hyperinflation, die dieses Kunststück zustande brachte, betrug mehr als 1.500%. Damit war de facto eine Enteignung derjenigen Kroaten gegeben, die nichts hatten als ein Sparbuch und ihre Arbeitskraft. Mit im Vergleich zu Ländern wie Rumänien oder Bulgarien relativ hohen Löhnen und einer hohen Beamtenquote sicherte sich Tudjman nach dem Bürgerkrieg trotz Hyperinflation politische Zustimmung im Wahlvolk. Zweimal wurde er mit überwältigender Mehrheit zum Präsidenten gekürt, bis ihn im Februar 2000 sein ehemaliger Weggefährte Stjepan Mesić ablöste.

Der harte Kuna belastet seit 1993/94 die Exportwirtschaft. Investitionen in diesen Bereich werden solange nicht stattfinden, bis die Rendite im Finanz- und Bankensektor sinkt. Dort ist es im Sommer 2001 sehr lukrativ und äußerst risikoarm, sein Geld anzulegen. Ein gefinkeltes System hat dazu geführt, daß Anleger jenes Geld in private Banken legen, das entweder direkt oder indirekt über dritte Banken an den Staat verliehen wird. Mit 10 Mrd. US-Dollar Auslandsschulden zählt Kroatien zu den – pro Kopf gemessen – am höchsten verschuldeten Ländern Osteuropas. Während für privat angelegtes Geld derzeit 3% Zinsen garantiert werden, verrechnen Weltbank und Privatbanken dem Staat bis zu 7% für kreditiertes Geld. Anstatt Kapital produktiv zu investieren, setzen also kroatische Privatisierungsgewinner auf mittel- bis langfristige Geldanlagen, was wegen des steinharten Kuna vernünftig ist. Sie bekommen dafür eine sichere Rendite von 3%. Gleichzeitig fordern jedoch dieselben Banken vom kroatischen Staat 7% für dasselbe Geld – eine Verlustspirale für den Staat. Wegen seiner hohen Verschuldung kann der Regierung in Zagreb jedoch nicht an einer weicheren Währungspolitik gelegen sein, würde doch ein abgewerteter Kuna die Auslandsschulden, die allesamt in Dollar gerechnet werden, sprunghaft erhöhen. In dieser Zwickmühle zwischen finanzpolitisch vernünftigem und investitionspolitisch ruinösem Hartwährungskurs kann man eigentlich kaum etwas richtig machen, es sei denn, man stellt das System der Schuldenfalle insgesamt in Frage. Eine solche linke Politik ist allerdings nicht in Sicht.

Sozialdemokratisches „Laissez faire"

700.000 Kroatinnen und Kroaten haben seit 1991 ihren Job verloren. Die Arbeitslosigkeit beträgt offiziell 23%, Gewerkschafter schätzen sie auf bis zu 30% im Landesdurchschnitt. In besonderen Krisengebieten wie der Industriestadt Split klettert der sozialpolitische Anzeiger für Krise auf 40%. Die sozialen Unterschiede sind in derselben Zeit dramatisch gewachsen. In manchem Zagreber Ortsteil parken reihenweise protzige Autos der Marken BWM, Mercedes und Jaguar. Diesen neuen Reichen stehen Reallohneinbußen für die Mehrheit der Arbeiterinnen und

Arbeiter gegenüber. In den vergangenen zehn Jahren fiel das Bruttonationalprodukt von der Indexzahl 100 im Jahr 1990 auf 83 im Jahr 1999. Die Sozialwissenschaftlerin Marina Kokanović hat in ihrer in der „South-East Europe Review" (Nr. 3/99) erschienenen Studie errechnet, daß 37% der kroatischen Bevölkerung an oder unter der Armutsgrenze leben.

Die Sozialdemokraten, die größte Partei in der Regierungskoalition der Jahre 2000/01, kann diese Statistik nicht erschrecken. Ihr stellvertretender Ministerpräsident erklärte bei Gesprächen mit den Bankern des IWF freimütig, dem neoliberalen Wirtschaftsprinzip des „Laissez faire" huldigen zu wollen. Eine der ersten sozialen Taten des neuen liberalen Kabinetts bestand in der Kürzung des Muttergeldes, dem Kernstück der reaktionären Familienpolitik des Autokratenregimes von Franjo Tudjman. Als sozialdemokratische Revolution hat sich die Halbierung des monatlichen Muttergeldes auf 1.000 Kuna (umgerechnet 250 DM) indes nicht verkaufen können. Umso weniger, als an seine Stelle keine vergleichbare soziale Ausgabe getreten ist.

Mehr als mit der sozialen Verelendung scheint die im Januar 2000 angetretene Regierungsallianz mit der Privatisierung beschäftigt. Ihr Wahlversprechen, die mafiöse Struktur der unter Tudjman neu zugeteilten Besitzungen zu durchbrechen, blieb sie bislang schuldig. Tudjmans Privatisierungspolitik beruhte auf der kalten Enteignung der Arbeiterkollektive. Per Gesetz ließ der oberste Kriegs- und Staatsherr diese verstaatlichen, um sie in einer zweiten Welle privatisieren zu können. Branko Horvat nannte diese Art der Umverteilung „Wende rückwärts". Tatsächlich mußten die Arbeiterkollektive ihre Eigentumsrechte einbüßen, um den Weg in eine Privatwirtschaft freizumachen. Profitiert haben davon die berühmten 200 Familien rund um den Autokraten, deren Bereicherung von vielen als illegal betrachtet wird. Ihre Enteignung stößt aber auch innerhalb der sozial-liberalen Koalition auf Widersprüche. Das Vertrauen in stabile Verhältnisse würde untergraben, warnen die Realisten der Marktwirtschaft vor weiteren Unsicherheiten in puncto Eigentumsverhältnissen, während die Ideologen auf der Einhaltung des Wahlversprechens beharren. Wild privatisiertes, geraubtes Eigentum dürfe nicht legitimiert werden. Doch wer, kontern die Realisten, könne unterscheiden zwischen Raub und legalem Kauf? Ein Blick in die Geschichte des Kapitalismus gibt ihnen recht.

Von makroökonomischer und geopolitischer Stabilität ist Kroatien jedenfalls weit entfernt. Wirtschaftsfachleute sehen den einzigen zukunftsfähigen Markt im Geschäft mit den Touristen. Nach zehn mageren Jahren hofft die Branche auf Erholung. Für 2001 waren die Auftragsbücher angeblich voll. Deutsche, österreichische und tschechische Touristen sollen an der 800 Kilometer langen Adriaküste Erholung finden und Devisen zurücklassen. Weitere kriegerische Ereignisse auf dem Balkan, wie sie in Makedonien die Region in Atem halten und für Montenegro nicht ausgeschlossen werden können, aber auch innenpolitische Proteste gegen die von Den Haag geforderte Auslieferung von Kriegshelden würden jede positive Prognose Lügen strafen.

Etwas über den Tellerrand der kroatischen Schwierigkeiten hinaus wagt zur Zeit kaum jemand zu sehen. Einzig Branko Horvat, ehemaliges Mitglied der „Praxis"-Gruppe und betagter Ökonom, fordert laut ein Nachdenken über eine Wirtschaftsunion im Balkanraum. Die Zerstückelung des Raumes hat zur Vertiefung der ökonomischen und sozialen Krise in allen ex-jugoslawischen Republiken außer Slowenien beigetragen. Es liegt also nahe, Ideen zur Vernetzung der südosteuropäischen Peripherie auszubrüten. Zwar sind die Vorläufer einer solchen gesamtbalkanischen Politik, Georgi Dimitroff und Tito, derzeit nicht gerade populär; dennoch: Ohne Balkan-Union wird sich der ganze Raum langfristig nicht stabilisieren können.

In der Zwischenzeit desintegriert sich der Balkan weiter. Mittels des altbekannten herrschaftlichen Systems „Teile und herrsche" teilt der großteils von EU-Ländern gespeiste „Stabilitätspakt" die Bittsteller in gute und schlechte, was sich von Saison zu Saison je nach Wohlbetragen – z.B. Ausverkauf an westliche Multis, Auslieferungen an Den Haag – schnell ändern kann.

Kroatien ist seit 24. Mai 2000 Mitglied der „Partnerschaft für den Frieden", also NATO-Aufnahmekandidat, strebt eine Mitgliedschaft in der Europäischen Union an und ist diesbezüglich fleißig dabei, in wirtschaftlicher, politischer und rechtlicher Hinsicht Vorkehrungen zu treffen. Mit der Erbschuld der Vertreibung der serbischen Bevölkerung wird das Land allerdings noch lange leben müssen – und erpreßbar bleiben.

Kriegsnachwehen

Am 30. Januar 1992 frühmorgens erhielt Jelena R. in ihrer Wiener Wohnung einen Anruf. Ihr Haus sei gesprengt worden, teilte ihr eine Freundin aus Slawonien mit und fügte gleich hinzu, daß auch andere Serben gehörende Häuser verwüstet worden seien. Jelena R. war fassungslos. Noch zwei Jahre hätte sie bis zur Rente in Wien verbracht, um dann ganz hinunterzuziehen in ihr Dorf. Sie brach in Tränen aus. Ihr erster Gedanke: Welch Riesendummheit, dort unten in Slawonien, in Mutters Geburtsort, gebaut zu haben. „Ich hatte fast vergessen, daß ich im Konzentrationslager geboren bin. Man soll niemals vergessen", meinte sie bitter, vom Leben enttäuscht.

Das Dorf, in dem nun die Bauruine steht, will Jelena ebensowenig genannt wissen wie ihren wirklichen Namen. Sie hat Angst. Vor allem, seit ihr auch das österreichische Außenministerium indirekt gedroht hat, sie notfalls abzuschieben, wenn sie keine Ruhe gibt. Jelana R. will keine Ruhe geben.

255

Mitten im Zweiten Weltkrieg, in der Ausmusterungsanstalt für Jasenovac, in Požega, wurde Jelena geboren. Es war eine Schockgeburt, sie kam viel zu früh. Am Tag zuvor hatten Lagersoldaten ihrer Mutter fast den Bauch aufgeschlitzt. Einer der Ustaši riß ihr mit dem Bajonett eine Wunde in den hochschwangeren Leib. Beide, Mutter und Tochter, überlebten. Ende der 70er Jahre ging die gelernte Ingenieurin nach Österreich, Mitte der 80er nahm sie die österreichische Staatsbürgerschaft an. In ihrem Heimatdorf nahe Virovitica, wenige Kilometer südlich der ungarischen Grenze gelegen, baute sie auf dem Grund ihrer Mutter eine moderne Villa. Gastarbeitersyndrom. Erst im März 1991 war alles fertig. Neun Monate später: die Sprengung.

Am Abend vor dem Vandalenakt, dem ein halbes Dutzend von Serben gebauter Häuser zum Opfer fielen, bemerkten die Nachbarn kroatische Soldaten im Ort, die sich umsahen und Notizen machten; ein ungewöhnlicher Vorgang in dem kaum 500 Einwohner zählenden Weiler. In der Nacht darauf kamen Vermummte und legten Sprengstoff. Die zerstörten Häuser gehörten entweder serbischen Gastarbeitern in EU-Europa oder Serben, die sich weigerten, wegzuziehen. Bereits seit Wochen waren Drohbriefe zirkuliert, die alles Nicht-Kroatische zum Aufbruch gemahnten. Jelena war zuletzt im Spätherbst 1991 zu Hause gewesen, noch nach der kroatischen Unabhängigkeitserklärung, um nach dem Rechten zu sehen. Die Lage war gespannt, manche serbische Nachbarn packten gerade ihr bewegliches Hab und Gut und machten sich nach Bosnien oder Serbien auf.

Virovitica und Umgebung blieb ansonsten vom Bürgerkrieg verschont, hier wurde nicht geschossen. Weder jugoslawische Armee noch kroatische Territorialverteidigung war hier stationiert. An einen Krieg dachte niemand.

Am Tag nach der Zerstörung ihres Hauses begann Jelena R. um Wiedergutmachung zu kämpfen. Als gutdotierte Managerin in der österreichischen Privatwirtschaft nutzte sie alle Kontakte, die sie im Berufsleben aufgebaut hatte. Eine Bekannte von ihr war mit Österreichs Außenminister Alois Mock befreundet und schickte ihm ein Fax, worin sie um Hilfestellung bat. „Um Gottes Willen, die Frau soll nicht hinunterfahren", soll der Kroaten-Freund Mock mitgeteilt haben. „Die bringen sie um. Niemand kann ihre Sicherheit garantieren." Was als ehrliche Warnung gedacht war, rief Jelena dramatisch ihre aussichtslose Position als Österreicherin serbischer Abstammung in Erinnerung. „Ihr" Außenminister ließ ausrichten, ja nicht nach ihrem Haus zu sehen, weil er offensichtlich für jene Kroaten, die er und sein deutscher Kollege Genscher unterstützt hatten, nicht einmal garantieren konnte, daß sie eine besorgte Frau am Leben lassen würden, die ihr zerstörtes Haus inspizieren wollte.

Also schickte Jelena R. einen österreichischen Freund, um zumindest Fotos von ihrer gesprengten Villa zu machen. Noch Jahre später, 1997, wurde ein serbisches Kamerateam von vermummten kroatischen Nationalisten verprügelt, als es in einem der slawonischen Dörfer Aufnahmen von den Verwüstungen machen wollte. Die gesamte Ausrüstung wurde beschlagnahmt, die Presseleute selbst mußten sich nackt ausziehen, wurden verprügelt und im Wald ausgesetzt. Nach einer demütigenden Odyssee kamen sie erst Tage später nach Belgrad zurück.

Für Jelena R. verstärkten sich die Demütigungen, als sie die ersten Antworten auf ihre schriftlichen Eingaben las. Die österreichische Botschaft in Agram, wie Zagreb auf dem Briefkopf genannt wurde, erklärte sich für unzuständig, das Kreisgericht in Virovitica ließ die Schriftstücke lange liegen, bevor es in einer Antwort am 28. Oktober 1992 feststellte: „Wir haben Ihr Schreiben an die Polizei weitergeleitet. Diese hat dem Gericht bislang keine Meldung gemacht, aus der hervorgeht, wer das Haus zerstört hat. Deshalb bitten wir Sie, Daten über eventuelle Täter an uns zu übergeben. Hochachtungsvoll: blablabla." Briefe an Tudjman, die Polizei und die Staatsanwaltschaft wurden in ähnlichem Tonfall oder gar nicht beantwortet. Als Jelena R. dann Ende 1992 einen, wie sie selbst sagt, „unschönen" Brief an das Kreisgericht verfaßte, änderte sich die Gangart der Kroaten. Jelena hatte darin den Behörden unterstellt, sehr wohl zu wissen, wer die Täter seien, schließlich seien systematisch alle Häuser von Serben gesprengt worden, die nicht vorher „freiwillig" das Feld geräumt und ihre Häuser billig an Kroaten verkauft hatten. „Diese Sprengungen haben ihre Leute gemacht", empörte sie sich und schrieb sich ihren Frust von der Seele. Prompt folgte eine Anklage wegen Verleumdung des kroatischen Staates und seiner Organe, und ebenso prompt wurde Jelena R. – im Zuge eines Rechtshilfeverfahrens über das österreichische Außenministerium – von ihrem zuständigen Bezirksgericht in Wien vorgeladen. Sie bestätigte den Inhalt des Briefes und wurde in Kroatien in Abwesenheit zu einer Haftstrafe von einem halben Jahr verurteilt.

Nun wandte sie sich an Hans-Dietrich Genscher, der ihr skurrilerweise empfahl, sich an das UNO-Flüchtlingshilfswerk zu wenden, sowie erneut an die österreichische Botschaft in Zagreb und an das Außenministerium in Wien. Die Antwort, die sie vom Wiener Außenministerium erhielt, ist atemberaubend in ihrer Drohgebärde: „Im Zuge der Bearbeitung Ihres Schreibens vom 14. September 1993 wurde festgestellt", schrieb eine Frau Gesandte Liebenwein, „daß Sie den seinerzeitigen [1983, d.A.] anläßlich der Verleihung der österreichischen Staatsbürgerschaft vorgeschriebenen Nachweis der Entlassung aus der jugoslawischen Staatsangehörigkeit bislang nicht erbracht haben. Es muß daher seitens des Bundesministeriums für auswärtige Angelegenheiten davon ausgegangen werden, daß Sie damals die jugoslawische Staatsangehörigkeit nicht aufgegeben haben und somit nunmehr auch kroatische Staatsbürgerin sind. ... Nach den Grundsätzen des Völkerrechts kann ein Heimatstaat für einen Doppelstaatsbürger gegenüber dem anderen Heimatstaat nämlich nicht das diplomatische Schutzrecht in Anspruch nehmen." Mit anderen Worten: Kusch! Oder wir überlegen eine Aberkennung der österreichischen Staatsbürgerschaft, was eine Abschiebung nach Kroatien zur Folge hat. Dort können Sie dann, nach Verbüßung einer halbjährigen Haftstrafe, in die Ruinen ihres gesprengten Hauses einziehen. Jelena R. verstand die Botschaft und beendete den Schriftverkehr.

Slowenien: Weg vom Balkan

Slowenien hat laut Eigendefinition den Balkan verlassen. Geographisch hatte es nie zu ihm gehört, politisch will an der Zeitenwende ins 21. Jahrhundert ohnedies der ganze südslawische Raum nichts mit dieser Bezeichnung zu tun haben. Das kleine, zwischen Graz, Zagreb und Triest gelegene Land sieht sich als den eigentlichen Gewinner der jugoslawischen Tragödie. Nicht ganz zu unrecht. Mit seinen knapp 1,6 Millionen EinwohnerInnen war Slowenien auch innerhalb des alten sozialistischen Jugoslawien die reichste Teilrepublik, historisch gehörte das Territorium der nunmehr selbständigen Republik vor dem Ersten Weltkrieg zum österreichischen Teil der Monarchie, während der größere Teil Kroatiens von Budapest aus verwaltet wurde.

Als einzige jugoslawische Teilrepublik kann Slowenien ab 1993 auf ein bescheidenes Wirtschaftswachstum verweisen, allerdings um den Preis einer straffen Anbindung an EU-Europa, die den einst von Belgrad dirigierten Landstrich nun von Brüssel abhängig macht. Die Mehrheit der Sloweninnen und Slowenen scheint zufrieden damit, wiewohl Umfragen im Sommer 2001 eine abnehmende Begeisterung für den EU-Beitritt ausweisen.

Sloweniens Innen- und Außenpolitik kennt nur ein Thema von übergeordnetem Interesse: die Mitgliedschaft in der Europäischen Union. Diese soll schnell und schmerzlos passieren und dem Land – laut Berechnungen – jährlich einen Nettozuschuß von 150 bis 800 Mio. DM aus den Brüsseler Ausgleichsfonds bescheren. Um dieses Ziel zu erreichen, haben sämtliche im Parlament vertretenen Parteien mit Ausnahme der nationalistischen SNS (Slowenische Nationalpartei) am 4. Juli 1997 einen Pakt geschlossen, in bezug auf den EU-Beitrittsprozeß zusammenarbeiten zu wollen. Seitdem ziehen Regierung und Opposition an einem Strang. Der daraus entstandene parlamentarische Pluralismus erinnert an längst vergangen geglaubte Zeiten, als noch eine einzige Partei, der Bund der Kommunisten, das Sagen hatte. Heute sind es mehrere, das Meinungsspektrum ist allerdings extrem eng.

In dieser Situation, die Slowenien in die erste Gruppe der EU-Aufnahmekandidaten – später Luxemburg-Gruppe genannt – gebracht hat, grenzt es fast schon an ein Wunder, in Medien und auf Wirtschaftskongressen dennoch kritische Stimmen zum herrschenden Einheitsdenken und den voraussichtlichen Folgen des Westrucks zu vernehmen. „Was hierzulande herrscht, ist eine religiöse Verehrung Europas. Über Europa wird nicht nachgedacht. In Europa wird alles hineinprojiziert, was uns schön und gut erscheint. ... Wenn wir jemanden loben wollen, sagen wir, er sei fast ein Europäer. Jemandem anderen, der uns mißfällt, werden wir indessen sagen, daß er sich nicht europäisch benehmen kann. Eine größere Einfältigkeit, glaube ich, als jene, die in Slowenien in bezug auf Europa herrscht, hat es noch nie gegeben." Scharfe Selbstkritik wie jene von Tomaž Mastnak, Soziologe und Mitglied der slowenischen Akademie der Wissenschaften, ist selten. In seinem Werk „Suverenost Slovenije?" (Slowenische Souveränität?), bruchstückhaft von Viljem Gogala – in der Zeitschrift „Südosteuropa" (Nr. 7/8-2000) – übersetzt, enttabuisiert Mastnak Sloweniens Verhältnis zu Brüssel. Laut offizieller Einschätzung (aller Parteien) darf es im Erweiterungsprozeß slowenischerseits nur Gewinner geben. Rhythmisch wiederkehrende Kniefälle vor Erweiterungskommissar Verheugen oder anderen Brüsseler Stellen lösen zwar fallweise Empörung aus, werden aber kurz darauf aus dem kollektiven Gedächtnis gestrichen.

Lange vor dem ersten Aufnahmegespräch, im Jahr 1995, mußte Ljubljana auf Betreiben der Europäischen Union in demütigender Weise seine Verfassung ändern. Der sogenannte „spanische Kompromiß" – der Druck auf Ljubljana war unter spanischem EU-Vorsitz ausgeübt worden – verpflichtete Slowenien, Grund und Boden auch Ausländern zum Kauf anzubieten. Mehr noch: Alle EU-Bürger, die mindestens drei Jahre in Slowenien gelebt hatten, erhielten in der Folge ein Vorkaufsrecht beim Erwerb von Immobilien. Was als Schutz gegen den Ausverkauf des Landes gedacht war, mußte auf Druck – hauptsächlich italienischer Begehrlichkeiten – aus der Verfassung. Mit diesem Handstreich war es Brüssel gelungen, seinen Reichen einen Markt zu öffnen. Stellt man in Rechnung, daß das durchschnittliche Bruttonationalprodukt der 15 EU-Staaten pro Kopf gerechnet um 50% über jenem in Slowenien liegt, kann man sich eine Vorstellung davon machen, was die Gleichstellung von EU-Bürgern beim Kauf von Grund und Immobilien bedeutet. Die Chancen eines slowenischen Betriebes oder Käufers liegen bereits beim ersten Kaufanbot um 50% unter dem EU-europäischen Mitbieter, zumindest statistisch.

Die Wirklichkeit ist von der Statistik indes nicht weit entfernt. Slowenien hat sich in den vergangenen Jahren den EU-Regeln untergeordnet, obwohl nur die wenigsten im Interesse von slowenischen Unternehmen, geschweige denn von Bauern oder Arbeitern waren. Sloweniens quergeistigster Ökonom, Jože Mencinger von der Universität Ljubljana, hat in seinem Beitrag „Slovenia: The economic situation", der anläßlich einer Konferenz des „Wiener Instituts für Internationale Wirtschaftsvergleiche" (WIIW) im Jahr 1996 vorgestellt wurde, herausgearbeitet, wie total die Änderung der Außenhandelsbeziehungen des kleinen Landes vonstatten gegangen ist. In nur sechs Jahren – zwischen 1990 und 1996 – brachen die

Exporte Sloweniens in die anderen südslawischen Republiken von 60% auf 12% ein. Längst nicht alles, was früher in Kroatien, Bosnien, Makedonien oder Serbien Abnehmer gefunden hat, ist in der EU verkäuflich. Deshalb ging mit der Umorientierung des Außenhandels auch ein krasser Wechsel in der Branchenstruktur einher, der dem Land eine relativ hohe Arbeitslosigkeit von 14% (2000) und ein beträchtliches Handelsbilanzdefizit beschert hat. Mencinger bezeichnete deswegen die Politik Ljubljanas als „servil".

Der – nach wie vor – geschützte Agrarsektor sieht nach dem Abschluß der Verhandlungen mit Brüssel schweren Zeiten entgegen. Der relativ hohe Verarbeitungsgrad von landwirtschaftlichen Produkten, der eine hohe Wertschöpfung und damit auch Arbeitsplätze im Land beläßt, dürfte nach der von EU-Agrarkommissar Franz Fischler geforderten Liberalisierung des Marktes nicht zu halten sein. Das Eindringen von EU-Überschüssen wird die Folge sein. Und während Brüssel mit Blickrichtung Westen Liberalismus predigt, kommen die slowenischen Freihandelsabkommen mit Kroatien und Makedonien sowie ein Wirtschaftsabkommen mit Bosnien unter Druck. Im Osten sind verarbeitete slowenische Agrarprodukte beliebt und absetzbar, die EU sieht allerdings bilaterale Freihandelsabkommen einzelner Mitglieder mit dritten Staaten nicht gerne. Den so verstandenen semipermeablen Liberalismus wird wohl auch die slowenische Verhandlungsdelegation in Brüssel unter ihrem Leiter Janez Potočnik zur Kenntnis nehmen müssen.

Verglichen mit den Konkurrenten um einen Platz an den Futtertrögen der Brüsseler Wirtschaftsförderung weist Ljubljana eine gute Performance auf, wie der Abschluß von möglichst vielen Kapiteln des Erweiterungspaketes im EU-Sprech heißt. Lange Zeit hat Slowenien auch den Eindruck erwecken können, zwischen einer Musterschülerrolle und der Bewahrung von staatlicher Eigenständigkeit einen erfolgreichen Balanceakt zu vollführen. In den Monaten vor dem Beitritt, wenn das „Regatta"-Rennen in die letzten Verhandlungsrunden geht, dürften die nationalen Schutzmaßnahmen für die Landwirtschaft und eine an slowenischen Eigentümern ausgerichtete Privatisierung nur mehr schwer zu halten sein. Brüssel wird auf völlige Liberalisierung bestehen, zumindest bis zur kroatischen Grenze. Die polizeilichen und militärischen Einrichtungen zum Schutz der EU-Außengrenze werden die Wunden, die der Sezessions- bzw. Unabhängigkeitskrieg des Jahres 1991 geschlagen hat, noch lange nicht verheilen lassen.

NATO, EU, IWF:
Fortsetzung des Krieges mit politischen Mitteln

Der Akteure sind mehrere. Weil auch ihre Interessen unterschiedlich sind, könnte man versucht sein, von der Analyse einer „westlichen Politik" auf dem Balkan Abstand zu nehmen. Doch dies hieße, einerseits Interessenhierarchien nicht wahrzunehmen und andererseits eine grundsätzliche imperiale Interessenkonvergenz zu übersehen. Beide sind sowohl ideologisch als auch praktisch erkennbar.

Leicht tut sich der westeuropäische Analytiker noch mit der Einschätzung der sehr heterogenen Interventen im bosnischen Bürgerkrieg. Kaum jemand in Westeuropa oder Nordamerika würde bespielsweise die Unterstützung der Taliban-Milizen oder der Hizbollah für die muslimischen Bosnier als entscheidende strategische Wende im Sezessions- bzw. Unabhängigkeitskampf Sarajevos begreifen. Es herrscht weitgehend Konsens darüber, daß der von den USA und der NATO erzeugte politische und militärische Druck zur Formierung eines moslemisch-kroatischen Bündnisses im Jahr 1994 und der dann ohne bosnische Serben mit Hilfe von Slobodan Milošević unterzeichnete Vertrag von Dayton im November 1995 die Machtverhältnisse in Bosnien-Herzegowina geändert haben. Anschließend konnten die SFOR als militärische sowie die Bürokratie des „Hohen Repräsentanten" als politische Autorität etabliert werden.

Doch wer hat nun im Protektorat das eigentliche Sagen? Daß es nicht die Saudis sind, die in der Föderation neuerdings jedes Dorf mit einem Moscheebau beglükken, leuchtet im Westen ein. Selbst die finanzielle Potenz der Saudis, die dazu führt, daß in den größeren muslimischen Städten arabische Architekturformen Einzug halten und die spezifisch bosnische Bauweise von Sakralbauten in den Hintergrund tritt, beunruhigt zwar einige lokale Muftis oder Politiker, von kultureller Hegemonie des Arabischen in Bosnien mag dennoch niemand sprechen, und schon gar nicht von politischer oder ökonomischer.

Bosnien-Herzegowina ist ein Protektorat des Westens. Ganz offiziell. Der „Hohe Repräsentant" besitzt diktatorische Vollmachten. Seine Bestellung ist im Vertrag von Dayton geregelt, die EU hat sich diesen Posten zu eigen gemacht. Auf der anderen Seite befinden sich sowohl die SFOR als auch eine Reihe politischer und geheimdienstlicher Organe mehrheitlich in der Hand Washingtons, ebenso wie der gesamte militärische Bereich der NATO. Die Interessendivergenzen zwischen den eher geopolitisch orientierten USA und der eher ökonomisch orientierten EU sowie die Uneinigkeiten innerhalb der Europäischen Union, die in einer atlantischen, einer französisch(-lateinischen) und einer deutschen Sichtweise zum Ausdruck kommen, brechen immer wieder auf und sind in diesem Buch an manchen Stellen beschrieben worden. Sie dürfen allerdings nicht über das gemeinsame Interesse des Westens am Südosten hinwegtäuschen. Dieses fußt auf der grundsätzlichen Schieflage der kapitalistischen Weltordnung, in der industrialisierte Zentren im Norden und Westen den Zugriff auf südliche und östliche Ressourcen für sich zu nutzen wissen. Die Ungleichheit und Ungleichzeitigkeit sind seit der Herausbildung von Weltmarktstrukturen ein Konstitutivum der Akkumulations- und Herrschaftsverhältnisse auf unserem Planeten.

Der Zugriff auf periphere Regionen prägt den Charakter der westlichen Gesellschaften, ihren universalistischen, bereits im christlich-weströmischen Gedankengut verankerten Anspruch, ihren Missionseifer. Mit dem Zusammenbruch der Sowjetunion und der gleichzeitigen Konsolidierung der Europäischen Union zum Suprastaat hat sich die Ideologie dieses Universalismus erneuert, modernisiert. An die Stelle der kruden Vorstellung der 1930er Jahre, Expansion mit der Notwendigkeit von Raumknappheit („Volk ohne Raum") rechtfertigen zu können, sind moderne Heilslehren getreten. Von „nationaler Selbstbestimmung" über den „Kampf um Menschenrechte" bis zur nachholenden „antifaschistischen" Tat hat die jugoslawische Tragödie mancherlei Argument für den imperialen Zugriff geboten.

Vom Recht zum Wert

Sämtliche Empfehlungen, Eingriffe oder Bombardierungen, die seit 1991 von Bonn/ Berlin bis Washington balkanische Adressaten erreicht haben, gingen vom Wertprinzip aus, das die allesamt weströmischen Gesellschaften, ob protestantisch oder katholisch, gegenüber den südslawischen Nachbarn eingenommen haben. Niemals ging es um Rechtsfragen, nicht bei der Unterstützung der Unabhängigkeitsbestrebungen der nördlichen jugoslawischen Teilrepubliken, nicht bei der Trennung Bosniens in zwei Entitäten, nicht beim Krieg gegen Jugoslawien. Anfangs war es die „nationale Selbstbestimmung", die zwar als Recht deklariert wurde, aber als solche freilich nirgends kodifiziert ist. Vor allem deutsche und österreichische Politiker und Medien kämpften für die nationale Selbstbestimmung Sloweniens und Kroatiens, ein wenig auch Bosniens, jedenfalls nicht für diejenige der Serben in Kroatien oder der Serben in Bosnien. Die Haltung, das Nationale jener völkischen Begehrlichkeiten höher zu bewerten als das Multinationale des jugoslawischen Gesamtstaates, prägte die erste Phase der westlichen Intervention. Was damals als kulturelle Nähe beschrieben wurde, die zwischen Ljubljana, Zagreb und Westeuropa bestehen würde, gründet letztlich in der tiefen, tausend Jahre alten Spaltung Europas in eine west- und eine oströmische Hemisphäre. Dies kam insbesondere in dem Moment zum Ausdruck, als oströmisch geprägte Kulturen ebenfalls begannen, „nationale Selbstbestimmung" einzufordern. Sofort wurde diese als „großserbischer Nationalismus" verdammt, während die ethnische Säuberung Kroatiens militärisch von den USA gefördert und politisch auch von den kritischen weströmischen Intellektuellen geduldet wurde.

Eine Wertehaltung ist immer ideologisch. In den zehn Jahren westlicher Einmischung zur Neugestaltung des Balkanraumes ging sie mit dem Bruch des Rechts, insbesondere des Völkerrechts, einher. Dies war bereits anläßlich der Politik der Anerkennung von Kroatien und Slowenien der Fall, eskalierte dann mit den militärischen Interventionen der SFOR in Bosnien und wurde vollends sichtbar, als die NATO nicht einmal mehr die UNO erpressen konnte, auch in Jugoslawien zu intervenieren, und deshalb am 24. März 1999 zum Angriffskrieg ohne jedes internationale Mandat schritt.

Damit das ideologische Moment gegebene Rechtsnormen beiseiteschieben und mißachten konnte, bedurfte es einer Wiedergeburt des alten universalistischen Weltbildes – allerdings in neuem postmodernen Gewand. Einer der Väter des Postmodernismus, Bernard-Henri Lévy, war – wie beschrieben – direkt im bosnischen Bürgerkrieg zugegen, als die ersten militärischen Interventionen der NATO besprochen wurden. Die philosophischen Priester des neuen Universalismus der westlichen Werte, der mit dem schwammigen Begriff der Menschenrechte operierte, erfüllten eine wichtige Funktion: Sie mußten der westeuropäischen und US-amerikanischen Intelligenz erklären, warum im Dienste der Verletzung von Werten militärische, politische und ökonomische Maßnahmen ergriffen werden durften, ja mußten. „Der Wechsel vom legalistischen Institutionalismus zum werteorientierten Realismus ist innenpolitisch in ziemlich geordneten Bahnen verlaufen", lobt Hans-Jürgen Axt seine deutschen Werteproduzenten und den gesellschaftlichen Konsens im Lande Germanias. Die Zeitschrift „Südosteuropa" (Nr. 1/2-2000) bot ihm dafür ein Forum: „Deutschland hat sich auch vom Institutionalismus in der Ausprägung Genschers aus der unmittelbaren Zeit nach Beendigung des Kalten Krieges abgewandt. ... Um Mißverständnisse zu vermeiden, sei klargestellt, daß die Hinwendung der Bundesregierung zum Realismus auf einer werteorientierten Basis erfolgt ist." Dort, wo der Wert, um den es geht, nicht direkt mit dem zu erzielenden Mehrwert gleichgesetzt wird, ist eine ideologische Verbrämung groß in Mode: die Menschenrechte. Diese sind – im einen Fall – mit der „nationalen Selbstbestimmung" eins, im anderen stehen sie dazu, wie oben beschrieben, in krassem Kontrast. Die Praxis der Politik weiß die Schwammigkeit des Begriffs „Menschenrechte", der für rund ein Dutzend recht unterschiedlicher internationaler Erklärungen, Abkommen und Pakte steht, zu nutzen.

Der Zerfall Jugoslawiens stimulierte einen weiteren zentralen Wert des weströmischen Universalismus, der überall gültig und allgegenwärtig ist: die Expansion. In der missionarischen Logik bedeutet dies: Was überall gelten soll, universell ist, z.B. das „Menschenrecht", dem muß überall zum Durchbruch verholfen werden. Das „Recht auf Wohnen" oder auf Arbeit, wie es im „Internationalen Pakt über wirtschaftliche, soziale und kulturelle Rechte" der UNO verankert ist, stellt freilich für die universalistischen Menschenrechtskrieger kein Thema dar; wer soll das auch bezahlen? Der moderne Universalismus will viel weniger, also mehr: Freiheit, Grenzenlosigkeit für die Ausdehnung der universalistischen Gedanken, der Weltmarktlogik und der diese schützenden Militärmacht. Jürgen Habermas, Deutschlands bekanntester laizistischer Universalist, beginnt seinen Aufsatz „Bestialität und Humanität", der in einem von Reinhard Merkel herausgegebenen Bändchen mit dem irreführenden Titel „Der Kosovo-Krieg und das Völkerrecht" ein Jahr nach dem NATO-Bombardement auf Jugoslawien erschienen ist, mit seiner Sehnsucht nach einer spezifischen Expansion: „Mit dem Kampfeinsatz der Bundeswehr ging die lange Periode der Zurückhaltung zu Ende, die sich den zivilen Zügen der deutschen Nachkriegsmentalität eingeprägt hat." Mit anderen Worten: Es war höchste Zeit, den durch den Kalten Krieg aufgezwungenen Ausgleich zwischen West und Ost zu sprengen. Zurückhaltung ist fehl am Platz, wenn Ausbreitung technisch – d.h.: militärisch, ökonomisch, ideologisch – möglich ist. Die Verteidigung der „westlichen Wertegesellschaft" muß eine Angelegenheit aller sein, auch der Deutschen, die mit dem „ersten Kampfeinsatz der Bundeswehr" eine Periode beendet haben, die Habermas als eine schamvolle empfindet.

Jede Gesellschaft hat ihre Werte, die weströmische Kultur nimmt die ihren als Legitimation für Expansion. Das ist ein Zeichen der ökonomischen Stärke und der militärischen Möglichkeiten. Und es ist eine Gefahr für alle, die in anderen Wertkategorien leben. Die anderen sind, man kann es drehen und wenden, wie man will, in den Augen der Universalisten weniger wert.

Vom Bürger zum Weltbürger

In Peter Handkes Stück „Die Fahrt im Einbaum", einer äußerst selten aufgeführten Tragödie über den bosnischen Bürgerkrieg, fallen die Hauptrollen den „drei Internationalen" zu, in der Inszenierung des Wiener Burgtheaters unter Claus Peymann einer auf Montainbikes auftretenden Journalistenhorde. Diese aus Westeuropa stammenden Mountainbiker haben den Zynismus ihrer Kollegen aus der Post-68er Generation hinter sich gelassen und sprechen offen ihre Abscheu vor den balkanischen Barbaren aus, jenen Anderen, die eben weniger wert sind. Als „Internationale", von den universalistischen Werten durchdrungene Lohnschreiber berichten sie von den peripheren Ereignissen in die Wohnzimmer der Zentren. Sie sind Außenposten einer Gesellschaft, die den alten christlich-römischen Herrschaftsanspruch weiterträgt: Weltbürger. Dieser seit dem Barockzeitalter gebräuchliche Begriff will neuerdings mehr als die Bourgeosie nach der Französischen Revolution: Er will die ganze Welt. Diese soll zwar nicht notwendigerweise unterjocht oder territorial einverleibt werden, bloß die Regeln, die Gesetze des Zentrums müssen überall Gültigkeit haben. Dies vor allem deshalb, um für die überpotente warenproduzierende Gesellschaft im Norden weitere Märkte zu sichern.

Das erste Jahrzehnt nach dem Zusammenbruch der Sowjetunion war geprägt vom Bemühen, Osteuropa, Rußland, Asien und Afrika im Interesse der Zentralräume – und hier wieder im Interesse der stärksten Kapitalgruppen in den Zentralräumen – neu zu ordnen. Krieg ist nur ein Mittel dafür, und eines, das in den westeuropäischen Gesellschaften besonderer Rechtfertigungen bedarf. Deshalb wird seine Notwendigkeit in Zusammenhang mit Menschenrechten und Weltbürgerpflichten gebracht, im herrschenden Diskurs positiv konnotierte Begriffe. Habermas zum „Kosovo-Krieg", wie er ihn nennt: „Unter den Prämissen der Menschenrechtspolitik soll dieser Eingriff nun als eine bewaffnete, aber von der Völkergemeinschaft (auch ohne UN-Mandat) stillschweigend autorisierte Frieden schaffende Mission verstanden werden. Nach dieser westlichen Interpretation könnte der Kosovo-Krieg einen Sprung auf dem Wege des klassischen Völkerrechts der Staaten zum kosmopolitischen Recht der Weltbürgergesellschaft bedeuten." Die Kodifizierung für diese Weiterentwicklung vom Völkerrecht zum „kosmopolitischen Recht der Weltbürgergesellschaft" ist übrigens den Paragraphen der WTO, den Schriften der G7 oder dem neuen NATO-Statut zu entnehmen, zumindest solange, bis z.B. die Europäische Union eine Verfassung zu den Rahmenbedingungen der freien Marktwirtschaft in ganz Europa verabschiedet, die den hemmenden Einfluß von regionaler und nationaler Politik zugunsten der Rationalität der besten Verwertungsbedingungen beseitigt.

Die NATO siegt, die EU gewinnt

„Die USA sind eine militärische Republik im römischen Stil", charakterisiert die Politologin Michela Betta in ihrem Buch „Brauchen wir Menschenrechte?" die führende Weltmacht treffend. Die Legionen des ökonomischen und militärischen Zentrums dieser Welt, die wie jene seines historischen Vorgängers nicht zufällig auch vom „Kapitol" aus befehligt werden, sind im „Nordatlantikpakt" organisiert. Manche der NATO-Staaten mögen auch jenes Gefühl kennen, das im alten Rom Vasallen bedrückt hat.

Seit dem 24. März 1999 hat der Nordatlantikpakt sein ursprüngliches, geographisch eingeschränktes Aktionsfeld ausgeweitet. Der erste „Out of Area"-Einsatz hat zu einer Revision der geographischen Beschränktheit geführt, an ihrem 50. Gründungstag gab sich die NATO dann eine neue, grenzenlose Doktrin: den Erdkreis als Handlungsraum. Vorauseilend gehorsam gratulierte der erste Sekretär der Vereinten Nationen, Kofi Annan, im Angesicht des bosnischen Bürgerkrieges:

„Lassen Sie mich Ihnen zum kommenden 50. Geburtstag der Allianz herzlich gratulieren und Ihnen Erfolg bei den Besprechungen über die Entwicklung eines neuen strategischen Konzepts wünschen." Dieses sieht vor, überall in der Welt eingreifen zu können, zu müssen, wenn die „Freiheit" des Investments und die Rückführung der Gewinne in Gefahr sind. Die mutmaßlich virulenteste Krisenzone ist die Region um das Kaspische Meer und den Kaukasus. Dort geht es um Erdöl, Containment gegen Moskau und Kulturclash gegen den aufstrebenden Islam. Der 78-Tage-Krieg gegen Jugoslawien, so steht zu befürchten, könnte für diese Konfrontation nur ein Probegalopp gewesen sein.

Unterhalb des gemeinsamen Interesses von „NATO-neu", den gesamten Erdkreis militärisch kontrollieren und ökonomisch nutzen zu können, sind freilich Widersprüche der einzelnen Partner zum Headquarter sichtbar. Das war auch schon während des 78-Tage-Krieges so. Die wesentlichen seien hier kurz angesprochen.

Das deutsch geführte EU-Europa ist seit dem bosnischen Bürgerkrieg, als Washington 1994/95 die militärische (und politische) Führungsrolle übernahm, darauf bedacht, die eigene militärische Schlagkraft zu erhöhen. Die „Petersberg-Aufgaben" bilden dafür die Grundlage; im Jahr 2003 sollen 150.000 Soldaten, davon 60.000 ad hoc einsatzbereit, für die Osterweiterung, wie Brüssel sie versteht, zur Verfügung stehen. Aus dem NATO-Krieg gegen Jugoslawien hat die EU zudem gelernt, die politisch-ökonomische Macht zu bündeln. Sie tut dies auf zweierlei Art: Dem „Mister GASP", einem nur halb-starken Außenminister der Brüsseler Gemeinschaft, wurden im Juni 1999 auf dem Kölner Gipfel militärische Agenden überantwortet. Seither reist Javier Solana als „joint venture" von Außen- und Verteidigungssprachrohr der EU in alle Krisengebiete auf dem Balkan, insbesondere nach Makedonien, um zu intervenieren. Daß mit Javier Solana ausgerechnet der ehemalige NATO-Generalsekretär diesen Posten erhalten hat, trübt die Phantasien der EU-europäischen Eigenständigkeit freilich ein wenig. Zum zweiten legt Brüssel verstärkten Wert auf die ökonomische Seite der Intervention. Mit dem „Stabilitätspakt für Südosteuropa" ist ein finanzielles Mittel gefunden, den Verwaltern vor Ort je nach Aufgabenerfüllung Zuckerbrot oder Peitsche angedeihen zu lassen.

Auch innerhalb der EU hat der NATO-Krieg kräftig umgerührt. Die Atlantiker, allen voran Großbritannien, haben an Gewicht zulegen können; und Deutschland hat sich unter der sozialdemokratischen Regierung als atlantisch erwiesen, wie sein Außenminister, der Grüne Joseph Fischer, von Anfang an versprochen hatte. Eine CDU-Regierung hätte wohl eher das Interesse des heimischen Kapitals im Auge gehabt und mit Blick auf die den Zerstörungen folgenden Investitionen versucht, den Schwarzen Peter der Cruise Missiles-Politik den USA und Großbritannien zuzuschieben. Eine Beteiligung aller am Bombardement und die Politik des Zuschuß- und Kreditversprechens im Anschluß haben jedoch die vorbehaltlose NATO-Allianz Schröders für das deutsche Kapital sinnvoll gemacht.

Viel Spesen und vergleichsweise wenig Rendite dürften für Frankreich übrigbleiben. Politisch hat sich Paris am vehementesten gegen den militärischen Interventionismus gewandt; auch die Linke ist diesbezüglich gaullistisch aufgetreten, wenngleich ihre philosophischen Aushängeschilder die Phantasien vom Menschenrechtskrieger transzendiert haben. Genützt hat es nichts, der atlantische Flügel in EU-Europa ist gestärkt aus dem Balkanabenteuer hervorgegangen, in Frankreich sitzen sogar eine Handvoll Offiziere in Militärgefängnissen, weil sie französische Balkanpolitik dem aus gegebenen Anlaß nützlicheren Serbenhaß der NATO vorgezogen hatten.

Rußlands Position ist nur im geopolitischen Wettstreit von Interesse. Vordergründig betrachtet ist sein Auftreten desaströs: Bei der Anerkennungspolitik gegenüber den nördlichen jugoslawischen Teilrepubliken war es absent, im bosnischen Bürgerkrieg konnte Rußland das Eindringen der NATO-geformten SFOR nicht verhindern, in Rambouillet nützte Moskaus Verweigerung nichts, und die Rufe nach einer Auflösung des Den Haager Tribunals wegen völliger Parteilichkeit verhallen ungehört. Dennoch: Erstmals seit 1945 stehen russische Truppen in Jugoslawien/Kosovo. Und, was noch schwerer wiegt: Die NATO mußte offensichtlich ihr ganzes Arsenal an neuen Waffen – von den Graphitbomben über Hightech-Cruise Missiles – einsetzen, um das kleine Jugoslawien in die Knie zu zwingen. Auch den Verlust des Geheimnisses um den sogenannten „Tarnkappenbomber", der mit alter russischer Abwehrtechnologie vom Himmel geholt wurde, kann Moskau auf der Haben-Seite verbuchen. War der NATO-Einsatz in Jugoslawien ein Probegalopp für den vermeintlichen Schutz von Menschenrechten und den handfesten von Erdöltransportwegen überall auf der Welt, dann stellen die Enthüllungen über das NATO-Waffenarsenal für Rußland eine nicht zu unterschätzende Warnung dar. Es liegt an Putin, entsprechende Konsequenzen zu ziehen.

Die militärischen Schlappen der NATO sind weiter oben bereits beschrieben worden; welche Schlußfolgerungen daraus gezogen werden, bleibt der Sache gemäß ein Geheimnis. Im medialen Bereich, der sogenannten „vierten Waffengattung", wird an noch effizienteren Rezepten zur Konsensherstellung gefeilt. Um die westliche „Öffentlichkeit langsam mit der Notwendigkeit des Militäreinsatzes vertraut zu machen", doziert NATO-Sprecher Shea laut „Junge Welt" vom 6. Juni 2001, „... ist das Scheitern der diplomatischen Bemühungen auf dem Weg zur Legitimierung des Streitkräfteeinsatzes ein wichtiger Schritt. Konflikte sind in der Öffentlichkeit stets unpopulär. Die durch sie geschaffenen Unwägbarkeiten lassen sich nur durch das Argument entkräften, man habe keine andere Wahl". Der Krieg beginnt also bereits lange vor dem Kampfeinsatz, lange vor Rambouillet, und – so muß hinzugefügt werden – er geht auch nach dem Bombardement mit politischen und ökonomischen Mitteln weiter.

Gefälschte Kriegsgründe

„Wenn beispielsweise erzählt wird, daß man einer getöteten Schwangeren den Fötus aus dem Leib schneidet, um ihn zu grillen und dann wieder in den aufgeschnittenen Bauch zu legen; wenn man hört, daß systematisch Gliedmaßen und Köpfe abgeschnitten werden; wenn man hört, daß manchmal mit den Köpfen Fußball gespielt wird, dann können Sie sich vorstellen, daß sich einem der Magen umdreht." Als die grausamen Phantasien der Menschenrechtskrieger dem Höhepunkt entgegensiedelten, entpuppte sich der biedere deutsche Verteidigungsminister Rudolf Scharping als wahrer Könner der Kriegskunst. Obiges Zitat war ihm am 16. April 1999 mediengerecht über die Lippen gekommen; die Boulevardpresse dankte es ihm und machte aus Milošević eine „Reinkarnation" von Hitler und Stalin, aus den Serben im Kosovo Fötengriller und Kopfabschneider. NATO-Sprecher Shea konnte begeistert verkünden: „Nicht nur Minister Scharping, auch Kanzler Schröder und Minister Fischer waren ein großartiges Beispiel für politische Führer, die nicht der öffentlichen Meinung hinterher rennen, sondern diese zu formen verstehen." Mit abgeschnittenen Köpfen Fußball spielen ... wer sich solche Geschichten ausdenkt, muß schwer traumatisiert sein; wer sie dafür geeignet hält, sie nach einem Monat Bombardement der Presse mitzuteilen, muß schwer mit der Legitimation der eigenen Kriegsgeilheit zu kämpfen haben. Der NATO-Krieg war am Ende seiner Glaubwürdigkeit angelangt. Heute will niemand mehr von der damaligen Propaganda, die zutiefst rassistisch, weil absolut serbenfeindlich war, etwas wissen. Dennoch: Sie war ausschlaggebend, um den Krieg – an der Heimatfront – überhaupt führen zu können.

Für die große Intervention im März 1999 hielt ein Ereignis als Grund her, das seit damals unaufgeklärt ist: Račak. Schon wenige Tage darauf stand es in der französischen Zeitung „Le Figaro", daß am 15. Januar 1999 keine albanischen Zivilisten getötet worden seien, sondern unterschiedliche Opfer des Bürgerkrieges von der UÇK mutmaßlich aus dem Umkreis zusammengetragen worden waren. Der „Figaro"-Reporter war bei der jugoslawischen Militäraktion dabeigewesen. Die OSZE konstruierte aus den 45 Toten von Račak ein Massaker serbischer Einheiten an der Zivilbevölkerung des kosovo-albanischen Dorfes. Dies konnte nie bewiesen werden.

Im Gegenteil. Im Lauf der nächsten zwei Jahre mehrten sich Stimmen, die ein Fake, eine bewußte Fälschung, für wahrscheinlicher halten. Innerhalb der OSZE, so schrieb z.B. die „Berliner Zeitung" noch vor dem Beginn der NATO-Bombardements am 13. März 1999, „gehe man längst von einer 'Inszenierung durch die albanische Seite' aus". Die finnische Gerichtsmedizinerin Helena Ranta durfte die Toten untersuchen, nachdem ein serbisch-weißrussischer Bericht von westlicher Seite vollständig ignoriert bzw. als parteilich abgelehnt worden war. Die weißrussischen Ärzte entdeckten an den Händen eines Opfers Schmauchspuren, was auf die Benützung von Waffen hindeutet, also die Opfer als UÇK-Kämpfer ausweist. Ranta konnte keine Schmauchspuren mehr feststellen, erklärte aber, Düngemittel könnten ähnliche Spuren hinterlassen wie Pulver, was die toten Personen als Bauern ausgewiesen hätte. Daß sie beides waren, darauf kam niemand. Allerdings bezweifelten in der Folge immer mehr Fachleute die aus dem lange Zeit geheimgehaltenen Ranta-Bericht politisch herausgefilterte Version, es hätte sich in Račak um Exekutionen aus nächster Nähe gehandelt. Z.B. der Direktor des Instituts für Rechtsmedizin an der Universität Hamburg, Klaus Püschel. Er teilte Anfang Januar 2001 nach Durchsicht der gerichtsmedizinischen Protokolle mit: „Die Berichte ergeben keinen Hinweis auf aufgesetzte Schüsse oder Nahschußzeichen. Es trifft also nicht zu, daß viele Personen aus extremer Nähe erschossen wurden."

Jürgen Elsässer geht in seinem Buch „Kriegsverbrechen. Die tödlichen Lügen der Bundesregierung und ihre Opfer im Kosovo-Konflikt" ein ganzes Kapitel lang der fehlenden Beweisführung nach, in Račak hätte ein Massaker stattgefunden. Sein Resümee: „Nach Auswertung der Protokolle steht fest: Es gab keine Hinrichtungen, es gab keine Verstümmelungen, es gab keine Schüsse aus extremer Nahdistanz. Als unbewiesen muß ab sofort gelten, daß die Toten Zivilisten waren und sie alle in Račak getötet wurden."

Als dann am 8. Februar 2001 das WDR-Team Jo Angerer und Mathias Wirth im Rahmen einer abendfüllenden TV-Sendung die zentralen Argumente für den Überfall der NATO auf Jugoslawien prüfte, stellten die Fernsehjournalisten eindrucksvoll unter Beweis, daß ihr Feature-Titel stimmte: „Es begann mit einer Lüge". Lügen, Fälschungen und Manipulationen warf der WDR-Film den westlichen, insbesondere den deutschen Politikern vor. Schröder, Scharping und Fischer tauchten unter der Wahrheit durch. Seinen außenpolitischen Gehilfen Ludger Vollmer ließ Joseph Fischer nach der WDR-Ausstrahlung vermelden, daß es sich dabei um ein „unerträgliches Konglomerat aus Halbwahrheiten, Verdrehungen und Verschwörungstheorien" handelte. Punktum.

Helena Ranta hat bis heute ihr Schweigen nicht gebrochen. Die Wochenzeitschrift „Jungle World" druckte am 18. August 1999 ein Interview mit ihr ab, in dem sie ihren ganz persönlichen Kampf mit der Wahrheit andeutete: „Es gab natürlich Druck von verschiedenen Seiten. ... Botschafter Christian Pauls hat mich vor der Pressekonferenz instruiert [gemeint ist der deutsche Botschafter, d.A.]. ... Vielleicht kann ich eines Tages offen darüber sprechen, wie das mit Račak war. Jetzt geht das aber nicht." Zwei Jahre später lernen die Serben gerade, warum sie zukünftig das NATO-Bombardement als ihre Befreiung interpretieren müssen. Bald kann die Welt auch die ganze Wahrheit der Frau Ranta vertragen, ohne daß sich deswegen etwas ändern wird oder die Kriegstreiber aus USA und EU zur Verantwortung gezogen würden.

Während des NATO-Krieges stiegen die albanischen Opferzahlen ins Astronomische. Medien und Politiker der westlichen Allianz einigten sich schließlich darauf, daß etwa 100.000 der insgesamt 1,5 Mio. Kosovo-AlbanerInnen zu Tode kamen. NATO-Sprecher Shea fragte wiederholt nach den 100.000 vermißten jungen Männern, die „wahrscheinlich alle ermordet" worden seien. BRD-Minister Scharping streute die Geschichte vom „Konzentrationslager in Priština" unters Medienvolk und bekräftigte sie in der ARD-Show „Christiansen" am 28. März 1999. Aus dem US-Verteidigungsministerium war wenige Tage später von hunderttausenden Vermißten die Rede. Die „New York Times" vom 4. April 1999 zitierte die amtliche Vermutung: „Es könnte 50 Srebrenicas geben." Und US-Verteidigungsminister William Cohen äußerte am 16. Mai 1999 in der Sendung „Face the Nation" auf CBS die Befürchtung: „100.000 Vermißte könnten alle umgebracht worden sein." Die Wahrheit hält den propagandistisch eingesetzten Übertreibungen, zum Zweck der eigenen Legitimität lanciert, nicht stand.

Bis zum November 1999 wurden in Hunderten von ausgegrabenen Gräbern gezählte 2.108 Leichen gefunden. Unter der Oberaufsicht des „Internationalen Tribunals für Verbrechen im früheren Jugoslawien" aus Den Haag waren sofort nach Kriegsende Spezialisten aus allen beteiligten NATO-Staaten in den Kosovo aufgebrochen, um die Horrorzahlen getöteter AlbanerInnen zu überprüfen. Trotz entsprechender Vorurteile konnten diese mitnichten bestätigt werden. Eines der wenigen Eingeständnisse, wie sehr man den Propagandazahlen der NATO und ihrer Minister auf den Leim gegangen war, konnte in der spanischen Zeitung „El Pais" nachgelesen werden. Dort berichtete am 23. September 1999 Juan López Palafox, der Leiter der aus Polizisten, Ärzten und Juristen bestehenden Gruppe, die zur Exhumierung von Massengräbern in den Kosovo entsandt worden war: „Man sagte uns, wir würden in die schlimmste Zone des Kosovo kommen und müßten uns auf mindestens 2.000 Autopsien gefaßt machen. Das Ergebnis sieht anders aus: Wir haben 178 Leichen gefunden und sind bereits wieder retour."

Verstärkte Anstrengungen von Carla del Ponte, weitere Massengräber ausfindig zu machen, führten im Jahr 2000 dazu, daß nochmals 680 Leichen exhumiert werden konnten. Bei den somit insgesamt bis Ende 2000 gefundenen 2.788 Toten handelt es sich freilich nicht ausschließlich um Menschen albanischer Abstammung. Exakten Aufschluß über die Zahl der Opfer wird es wohl niemals geben.

Ein Fall von gezielter Desinformation sei hier in Erinnerung gerufen. Am 7. Juli 1999 hatten englische und deutsche Zeitungen darüber berichtet, wie hunderte ermordete Albaner nächtens in die Bergwerksschächte der Trepca-Mine geworfen worden waren. Der albanischstämmige Arbeiter Hakif Isufi galt als Kronzeuge dieser Schreckenstat. Er hatte Dutzende von Lkw auf das Gelände der Mine fahren sehen, die Medien – allen voran der britische „Daily Mirror" – konstruierten daraus die Geschichte der bestialischen „Entsorgung" von albanischen Leichen: „Die Ermittler gegen Kriegsverbrecher fürchten, daß bis zu 1.000 Leichen in Auschwitz-ähnlichen Öfen verbrannt und ihre Überreste im Gewirr der Schächte und Stollen verteilt wurden."

Ein halbes Jahr später brach der australische Journalist John Pilger seine Expedition in die Trepca-Mine ab. Im „New Statesman" vom 15. November 1999 ist seine Erkenntnis abgedruckt: Es gab keine Leichen in der Trepca-Mine. Am 31. Dezember desselben Jahres titelte dann das „Wall Street Journal" mit den Ergebnissen einer großangelegten Untersuchung der französischen Polizei im Sektor um Kosovska Mitrovica. „Sie haben keine einzige Leiche gefunden". Doch solche Wahrheiten, die die Grausamkeiten des Bürgerkrieges im Kosovo um nichts relativieren, sondern nur die Legitimität der NATO-Aggression in Frage stellen, waren erst Monate nach Beendigung der Kampfhandlungen der Öffentlichkeit zumutbar.

Als offiziell vermißt galten laut Angaben des Roten Kreuzes im Kosovo bis Mitte 2000 3.525 Personen.

Neue Horrorgeschichten über massenhaft exekutierte Kosovo-Albaner tauchten just in jener Woche in den westlichen Medien auf, als Slobodan Milošević nach Den Haag überstellt wurde. Nun fand man plötzlich Lastkraftwagen in der Donau, in denen ermordete Albaner angeblich tiefgefroren aufbewahrt worden waren. Auch auf einem Militärgelände nahe Belgrad stießen serbische Ermittler auf Opfer aus dem Kosovo. Enthüllungen dieser Art begleiteten die Auslieferung des ehemaligen jugoslawischen Präsidenten Ende Juni 2001, ihr Wahrheitsgehalt dürfte in erster Linie an ihrem politischen Nutzen zu ermessen sein. So war es jedenfalls bei der größten aller Kosovo-Lügen, die die westliche Allianz zwecks Rechtfertigung ihres Angriffs in die Medien setzte – dem Hufeisenplan.

Der Hufeisenplan

Anfang April 1999 ging der deutsche Verteidigungsminister Rudolf Scharping mit einer Sensationsmeldung an die Öffentlichkeit. In seinem kurz nach dem Krieg publizierten Buch „Wir dürfen nicht wegsehen" findet sich für den 31. März 1999 folgende Tagebucheintragung: „Mich elektrisiert ein Hinweis, daß offenbar Beweise dafür vorliegen, daß das jugoslawische Vorgehen im Kosovo einem seit langem feststehenden Operationsplan folgt." Knapp eine Woche später, am 5. April 1999, notierte Scharping: „Erhalte von Joschka [Fischer, d.A.] aus Geheimdienstquellen ein Papier, das die Vorbereitungen ... der 'Operation Hufeisen' der jugoslawischen Armee belegt. Haben wir jetzt einen vollständigen Beweis über lange geplante serbische Vertreibungen im Kosovo?" Die Auswertung ergibt: „Endlich haben wir den Beweis dafür, daß schon im Dezember 1998 eine systematische

Säuberung und die Vertreibung der Kosovo-Albaner geplant worden waren ..." Am 8. April 1999 stellte Scharping diese Erkenntnisse der Presse vor. Der Plan funktionierte als mediale Bombe. Endlich konnte die NATO-Aggression als Reaktion auf eine geplante ethnische Säuberung dargestellt werden. Die deutsche Medienlandschaft dankte es Scharping mit ausgiebiger Berichterstattung. Die Mär vom Hufeisenplan Belgrads zur Vertreibung von 1,5 Millionen AlbanerInnen aus dem Kosovo wurde zum Kriegsmythos der Alliierten. Sie hält sich im Bewußtsein der westlichen Krieger und ihrer konsensbereiten Öffentlichkeit bis heute, und doch hat sie einen Haken: Einen serbischen Hufeisenplan gibt es nicht.

Mittlerweile sind durch eine Reihe von Veröffentlichungen die möglichen Manipulationen bekannt geworden, auf denen dieser angebliche Plan beruht. Insbesondere ein Buch des deutschen Generals Heinz Loquai, „Der Kosovo-Konflikt. Wege in einen vermeidbaren Krieg", legt nahe, daß der „Hufeisenplan" auf der Hardthöhe ausgearbeitet oder zumindest zusammengesetzt wurde, um ein argumentatives Instrument gegen Jugoslawien an der Hand zu haben. Der vor und während des NATO-Krieges als Mitglied der deutschen OSZE-Mission in Wien tätige General resümiert: „Die Widersprüche in der Beweisführung des Verteidigungsministers [Scharping, d.A.] sind jedoch so groß, dass man begründete Zweifel an der Existenz eines solchen Dokuments ... haben muss. Solche Zweifel könnten am besten ausgeräumt werden, wenn zumindest die Seite mit den Unterschriften der jugoslawischen Planer präsentiert würde. Die zweite Behauptung Scharpings, die BRJ habe bereits im Januar damit begonnen, großangelegte, systematische Vertreibungen der albanischen Zivilbevölkerung durchzuführen, wird durch die Geschehnisse im Kosovo nicht belegt." In der Folge listet Loquai, der kurz nach Erscheinen seines Buches den vorzeitigen Ruhestand antreten mußte, eine Reihe von Merkwürdigkeiten auf, die seine Vermutung unterstreichen, es handle sich bei der ganzen Sache um eine Fälschung. Während Scharping beispielsweise behauptete, der Plan habe ethnische Säuberungen zum Ziel gehabt, ist in der Loquai vorliegenden Übersicht davon die Rede, Hauptziel der Operation Hufeisen sei die „Zerschlagung bzw. Neutralisierung der UÇK im Kosovo". Auch fiel Loquai die gänzlich unmilitärische Diktion auf, wonach „eine Abfolge von Ereignissen beschrieben wird, wie sie sich aus den vorhandenen Quellen der OSZE und anderer internationaler Organisationen ergibt". Der Plan enthält auch kein operatives Vorgehen, sondern stellt einfach den ganzen Kosovo dar, der in einer Zangenoperation entvölkert werden soll. „Kein Staatswanwalt", stellt Loquai abschließend fest, „würde in einem Rechtsstaat wagen, mit einer in sich so widersprüchlichen Anklageschrift und mit so schwachen Beweisen Anklage zu erheben."

Woher kam nun dieser Hufeisenplan, der im Original seltsamerweise „Potkova" genannt wird, eine im Serbischen ungebräuchliche Bezeichnung für „Hufeisen"? Potkova ist kroatisch und makedonisch, im Bulgarischen verwendet man für

Hufeisen das Wort Podkova, im Serbischen Potkovica. Eine parlamentarische Anfrage der PDS im März 2001 zum Fragenkomplex des NATO-Krieges brachte diesbezüglich keine neuen Erkenntnisse. Nachdem die Regierung Schröder gegenüber der von Gregor Gysi eingebrachten „Großen Anfrage" bei etwa der Hälfte der 171 Fragen mit dem Satz „Der Bundesregierung liegen hierzu keine verlässlichen Zahlenangaben vor" oder „Keine Angaben verfügbar" reagierte, antwortete Rot-Grün auf die Frage nach der Herkunft des Hufeisenplans: „Die Bundesregierung erhielt von dem nachrichtendienstlichen Material, das die Durchführung einer 'Operation Hufeisen' beschreibt, Anfang April 1999 Kenntnis. Sowohl die genaue Quelle als auch der Inhalt des nachrichtendienstlichen Materials sind vertraulich und unterliegen dem Quellenschutz." Basta.

Drei mögliche Quellen für die Konstruktion des Hufeisenplans sind bislang diskutiert worden. Zum einen jene bei Loquai angesprochene bloße Aneinanderreihung von Ereignissen, die in ihrer Mehrzahl einfach aus OSZE-Berichten entnommen wurden. Vertreibungen von AlbanerInnen haben ja in großem Maßstab bereits 1998 stattgefunden. Ihr bevölkerungsmäßiger und geographischer Umfang ergibt eine Skizze, die sicherlich in mehreren Berichten, serbischen wie westlichen, gezeichnet worden ist. Ein Plan zur gänzlichen Aussiedlung ist dies freilich nicht, auch wenn hunderttausende Menschen militärischen Operationen ausweichen, aus ihren Dörfern fliehen und nach dem Abflauen regional beschränkter Scharmützel wieder dorthin zurückkehren.

Neben der Faktizität der Ereignisse könnten auch Kräfte im österreichischen Heeresnachrichtenamt oder im bulgarischen Geheimdienst an diesem Plan mitgebastelt haben. Für beide Varianten gibt es Indizien. Eine Anfrage der österreichischen Grünen an den Wiener Verteidigungsminister Werner Fasslabend bewog diesen im Juli 1999 dazu, die „Operation Potkova" als eine Sammlung des Heeresnachrichtenamtes darzustellen, das zwischen Januar und März 1999 alle Bewegungen der jugoslawischen Seite im Kosovo aufgezeichnet hat. Dieser Bericht wurde dann möglicherweise an Berlin weitergereicht, das offensichtlich seine Zahlen nach oben manipulierte. Anders ist die Aussage des damaligen österreichischen Verteidigungsministers nicht zu interpretieren, der in der Beantwortung der grünen Anfrage am 16. Juli 1999 meinte: „Die vom deutschen Verteidigungsministerium angesetzten Stärken der jugoslawischen Streitkräfte sind unrichtig und widersprechen auch allen öffentlich zugänglichen Informationen." Im Juli war der NATO-Krieg bereits vorüber, da durften die Übertreibungen wieder ein wenig zurechtgerückt werden.

Eine bulgarische Herkunft der Quelle wurde in Deutschland lanciert. Laut offizieller deutscher Darstellung übergab Anfang April 1999 die bulgarische Außenministerin Nadežda Mihajlova „unstrukturiertes Analysematerial eines Mitarbeiters des bulgarischen Geheimdienstes" an Joseph Fischer. Das schreibt jedenfalls die Balkanspezialistin Sabine Riedel in der Zeitschrift „Südosteuropa" (Nr. 3-4/2000). Nach der Veröffentlichung dieser Daten durch Scharping, der daraus offensichtlich einen serbischen Plan machte, wies die bulgarische Regierung die deutsche Interpretation zurück. Mittlerweile haben sich stillschweigend zwei Erkenntnisse durchgesetzt: Für die Rechtfertigung des NATO-Krieges wird nach wie vor auf der Version einer geplanten systematischen Vertreibung der Albaner durch Belgrad beharrt, während innerhalb jener Gemeinschaft aus Journalisten, Wissenschaftlern und Politikern, die beruflich mit dem Balkan zu tun haben, niemand mehr an einen von Belgrad ausgearbeiteten „Hufeisenplan" glaubt. Die halbe Wahrheit, sozusagen.

Die Jagd nach Slobodan Milošević: Großmachtpolitik im 21. Jahrhundert

„Diktator", „Despot" und „Tyrann", auf diese drei Begriffe haben sich westliche Medien und Politiker seit Mitte 2001 verständigt, wenn vom ehemaligen jugoslawischen Präsidenten Slobodan Milošević die Rede oder Schreibe ist. Am 28. Juni 2001 wurde „der Tyrann" von Belgrad an das UN-Tribunal in Den Haag überstellt, in der Nacht darauf landete ein jugoslawischer Hubschrauber im holländischen Scheveningen. An Bord in Handschellen: Milošević. Die Choreographie der Auslieferung war symbolträchtig.

Der 28. Juni wird in Serbien als Sankt-Veits-Tag/Vidovdan gefeiert. Im Jahr 1389 fand an diesem Tag die schicksalhafte Schlacht gegen die osmanischen Heere auf dem Amselfeld statt; auch die Ermordung des habsburgischen Thronfolgers Erzherzog Franz Ferdinand samt Gattin gelang bosnischen Serben am Veitstag (des Jahres 1914). Und am selben Kalendertag im Jahr 1989 versprach Slobodan Milošević anläßlich der Gedenkfeier zum 600. Jahrestag der Schlacht auf dem Amselfeld vor hunderttausenden Serben, daß er schützend seine Hand über sie halten und die von den Albanern ausgehenden Vertreibungen der Serben im Kosovo stoppen werde. Er scheiterte, wurde abgewählt, innenpolitisch zum Verräter an der nationalen Sache und international zum Feind der „westlichen Wertegemeinschaft" erklärt. Der Sankt-Veits-Tag des Jahres 2001 besiegelte sein Schicksal. Der Helikopter, der ihn nach Holland flog, soll übrigens derselbe gewesen sein, mit dem er zwölf Jahre zuvor hinter der Rednerbühne auf dem Amselfeld gelandet war. Die Demütigung des einzigen Staatschefs, der sich nach dem Zusammenbruch der Sowjetunion zuerst dem IWF und dann der NATO widersetzte, wurde offensichtlich bis ins kleinste Detail perfektioniert.

Gefangennahme und Auslieferung von Slobodan Milošević geschahen nicht aus innerem serbischen Antrieb. Beiden Kraftakten gingen konkrete Erpressungen aus Washington und Brüssel voraus, die im Abstand von einem Quartal die schwache neue Belgrader Führung unter Druck setzten. Am 1. April und am 28. Juni 2001 führten Zoran Djindjić und die DOS-Allianz die Befehle jener aus, die zwei Jahre zuvor ihr Ziel im Krieg nicht erreicht hatten.

Der fehlende eigene Antrieb zur Verfolgung von Slobodan Milošević in Serbien erklärt sich aus der simplen Tatsache, daß der Ex-Staatschef für „Verbrechen gegen die Menschlichkeit" bzw. Kriegsverbrechen, die Den Haag ihm zur Last legt, in der Heimat nicht angeklagt würde. Für den Zerfall Jugoslawiens macht man in Belgrad vor allem die sezessionistischen Bestrebungen Kroatiens und Sloweniens verantwortlich, im Kosovo sah und sieht die große Mehrheit der Serben ihre Brüder und Schwestern unter albanischem Druck und nicht umgekehrt. Und Milošević den Widerstand gegen die NATO-Bombardements anzulasten, gelingt nur den härtesten Zynikern. Das Belgrader Meinungsforschungsinstitut „Strategic Marketing" erhob Mitte Mai 2001 die Stimmung im Land. Demnach waren zwei Drittel der Befragten der Ansicht, für die Zerstörung Jugoslawiens seien in erster Linie die kroatischen Nationalisten und in zweiter Linie die „Interessen der USA und des Westens" verantwortlich zu machen. Milošević hat aus dieser Sicht vor einem Kriegsverbrechertribunal nichts verloren. Wie unpopulär die Auslieferung von Milošević an Den Haag in Belgrad noch Ende Juni 2001 war, unterstreicht eine Umfrage, die das Institut „Faktor Plus" durchgeführt hat. Der zufolge waren von 1.000 Befragten nur acht für eine Überstellung des einstigen Präsidenten an das Gericht in den Niederlanden. Jede Unterwerfung von Djindjić & Co. unter die Forderungen des Westens geht allerdings mit einem Umschulungsprozeß der serbischen Bevölkerung einher, was ein Teil der Strategie Den Haags zu sein scheint.

Eine Auslieferung von Slobodan Milošević nach Den Haag komme nicht in Frage, verlautete sein vom Westen „erfundener" und mit Pomp und Revolution ins Amt getragener Nachfolger Vojislav Koštunica in seiner ersten öffentlichen Stellungnahme als Präsident Anfang Oktober 2001. Als dann im Januar 2001 die oberste Anklägerin aus Den Haag, Carla del Ponte, nach Belgrad kam – unter Milošević war ihr die Einreise verweigert worden –, mußte sie sich vom Verfassungsrechtler Koštunica anhören, wie zweifelhaft die Legitimität des Den Haager Tribunals sei. Der kurz zuvor zum serbischen Ministerpräsidenten gewählte Zoran Djindjić gab während der selben Visite der maskulin auftretenden del Ponte zwar freundlich die Hand, äußerte jedoch öffentlich Bedenken über die Beweislage im „Fall Milošević". Und der zuständige Justizminister Momčilo Grubać rechtfertigte vor der versammelten Weltpresse die jugoslawische Verfassung, die es verbiete, eigene Staatsbürger an fremde Staaten und Institutionen auszuliefern. Carla del Pontes Belgrad-Besuch wurde allgemein als großer Flop eingeschätzt.

Zwischen Mitte Januar und Ende März 2001 änderte Belgrad seine Position um 180 Grad, ohne dabei politisches Personal auszutauschen. In diesen zehn Wochen junktimierten IWF, Weltbank, die US-Regierung und die Europäische Union ihre finanziellen Angebote an die neue serbische Regierung mit der Anklageschrift aus Den Haag. Es endete in purer Erpressung. Bereits im Oktober 2000 von der Weltbank versprochene Kredittranchen wurden nun an die Bedingung geknüpft, den Kriegsfeind Milošević zu verhaften und auszuliefern. Die „New York Times" berichtete am 10. März 2001, Belgrad müsse den früheren jugoslawischen Präsidenten „verhaften und einsperren", wenn es auf die bis Ende März versprochene Finanzspritze Wert lege. Fünf Tage zuvor waren Vojislav Koštunica und Zoran Djindjić zu US-Botschafter Montgomery zitiert worden, der ihnen eine dreiseitige Liste mit den gewünschten Personen übergab, die inhaftiert werden sollten.

Als unmittelbares Druckmittel wurde eine 50-Mio.-Dollar-Unterstützung verwendet, die nach dem Sieg der DOS noch von William Clinton bereitgestellt worden war. Dazu kam ein Kredit von 200 Mio. US-Dollar, den die internationalen Finanzorganisationen mit Belgrad ausverhandelt hatten. Mittels Kapitaldemokratie hält die „westliche Wertegemeinschaft" die absolute Mehrheit an Stimmen in IWF und Weltbank. Bis 31. März 2001 sollte Milošević hinter Gittern sein, widrigenfalls kein Dollar und keine Mark nach Belgrad fließen würden. Das Ultimatum tat seine Wirkung, Milošević wurde mit ein paar Stunden Verspätung von einer maskierten Sondereinheit gefangengenommen. Beim Rapport nach der erfolgreichen Vollzugsmeldung wollten es dann nicht nur die USA gewesen sein, die den entsprechenden finanziellen Druck ausgeübt hatten; auch Berlin erhob Anspruch auf die Täterschaft. Der außenpolitische Koordinator im Kanzleramt, Michael Steiner, stellte in einem Interview mit dem „Deutschlandfunk" klar, es sei auch Schröder und Fischer zu verdanken, wenn „der Tyrann" nun hinter Gittern säße. Die Zeitschrift „Konkret" vom April 2001 druckte eine Passage dieses Gesprächs ab, das unter dem Titel „Zum Stichtag Vollzug gemeldet" über den Äther lief. Auf die Bemerkung des „Deutschlandfunk"-Moderators, daß Milošević ohne den Druck aus Washington wohl noch auf freiem Fuß wäre, antwortete Steiner, neues deutsches Selbstbewußtsein ausstrahlend: „Ich glaube nicht, daß man das so sehen kann. Der serbische Premierminister war ja vor kurzem in Berlin. Dort hat er genau dieselbe Nachricht erhalten. Ich glaube, die ist auch verstanden worden." Im Klartext: Nicht nur die USA, sondern auch Deutschland und die Europäische Union haben die finanzielle Erpressung als politisches Mittel eingesetzt, um ihren geopolitischen und wirtschaftlichen Zielen näherzukommen. Als Instrument ihrer Großmachtpolitik kam ihnen das Den Haager Kriegsverbrechertribunal gerade recht.

ICTY: Das Den Haager Tribunal

Seit Mai 1993 residiert das „Internationale Kriegsverbrechertribunal für das frühere Jugoslawien" (ICTY) in Den Haag. Es wurde auf der Basis der Resolution 827 des UN-Sicherheitsrates eingesetzt und soll – so die offizielle Aufgabe – Kriegsverbrechen untersuchen, die im südslawischen Raum begangen wurden. Einem Chefankläger standen anfangs 14 Richter, später weitere 27 Richter gegenüber. Insgesamt verfügt diese in erster Linie von den USA und EU-Europa gewünschte Einrichtung über mehrere hundert Mitarbeiter und ein Jahresbudget von 100 Mio. US-Dollar. Bis Ende Juli 2001 wurden 14 Schiedssprüche gefällt; die Zahl der Anklagen ist nicht bekannt. Öffentlichen Anklageerhebungen stehen eine unbekannte Anzahl geheimer Anklageschriften gegenüber. Gerade die geheimen Anklagen sind ein brauchbares Mittel zur Verunsicherung von politisch und militärisch Verantwortlichen in den jugoslawischen Nachfolgerepubliken. Als z.B. Ende August 1999 der bosnisch-serbische General Momir Talić in Wien verhaftet wurde, geschah dies während eines Militärseminars, zu dem er von der OSZE eingeladen worden war. Seine Deportierung nach Den Haag schockte nicht nur Kollegen in der OSZE, sondern untergrub auch deren Politik.

Die Mehrzahl der bis Ende Juli 2001 Verurteilten ist serbischer Abstammung, wiewohl sich das Tribunal vor allem nach der Kassierung von Slobodan Milošević – mit Erfolg – verstärkt auf die Suche nach bosnischen und kroatischen Missetätern gemacht hat.

Die Anklagepunkte lauten in aller Regel auf „Verbrechen gegen die Menschlichkeit", „Verstoß gegen das Kriegsrecht" oder „Völkermord". Das erste Wortungeheuer ging aus der gewagten Übersetzung von „Crime against Humanity" hervor und wurde vom Philosophen Jürgen Habermas in die deutsche Sprache eingeführt. Der Haftbefehl gegen Slobodan Milošević stammt vom 22. Mai 1999, wurde also mitten im Krieg der NATO gegen Jugoslawien von einem Gericht ausgestellt, das mit Unterstützung der 19er-Allianz gegründet worden war.

Stilblüten im Land der unbegrenzten juristischen Möglichkeiten ergänzen fallweise das Haager Instrument. So setzten US-Offizielle mehrmals hohe Kopfgelder auf Slobodan Milošević aus, bevor dieser verhaftet werden konnte. Und ein Bundesgericht in New York hat im Gefühl US-amerikanischer Allmacht Ende September 2000 den bosnischen Serben Radovan Karadžić wegen „Machtmißbrauchs" zu einer Entschädigungszahlung von 4,7 Mrd. US-Dollar verurteilt. Die in New York vertretenen Opfer bzw. deren Angehörige werden das Geld freilich nie zu Gesicht bekommen. Der Prozeß war als Demonstration juristischer Stärke geführt worden. In den USA hat diese Art des Imperialismus sogar eine Rechtsgrundlage – ein eigenes US-Gesetz stellt es Opfern sogenannter Menschenrechtsverletzungen aus anderen Staaten frei, die US-amerikanische Justiz in Anspruch zu nehmen.

Erhebungen gegen jene Personen, die den völkerrechtswidrigen Krieg der NATO befehligt haben, sind zwar auf Basis von Anzeigen prominenter Juristen in Den Haag widerwillig geführt worden, wurden jedoch allesamt eingestellt. Auch die Verantwortung ausländischer Staaten und Bürger für den Zerfall des ehemaligen

Vielvölkerstaates ist in Den Haag kein Thema. Somit funktioniert Carla del Ponte mit ihrer mehrhundertköpfigen Mannschaft als Spielball der USA und Westeuropas. Die von Rußland mehrmals geforderte Auflösung des Tribunals findet im UN-Sicherheitsrat keine Mehrheit.

Bleibt noch zu erwähnen, daß ein allgemeiner Internationaler Strafgerichtshof, wie er seit einigen Jahren von NGO-Vertretern, aber auch von seiten der UNO und einigen Staaten in der Europäischen Union vehement gefordert wird, am Veto der USA scheitert. Washington ist nicht bereit, seine hunderttausenden Soldaten, die beinahe überall in der Welt stationiert sind und alle paar Jahre Kriege vom Zaun brechen, einer internationalen Gerichtsbarkeit zu unterstellen, die auch nationale Rechtssysteme miteinbezieht. Für konkrete Regionen wie Jugoslawien oder Ruanda scheint den USA allerdings „internationale" Rechtsprechung instrumentalisierbar. Deshalb benützen sie „ICTY" als Mittel zum Zweck: als Instrument ihrer Großmachtpolitik.

Von der Verhaftung zur Auslieferung

„Niemals wird Milošević an Den Haag ausgeliefert", diktierte der immer ohnmächtiger werdende jugoslawische Staatspräsident Vojislav Koštunica am 2. April 2001 dem Reporter der „New York Times" ins Mikrophon. Tags zuvor war Koštunicas Vorgänger in einer Nacht- und Nebelaktion – angeblich gegen den Willen des amtierenden Präsidenten – aus seinem Haus heraus verhaftet und ins Belgrader Zentralgefängnis überstellt worden. „Wir machen nicht alles, was das Gericht [in Den Haag, d.A.] will", setzte Koštunica noch nach und machte sich selbst vor der Geschichte lächerlich.

Der US-Kongreß hatte damit gedroht, die Finanzhilfe für Jugoslawien einzufrieren, sollte Milošević nicht bis 31. März 2001 in Haft sein. Für Serbiens Innenminister gestaltete sich die technische Umsetzung der Pflichterfüllung schwierig. Bereits am 30. März, gegen 22 Uhr abends, fuhren sechs Fahrzeuge mit innenministeriellen Sonderpolizisten vor das Anwesen von Slobodan Milošević im Belgrader Nobelvorort Dedinje. Eine Hundertschaft von Anhängern des früheren Präsidenten, die in den vergangenen Tagen und Nächten vor seiner Villa ausgeharrt hatten, um ihn zu schützen, wurde zurückgedrängt. Als im gleichzeitig tagenden Parlament die zugespitzte Lage in Dedinje bekannt wurde, verließen die Abgeordneten der SPS das Gebäude und begaben sich aus Sorge um ihren Parteivorsitzenden zu dessen Villa. Gegen 23 Uhr 20 meldeten mehrere Nachrichtenagenturen die Verhaftung von Slobodan Milošević. Ein Reporter wollte ihn – hinter den verdunkelten Scheiben eines Polizeiautos – gesehen haben, wie er in den Belgrader Justizpalast gebracht wurde. Gegen 1 Uhr nachts kam das Dementi: Slobodan Milošević zeigte sich vor seiner Villa und winkte seinen Parteifreunden zu. Während

CNN noch meldete, die Verhaftung sei perfekt, telefonierte Milošević mit dem TV-Sender B 92 und gab sich locker: „Ich sitze hier mit meinen Freunden und trinke Kaffee."

Die nächsten zwei Tage führten der Welt vor Augen, wie die jugoslawische Armee von der serbischen Sonderpolizei entmachtet wurde, wie Koštunica die Kontrolle über das Land verlor. In den frühen Morgenstunden des 31. März versuchten Sonderpolizisten des serbischen Innenministeriums das Anwesen von Milošević zu stürmen. Dabei kam es zu einem Schußwechsel mit der Leibgarde von Slobodan Milošević, die der Armee unterstellt war. Zwei Polizisten und ein Fotoreporter wurden bei der Aktion, deren Bilder um die Welt gingen, verletzt. Nach zwei Stunden herrschte wieder – angespannte – Ruhe. Bis am Vormittag des 31. März neue Sondereinheiten der Polizei den halben Bezirk umstellten und alle Unterstützer von Slobodan Milošević von der Villa wegprügelten. „Entweder kommt er von selbst, oder wir bringen ihn her, mit oder ohne Gewalt", verkündete der übernervöse serbische Innenminister Dušan Mihajlović. Gleichzeitig sandte Zoran Djindjić einen Sonderemissär zu Milošević, der klarstellte, daß an eine Auslieferung nach Den Haag nicht gedacht sei.

Strom- und Wasserversorgung der Milošević-Villa wurden gekappt, hektische Gespräche geführt. Zoran Djindjić und seinen Kumpanen lief die Zeit davon. US-Außenminister Colin Powell wollte am Montag, dem 2. April, dem US-Kongreß Bericht erstatten, wie weit die neue jugoslawische Führung mit den USA und Den Haag kooperierte; vom Wohlverhalten Belgrads hing ein 50-Mio.-Dollar-Scheck ab. Am 1. April um 5 Uhr früh bestieg Milošević ein Auto des Innenministeriums und ließ sich abführen. Vojislav Koštunica vermeldete Stunden später, daß niemals an eine Auslieferung gedacht sei.

Die Einhaltung des von Washington diktierten Zeitplans, der allen serbischen Medien und ihren Konsumenten bekannt war, stellte kein Ruhmesblatt für die serbischen und jugoslawischen Autoritäten dar. Ihre allseitigen Versicherungen, Milošević wegen Korruption und Unterschlagung vor ein Belgrader Gericht – und keinesfalls vor das Kriegsverbrechertribunal in Den Haag – stellen zu wollen, wirkten tolpatschig und waren schon damals unglaubwürdig. Dennoch verbrachten Djindjić und Koštunica noch Wochen damit, dem eigenen Publikum heimische Gründe für die Verhaftung darzulegen und zu erklären, wie korrupt und machthungrig der alte Präsident gewesen sei. Doch das wußte ohnedies jedermann. „Er zerstörte den Zahlungsverkehr", lautete beispielsweise einer der skurrilen Anklagepunkte, in dem ganz auf das UN- und EU-Embargo und deren Einfluß auf den „Zahlungsverkehr" vergessen wurde. In deutschen Gazetten konnte man wieder und wieder von der Abzockerfamilie Milošević lesen, die sich illegal bereichert hatte, vom Sohn Marko, der die größte Discothek – namens „Madonna" – auf dem Balkan in der Stadt Pošarevać gebaut hatte. Die Verbrechen wurden unüberschaubar.

Am 3. April vermeldeten serbische und deutsche Zeitungen unisono, Milošević hätte knapp vor seiner Verhaftung einen Militärputsch vorbereitet. Im Wiener „Standard" lautete die Headline des Tages: „Belgrad: Milošević bereitete einen Militärputsch vor". Alle Einzelheiten für den Umsturz seien gefunden worden. Die Desinformationskampagne erreichte einen Höhepunkt, die Medien als „vierte Waffengattung" feuerten aus allen Rohren. All die Anschuldigungen und Anwürfe hatten zweierlei gemeinsam: Sie verschwanden in dem Moment aus den Gazetten, in dem sie nicht mehr gebraucht wurden; und sie rechtfertigten eine Maßnahme, nämlich die Verhaftung nach US-Regieplan, für die es keine innenpolitische Notwendigkeit gegeben hatte – außer den Krediten und Zuschüssen, die von Washington versprochen worden waren.

Wie weit die Lohnschreiberei sich an die Erfordernisse der stärksten Militärmacht der Welt anpassen kann, zeigte ein unspektakuläres Beispiel aus dem Berliner „Tagesspiegel". Dort wurde am 1. April ein Völkerrechtler namens Paulus von einer übereifrigen Journalistin mit folgender Frage bestürmt: „Die serbische Regierung ... will Milošević nicht an das UN-Kriegsverbrechertribunal ausliefern, sondern zu Hause anklagen. Ist das erlaubt?" Paulus mußte die Journalistin beruhigen: Es war erlaubt. Theoretisch. Praktisch nicht, wie die Geschichte gezeigt hat.

Von der Verhaftung bis zur Auslieferung nach Den Haag vergingen drei Monate. Wiederum wurde ein Ultimatum geschichtsmächtig. Mitte Mai 2001 war Jugoslawiens Staatspräsident auf Einladung eines US-amerikanischen Instituts über den großen Teich geflogen, um dort einen Preis als „Mann des Jahres" entgegenzunehmen. Hinter diesem Vorwand steckte eine handfeste Vorladung von US-Präsident George Bush junior. Koštunica traf ihn und Außenminister Colin Powell in privater Atmosphäre und nahm den Zeitplan für die Auslieferungsmodalitäten von Slobodan Milošević entgegen. Bis zur sogenannten „Geberkonferenz" am 29. Juni 2001, an der IWF & Weltbank, EU und USA ihre Kreditpolitik für den Balkanraum abstimmen wollten, müßte Milošević in Den Haag sein, widrigenfalls Jugoslawien weiter von den „Gebern", die in Wahrheit die ganz großen Nehmer sind, unberücksichtigt bliebe; eine Umschuldung der 11,7 Mrd. US-Dollar Außenschuld käme damit nicht in Frage. Koštunica verstand die Botschaft. Seit jener Unterredung mit Bush und Powell schloß er eine Auslieferung von Milošević an das Den Haager Kriegsverbrechertribunal nicht mehr aus.

Nun mußte das Prozedere bewerkstelligt werden. Zuallererst galt es, die jugoslawische Verfassung zu ändern, die eine Auslieferung eigener Staatsbürger an andere Staaten oder internationale Institutionen nicht erlaubte. Das Unpraktische an Verfassungen ist, daß ihre Änderung parlamentarischer Mehrheiten bedarf, so auch in Jugoslawien. Nachdem sich DOS und Koštunica nach langem Hin und Her auf einen Gesetzestext geeinigt hatten, der eine Auslieferung von Milošević nach Den Haag erlaubt hätte, mußten sie feststellen, daß im dafür zuständigen jugoslawischen Bundesparlament die Mehrheit fehlte. Predrag Bulatović und seine montenegrinischen Sozialisten (SNP), seit dem Umsturz im Bündnis mit der DOS, verfügten im Bundesparlament – zusammen mit der SPS und den serbischen Radikalen – über genügend Stimmen, um dem Gesetz die Zustimmung zu verweigern. So schwer hatte man sich bei Djindjić & Co. die Demokratie nicht vorgestellt.

Am 21. Juni sollte die entscheidende Parlamentssitzung tagen. Hektische Betriebsamkeit in der serbischen DOS-Führung. Ihre Minister flogen in alle Welt, um sich Ratschläge für das Unmögliche zu holen: Wie kommt die DOS zu einer demokratisch korrekten Entscheidung über die Auslieferung von Milošević, um den westlichen Begehrlichkeiten Genüge zu tun? Die serbischen Minister Vladan Batić (Justiz) und Dušan Mihajlović (Inneres) fragten in Wien beim österreichischen Justizminister Dieter Böhmdorfer nach. Bei einer Pressekonferenz am 18. Juni räumte Batić ein, daß „über die Möglichkeiten" gesprochen wurde, wie „Personen nach Den Haag ausgeliefert werden" könnten. Es nützte alles nichts. Die montenegrinischen Sozialisten blieben bei ihrem Nein. Bulatović war offensichtlich unbestechlich, drohte im Gegenzug sogar damit, wegen mangelnder Beweise einen parlamentarischen Antrag auf Entlassung von Milošević aus der Haft stellen zu wollen. Und schlug im übrigen vor, ein Referendum zum „Fall Milošević" abzuhalten. Solch direkte Demokratie mußte die DOS, die skurrilerweise immer noch „Demokratische Opposition Serbiens" hieß, auf jeden Fall vermeiden, war doch bekannt, daß Milošević zwar im Volk unbeliebt, seine Auslieferung jedoch nicht gewünscht war. Also ließen Djindjić & Co. die Demokratie im Angesicht höherer Aufgaben – wie dem Verwalten von Dollarkrediten – hinter sich und schritten zum kleinen Staatsstreich: Am 23. Juni verabschiedete die jugoslawische Regierung ein Dekret, in dem die Zusammenarbeit mit dem Den Haager Tribunal befürwortet wurde. Der jugoslawische Ministerpräsident Zoran Žižić von der SNP blieb aus Protest der Sitzung fern, also leitete sein Stellvertreter, der neoliberale Hardliner und DOS-Mann Miroljub Labuš, die eigens einberufene Session. Von den insgesamt 17 Mitgliedern des Ministerrates stimmten acht für die Annahme des Dekrets, also eine Minderheit. Weil jedoch einer der montenegrinischen SNP-Minister anwesend war, um den Boykott seiner Kollegen zu erklären, und gegen das Dekret stimmte, war die Regierungskonferenz formal abstimmungsberechtigt. Was sie allerdings nicht durfte, war, die Verfassung außer Kraft zu setzen. „Weiterhin steht in der jugoslawischen Verfassung die Bestimmung, dass jugoslawische Staatsbürger nicht an ausländische Gerichte ausgeliefert werden können. Rekurse vom Verfassungsgericht sind demnach zu erwarten", berichtete trocken die „Neue Zürcher Zeitung" am 25. Juni 2001 über den Coup der DOS. Miroljub Labuš indes verkündete diensteifrig, mit dem mehr als zweifelhaften Regierungsbeschluß sei sein Land nun „vollwertiges und gleichberechtigtes Mitglied in der europäischen

Völkergemeinschaft", und er entblödete sich nicht, die bevorstehende Auslieferung von Milošević damit zu begründen, daß es seinem Volk nun bald „besser gehen" würde.

Westeuropa und die USA jubilierten. Mit dem verfassungswidrigen Dekret waren die neuen Belgrader Machthaber den Kreditversprechungen erlegen und wirtschaftlich wie politisch erpreßbar geworden. Ganz anders die Reaktion in Rußland: Dort sprach sich die Duma mit einer klaren Mehrheit von 272 zu 77 Stimmen gegen die Auslieferung von Milošević an das Tribunal aus.

Der 28. Juni 2001 begann mit einem Paukenschlag. Der oberste jugoslawische Gerichtshof sistierte die Entscheidung der Regierung, weil sie im Widerspruch zur Verfassung des Landes stand. Mit einer einstweiligen Verfügung, die eine Auslieferung von Milošević verbot, wollten die Richter dem Land und seinen Politikern zwei Wochen Zeit geben, um eine verfassungskonforme Lösung der schwierigen Situation zu ermöglichen. Milošević' Anwalt Toma Fila sprach von einem „Triumph der Gerechtigkeit über die Gewalt". Doch nur wenige Stunden später erwiesen sich Djindjić und seine Freunde als wahre Putschisten. Ohne auch nur einen Rest an Legitimität einzuhalten, packten einige Polizisten den früheren Staatschef, zerrten ihn aus dem Belgrader Zentralgefängnis und verfrachteten ihn in einen Hubschrauber, um ihn außer Landes zu bringen. Damit war jeder Schein von Rechtmäßigkeit vom grellen Licht des westlichen Ultimatums überstrahlt.

Jugoslawiens Staatspräsident Vojislav Koštunica mimte den Deppen. Er wollte von der illegalen Überstellungsaktion erst aus den Medien erfahren haben und beschuldigte Djindjić des Verfassungsbruches: „Jemand hatte es sehr eilig, eine wer weiß wann und wem gegebene Verpflichtung zu erfüllen", spielte Koštunica auf ein Ultimatum aus den USA an, dem der serbische Ministerpräsident pflichtgemäß gehorchte, und vergaß offensichtlich seine eigene Rolle in der ganzen Affäre. Djindjić trat noch am selben Tag schmunzelnd vor die in Belgrad versammelte Weltpresse und erklärte, der jugoslawische Oberste Gerichtshof setze sich aus Getreuen der SPS zusammen und sei im übrigen für serbische Behörden nicht bindend. Mit dieser Argumentation war die jugoslawische Föderation, bestehend aus Serbien und Montenegro, de facto aufgelöst. In der Folge trat der jugoslawische Ministerpräsident Žižić zurück und löste eine Regierungskrise aus. Koštunica selbst erklärte, mit seiner kleinen Partei aus der DOS-Allianz austreten zu wollen. Nur 14 Tage später, am 17. Juli, setzte er einen neuen Mann an die Spitze der papierenen jugoslawischen Einrichtung.

Sofort nach Bekanntgabe der Auslieferung von Milošević versammelte sich eine wütende Menge in den Belgrader Straßen. Westliche Medien dividierten ihre Anzahl auf 3.000 TeilnehmerInnen herunter; eine anwesende Journalistin, Tanja Djurović, wollte von 30.000 empörten SPS-Anhängern wissen. Die Menge schrie „Aufstand, Aufstand" und wünschte dem verhaßten Zoran Djindjić den Tod. Noch in der selben Nacht zogen Sonderpolizisten durch Belgrader Wohnungen und verhafteten Teilnehmer der nicht angemeldeten Manifestation. Es hatte sich, verglichen mit jenen Tagen, als westfreundliche Oppositionelle vom Milošević-Regime verhaftet worden waren, nicht viel geändert. Außer, daß in den Medien EU-Europas vom polizeilichen Wüten unter Djindjić nichts zu hören, zu sehen und zu lesen war.

Auch in Thessaloniki und Wien kam es zu kleineren Demonstrationen, während in Kiew Zigtausende für die Freilassung von Milošević auf die Straße gingen. Russische Intellektuelle verstärkten ihre Solidarität mit dem früheren jugoslawischen Staatschef. Bereits am 25. Mai 2001 war in der Belgrader Tageszeitung „Politika" eine ganzseitige Anzeige erschienen. Unter der Überschrift „Freiheit für Slobodan Milošević" outeten sich russische Künstler, Schriftsteller und Journalisten und schoben die Verantwortung für die jugoslawische Krise der NATO und ihrem Bombenkrieg zu. Die Kritik an der neuen Großmachtpolitik wurde und wird von dem auch im Westen bekannten Schriftsteller Alexander Sinowjew angeführt.

Die von der Europäischen Union und der Weltbank gemeinsam präsidierte „Geberkonferenz" am 29. Juni 2001, deretwegen die jugoslawische Verfassung gebrochen werden mußte, einigte sich auf eine Summe von 1,25 Mrd. US-Dollar, die im Jahr 2001 für das nun auch politisch gebrochene Jugoslawien flüssig gemacht werden sollte. Davon wollte die EU etwa 150 Mio. als nichtrückzahlbare Zuschüsse und 400 Mio. US-Dollar als Kredite vergeben, die Weltbank stellte 150 Mio. US-Dollar mit günstigen Kreditraten in Aussicht, und die USA meldeten 180 Mio. US-Dollar, die von Washington kreditiert werden könnten. Wer den Rest von 145 Mio. Dollar bereitstellen wollte, konnte der Autor nicht herausfinden. Klar, daß die 1,25 Mrd. US-Dollar – bis auf das Geschenk von 150 Mio. – zurückgezahlt werden müssen. Die Summe entspricht übrigens in etwa dem jährlich anfallenden Schuldendienst, der sich aus den Kreditrückzahlungen für die 11,7 Mrd. US-Dollar Auslandsschulden ergibt. Ein Weltbank-Bericht unter dem Titel „Jugoslawien – ein Bruch mit der Vergangenheit" hat im Jahr 2001 errechnet, daß das Land in den nächsten fünf Jahren einen Bedarf an ausländischem Kapital von insgesamt 20,5 Mrd. US-Dollar hätte, um „Stabilität und Wachstum" zu gewährleisten. 47% davon müßten für die Begleichung der Zinsen der Auslandsschulden aufgebracht werden. Von derlei Dimensionen war auch nach der Auslieferung von Slobodan Milošević an Den Haag bei der „Geberkonferenz" nicht die Rede. Die wirtschaftliche Misere kann durch den politischen Kniefall also nicht gelöst werden.

Was sich in Serbien am 28. Juni 2001 zu ändern begonnen hat, war das politische und historische Bewußtsein. Indem über die Untaten von Milošević nicht mehr im Land entschieden werden kann, überläßt Belgrad die Beurteilung der jüngsten Geschichte dem Den Haager Tribunal und damit der westlichen Logik. Und diese hat sich längst ihr Urteil gebildet. Der Justizimperialismus der „westlichen Wertegemeinschaft" stellt eine neue Stufe des westlichen Eingriffs in Ost- und Südosteuropa dar, erstmals wurde ein Staatschef vor den Kadi gezerrt. Bislang blieb die nach 1989 rasch fortschreitende Expansion Brüssels und Washingtons auf wirtschaftliche Erpressung, soziale Auspressung und politischen Druck beschränkt. IWF und Weltbank entwarfen Schocktherapien zur Vernichtung der lokalen Sparguthaben und zur Herstellung der globalen Investitionsmöglichkeit. Sozialprogramme mußten gestrichen, politische Führer oder Notenbankpräsidenten, die unangenehme Fragen stellten, ausgetauscht werden. Der Krieg der NATO gegen Jugoslawien zeigte, daß die Osterweiterung notfalls auch ein militärisches Projekt ist. Mitten im Bombenhagel erhöhte dann die NATO ihre Schlagzahl, die Anklage des Gegners als Kriegsverbrecher machte die Rechtsprechung zum Kriegsinstrument. Und zum Mittel der Erweiterungsstrategie.

Ein verurteilter Milošević dient den Erweiterern als Rechtfertigung. Nicht nur post factum für ihren Waffengang im Jahr 1999, sondern auch zukünftig: Wer sich dem Imperium in den Weg stellt, endet vor dem Richter, so lautet unverhohlen die Botschaft.

In Serbien haben nach der Auslieferung von Milošević an Den Haag die Historiker Hochsaison. Die Geschichte muß umgeschrieben werden. Galt bislang der NATO-Einsatz als Verbrechen am serbischen Volk, seine Verteidiger als Helden im Kampf gegen den äußeren Feind, ändert sich das nun mit einem Mal. Die NATO-Bomben, so wird es in Zukunft wohl heißen müssen, waren der Auftakt zur eigenen Befreiung: Wir danken dem nordatlantischen Bündnis. Befreit wurde Serbien laut neokolonialer Geschichtsschreibung vom Joch eines engstirnigen Diktators und seiner Junta, die mit dem Slogan „Durch uns selbst!", einer spätsozialistischen Parole, nur Unglück über das Land gebracht hätten. Die Rolle der USA und Deutschlands sind künftig auch in Serbien auf westliche Weise zu interpretieren: als Helfer für eine Demokratisierung, ohne deren geopolitische und wirtschaftliche Interessen zu analysieren.

Der Unterwerfung unter das Den Haager Tribunal werden somit alle Ansätze einer eigenständigen Interpretation der Ereignisse des Jahres 1999 zum Opfer fallen müssen. Es hat deren einige gegeben. Noch am 18. April 2001 schrieb ein Belgrader Richter Steckbriefe gegen 14 westliche Politiker aus, unter ihnen Javier Solana, William Clinton und Gerhard Schröder. Unter Milošević war ein Verfahren zu den Kriegsverbrechen der NATO angestrengt worden, das parallel zum Den Haager Tribunal arbeitete. Alle 14 westlichen Politiker sind in Abwesenheit zu Haftstrafen von 20 Jahren verurteilt worden, was zur Ausschreibung ihrer Verhaftung durch den Belgrader Bezirksrichter geführt hat. Eine 15tägige Beschwerdefrist ließen Washington, Berlin und Brüssel ungenützt verstreichen; sie anerkennen die jugoslawische Rechtsprechung nicht, was sie übrigens auch bei der Auslieferung von Milošević unter Beweis gestellt haben. Nur ihre militärische Stärke sichert ihnen „Straffreiheit" zu; eine laut jugoslawischer Jurisdiktion fällige Verhaftung der Führer der „westlichen Wertegemeinschaft" steht deswegen nicht zu befürchten.

Völlig ungehört von den in bezug auf den NATO-Krieg gegen Jugoslawien gleichgeschalteten Medien in den allermeisten EU-Ländern blieben auch Versuche von NGOs oder Friedensgruppen, den Krieg der NATO juristisch bzw. politisch aufzuarbeiten. Als z.B. am 6. Juni 2000 „amnesty international" einen Bericht veröffentlichte, in dem der NATO konkrete Kriegsverbrechen nachgewiesen wurden, reagierte die oft zitierte Weltöffentlichkeit kaum oder mit Kopfschütteln. Der Angriff der NATO gegen das Fernsehzentrum in Belgrad, bei dem 16 Angestellte zu Tode kamen, wurde in der Presseerklärung von „amnesty international" als klarer Verstoß gegen das Kriegsrecht der Genfer Konvention bezeichnet. Die Menschenrechtsorganisation forderte alle NATO-Staaten auf, „jene ihrer eigenen Staatsbürger vor Gericht zu stellen, die verdächtigt werden, [im Rahmen der NATO-Angriffe, d.A.] schwere Verstöße gegen das internationale Menschenrecht begangen zu haben. ... Den Opfern dieser Verbrechen muß Gerechtigkeit widerfahren", hieß es abschließend. Carla del Ponte stellte sich taub, und bis heute ist kein einziger General, Staatsmann oder Pilot vor heimischen Gerichten des Verbrechens angeklagt worden.

In aller Welt fanden, organisiert von lokalen Friedensgruppen, internationale Tribunale über den NATO-Krieg statt, auch in Washington, Berlin, Athen und Wien. Hunderte Zeugen und Ärzte wurden gehört, die die Folgen der Bombardements schilderten. Doch auch dieser politische Versuch einer Aufarbeitung des ersten NATO-Krieges auf europäischem Boden fand kein Gehör bei den quoten- und auflagenstarken Medien in Westeuropa und den USA. Daß die „NATO-Tribunale" in den Staatskanzleien sehr wohl registriert wurden, konnte man daran erkennen, wie einzelne Teilnehmer anschließend von lokalen Behörden schikaniert wurden. Auch die Verweigerung eines Einreisevisums durch das jugoslawische Außenministerium an den früheren US-Justizminister Ramsey Clark, der Mitte Juni 2001 nach Belgrad reisen wollte, um dort die Vorgänge um die Auslieferung von Slobodan Milošević zu beobachten, war eine Spätfolge der großteils im Jahr 2000 durchgeführten internationalen Tribunale. Die von europäischen Friedensbewegungen und antiimperialistischen Kräften intendierte politische Anklage gegen die NATO geriet mit der Überstellung von Milošević nach Den Haag weiter in Vergessenheit. Denn in Den Haag ist von den Zusammenhängen der jugoslawischen Katastrophe nicht mehr die Rede. Dort geht es um die Demütigung des einstigen Kriegsgegners und die Diskurshegemonie über all jene, die bis dahin nicht verstehen haben wollen, daß es die NATO-Bomben waren, die Jugoslawien befreiten.

Die Anklage gegen den Ex-Staatschef lautet auf „Völkermord" und „Verbrechen gegen die Menschlichkeit". Die erste Anhörung von Milošević am 3. Juli

2001 gestaltete sich völlig unpolitisch, so, als ob vor dem 62jährigen Londoner Richter Richard May ein gewöhnlicher Krimineller gesessen wäre. Slobodan Milošević erkannte die Zuständigkeit des Tribunals nicht an und unterstrich seine Haltung damit, daß er keine Verteidiger für sich bestellte. Auf die Frage, ob er die Anklageschrift verlesen bekommen wolle, antwortete er auf englisch: „This is your problem." Als Milošević anhob, eine kurze Erklärung abzugeben, unterbrach ihn der Richter mit den Worten: „Dies ist keine Zeit für Ansprachen." Nach zwölf Minuten war der Spuk fürs erste vorbei.

Nun hat die „westliche Wertegemeinschaft" ihren Gottseibeiuns, den sie nach Belieben nutzen kann. Anders als die geschlagenen Barbaren-Häuptlinge, die der römische Kaiser im Triumphzug durch die Ewige Stadt führte, um sie anschließend den Löwen zum Fraß vorzuwerfen, könnte Milošević seinen Feinden noch längere Zeit dienen. Er ist ein Symbol dafür, westliche Expansionspläne behindert zu haben. Für Den Haag, Brüssel und Washington ist er deshalb besonders brauchbar, weil er ein extrem unsympathisches Exemplar der Gegnerschaft zur Erweiterung westlichen Einflusses abgibt. 15 Jahre serbische Führerschaft im jugoslawischen Todeskampf haben aus ihm eine Figur gemacht, mit der sich niemand solidarisieren kann; in der westlichen Linken deshalb, weil er aus Gründen der eigenen Machterhaltung einer Transformation seiner Partei von einer sozialistischen in eine nationalistische zugestimmt hat; in der serbischen Heimat wiederum wissen alle um die in seiner Umgebung gezüchtete korrupte Elite, die Profiteure der jugoslawischen Bürgerkriege.

Worum es der NATO-Allianz der 19 noch geht: Eine Verurteilung des Präsidenten als Kriegsverbrecher rechtfertigt im nachhinein ihren Krieg gegen Jugoslawien. Aus der schwierig erklärbaren Aggression wird ein notwendiger Befreiungsakt. Wenn ein mehrmals per Volkswahl in seinem Amt bestätigter Staatsmann wie Milošević zum Kriegsverbrecher erklärt wird, kann das außerdem nicht ohne Auswirkungen auf das serbische Volk bleiben. Es muß umerzogen werden. Um die serbische Politik der vergangenen zehn Jahre umzuschreiben, bedarf es freilich großer Anstrengungen, denn noch glaubt kaum jemand zwischen Novi Sad und Niš an das westliche Credo, nach dem Belgrad vier Kriege provoziert habe und es nur der NATO zu verdanken sei, wenn der Zerstückelung Jugoslawiens Einhalt geboten werden konnte. Zu offensichtlich spricht die Wirklichkeit gegen diese nun gefragte Wahrnehmung. Eine tiefe Spaltung der Gesellschaft scheint unausweichlich.

Mit der Art der Auslieferung von Slobodan Milošević ist die Spaltung in mehrerer Hinsicht manifest geworden. Unter Bruch der jugoslawischen Verfassung und Nichtanerkennung des Höchstgerichtsentscheids hat der serbische Ministerpräsident Zoran Djindjić die territoriale Integrität des Landes aufs Spiel gesetzt. Sie wird kaum aufrechtzuerhalten sein. Eine serbische Notstandsverordnung (Artikel 135) nahm dem ehemaligen jugoslawischen Präsidenten jedes persönliche Recht.

De facto hat damit eine jugoslawische Legitimität zu existieren aufgehört, was übrigens ganz im Sinn serbischer Nationalisten ist. Die Folgen sind absehbar: Montenegro könnte, von seiner DM-Zone ausgehend, die politische Unabhängigkeit erlangen; und der Kosovo, laut Vertrag von Kumanovo Teil Jugoslawiens und nicht mehr Serbiens, wird zum ersten offiziellen Protektorat der „internationalen Gemeinschaft" nach dem Ende des Kolonialismus in Afrika und Asien.

Ein „Stabilitätspakt" zur Kolonisierung des Balkans

Der Krieg gegen Jugoslawien war teuer, den Frieden will sich der Westen nicht so viel kosten lassen. Bei weitem nicht so viel. Diese Schlußfolgerung kann nach dem 30. Juli 1999 gezogen werden. Das imposante Treffen von 32 Staats- und Regierungschefs sowie 17 weiteren höchstrangigen Funktionären internationaler Organisationen in Sarajevo stellte für alle, die mit rascher und effizienter Wiederaufbauhilfe gerechnet hatten, eine große Enttäuschung dar. Nicht einmal die Kosten für das westliche Triumphgeheul in der bosnischen Hauptstadt wurden von den – in völliger Verdrehung der Tatsachen als „Geberländer" bezeichneten – Staaten selbst getragen. Die dafür von der Gruppe der sieben reichen Industriestaaten G7 veranschlagte eine Million Dollar reichte wegen der immens teuren Sicherheitsvorkehrungen für das Gipfeltreffen nicht aus. Den Rest mußte, peinlich genug, der bosnische Ministerpräsident Haris Silajdžić bei Weltbank und Währungsfonds erbetteln, die offiziell die Finanzgeschicke des Protektorates führen.

Mehr als 4.000 Delegierte aus über 40 Staaten fanden sich am letzten Juli-Wochenende des Jahres 1999 im wiederaufgebauten Zetra-Olympia-Stadion ein, unweit jener Stelle, an der 85 Jahre zuvor Gavrilo Princip den habsburgischen Thronfolger niederstreckte. Das hehre Ziel der Veranstaltung: Ein Stabilitätspakt für den gesamten Balkan sollte beschlossen werden. Schon im Begrifflichen war man sich uneinig. Die geographische Bezeichnung „Balkan" stellte für viele Teilnehmer eine politische Last dar. Slowenien hatte sich ohnedies bereits 1991 aus dem Balkan hinausdefiniert. Ungarn gehörte nie dazu. Kroatien und Rumänien wollen ebenfalls nichts damit zu tun haben. Unter dem Titel „Südosteuropa" fühlten sich die meisten politischen Repräsentanten wohler; das Wörtchen „Europa" gab überdies Anlaß zur Hoffnung, demnächst im westeuropäischen Integrationsprojekt Aufnahme zu finden.

Indes, daran war und ist gar nicht gedacht. Die südöstliche Peripherie der Europäischen Union erlebt zum Ende des 20. Jahrhunderts ein historisches Déjà-vu: die Aufteilung von Ländern und Regionen unter die Interessen der imperialen Staaten, insbesondere der USA und der EU. Die Verwaltung des Stabilitätspaktes in den

Händen von Chefinspektor Bodo Hombach, dem früheren Kanzleramtsminister Gerhard Schröders, ist Ausdruck dieser Kolonisierung. Diese hat viele Namen und unterschiedliche Funktionen in den einzelnen Ländern. Bosnien-Herzegowina ist als ganzes gesehen ein Protektorat, in dem NATO-geführte Truppen der SFOR-Einheiten die militärische und der „Hohe Repräsentant" der westlichen Staatengemeinschaft die politische Gewalt ausüben. Die Washingtoner Finanzorganisationen wiederum haben die Geld- und Wirtschaftspolitik des Landes übernommen. In Albanien und in Makedonien steht die NATO als Schutzmacht, im Kosovo herrscht die KFOR im militärischen und der UNMIK-Verwalter im politischen Bereich. Alle übrigen südosteuropäischen Teilnehmerländer an dem Stabilitätspakt stehen unter großem Kreditdruck, der ihre Regierungen zu willigen Administratoren einer vom Westen gewünschten Politik macht. Den Kernpunkt des Stabilitätspaktes bildet die westliche Forderung nach offenen Märkten im Osten. Dafür hatte man seit dem Zusammenbruch der kommunistischen Systeme in allen Ländern Osteuropas politisch und ökonomisch interveniert; die ganze Transformation der sogenannten „Reformstaaten" diente letztlich diesem Begehren: Marktöffnung, Investitionsfreiheit, Währungssicherheit. Im Sarajevo-Pakt liest sich das folgendermaßen: „Die Länder der Region sind verpflichtet, konkrete Initiativen zu unternehmen, um das Investitionsklima zu verbessern." Die von westlichen Stellen angestrebte Zusammenarbeit zwischen den Kleinstaaten hört sich für Beobachter der Zeitgeschichte wie blanker Zynismus an, half doch gerade die deutsch geführte EU seit 1991 bei der Zerschlagung überregionaler Strukturen kräftig mit. Weiters gefordert werden „die Schaffung von Marktwirtschaften, offen für Auslandskapital und Investitionen der Privatwirtschaft ... sowie die Entwicklung starker Kapitalmärkte und diversifizierten Besitzes, einschließlich einer raschen und effektiven Privatisierung".

Ziel des Stabilitätspaktes ist die Durchsetzung der Weltmarktlogik auf dem Balkan. Zehn Jahre nach dem Scheitern der kommunistischen Modernisierungsprojekte drängen EU und USA mit aller Macht in Richtung Osten. Ökonomisch bedeutet die Erweiterung: Kontrolle der nationalen Finanz- und Währungspolitiken mittels Geldverknappung und Herstellung einer Konvertibilität, Ausdünnung der budgetären Möglichkeiten für die staatliche Politik durch radikale Sparprogramme, Schließung bzw. Zerstörung von Industriekombinaten aus budgetären Erwägungen bzw. aus Konkurrenzgründen, Zurichtung der Landwirtschaft auf die Bedürfnisse der Zentrumsmächte, Privatisierung der wirtschaftlichen Filetstücke und vor allem Öffnung der Märkte für Westwaren. Auf einen Nenner gebracht: Weltmarktlogik. Weltbank und Währungsfonds (IWF) üben die Aufsicht über das Projekt „Osterweiterung" aus.

Am 50. Jahrestag der NATO, der mitten im Bombenkrieg gegen Jugoslawien gefeiert wurde, konkretisierte eine neue Doktrin die strategischen Ziele der Allianz in dieselbe Richtung. Für die sogenannten „non-article-5-missions" wurden neue Bedrohungsbilder definiert, für die künftig Jagdbomber und „Schnelle Eingreiftruppen" zum Einsatz kommen sollen. Zu den „nichtmilitärischen Risiken", die die NATO demnächst überall auf der Welt auszuschalten gedenkt, zählen „unzureichende oder fehlgeschlagene Reformbemühungen, ... Unterbrechung der Zufuhr lebenswichtiger Ressourcen, ... unkontrollierte Bewegung einer großen Zahl von Menschen". All dies, heißt es weiter im Text, „kann Probleme für die Sicherheit und Stabilität des Bündnisses aufwerfen". Die von den politischen und militärischen Vertretern der stärksten Kapitalgruppen definierten Bedrohungen – Staatsintervention in der Wirtschaft, staatliche Preispolitik im Rohstoffsektor und Flüchtlingsströme, die den Westen gefährden – können damit für die Allianz zum Kriegsgrund werden.

Vor diesem Hintergrund muß der Sarajevo-„Stabilitätspakt" gesehen werden, der bereits am 10. Juni 1999, anläßlich eines G7-Außenministertreffens in Köln, aus der Taufe gehoben worden war. 5 Mrd. US-Dollar wurden für das sogenannte Quick-Start-Paket freigegeben, wobei allerdings jedes Projekt erhebliche bürokratische Hürden überwinden muß, bis es zu einer Realisierung kommt. Zwei Jahre danach ist zumindest ein Ziel erreicht: Jugoslawien sitzt mit im Boot der Kreditempfänger und Milošević in Den Haag. Einer der drei „Arbeitstische" des Stabilitätspakts – „Demokratie" – kann mit der Überstellung von Milošević weitgehend als erledigt betrachtet werden, diente doch das dafür ausgegebene Geld hauptsächlich für die Inthronisierung einer neuen, den westlichen Kreditgebern wohlgesonnenen Führungsgarnitur in Belgrad. Der „Arbeitstisch Demokratie und Menschenrechte" wird dennoch installiert bleiben, nicht nur, weil dort eine Reihe von EU-Bürokraten Projektarbeit gefunden haben, sondern auch deshalb, um allenfalls im Sinne Brüssels notwendige politische Korrekturen in Zagreb, Skopje oder auch Belgrad besprechen zu können. Auch der Druck auf die einzelnen postjugoslawischen Staaten, für die insgesamt eine Million Flüchtlinge Rückkehrmöglichkeiten zu schaffen, wird hier koordiniert. Diese von allen Beteiligten als sinnvoll angesehene Maßnahme krankt allerdings an der relativen Mittellosigkeit. Der „Stabilitätspakt" verpflichtet die einzelnen Balkanländer, die Eigentumsrechte von Vertriebenen anzuerkennen. Weil nun aber z.B. Kroatien per Gesetz Nutzungsrecht vor Eigentum stellt, gestaltet sich die Rückkehr von Vertriebenen mehr als schwierig. Die „Geberländer" des „Stabilitätspakts" fordern von Kroatien, Bosnien und Jugoslawien die Bereitstellung von Ersatzwohnungen für jene, die mittlerweile das Eigentum von Vertriebenen bezogen oder deren Mietwohnung übernommen haben. Aus einem schlecht gefüllten Budgettopf wird für den Bau solcher Alternativwohnungen zugeschossen. Da aber die Bauoberhoheit bei den jeweiligen lokalen Autoritäten liegt und diese eigentlich nicht an der Rückkehr der vertriebenen Serben, Kroaten oder Muslime interessiert sind, gestaltet sich der Bauvorgang schleppend. In diesen Fällen, in denen die Häuser der Vertriebenen gesprengt wurden, wird zudem beim Wiederaufbau auf Qualität kein Wert gelegt. Aus Kroatien vertriebene Krajina-Serben haben oft nur Hütten mit dünnen Wänden vorgefunden, die aus Mitteln des „Stabilitätspakts" gebaut worden sind. Viele dieser Alternativwohnungen sind schlicht unbewohnbar.

Das Hauptgewicht des „Stabilitätspakts" liegt auf dem „Arbeitstisch Wirtschaft". Dort heißt das alles dominierende Stichwort: Liberalisierung. So wurde am 27. Juni 2001 unter der Schirmherrschaft von Pakt-Koordinator Hombach ein Netz aus bilateralen Freihandelsabkommen in Angriff genommen und vertraglich vereinbart, daß bis 2008 90% des Handels zwischen den Teilnehmerländern liberalisiert sein müssen. „Das vorgesehene Netz von WTO-kompatiblen Freihandelsabkommen schafft einen Markt von 55 Millionen Konsumenten und – so hoffen die beteiligten Regierungen – stärkere Anreize für ausländische Investitionen", vermerkte die „Neue Zürcher Zeitung" am 28. Juni 2001 zum Brüsseler Treffen. Um eine notwendige Stärkung eines Binnenmarktes auf dem Balkan geht es dabei jedoch keineswegs. Im Gegenteil: Ein solcher an den Produktions- und Konsumptionsmöglichkeiten der Region orientierter Markt müßte die eigene Wirtschaft vor billigen West- und Südostasienwaren schützen. Der „Stabilitätspakt" bewirkt einen gegenteiligen Effekt, indem er gerade auch die Grenzen zu den westeuropäischen Überproduktionsgesellschaften geöffnet wissen will, um deren Suche nach Absatzmärkten zu befriedigen.

Der „Stabilitätspakt" stellt somit den nahtlosen Übergang vom Krieg zur ökonomischen Unterwerfung im Frieden dar. Er bildet das Verbindungsglied zwischen zivilgesellschaftlichem Diskurs und einer wirtschaftsliberalen Weltordnung, die via „Arbeitstisch Sicherheit" militärisch durchgesetzt wird.

Und so beginnt das 21. Jahrhundert auf dem Balkan, wie das 20. begann: mit dem Kampf um geopolitische Einflußsphären und ökonomischen Zugriff, geführt von den stärksten Mächten dieser Welt, die sich des mit nationalistischen Argumenten geführten Verteilungskampfes in Südosteuropa wie eh und je bestens zu bedienen wissen.

Literatur

Albrecht, Ulrich/Schäfer, Paul (Hrsg.): Der Kosovo-Krieg. Fakten, Hintergründe, Alternativen. Köln 1999

Axt, Heinz-Jürgen: Internationale Implikationen des Kosovo-Krieges: werteorientierte Realpolitik statt Konfliktbearbeitung in Institutionen. In: Südosteuropa, 1-2/2000. München

Beham, Mira: Kriegstrommeln. Medien, Krieg und Politik. München 1996

Betta, Michela: Brauchen wir Menschenrechte? Königstein/Taunus 2000

Bittermann, Klaus (Hrsg.): Serbien muß sterbien. Wahrheit und Lüge im jugoslawischen Bürgerkrieg. Berlin 1994

Boutros-Ghali, Boutros: Unvanquished. A U.S.-U.N. Saga. Toronto 1999

Brusis, Martin/van Meurs, Wim: Eliten, Mobilisierungsmuster und Transitionspfade in Serbien. In: Südosteuropa, 9-10/2000. München

Chomsky, Noam: Der neue militärische Humanismus. Lektionen aus dem Kosovo. Zürich 2000

Chossudovsky, Michel: Die ökonomische Rationalität hinter der Zerschlagung Jugoslawiens. In: Hofbauer, Hannes (Hrsg.): Balkankrieg. Die Zerstörung Jugoslawiens. Wien 1999

Čičin-Šain, Ante: Croatia: How to Overcome the Burden of the Past and Be Prepared for Europe? In: Südosteuropa, 9-10/2000. München

Columbus, Frank (Hrsg.): Kosovo-Serbia: A Just War? New York 1999

Dabić, Vojin/Lukić, Ksenija/Perović, Nataša/Šalić, Milomir: Persecution of Serbs and Ethnic Cleansing in Croatia 1991-1998. Belgrade 1998

Djilas, Milovan/Gace, Nadežda: Bosnjak Adil Zulfikarpašić. Zürich 1994

Djilas, Milovan: Jahre der Macht. Im jugoslawischen Kräftespiel. Memoiren 1945-1966. München 1992

Djuric, Rajko/Bengsch, Berthold: Der Zerfall Jugoslawiens. Berlin 1992

Domaschke, Cornelia/Schliewenz, Birgit: Spaltet der Balkan Europa? Berlin 1994

Elsässer, Jürgen: Kriegsverbrechen. Die tödlichen Lügen der Bundesregierung und ihre Opfer im Kosovo-Konflikt. Hamburg 2000

Elsässer, Jürgen: Nie wieder Krieg ohne uns. Das Kosovo und die neue deutsche Geopolitik. Hamburg 1999

Die Ethnisierung des Sozialen. Die Transformation der jugoslawischen Gesellschaft im Medium des Krieges. (Materialien für einen neuen Antiimperialismus. Nr. 6.) Berlin – Göttingen 1993

Frank, Andre Gunder: Die politische Bombe der NATO im Kosovo. In: Hofbauer, Hannes (Hrsg.): Balkankrieg. Die Zerstörung Jugoslawiens. Wien 1999

Gallois, Pierre M.: Réquisitoire. Entretiens avec Lydwine Helly. Lausanne 2001

Gashi, Dardan/Steiner, Ingrid: Albanien. Archaisch, orientalisch, europäisch. Wien 1997

Gaisbacher, Johann: Krieg in Europa. Analysen aus dem ehemaligen Jugoslawien. Graz 1992

Gligorov, Vladimir/Vidovic, Hermine: On the Way to Normality. The States on the Territory of Former Yugoslavia in the Postwar Period. Wien 1998

Geier, Wolfgang: Antemurales Christianitatis: Kreuzzug auf dem Balkan. In: Hofbauer, Hannes (Hrsg.): Balkankrieg. Die Zerstörung Jugoslawiens. Wien 1999

Gogola, Viljem: Der EU-Beitritt aus slowenischer Sicht. In: Südosteuropa, 7-8/2000. München

Goldammer, Josef/Friedweg, E.: Zur Politik und Wirtschaft Kroatiens. (Schriftenreihe der Kommunistischen Partei Deutschlands.) Berlin 1998

Grotzky, Johannes: Balkankrieg. Der Zerfall Jugoslawiens und die Folgen für Europa. München 1993

Habermas, Jürgen: Bestialität und Humanität. Ein Krieg an der Grenze zwischen Recht und Moral. In: Der Kosovo-Krieg und das Völkerrecht. Hrsg. von Reinhard Merkel. Frankfurt/M. 2000

Hartmann, Ralph: Die ehrlichen Makler. Die deutsche Außenpolitik und der Bürgerkrieg in Jugoslawien. Berlin 1998

Hofbauer, Hannes (Hrsg.): Balkankrieg. Die Zerstörung Jugoslawiens. Wien 1999

Hofbauer, Hannes: Nationalismus als Ideologie der Moderne. In: Fischer, Gero/Wölflingseder, Maria (Hrsg.): Biologismus, Rassismus, Nationalismus. Rechte Ideologien im Vormarsch. Wien 1995

Hofbauer, Hannes: Nord-Südslaven gegen Süd-Ostslaven. In: Moderne Zeiten, Juli/August 1991. Wien

Holbrooke, Richard: Meine Mission. Vom Krieg zum Frieden in Bosnien. München 1998

Horvat, Branko: The Results of Backward Transition in the Republic of Croatia. In: Gligorov, Vladimir/Vidovic, Hermine: On the Way to Normality. Wien 1998

Hüschefeld, H.: Ergebnisse der Volkszählung 1991 in Jugoslawien. In: Osteuropa, 12/1992. Stuttgart

Johnson, Chalmers: Ein Imperium verfällt. Wann endet das Amerikanische Jahrhundert? München 2000

Jurcic, Maja: Bosnien und Herzegowina: Wahlen unter internationaler Verwaltung. In: Südosteuropa, 11-12/2000. München

Jureković, Predrag: Zur Neuordnung des südslawischen Raumes. Zur Lage im Kosovo. In: Österreichische Militärische Zeitschrift (ÖMZ), 2/1999. Wien

Kadijević, Veljko: Meine Vision vom Zerfall. [Serbokroatisch.] Beograd 1993

Kokanović, Marina: Croatian Labour Realities, 1990-1999. In: South-East Europe Review for Labour and Social Affairs, 3/1999. o.O

Kovač, Alois/Kušić, Siniša/Radić, Dubravko: Aktive Arbeitsmarktpolitik in Kroatien: Beurteilung der Instrumente und Vorschläge. In: Südosteuropa, 9-10/2000. München

Kraft, Ekkehard: Die bosnischen Muslime als Nation. In: Neue Zürcher Zeitung, 20. 6. 1992

Lévy, Bernard-Henri: Le Lys et la Cendre. Paris 1996

Libal, Wolfgang: Mazedonien zwischen den Fronten. Junger Staat mit alten Konflikten. Wien – Zürich 1993

Lipsius, Stephan: Vorbild UÇK: Albaner in Serbien gründen UÇPMB. In: Südosteuropa, 3-4/2000. München

Loquai, Heinz: Der Kosovo-Konflikt. Wege in einen vermeidbaren Krieg. Baden-Baden 2000

Mastnak, Tomaž: Suverenost Slovenije? (Slowenische Souveränität?) Ljubljana 1999

Mencinger, Jože: Slovenia: the economic situation. In: Gligorov, Vladimir/Vidovic, Hermine: On the Way to Normality. Wien 1998

Merlino, Jacques: Les vérités yougoslaves ne sont pas toutes bonnes à dire. Paris 1993

Mønnesland, Svein: Land ohne Wiederkehr. Ex-Jugoslawien: Die Wurzeln der Kriege. Klagenfurt 1997

Olschewski, Malte: Von den Karawanken bis zum Kosovo. Die geheime Geschichte der Kriege in Jugoslawien. Wien 2000

Osteuropa. Zeitschrift hrsg. von der Deutschen Gesellschaft für Osteuropakunde, Stuttgart

Paulsen, Thomas: Die Jugoslawienpolitik der USA 1989-1994. Begrenztes Engagement und Konfliktdynamik. Baden-Baden 1995

Petritsch, Wolfgang/Kaser, Karl/Pichler, Robert: Kosovo-Kosova. Mythen, Daten, Fakten. Klagenfurt u.a. 1999

Petrović, Milenko: Jugoslawien auf dem Weg zur Marktwirtschaft oder ins Mittelalter? In: Südosteuropa, 9-10/2000. München

Popovich, Radovan (Hrsg.): Andrić' Freundschaften. [Serbokroatisch.] Beograd 1992

Rauert, Fee: Das Kosovo. Eine völkerrechtliche Studie. Wien 1999

Reiter, Erich: Die europäische Balkanpolitik sollte sicherheitspolitisch orientiert sein. In: Südosteuropa, 9-10/2000. München

Reuter, Jens: Die Albaner in Jugoslawien. München 1992

Reuter, Jens: Die internationale Gemeinschaft und der Krieg in Kosovo: In: Südosteuropa, 7-8/1998. München

Reuter, Jens: Jugoslawien vor dem Zerfall. In: Das Parlament, Beilage: Aus Politik und Zeitgeschehen, B 14/92 vom 27. 3. 1992

Richter, Wolfgang/Schmähling, Elmar/Spoo, Eckart (Hrsg.): Die Wahrheit über den NATO-Krieg gegen Jugoslawien. Schkeuditz 2000

Riedel Sabine/Kalman Michael: Die Destabilisierung Südosteuropas durch den Jugoslawienkrieg. In: Südosteuropa, 5-6/1999. München

Schmidt-Eenboom, Erich: Der Schattenkrieger. Klaus Kinkel und der BND. Düsseldorf 1995

Simma, Bruno: Die NATO, die UN und militärische Aspekte. In: Der Kosovo-Krieg und das Völkerrecht. Hrsg. von Reinhard Merkel. Frankfurt/M. 2000

Stojanov, Dragoljub: Bosnia: macroeconomic policy issues relating to the transition to a market economy. In: Gligorov, Vladimir/Vidovic, Hermine: On the Way to Normality. Wien 1998

Südosteuropa. Zeitschrift für Gegenwartsfragen. München

Sundhausen, Holm: Kosovo: „Himmliches Reich" und irdischer Kriegsschauplatz. Kontroversen über Recht, Unrecht und Gerechtigkeit. In: Südosteuropa, 5-6/1999. München

Troebst, Stefan: The Kosovo War, Round One: 1998. In: Südosteuropa, 3-4/1999. München

Vuković, Željko: Kriegslorbeeren. In: Bittermann, Klaus: Serbien muß sterbien. Berlin 1994

Vuković, Željko: Das Potemkinsche Sarajewo. In: Bittermann, Klaus: Serbien muß sterbien. Berlin 1994

Wolf, Winfried: Bombengeschäfte. Zur politischen Ökonomie des Kosovo-Krieges. Hamburg 1999

Verwendete Zeitungen (u.a.): Blätter für deutsche und internationale Politik, Le Figaro, Der Freitag, The Guardian, International Herald Tribune, Konkret, Junge Welt, Libération, Le Monde, Neues Deutschland, Neue Zürcher Zeitung, Newsweek, Die Presse, Der Standard, Süddeutsche Zeitung, Vreme (Wochenzeitung, Belgrad), Weltwoche

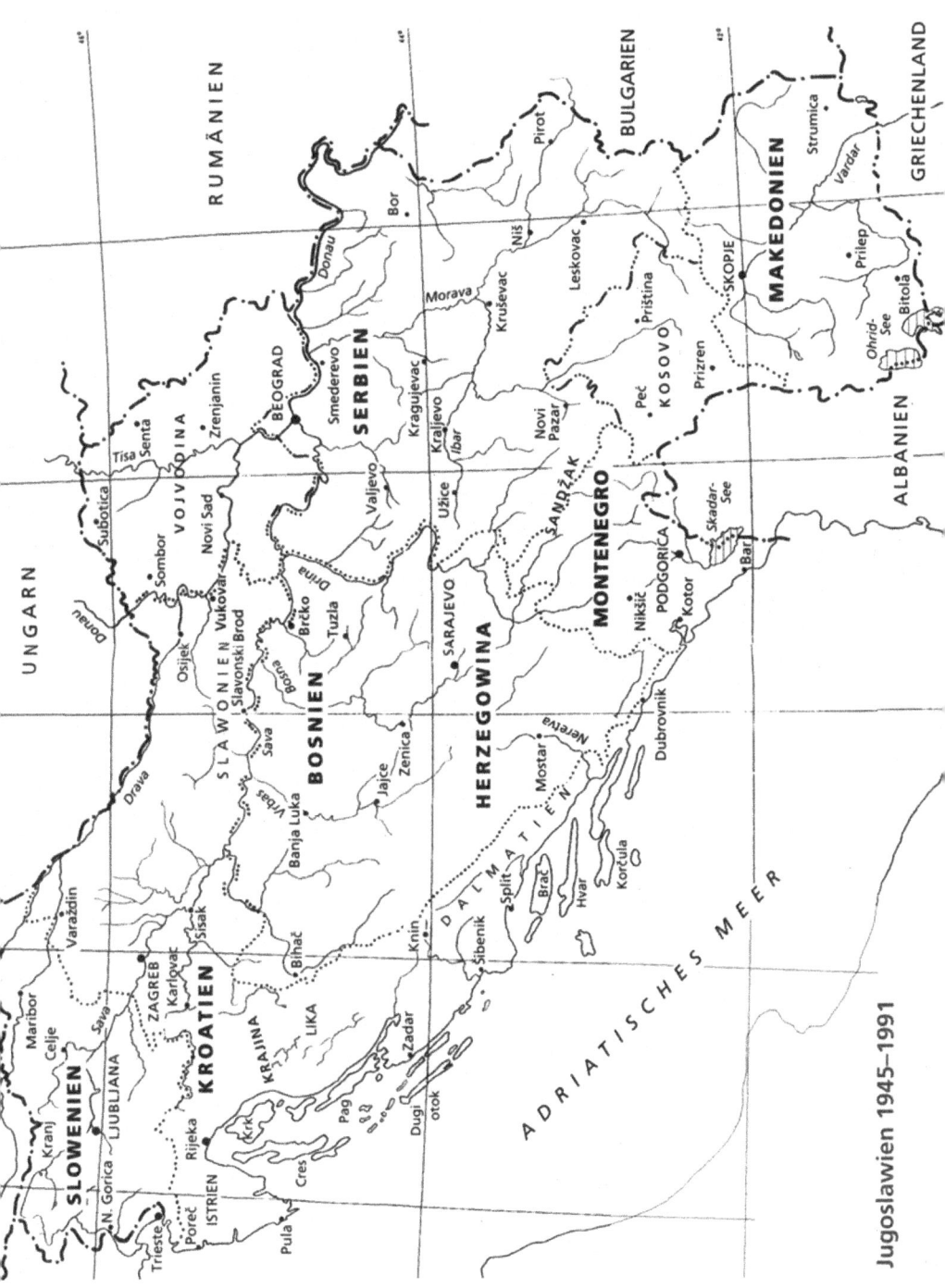

Jugoslawien 1945–1991

„Im Zentrum der Recherche von Civikov steht der Kronzeuge Dražen Erdemović, dessen Aussagen für das UNO-Tribunal die Basis für viele Urteile bilden. Der Autor zerlegt und zerpflückt die Aussagen von Erdemovic in ihre Einzelteile, weist auf einige Widersprüchlichkeiten hin und bringt damit die Glaubwürdigkeit des Zeugen ins Wanken."

Austria Presse Agentur

Germinal Civikov

Srebrenica

Der Kronzeuge

ISBN 978-3-85371-292-4, br.,
184 Seiten, 15,90 €